Liri Lubonja

Abseits unter Menschen

Zur Autorin

Liri Lubonja (1926–2021) lebte als Mitglied der kommunistischen Elite Albaniens in Tirana. Im Zuge parteiinterner Säuberungen wurde ihr Mann 1973 verhaftet, sie selbst für 17 Jahre in abgelegene Dörfer im Norden des Landes verbannt. Nach dem Ende des Kommunismus schilderte in zwei Büchern ihre Erinnerungen an die Partisanenzeit, die Jahre der Verbannung und die Rückkehr nach Tirana.

Zum Übersetzer

Cord Pagenstecher ist Historiker und Übersetzer. Er arbeitet an der Universitätsbibliothek der Freien Universität Berlin und publiziert u. a. zur Geschichte des Nationalsozialismus, der Migration und des Tourismus sowie zur Visual und Oral History. Aus dem Albanischen übersetzt hat er u.a. die Erinnerungen einer albanischen Partisanin im Konzentrationslager Ravensbrück: Liri und Miro Xhunga, Das Mädchen mit der Nummer 67 203. Albanische Partisaninnen im KZ Ravensbrück, Berlin: Metropol 2021.

Liri Lubonja

ABSEITS UNTER MENSCHEN

Verbannt in Albanien 1973–1990

Aus dem Albanischen übersetzt
und eingeleitet von Cord Pagenstecher

(M) | METROPOL

Albanische Originalausgabe:
Liri Lubonja, Larg dhe mes njerezve. Kujtime internimi 1973–1990, Tirana: Dora d'Istria 1995, Prishtina: PA 2021

Die Herausgabe dieses Werks wurde gefördert durch TRADUKI, ein literarisches Netzwerk, dem das Bundesministerium für europäische und internationale Angelegenheiten der Republik Österreich, das Auswärtige Amt der Bundesrepublik Deutschland, die Schweizer Kulturstiftung Pro Helvetia, die Interessengemeinschaft Übersetzerinnen Übersetzer (Literaturhaus Wien) im Auftrag des Bundesministeriums für Kunst, Kultur, öffentlichen Dienst und Sport der Republik Österreich, das Goethe-Institut, die S. Fischer Stiftung, die Slowenische Buchagentur, das Ministerium für Kultur und Medien der Republik Kroatien, das Ministerium für Gesellschaft und Kultur von Liechtenstein, die Kulturstiftung Liechtenstein, das Ministerium für Kultur der Republik Albanien, das Ministerium für Kultur und Information der Republik Serbien, das Ministerium für Kultur Rumäniens, das Ministerium für Bildung, Wissenschaft, Kultur und Sport von Montenegro, die Leipziger Buchmesse, das Ministerium für Kultur der Republik Nordmazedonien und das Ministerium für Kultur der Republik Bulgarien angehören.

traduki

Die Übersetzung wurde unterstützt durch das Übersetzerhaus Looren.

[loːrən]
Übersetzerhaus Looren

Umschlagabbildung: Liri Lubonja, ca. 1974

ISBN: 978-3-86331-738-6

Ansbacher Straße 70
D–10777 Berlin
https://metropol-verlag.de

Druck: AALEXX Druck Produktion, Großburgwedel

Inhalt

Cord Pagenstecher

Einführung

Die Lubonjas sind eine bekannte Familie in Albanien. Todi Lubonja war führender Kommunist und Mitglied des Zentralkomitees der herrschenden Partei der Arbeit. 1972 wurde er als Direktor des staatlichen Fernsehens abgesetzt, weil er bei einem großen Musikfestival westlichen Einflüssen zu viel Raum gegeben hatte. Im Zuge parteiinterner Säuberungen wurde Todi Lubonja zu 15 Jahren Gefängnis verurteilt. Auch sein Sohn Fatos Lubonja war 17 Jahre lang inhaftiert und kam erst nach dem Ende des Kommunismus im Jahr 1991 wieder frei. Danach arbeitete er als Journalist und Schriftsteller. Heute ist er einer der führenden kritischen Intellektuellen des Landes.

Wie im kommunistischen Albanien üblich, wurden auch die Familienangehörigen politischer Gefangener verfolgt. Liri Lubonja, Todis Frau und Fatos' Mutter, musste ihre Arbeit als Wissenschaftlerin aufgeben, die Hauptstadt Tirana verlassen und mit Schwiegertochter, Enkelinnen und ihrem zweiten Sohn Agim in die Kleinstadt Lezha ziehen und in einem Lebensmittellager arbeiten. Später wurde sie in abgelegenen Dörfern interniert, wo sie sich täglich beim Polizeiposten melden musste.

In „Larg dhe mes njerëzve. Kujtime internimi 1973–1990" („Abseits unter Menschen. Verbannt in Albanien 1973–1990") beschreibt Liri Lubonja vielfältige Facetten des Alltags im sozialistischen Albanien als Frau und Intellektuelle, als Verstoßene und Internierte. In der Verbannung lebte sie fern ihrer Familie und ihrer Bekannten, kam aber unter ganz andere Menschen – und diesen auch sehr nahe.

Nüchtern und doch einfühlsam schildert sie ihre Erfahrungen und Gefühle, aber auch die vielfältigen Facetten des Verhaltens der Nachbarinnen, der Arbeiter, der Funktionäre, der Bäuerinnen, der Kinder. Ihre Porträts und Situationsbeschreibungen analysieren die bedrückenden Mechanismen von Überwachung und Sippenhaft, den Kampf um Selbstachtung und Familienzusammenhalt, aber auch die noch nach Jahrzehnten kommunistischer Herrschaft bestehenden Klassenunterschiede im ländlichen Albanien.

Trotz des wachsenden Interesses an der Geschichte der kommunistischen Diktaturen in den Ländern Ost- und Südosteuropas liegen bislang nur wenige Erinnerungsberichte von Verfolgten vor, vor allem nicht von Frauen.

Liri Lubonja in Tirana, 2021

Besonders gilt dies für das abgeschottete Albanien. Liri Lubonjas Erinnerungen füllen hier eine Lücke, nicht nur für das wissenschaftlich interessierte Publikum, sondern auch für die wachsende Zahl von touristischen Albanienreisenden – und nicht zuletzt für die zahlreichen Albanerinnen und Albaner, die in Deutschland, Österreich und der Schweiz leben.

Enver Hoxhas Diktatur

Am Ende des Zweiten Weltkriegs war Albanien ein extrem armes und unterentwickeltes Land mit etwa 1,2 Millionen Einwohnern. 1944 übernahmen die kommunistischen Partisanen unter der Führung von Enver Hoxha die Macht.[1] Sie hatten sich im Nationalen Befreiungskrieg gegen die zunächst italienischen, dann deutschen Besatzer sowie gegen konkurrierende Widerstandsbewegungen durchgesetzt. Viele, vor allem junge Menschen erhofften sich vom

1 Vgl. Klaus-Detlev Grothusen (Hrsg.), Südosteuropa-Handbuch, Band 7: Albanien, Göttingen 1993; Blendi Fevziu, Enver Hoxha. The Iron Fist of Albania. Edited and introduced by Robert Elsie, translated by Majlinda Nishku, London 2016.

neuen System einen Ausweg aus der extremen Ungleichheit und Rückständigkeit, etwa durch eine Bodenreform. Gleichzeitig wurden tatsächliche oder vermeintliche Gegner von der neuen Führung brutal bekämpft und ausgeschaltet.

Zunächst stützten sich die Kommunisten auf ihre Genossen in Jugoslawien, stellten sich nach dem Bruch zwischen Stalin und Tito 1948 aber gegen das Nachbarland. Mit dem Aufbau der Schwerindustrie, der zwangsweisen Kollektivierung, dem Personenkult, der nationalkommunistischen Ideologie und dem umfassenden Überwachungssystem folgte Albanien dem stalinistischen Modell. In den ersten Jahrzehnten der kommunistischen Herrschaft verbesserten modernisierende Maßnahmen in einigen Bereichen wie Gesundheits- und Bildungswesen, Elektrifizierung und Straßenbau die Lebensverhältnisse der Bevölkerung, wenngleich in begrenztem Umfang. Damit konnte das Regime gewisse Sympathien gewinnen, ebenso mit seiner nationalen Unabhängigkeitsrhetorik.

Nach der Entstalinisierung in der Sowjetunion brach Albanien 1961 mit Moskau und suchte stattdessen eine enge Zusammenarbeit mit China. Nach Mao Zedongs Tod 1976 wurden auch die Beziehungen zu China abgebrochen und das bitterarme Land vollkommen isoliert. Jede dieser außenpolitischen Wendungen verband der Diktator mit parteiinternen Säuberungen, die mögliche Machtkonkurrenten beseitigten, aber auch Wirtschaft und Kultur trafen. 1967 erklärte Hoxha Albanien zum ersten atheistischen Land der Welt; Kirchen und Moscheen wurden zerstört. Auf ein kurzes, liberaleres Intermezzo folgte 1973 die von Liri Lubonja beschriebene Kampagne gegen westliche Einflüsse in der Kultur. Dann schlossen sich weitere Säuberungswellen gegen Eliten aus Militär und Wirtschaft an.[2] Immer absoluter wurde Enver Hoxhas Macht; Planwirtschaft, Autarkiepolitik und explodierende Militärausgaben torpedierten jede wirtschaftliche Entwicklung. Resignation, Armut, ja Hunger verbreiteten sich in der Bevölkerung. Symbol des fortwährend propagierten Bedrohungsszenarios wurden Hunderttausende kleiner Bunker, mit denen sich das Land gegen den Rest der Welt verteidigen sollte.

Die Verbannung als Sippenhaft

Die kommunistische Herrschaft in Albanien war eine der repressivsten Diktaturen Europas. Etwa 34 000 Menschen, darunter 7000 Frauen, wurden aus politischen Gründen inhaftiert, knapp 1000 kamen in der Haft ums Leben.

2 Vgl. Idrit Idrizi, Herrschaft und Alltag im albanischen Spätsozialismus (1976–1985), Berlin/Boston 2018.

Etwa 6000 politische Gefangene wurden hingerichtet, darunter 450 Frauen.[3] Fast 60 000 Menschen wurden in die Verbannung geschickt.

Eine der charakteristischsten Strafmaßnahmen im kommunistischen Albanien war die Verbannung von Familienangehörigen missliebiger Personen. Das war eine administrative Strafe, die ohne Gerichtsverfahren durch das Innenministerium verhängt wurde. Verantwortlich war die dem Innenministerium und dem Zentralkomitee unterstellte „Komision i Internim-Dëbimeve". Grundsätzlich gab es dabei zwei Stufen: Häufiger verhängt wurde das „Internim", das eher mit „Verbannung" als mit „Internierung" zu übersetzen ist, da die Verbannten nicht in einem umzäunten Internierungslager eingesperrt waren, sondern in abgelegenen Dörfern leben und sich täglich beim Polizeiposten melden mussten. Eine seltenere, etwas mildere Form der Ausweisung war das „Dëbim" – man durfte ohne Genehmigung in mehrere Landkreise reisen, nicht jedoch in den eigenen Heimatort.

Schon seit 1949 angewendet, wurde das System der Verbannung 1954 per Dekret legalisiert und in der Folge mehrmals, wenngleich nicht grundlegend, verändert. Verbannt wurden Familienangehörige von Häftlingen, aber auch die Häftlinge selbst nach ihrer Entlassung aus dem Gefängnis. Betroffen waren nicht nur politische, sondern auch gewöhnliche Gefangene und ihre Familien. Zahlenmäßig besonders viele Verbannte waren Familienangehörige von tatsächlichen oder mutmaßlichen Republikflüchtigen, denn es war streng verboten, Albanien zu verlassen; die Grenzen waren stark bewacht. Die Verbannung wurde in der Regel zunächst für fünf Jahre ausgesprochen, dann aber häufig – auch mehrfach – verlängert.

Die Verbannten arbeiteten meist in der Landwirtschaft oder bei Bauprojekten der sozialistischen Planwirtschaft. Sie unterlagen der generellen ideologischen und ökonomischen Pflicht zur Arbeit, nicht aber einer Zwangsarbeit, wie es sie in den Straflagern gab, etwa in dem an ein Kupferbergwerk angegliederten Gefängnis von Spaç. Um ihren Lebensunterhalt bestreiten zu können, standen ihnen an den Orten der Verbannung nur wenige, schlecht bezahlte

3 Kastriot Dervishi, Burgjet dhe kampet e Shqipërisë Komuniste, Tiranë 2015; Beqir Meta/ Ermal Frashëri, On prison system, internment and forced labor during Communist regime in Albania with a focus on establishing a museum of memory in the former internment camp in Tepelena. Framework study, in: Albanian Authority on Access to Information on the Former State Security Service (AIDSSH), Tiranë 2019, S. 29, http://autoritetidosjeve.gov.al/uploads/Framework-Study-compressed.pdf; Jonila Godole, Vademecum Albania. A guide to archives, research institutions, libraries, associations, museums and sites of memory, in: Bundesstiftung zur Aufarbeitung der SED-Diktatur, Berlin 2022, https://www.bundesstiftung-aufarbeitung.de/de/publikationen/vademecum-albania. – Die Weblinks wurden zuletzt am 20. 7. 2023 aufgerufen und geprüft.

Arbeitsplätze zur Verfügung, stets unter der misstrauischen Kontrolle der Behörden. Nach einigen Jahren als Arbeiterin in verschiedenen landwirtschaftlichen Lagerhäusern lebte Liri Lubonja die meiste Zeit ihrer Verbannung als „Rentnerin", genau wie ihr Mann Todi nach seiner Entlassung aus der Haft. Ihr zweiter Sohn Agim machte nach dem Gymnasium seinen Militärdienst und arbeitete dann in der Forst- und Landwirtschaft.

Von der Verbannung betroffen waren wohl 59 000 Menschen; über 7000 Menschen von ihnen kamen infolge der Lebensumstände zu Tode.[4] In ganz Albanien gab es Dutzende von „Internierungspunkten" (Pikat e Internimit).[5] Menschen aus Nordalbanien wurden im Süden interniert und umgekehrt, immer weit entfernt von der Heimat. Die Bedingungen unterschieden sich im Einzelnen ebenso wie im Zeitverlauf. Bis 1954 waren die Internierungspunkte mit Stacheldraht umzäunte und bewachte Lager, etwa in Tepelene oder Porto Palermo. Später – so auch in Liri Lubonjas Beschreibung – handelte es sich um abgelegene Dörfer, in denen die Verbannten sich täglich beim Polizeiposten melden mussten. Wollten sie ihren Landkreis verlassen, brauchten sie einen Passierschein. Die Autorin lebte in den beiden Dörfern Fishta (1982–1986) und Malecaj (1986–1990) in Gebäudekomplexen, die früher eingezäunte Lager gewesen waren und vielfach immer noch als „Lager" bezeichnet wurden. Die Wachtürme waren aber nicht mehr besetzt, die Tore waren offen, die Überwachung der Verbannten erfolgte auf andere Weise.

Das Leben in der Verbannung war hart und bedrückend. Es unterschied sich aber vollkommen von Gefängnissen wie in Burrel (wo Todi Lubonja einsaß) oder Gefangenenlagern wie Spaç (wo Fatos Lubonja inhaftiert war). In der Kleinstadt Burrel, etwa 100 Kilometer nordöstlich von Tirana gelegen, wurde schon unter König Zogu vor dem Krieg ein Gefängnis errichtet, in dem neben Kriminellen auch politische Gefangene und Kleriker langjährige Haftstrafen absaßen.[6] Das 1992 geschlossene Gefängnis ist seit 1997 wieder in Betrieb.

Eines der berüchtigtsten Straflager der Volksrepublik Albanien lag nahe dem abgelegenen Dorf Spaç in den Bergen der Mirdita. Bis zu 1400 Gefangene mussten in den dortigen Kupfer- und Pyrit-Minen arbeiten. Das 1968 eingerichtete Straflager war zugleich ein militärisches Kommando, sodass hier auch Soldaten als Wachtruppen eingesetzt waren. 1973 kam es zu einer aufsehen-

4 Meta/Frashëri, On prison system, S. 29.

5 Vgl. die Karte in https://exit.al/shqiperia-burg-harta-e-burgjeve-dhe-kampeve-te-internimit-ne-diktaturen-e-enver-hoxhes/.

6 Fatos Lubonja, Çuçi, in: Zwei Gefängniserzählungen. Übersetzt von Joachim Röhm, in: Joachim Röhm, Albanische Literatur in deutscher Übersetzung, https://www.joachim-roehm.info/lubonja-gefaengnis.pdf, S. 1–12.

erregenden Gefangenenrevolte in Spaç. Die Ruinen des Gefängnisses, unweit der Autobahn nach Kosova gelegen, sind heute zugänglich und beschildert, aber dem Verfall preisgegeben. Die Kupfermine wird von einem türkischen Konzern betrieben.[7]

Die Strafe der Verbannung war historisch auch in anderen Ländern und Zeiten üblich. In der Antike traf sie Schriftsteller wie Thukydides oder Ovid; neuzeitliche Groß- und Kolonialreiche verbannten Kriminelle oder politische Gegner in abgelegene Staatsgebiete wie Sibirien, Australien oder Französisch-Guyana, wo die Verbannten auch die Urbarmachung und Kolonisierung dieser entlegenen Regionen vorantreiben mussten.

Verschiedentlich haben Schriftsteller ihre Erfahrungen in der Verbannung literarisch verarbeitet. In ihrem Buch nimmt Liri Lubonja direkt Bezug auf Fjodor Dostojewskis Beschreibung seiner Verbannung nach Sibirien. Nicht erwähnt wird dagegen eine historisch näherliegende und ähnlicher ausgestaltete Parallele, die Praxis des „Confino" im italienischen Faschismus. Diese Verbannung politischer Gegner in entlegene Dörfer oder Inseln Süditaliens wurde literarisch etwa von Carlo Levi („Christus kam nur bis Eboli", 1979 in albanischer Übersetzung erschienen) oder Cesare Pavese („Die Verbannung") verarbeitet. Liri Lubonja erwähnt diese Autoren nicht, obwohl sie viele italienische Bücher gelesen hatte, auch im Original.

Für die Verbannungspraxis in Albanien spezifisch war, dass sie sich explizit gegen Familienangehörige von tatsächlichen oder vermeintlichen Republikflüchtigen, Oppositionellen oder Kriminellen richtete. Von dieser Familienstrafe betroffen waren vor allem Frauen und Kinder.[8] Die Verbannung war eine Art von Sippenhaft, charakteristisch für das trotz kommunistischer Ideologie zugleich traditionalistisch geprägte Albanien. Extrem benachteiligt wurden auch Menschen mit einer „Biografie", nämlich einem wie auch immer gearteten Makel bei irgendeinem Mitglied der Herkunftsfamilie: Wessen Vater, Schwager oder Großonkel einmal Monarchist, Großbauer, Republikflüchtiger

7 Museen und Gedenkstätten zur Erinnerung an die Opfer der kommunistischen Diktaturen, hrsg. von Anna Kaminsky im Auftrag der Bundesstiftung zur Aufarbeitung der SED-Diktatur. Erarbeitet von Anna Kaminsky, Ruth Gleinig und Lena Ens, Dresden 2018, S. 27–29; Fatos Lubonja, Eqerem, in: Zwei Gefängniserzählungen. Übersetzt von Joachim Röhm, in: Joachim Röhm, Albanische Literatur in deutscher Übersetzung, https://www.joachim-roehm.info/lubonja-gefaengnis.pdf, S. 13–23.

8 Vgl. Shannon Woodcock, Life is War. Surviving Dictatorship in Communist Albania, Bristol 2016; Davjola Ndoja/Shannon Woodcock, Postmemory and Women's Displacement in Socialist Albania: Historical Methodologies as Response, in: Simona Mitroiu (Hrsg.), Women's Narratives and the Postmemory of Displacement in Central and Eastern Europe, Basingstoke 2018, S. 221–244.

oder Abweichler gewesen war, durfte nicht studieren oder irgendeine herausgehobene Position einnehmen.[9] Viele Familien verweigerten ihren Kindern auch eine Hochzeit mit einem Menschen „mit Biografie".

Überwacht von der Dega, Arbeit beim Grumbullim

Die Überwachung der Verbannten oblag der Abteilung für Innere Angelegenheiten (Dega e Punëve të Brendshme). Diese – kurz „Dega e Brendshme" oder einfach „Dega" genannte – Behörde umfasste sowohl die Polizei als auch die für politische Fragen zuständige Staatssicherheit (Sigurimi e Shtetit). Das auch in vielen anderen Zusammenhängen gebräuchliche Wort „dega" („Abteilung") wurde in diesem Kontext oft groß geschrieben; die „Dega" war gefürchtet. Die vorliegende Übersetzung verwendet das Wort „Dega", da „Abteilung" oder „Kommissariat" zu harmlos klänge, „Sigurimi" zu eng und „Stasi" oder „Firma" verfälschend wäre. Als politisch Verfolgte hatte Liri Lubonja wohl hauptsächlich mit Sigurimi-Leuten innerhalb der Dega zu tun. Das Wort „Sigurimi" benutzte sie selbst aber nur an zwei Stellen ihres Buches, es wird in der Übersetzung beibehalten.

Anders als das Ministerium für Staatssicherheit der DDR bildete die albanische Sigurimi kein eigenes Ministerium, sondern unterstand dem Innenministerium, das in jedem Kreis Albaniens eine solche Abteilung und in der Hauptstadt ein entsprechendes Direktorat unterhielt. Dem jeweiligen Leiter oder Chef der Dega unterstanden vor Ort, etwa in Lezha, sowohl die Polizei als auch die Staatssicherheit; neben dem Ersten Parteisekretär war er der mächtigste Mann im Kreis. In den Strafverfahren gegen Todi und Fatos Lubonja kooperierte die Dega von Lezha mit Ermittlern aus Tirana. Die bis 1983 dem Innenministerium unterstehende, später eigenständige Ermittlungsbehörde bereitete zusammen mit der Sigurimi Dossiers vor, ordnete Untersuchungshaft an und verfasste die Anklagen, die die Staatsanwaltschaft anschließend vor Gericht erhob.

In ihren Erinnerungen nennt Liri Lubonja viele Namen von bekannteren oder unbekannteren Vertretern des Regimes, aber auch von anderen Menschen, die ihr in der Verbannung begegneten. Zu einigen der Personen geben kurze

9 Vgl. Georgia Kretsi, „Good and Bad Biography". The Concept of Family Liability in the Practice of State Domination in Socialist Albania, in: Ulf Brunnbauer/Andreas Helmedach/Stefan Troebst (Hrsg.), Schnittstellen. Gesellschaft, Nation, Konflikt und Erinnerung in Südosteuropa: Festschrift für Holm Sundhaussen zum 65. Geburtstag, München 2007, S. 175–188.

Fußnoten biografische Informationen. Sie stützen sich häufig auf Zeugnisse aus Prozessen und Geheimdienstakten oder spätere Interviews oder Nachrufe, die verstreut im Internet zu finden sind. Weitere Anmerkungen erläutern geografische Begriffe oder im Text genannte historische Persönlichkeiten sowie Besonderheiten der Gesellschaft und Wirtschaft im sozialistischen Albanien.

Immer wieder erwähnt Liri Lubonja etwa den „Grumbullim", eigentlich „Ndërmarrja Shtetërore e Grumbullimit" („Staatliches Sammelunternehmen"), der als Großhandelsbetrieb für Ablieferung, Lagerung, Transport und Auslieferung von Lebensmitteln zuständig war. Er nahm den Produzenten ihre landwirtschaftlichen Produkte ab, verfügte über Warenlager für Rohprodukte („landwirtschaftliches Magazin"), Molkereien, Mühlen und Lagerhallen für verarbeitete oder konservierte Produkte sowie für Verpackungen, organisierte den Transport und schickte die Waren in den Export oder vertrieb sie über Verkaufsstellen im Land. Das private Land war in den 1950er-Jahren kollektiviert worden; die Bauern arbeiteten nun als Landarbeiter entweder in Staatsgütern oder in Genossenschaften. Es gab nur wenige, von Liri Lubonja teilweise beschriebene Nischen privater Agrarproduktion. Frauen sammelten z. B. Salbei und andere Kräuter, die ihnen der Grumbullim abnahm. Viele Landbewohner pflanzten Gemüse im Garten oder hielten sich Schweine.

Die albanische Erinnerungskultur

Auch wenn in Spaç und Burrel angemessene Gedenkorte fehlen, sind diese beiden Gefängnisse in der albanischen Öffentlichkeit bekannt, vor allem aufgrund von Publikationen und Fernsehauftritten einiger ehemaliger politischer Häftlinge. Besonders aktiv ist dabei Fatos Lubonja, der im Jahr 2023 in Spaç eine Open-Air-Kunstinstallation eröffnete.[10] Die Betroffenen fordern immer wieder insbesondere die Offenlegung der Akten und die Bestrafung der Verantwortlichen.[11]

Auch bemühen sich wissenschaftliche und politische Initiativen um die Aufarbeitung der Vergangenheit. Das 2010 gegründete „Institut für Studien der

10 Fatos Lubonja, Art në burgun e Spaçit, 'Frakturat' e tij dhe Ardian Isufit në një ekspozitë speciale, in: News24 Albania, 3. 3. 2023, https://youtu.be/bdOy1rIs6NQ.

11 So protestierten im September 2022 ehemalige Häftlinge des Gefängnisses Qafë Bari vor der deutschen Botschaft in Tirana dagegen, dass der ehemalige Gefängnisdirektor Edmond Caja und weitere Verantwortliche heute unbehelligt in Deutschland leben könnten, vgl. Ish të përndjekurit, protestë para Ambasadës Gjermane, Report TV, YouTube, 16. 9. 2022, https://www.youtube.com/watch?v=WYJOintFjho.

Ehemaliges Gefängnis Spaç, im Hintergrund die moderne Kupfermine, 2020

kommunistischen Verbrechen und ihrer Konsequenzen" (ISKK) organisiert regelmäßig Konferenzen und veröffentlicht Publikationen, sammelt Erinnerungsberichte, erstellt Datenbanken und Ausstellungen, teilweise unterstützt von der Konrad-Adenauer-Stiftung.[12] Verschiedene Museen und Gedenkstätten erinnern an die Opfer der Repression. Nach dem Vorbild der deutschen Stasi-Unterlagenbehörde wurde 2015 eine „Behörde für die Information über Dokumente der ehemaligen Staatssicherheit" („Autoriteti për Informimin mbi Dokumentet e ish-Sigurimit të Shtetit") eingerichtet, bei der Forschende und Betroffene Akteneinsicht beantragen können.[13] Der kommunistische Apparat hatte in den Jahren des Umbruchs nach 1990 aber bereits viele Dossiers vernichtet, weitere verschwanden wohl noch später.[14]

12 Instituti i Studimeve për Krimet dhe Pasojat e Komunizmit (ISKK), http://www.iskk.gov.al/en/about-us/.

13 Autoriteti për Informimin mbi Dokumentet e ish-Sigurimit të Shtetit, http://autoritetidosjeve.gov.al/.

14 Kastriot Dervishi, Dosjet e Kadaresë dhe Lubonjës u asgjesuan, in: Observatori Kujtesës, 17. 4. 2017, https://web.archive.org/web/20170420193827/https://www.observatorikujteses.al/dosjet-e-kadarese-dhe-lubonjes-u-asgjesuan/.

Betonträger aus der Kupfermine Spaç als Teil des 2013 von Fatos Lubonja und Ardian Isuf gestalteten Postbllok-Monuments in Tirana, 2021

Trotz dieser und weiterer Bemühungen bleibt die Geschichte der Diktatur im heutigen Albanien oft nur oberflächlich bekannt, ist aber dafür umso mehr umstritten.[15] In der hochpolarisierten politischen Debatte wird sie häufig zur Diskreditierung der Gegner instrumentalisiert. Immer wieder wird dabei die individuelle Rolle von Eltern oder Großeltern heutiger politischer Akteure hervorgehoben, in einer gewissen Kontinuität zum früheren, an Sippenhaft erinnernden Topos der verdächtigen „Biografie" einer missliebigen Person.

Die Erinnerung an verfolgte Frauen ist besonders marginalisiert, auch im Rahmen der Aktivitäten der Verbände der ehemaligen Häftlinge oder des ISKK. So gibt es auch keine Entschädigung für Verbannte, unter denen

15 Idrit Idrizi, Zwischen politischer Instrumentalisierung und Verdrängung. Die Auseinandersetzung mit dem Kommunismus in der Öffentlichkeit, Geschichtspublizistik und Historiographie im postkommunistischen Albanien, in: Jahrbuch für Historische Kommunismusforschung 2014, S. 93–106; Jonila Godole/Idrit Idrizi (Hrsg.), Between Apathy and Nostalgia. Public and Private Recollections of Communism in Contemporary Albania, Tirana 2018.

Ehemaliges Tor des Internierungslagers Fishta, jetzt Teil des Agroturismo-Restaurants Mrrizi i Zanave, 2021

besonders viele Frauen waren.[16] Immerhin wurde bei dem frühen Internierungslager von Tepelene in Südalbanien kürzlich eine kleine Gedenkstätte eingerichtet.[17]

Im ehemaligen Internierungslager in Fishta, Liri Lubonjas Verbannungsort von 1982 bis 1986, residiert heute das auch international besuchte Agrotourismus-Restaurant „Mrrizi i Zanave" („Feenruhe"). In den restaurierten Gebäuden des Lagers werden hochwertige Marmeladen, biologische Weine und ausgesuchte Käsesorten hergestellt. Dass hier einmal ein Internierungslager und Verbannungsort existierte, wird auf dem Architektenschild erwähnt, aber nicht weiter erläutert.

Das ehemaliger Lager in Malecaj ist noch heute ein Ort extremer Armut; die Szenerie hat sich gegenüber Liri Lubonjas Beschreibung kaum geändert.

16 Ndoja/Woodcock, Postmemory and Women's Displacement, S. 221–244, 234f.

17 Meta/Frashëri, On prison system.

Liri Lubonja und ihre Familie – eine biografische Skizze

Liri Ftera wurde 1926 in der Hafenstadt Durrës geboren. Ihr Vater Ibrahim Shehaj stammte aus dem Dorf Fterra bei Himara an der albanischen Riviera, das er nach der Zerstörung des Dorfes im Ersten Weltkrieg verließ. Wie damals nicht unüblich, nannte er sich nach seinem Heimatort nun Ftera und wurde Postbeamter in Vlora und Kavaja, schließlich Direktor der Post des Bezirks Durrës. Aus seiner ersten Ehe mit seiner jung verstorbenen Frau stammte Liris Halbbruder Fiqret (geb. 1917).

In Durrës heiratete Ibrahim Ftera Liris Mutter Hato Pogoni (geb. 1899), die aus Voshtina (heute Pogoniani, an der griechisch-albanischen Grenze) stammte. Als Voshtina am Ende der osmanischen Herrschaft 1913 an Griechenland fiel, zog ihr Vater, ein wohlhabender Anwalt, nach Istanbul. Hato wurde 17-jährig verheiratet; ihr Mann fiel bald danach im Ersten Weltkrieg. Nach der Unabhängigkeit Albaniens zog die Familie 1920 auf Initiative von Hatos Bruder Pertef Pogoni, später Staatssekretär im albanischen Bildungsministerium, nach Albanien. Hato heiratete nun erneut und bekam mit Ibrahim Ftera drei Kinder: Zija, Drita und Liri. Liris Onkel Sulejman Pogoni wurde 1924 von Anhängern Fan Nolis erschossen.

Liris Vater wurde Ende der 1920er-Jahre wegen tatsächlicher oder angeblicher finanzieller Unregelmäßigkeiten entlassen, die Familie geriet in finanzielle Not. 1929 starb Ibrahim Ftera im Alter von 44 Jahren; Liri war gerade zwei Jahre alt. Ihre Mutter Hato siedelte nach Tirana über und zog ihre Kinder alleine groß. Liris ältere Schwester Drita starb allerdings schon 1932 an Meningitis, der Bruder Zija wurde später Stadtplaner.

Liris bewunderter großer Bruder Fiqret wollte nach einem Schauspielstudium Regisseur werden. Im Krieg arbeitete er bis zu dessen Schließung bei Radio Tirana. 1943 inszenierte er mit Liri und ihren Schulkameraden eine Amateur-Aufführung von „Wilhelm Tell“, die 1943 aber wegen des Bruchs zwischen Balli Kombëtar und Kommunisten untersagt wurde. 1944 verließ Fiqret Albanien und emigrierte über Italien in die USA; erst 1994 sah Liri ihn wieder.

Liri engagierte sich in der kommunistischen Jugend. Als kaum 17-Jährige verteilte sie 1943 Flugblätter und Hilfslieferungen im Umkreis Tiranas, später half sie bei der Herstellung der kommunistischen Untergrundpresse. Als die Schulen 1943 geschlossen wurden, arbeitete sie zeitweise als Aushilfe in der Postverwaltung. 1944 kam sie mit ihren Kameradinnen in die Partisanenhochburg Peza und marschierte zum Jugendkongress in Helmës. Dort traf sie u. a. Nexhmije Xhuglini (die spätere Frau Enver Hoxhas), aber auch Mitglieder

Liri Ftera bei Aufräumarbeiten in Tirana, 1945

der britischen Militärmission. Nach der Befreiung arbeitete sie in der kleinen Stadt Peshkopi im Osten Albaniens beim Aufbau der kommunistischen Jugendorganisation. Dort lernte sie 1945 Todi Lubonja kennen und verlobte sich mit ihm. Ihre muslimische Mutter Hato war ebenso gegen diese interreligiöse Heirat wie Todis christliche Mutter.

Ab März 1945 holte Liri in einem Sommerkurs bei Nako Spiru in Tirana ihren Schulabschluss nach. 1950 begann sie als Redakteurin bei der Zeitung „Rinia" (*Jugend*) zu arbeiten, die später in „Zëri i Rinisë" (*Stimme der Jugend*) umbenannt wurde und mit einem literarischen Profil Erfolg hatte. 1951 wurde ihr Sohn Fatos geboren. 1954–1955 besuchte sie für ein Schuljahr die Komsomol-Hochschule in Moskau. Später arbeitete sie am Institut für Geschichtswissenschaft der Akademie der Wissenschaften.

Liris Mann Todi Lubonja (1923–2005) war Journalist und Politiker. Nach seinem Engagement in der kommunistischen Widerstandsbewegung wurde er 1951 Erster Sekretär der Kreisleitung Elbasan der Partei der Arbeit Albaniens (PPSh), 1953 Vorsitzender des Jugendverbandes, 1958 Abgeordneter der Volksversammlung und schließlich Mitglied des Zentralkomitees. Von 1964 bis 1970 war er Chefredakteur des Parteiorgans „Zëri i Popullit" (*Stimme des Volkes*). Zeitweise wurde Todi Lubonja in die Provinz versetzt, 1954 nach

Kukës, später nach Korça, kehrte dann aber wieder zurück nach Tirana. 1970 wurde er Generaldirektor der Radio- und Fernsehanstalt Albaniens (RTSh).

In dieser Zeit gehörten die Lubonjas also zur Elite der Partei und genossen entsprechende Privilegien. Wie die anderen Mitglieder des inneren Machtzirkels lebten sie im sogenannten Blloku, einem abgeschlossenen und bewachten Quartier im Zentrum Tiranas, das später, in den 1990er-Jahren, zu einem beliebten Ausgehviertel werden sollte. Teilweise waren die Familien der Parteielite miteinander befreundet, die Lubonjas etwa mit Ramiz Alia und seiner Frau Semiramis. Ramiz Alia wurde nach Enver Hoxhas Tod 1985 Parteichef. Er setzte Hoxhas Linie fort, auch gegenüber der Familie Lubonja. Das hielt Todi und Liri Lubonja erstaunlicherweise nicht davon ab, nach ihrer Rückkehr nach Tirana in den 1990er-Jahren wieder einen freundschaftlichen Kontakt zu Ramiz Alia zu pflegen.

1972 gehörte Todi Lubonja zusammen mit Fadil Paçrami, Parteisekretär in Tirana, zu den Verantwortlichen des XI. Festivali i Këngës (Festival des Liedes), bei dem Musik mit Pop- und Jazz-Einflüssen gespielt wurde, die Künstler trugen Kleidung in westlichem Stil.[18] Das missfiel Enver Hoxha; Todi wurde im April 1973 abgesetzt und als Direktor eines Baubetriebs nach Lezha geschickt. Auf dem 4. Plenum des Zentralkomitees im Juni 1973 wurden Lubonja und Paçrami wegen ihrer liberalen Haltung gegenüber ausländischen Einflüssen hart kritisiert.[19] Todi Lubonja wurde nun als einfacher Bauarbeiter beschäftigt, im Juni 1974 verhaftet und dann zu 15 Jahren Gefängnis verurteilt. Nach 13 Jahren im Gefängnis Burrel wurde er 1987 entlassen, aber mit Verbannung bestraft.

Nach der Absetzung Todis musste Liri Lubonja ihre Arbeit als Wissenschaftlerin aufgeben, die Hauptstadt Tirana verlassen und mit Schwiegertochter, Enkelinnen und ihrem zweiten Sohn Agim in der Kleinstadt Lezha wohnen. Sie wurde aus der Partei ausgeschlossen und musste erst in einer Schule, dann in einer Großbäckerei und schließlich in einem Lebensmittellager arbeiten. Nach einigen weiteren Tätigkeiten konnte sie schließlich eine geringe Rente beziehen. Nach Todis Verhaftung wurde sie aus Lezha in weiter

18 Das 1962 begründete Festivali i Këngës wurde alljährlich im Dezember veranstaltet und im Fernsehen übertragen. Heute dient es als Vorentscheid für den European Song Contest. Ausschnitte vom 11. Festival im Dezember 1972 sind auf Youtube zu sehen unter https://youtu.be/X-8iQVCb0gw, Fernsehsendung mit Zeitzeugen: https://youtu.be/vFyCYkj0L2Q.

19 Über die Säuberungswellen der 1970er-Jahre liegt wenig Forschung vor. Zu ihren Mechanismen im inneren Machtzirkel am Beispiel der Entmachtung Mehmet Shehus und weiterer Minister Anfang der 1980er-Jahre vgl. Idrit Idrizi, Enver Hoxha's Last Purge. Inside the Ruling Circle of Communist Albania (1981–1983), in: East European politics and societies. 36 (2022) 4, S. 1091–1110.

abgelegene Dörfer verbannt, ab Oktober 1982 zunächst nach Fishta, ab Mai 1986 nach Malecaj bei Torovica. Dort wurde sie zwar nicht in einem umzäunten Lager interniert, musste sich aber täglich beim Polizeiposten melden und durfte den Ort nur mit Genehmigung verlassen.

Liris ältester Sohn, der Physiker Fatos Lubonja (geb. 1951), wurde 1974 verhaftet und zunächst zu sieben Jahren Gefängnis verurteilt. Er war im berüchtigten Gefängnis Spaç inhaftiert und musste in der dortigen Mine arbeiten. Bei einem zweiten Prozess wurde er 1979 beschuldigt, einem pro-sowjetischen Kreis im Gefängnis anzugehören, und zu weiteren 20 Jahren Haft verurteilt. Erst nach dem Zusammenbruch des Kommunismus kam Fatos Lubonja 1991 nach insgesamt 17 Jahren Haft frei. Fatos Lubonja war verheiratet mit Zana Paçrami, der Tochter von Fadil Paçrami. Ihre erste Tochter Ana war noch in Tirana, Tetis, die zweite, im Juni 1974 in Lezha geboren worden. Zana lebte mit ihren Kindern zunächst bei ihrer Schwiegermutter, dann bei ihrer Mutter, die ebenfalls nach Lezha verbannt worden war.

Liris zweiter Sohn Agim besuchte in Lezha das Gymnasium, durfte aber trotz guten Abiturs nicht studieren. Nach seinem Militärdienst arbeitete er in der Landwirtschaft. 1986 heiratete er Dila, die er in Fishta kennengelernt hatte, und bekam mit ihr zwei Söhne, Eldorado und Emiliano. Die junge Familie lebte mit Liri zusammen in Malecaj. 1987 kam auch der aus dem Gefängnis entlassene, aber zu fünf Jahren Verbannung verurteilte Todi dazu. Erst 1990 konnten alle wieder nach Tirana zurückkehren.

Dort lebte die Familie in einer – längeren – Übergangszeit noch halblegal und in sehr beengten Verhältnissen. Fatos Lubonja engagierte sich in der zivilgesellschaftlichen Opposition und machte sich einen Namen als Schriftsteller und kritischer Intellektueller, der in zahlreichen Talkshows über historische und aktuelle Themen interviewt wurde. Seine autobiografischen Veröffentlichungen beschreiben unter anderem seine erneute Verurteilung 1979, sein letztes von insgesamt 17 Jahren im Gefängnis, einzelne Erlebnisse im Gefängnis und seine Erfahrungen vom gesellschaftlichen Zusammenbruch Albaniens im Jahr 1997.[20] Agim Lubonja wurde Gitarrist, spielte u. a. in einem Hochzeitsorchester und organisierte Konzerte für den Rundfunk. Liri und Todi Lubonja versuchten, trotz der schwierigen und chaotischen Verhältnisse im Albanien der 1990er-Jahre ihren Ruhestand in Tiranas Cafés zu genießen. Beide

20 Von Fatos Lubonjas zahlreichen Publikationen sind wenige ins Deutsche übersetzt: Fatos Lubonja, Zwei Gefängniserzählungen, in: Röhm, Albanische Literatur. Auf Englisch: Fatos Lubonja, Second sentence. Inside the Albanian Gulag, London 2009; ders., The False Apocalypse. From Stalinism to Capitalism, London 2014; ders., Like a Prisoner, London 2022.

Liri Lubonja in Tirana, 2021

schrieben ihre Erinnerungen: Todi veröffentlichte drei, Liri zwei Bücher.[21] In diesen Publikationen geht es einerseits um die Jugend und den antifaschistischen Befreiungskampf, andererseits um die Erfahrungen in Haft und Verbannung, kaum dagegen um die im Herzen der kommunistischen Elite verbrachten 1950er- und 1960er-Jahre. 2005 starb Todi, 2021 folgte ihm Liri Lubonja.

21 Todi Lubonja, Nën peshën e dhunës, Tirana 1993, Mësonjëtorja 1998 (2. Aufl.) (über die Haftzeit); ders., Ankthi pa fund i lirisë. Shënimet e internimit, 1987–1990, Tirana 1994 (über die Zeit der Verbannung); ders., Pse hesht shtëpia e muzikës. Kujtime, Tirana 2002 (über Jugend und Befreiungskampf); Liri Lubonja, Larg dhe mes njerëzve. Kujtime Internimi, 1973–1990, Tirana 1995, Tirana 2007, Prishtina 2021; dies., Kohë të reja – kujtime të vjetra, Tirana 2015 (über den Befreiungskampf und die Zeit nach 1990).

Liri Lubonja

Abseits unter Menschen

Verbannt in Albanien 1973–1990

Die Umsiedlung

Als die vielen Versammlungen in der staatlichen Radio- und Fernsehanstalt zu Ende gingen und man schließlich vorschlug, meinen Mann Todi aus dem Zentralkomitee auszuschließen, kam eines Tages jemand zu uns nach Hause und sagte mir, die Buchhaltung wolle die Blumenvase zurückhaben.

Was sie von mir wollten, war eine Akelei, eine der Pflanzen, die die Korridore der Sendeanstalt schmückten. Zu Hause hegte und pflegte ich fast alle Arten von Blumen, von der klassischen Nelke bis zu den erst spät nach Albanien gekommenen Sorten wie dem Fikus oder der Monstera. Die Leidenschaft für Blumen hatte mir meine Mutter schon als Kind nahegebracht. Diese Akelei-Sorte hatte ich noch nicht gehabt; sie stach mir jedes Mal ins Auge, wenn ich sie beim Sender auf den Treppenabsätzen und in den Gängen sah. Eines Tages bat ich um einen Ableger, um ihn zu Hause einzupflanzen. Ganz unterwürfig, wie gegenüber der Frau des Generaldirektors erwartbar, schickten sie mir gleich einen kleinen Setzling in einer schönen Vase. Ich freute mich sehr darüber.

Jetzt wollten sie sie zurückhaben! Also kam Gani, Todis Fahrer, und nahm sie mit.

So weit war es gekommen in den ersten zwei, drei Monaten des Jahres 1973. Enver Hoxhas Rede im Präsidium der Volksversammlung am 9. Januar zeigte, dass seine Wut sich nicht auf das 11. Festival beschränkte, um das man in diesem kalten Winter so viel Wirbel machte.[1] Er erwähnte auch zwei Gedichte von Xhevahir Spahiu,[2] die er als existenzialistische Poesie im Stile Sartres

1 Enver Hoxha (1908–1985) war seit 1943 Vorsitzender der kommunistischen Partei der Arbeit Albaniens und beherrschte Albanien bis zu seinem Tod 1985 diktatorisch. Das 1962 begründete Festivali i Këngës (Festival des Liedes) wurde alljährlich im Dezember veranstaltet und im Fernsehen übertragen. Nach dem 11. Festival im Dezember 1972 kritisierte die Parteiführung die dort gezeigten westlichen Einflüsse in Musik und Kleidung, sie würden die Parteidisziplin untergraben und die Jugend verderben. Liris Mann Todi Lubonja, Generaldirektor des staatlichen Fernsehens, Fadil Paçrami und andere Verantwortliche wurden ihrer Ämter enthoben und später inhaftiert.

2 Xhevahir Spahiu (geb. 1945) ist ein albanischer Dichter, dessen Gedicht Jetë (Leben) nur zufällig Verse enthielt, die einem Sartre-Text ähnelten, und der deswegen zwei Jahre Publikationsverbot erhielt, https://web.archive.org/web/20200131010646/http://www.albanianliterature.net/authors/modern/spahiu/index.html.

ansprach, und so dachten viele, er hole nun aus zum Schlag auch gegen die Literatur, oder gleich gegen Kunst und Kultur insgesamt.

Die Kommentare zu seiner Rede schufen eine Stimmung der Gefahr und Unruhe, die Todi und ich immer stärker spürten. Auf unseren üblichen Abendspaziergängen sprachen uns Freunde und Bekannte auf der Straße darauf an. Sie dachten, dass Todi Bescheid wisse, war er doch wegen des Festivals direkt kritisiert worden, und wollten Genaueres erfahren. Eine der beunruhigendsten Fragen war: „Wie weit wird das gehen?" Niemand wusste das, am wenigsten wir. Uns sprachen ganz unterschiedliche Menschen an: Die meisten drückten uns ihre Sympathie aus. Aber es gab auch Feiglinge und Ängstliche, eingeschüchterter als die anderen. Einer von ihnen war Maks Velo,[3] der zu Todi sagte: „Was habt ihr getan, uns ging es doch gut!" Sie drehten uns als Erste den Rücken zu.

In der Sendeanstalt begannen Versammlungen; man analysierte das 11. Festival. Dessen Urheber, die Komponisten, Dichter, Kostümbildner, erkannten plötzlich, dass sie einen Fehler gemacht hatten. Aber schnell wurde klar, dass der Hauptangriff auf den Direktor zielte. Die Delegierten in den Versammlungen des Senders wurden ausgewechselt. Sie waren von unterschiedlichem Rang, von der Sekretärin des Kreisparteikomitees bis zu dem für Radio und Fernsehen zuständigen Stellvertretenden Ministerpräsidenten.

Auf dem Februarplenum des Zentralkomitees vertrieb Enver Hoxha gewissermaßen die Rauchschleier seiner im Januar gezündeten Nebelkerzen: Er kündigte ein außerordentliches Plenum an, auf dem ideologische Fragen geklärt werden sollten. Das zunächst noch verborgene politische Ziel der Angriffe auf das Festival wurde allmählich offensichtlich. In den Kreisen des Schriftstellerverbandes und unter den Menschen aus Kunst und Kultur ging auf einmal ein „freundliches" und „wohlwollendes" Wort um: „Nichts wird passieren; es braucht nur Selbstkritik." So begannen die Versammlungen auch im Schriftstellerverband. Rasch verbreitete sich die Nachricht: Fadil Paçrami übt keine Selbstkritik.[4] Als Todi das hörte, sagte er: „Wirklich, so etwas würde auch mich zerreißen!" Ich wusste, was er über die von ihm in diesen Tagen

3 Maks Velo (1935–2020) war Maler, Architekt und Schriftsteller. Im September 1973 wurde er zunächst in ein Dorf außerhalb Tiranas verbannt, von 1978 bis 1986 dann im berüchtigten Arbeitslager Spaç inhaftiert.

4 Fadil Paçrami (1922–2008) war Schriftsteller, zeitweise Kulturminister und Parlamentspräsident. Auf dem IV. Plenum des Zentralkomitees der Partei der Arbeit im Juni 1973 verloren er und Todi Lubonja ihre Ämter. 1975 wurde er verhaftet und saß bis kurz vor dem Zusammenbruch des Kommunismus 1991 im Gefängnis. Fadil Paçramis Tochter Zana war mit Liri und Todi Lubonjas Sohn Fatos verheiratet.

verlangte Selbstkritik dachte, denn schon zu Beginn hatte er mir gesagt: „Sie wollen uns mit unseren eigenen Worten treffen, deswegen verlangen sie Selbstkritik. Ich habe nicht vor, ihnen irgendetwas zu liefern."

Währenddessen arbeitete ich weiter jeden Tag im Lesesaal der Nationalbibliothek, wo auch andere Mitarbeiter des Historischen Instituts saßen. Ich nahm immer an einem Tisch direkt an der Wand Platz. Eines Tages bemerkte ich, dass der Tisch mir gegenüber leer blieb. Die Frau, die normalerweise dort saß, arbeitete in den Massenorganisationen an verantwortlicher Stelle. Ich sah, dass sie auf die andere Seite des Saales gewechselt war.

Ende März wurde Todi zu Hysni Kapo gerufen, der ihm sagte, er habe der Partei großen Schaden zugefügt und müsse als Direktor einer Baufirma nach Lezha gehen.[5] Die Arbeit dort sollte er am 15. April aufnehmen. Ich begann, unser Zuhause von überflüssigen Dingen zu „erleichtern" und mich wehmütig von den meisten Blumen zu trennen.

Eines Tages erfuhr ich, dass im Institut verlangt wurde, dringend ein Zeugnis meiner Arbeit vorzubereiten. Jemand sagte mir, dass Hysni Kapo selbst angeordnet habe, die Formalitäten schnellstmöglich abzuschließen, damit ich nach Lezha aufbrechen könne. So wandte ich mich an den Institutsdirektor Stefanaq Pollo,[6] den ich schon seit 1944 kannte, als wir beide Delegierte des Ersten Kongresses der Antifaschistischen Jugend waren, und den ich als Freund betrachtete. Ich bat ihn, mit dem Entwurf dieser Beurteilung nicht Apostol Kotani zu beauftragen, den Sekretär der Basisorganisation der Partei, den ich nicht mochte. Dieser kulturlose, steife und fanatische Mensch war aus einem anderen Kreis, wo er als Parteisekretär gearbeitet hatte, auf irgendeine Weise auf diesen Posten gekommen.[7]

Meine Einschätzung von ihm bestätigte sich einige Jahre später, als ich nach einem Besuch bei Todi vom Gefängnis in Burrel zurückkehrte.[8] Gimi, mein jüngerer Sohn, hatte mit dem Fahrer eines Żuk-Transporters

5 Hysni Kapo (1915–1979) war Mitglied des Politbüros und enger Vertrauter Enver Hoxhas. Seit Längerem erkrankt, starb er 1979 in einem Pariser Krankenhaus.

6 Stefanaq Pollo (1924–1997) war einer der führenden Historiker im kommunistischen Albanien. Von 1972 bis 1989 leitete er das Historische Institut der Albanischen Akademie der Wissenschaften.

7 Der Historiker Apostol Kotani (1927–2020) schrieb u. a. über die Liquidierung der Kulaken (1973), später über die Juden in Albanien (1996).

8 Das Gefängnis Burrel war neben Qafë Bari und Spaç eines der berüchtigtsten Zuchthäuser im kommunistischen Albanien. Hier saßen neben Kriminellen auch politische Gefangene und Kleriker langjährige Haftstrafen ab. Das 1992 geschlossene Gefängnis ist seit 1997 wieder in Betrieb. Die Kleinstadt Burrel, etwa 100 Kilometer nordöstlich von Tirana, war ein Zentrum der Chromindustrie.

besprochen, dass er uns auf dem Rückweg bis zur Mat-Brücke mitnehmen würde.[9] Wir stiegen gerade auf die Ladefläche, als wir sahen, wie Apostol mich bemerkte und irgendetwas zum Fahrer sagte. Darauf sagte dieser zu uns: „Ich nehme euch nicht mit." Apostol hatten sie wegen einiger Vergehen aus dem Historischen Institut entfernt; nun arbeitete er im Parteikomitee des Kreises Burrel.

* * *

Im großen Arbeitsraum der Rilindja-Abteilung[10] des Instituts versammelten sich die Parteibasisorganisation und die Belegschaft der Abteilung, um über mein Zeugnis zu befinden. Die Mehrzahl der Anwesenden blieb stehen. Die Verlesung und Diskussion der Beurteilungen im Kollektiv folgten einer neuen Vorschrift, die eine tiefgreifende Demokratisierung des Parteilebens voranbringen sollte. Das Zeugnis hatte Muhin Çami verfasst, der seit Langem zur Rilindja-Bewegung arbeitete. Es war mutig, würde ich sagen, denn es war wohlwollend geschrieben und bewertete meine Arbeit sehr gut. Nach einem Moment des Schweigens, als offenbar niemand das Wort ergreifen wollte (alle waren ernst und stumm eingetreten), bat ein langjähriges Parteimitglied, das aus dem Zentralkomitee der Partei ins Institut gekommen war, um das Wort. Er schlug vor, in diesem Zeugnis, gedacht für mich als Geschichtslehrerin in der Oberschule von Lezha, zu ergänzen, dass ich nicht auf meinen „Sohn eingewirkt hatte, keine langen Haare zu tragen". Ich warf ein, dass es um einen erwachsenen Sohn ging, Student im vierten Universitätsjahr, verheiratet sogar, dem die Mutter nicht ihren Geschmack aufdrücken könne.[11] Er aber beharrte darauf; niemand anders meldete sich zu Wort. So gingen in meine Beurteilung auch Fatos' Haare ein, über die nach dem Vierten Plenum noch ein „wahres Märchen" kursierte: Enver Hoxha habe Todi angeblich einmal gefragt: „Wie geht es deiner Tochter?" Todi antwortete überrascht: „Ich habe keine Tochter."

9 Mangels ausreichender Busverbindungen mussten Reisende in Albanien oft auf der Ladefläche von Lkws mitfahren. Die polnischen Kleintransporter der Marke Żuk (polnisch: „Käfer") wurden vor allem in den 1970er-Jahren in viele sozialistische Länder exportiert, so auch nach Albanien. Auf dem Weg in den Norden Albaniens war das breite Bett des Flusses Mat nur über die 1927 errichtete Bogenbrücke bei Milot zu überqueren. Bis 1945 war die Mat-Brücke nach König Zogu benannt. Erst 1981 wurde eine zweite Brücke in der Küstenebene errichtet.

10 Rilindja (albanisch: „Wiedergeburt") bezeichnet die Nationalbewegung des 19. Jahrhunderts, die, vergleichbar dem italienischen Risorgimento, eine wichtige Rolle in der nationalen Historiografie spielte und spielt.

11 Fatos Lubonja, damals 22-jähriger Physikstudent, verbrachte später 17 Jahre (1974–1991) im Gefängnis.

Darauf meinte Hoxha, dann habe er sich wohl geirrt – aber nur wegen Fatos' langer Haare.

Beim Abschied gaben mir Freunde und Wohlgesinnte Ratschläge, Prognosen und Prophezeiungen. Eine wiederholte immer wieder: „Arbeitet dort gut!" und nannte mir als Beispiel jemanden, der wegen guten Betragens wieder nach Tirana zurückgekehrt war. Ein anderer deutete mir die Zukunft, aber nicht aus den Sternen mit ihren Konstellationen und Aszendenten, sondern aus den Sternschnuppen des Orakels Enver Hoxha. Irgendwer empfahl mir, mich auch aufs Gefängnis vorzubereiten. Das konnte ich nicht glauben, obwohl ich wusste, wie die Strafen immer weiter gesteigert wurden.

Am 30. April brach ich mit Gimi[12] auf nach Lezha, wo uns Todi erwartete. Man hatte uns dort im Viertel der „Helden von Vig" eine Zweizimmer-Wohnung zugewiesen.[13] Wie dunkel diese Wohnung wirkte! Lag das an der bleigrauen Farbe der Türen und Fenster oder eher an meinem seelischen Zustand? Als erste Aufgabe nach dem Auspacken unseres Gepäcks brauchten wir eine Genehmigung des Volksrats der Stadt mit einem Bezugsschein – ein Formular als Durchschlag – für den Laden, der Brot verkaufte. Eingetragen wurden der Name des Familienvorstands und die Zahl der Köpfe als Ziffern und Buchstaben. Dieser Bezugsschein erinnerte mich unwillkürlich an ein früheres Erlebnis und meine damalige Naivität.

Es war in der zweiten Hälfte der 1960er-Jahre geschehen. Wir wohnten beim Neuen Markt in Tirana. Eines Sonntags ging ich Brot kaufen und traf im Laden einen Bauern, der die Verkäuferin um ein halbes Brot bat. Sie lehnte das brüsk ab. Als ich sagte, sie solle ihm eines von den unseren geben, sah sie mich scharf an und antwortete in einem barschen Ton: „Außerhalb des Ladens kannst du es ihm geben, wenn du willst, aber das darf man nicht." Ich wunderte mich sehr – als ob man von einer Waffe spräche und nicht von einem Stück Brot. Dieser Vorgang hinterließ einen tiefen Eindruck bei mir, und ich konnte die Geschichte nicht für mich behalten. Damals arbeitete ich bei der *Stimme der Jugend* und war Sekretärin der Basisorganisation. Ich sprach darüber auf einem Seminar, das in der großen Halle des Instituts der Künste unter Leitung

12 Fatos' jüngerer Bruder Agim (Gimi) Lubonja war 1973 Schüler im Alter von etwa 16 Jahren.

13 Lezha (gespr. Lehscha) ist eine Kleinstadt 65 km nördlich von Tirana. Die „Heronjte e Vigut" waren fünf junge kommunistische Partisanen, einer davon aus Lezha, die am 21. August 1944 im Dorf Vig nach einem längeren Gefecht von gegnerischen Milizen und der Gendarmerie getötet wurden. Ihre historische Bewertung ist heute umstritten; ihr Denkmal wurde 2008 aus dem Zentrum Shkodras entfernt, 2015 aber an einem peripheren Platz wiedererrichtet.

von Fiqrete Shehu, der Frau des Ministerpräsidenten, stattfand. Sie antwortete mir, dass der Bauer sein Brot im Dorf bekomme, das in der Stadt gekaufte Brot aber an die Tiere verfüttere. Ich hatte das Gesicht des Bauern noch vor Augen, verbittert, erschöpft, zerfurcht und traurig, konnte daher diese Begründung nicht akzeptieren und widersprach ihr. Schließlich begriff ich, dass wir es mit einer unausgesprochenen Rationierung zu tun hatten.

Bevor wir nach Lezha aufbrachen, hatte einer unserer Freunde uns gesagt, wie reichhaltig und billig die Waren auf dem Markt in Lezha seien, wohl um uns zu trösten. Das war aber nicht der Fall, ganz im Gegenteil. In Tirana gab es öfter Fisch aus Shëngjin[14] als in Lezha, auch Fleisch und andere landwirtschaftliche Produkte. In Wirklichkeit arbeitete ganz Albanien für Tirana.

Aber wir waren weder des üppigen Marktes noch des Strands von Shëngjin wegen nach Lezha gekommen. Uns hatten sie dorthin mit Zwang und Gewalt geschickt. Schnell sahen wir uns isoliert und isolierten uns selbst. Nur drei Personen kamen zu uns als „Freunde“. Einer von ihnen, der im gleichen Aufgang wohnte und Lehrer von Gimi war, interessierte sich für unsere Bücher. Er wirkte angenehm und gebildet, aber wir wurden das Gefühl nicht los, dass man ihn geschickt hatte, um uns auszuhorchen, und waren ihm gegenüber vorsichtig. Zwei andere, ein Mann und eine Frau, waren Angestellte des Baubetriebs. Auch bei ihnen waren wir sicher, dass sie den Auftrag zu einem „Besuch“ hatten. Die Frau vergaß uns auch später nicht, als Todi verhaftet wurde und wir im Spitalsviertel wohnen sollten. Erst nachdem wir ihr ins Gesicht sagten, was wir von ihr dachten, tauchte sie nicht mehr auf.

Unser Verhältnis zu den Treppennachbarn kühlte von Tag zu Tag ab. In den oberen Stockwerken wohnten Lehrer, Agronomen, Tierärzte und andere Angestellte, mit denen wir höchstens mal einen Gruß auf der Treppe wechselten. Wir versuchten herauszufinden, von welcher dieser Wohnungen aus die „Batterien“ der Sigurimi[15] auf uns gerichtet waren. Und bald hatten wir eine Vermutung: vom Eingang gegenüber, wo zwei Brüder aus Korça wohnten, junge Männer. Ihre Wohnung hatte eine gemeinsame Wand zu unserem Wohnzimmer, in dem Gimi schlief.

Unter uns wohnte eine Witwe, der sie wegen ihrer acht meist noch kleinen Kinder erlaubt hatten, eine Kuh zu halten. Anfangs holte auch ich Milch bei ihr. Welchen Eindruck machten die Kleinen auf mich! Sie saßen vor

14 Shëngjin (gespr. Schöndschin) ist ein Fischerhafen und Badeort, nur 7 km von Lezha entfernt, heute eines der wichtigsten Touristenzentren Albaniens.

15 Gemeint sind Abhöreinrichtungen der „Sigurimi“, der zur Abteilung für Inneres (Dega e Brendshme) gehörenden Staatssicherheit.

einer großen Schüssel Brei um den Tisch herum, jeder einen Löffel in der Hand! In den paar Minuten, die ich da wartete, bis die Flasche voll war, und bezahlte, hatten sie die Schüssel schon geleert. Die Natur hatte dieser Frau eine starke Konstitution gegeben, sonst wäre sie verloren gewesen. Wenn sie von der Arbeit als Gärtnerin der Stadtverwaltung zurückkam, begann sie ihre zweite, ebenso schwere, wenn nicht schwerere Arbeit, auf einem Stückchen Garten, den sie am Hang des Spitalshügels angelegt hatte und wo sie auch ihre Kuh hielt.

Nach dem Vierten Plenum – etwa zwei Monate nach unserer Ankunft – gab es auch keine Milch mehr für uns.

* * *

Schon in Tirana hatte man mir gesagt, dass ich im Gymnasium „Hydajet Lezha" Geschichte unterrichten sollte. Aber als ich mich beim Direktor der Schule meldete, schickte er mich in die Schulverwaltung. Dort begleitete mich ein Inspektor zum Sekretär des Exekutivkomitees des Kreises, Avni Saliu. So zeremoniell waren sie sonst nie zu mir gewesen. Der Sekretär sprach freundlich mit mir über die Arbeit, die ich machen sollte. Als aber der Inspektor, ein junger Mann, enthusiastisch vorschlug, ich könnte ihnen beim Aufbau des Kreismuseums sehr helfen, wiegte der Sekretär seinen ziemlich kahlen Kopf und sagte: „Das werden wir sehen, das werden wir sehen." Das klang für mich beunruhigend.

Ich würde Geschichte unterrichten in den vier ersten Klassen, in zwei dritten und in einer Abiturklasse. Wenn mich jemand gefragt hätte, welche historische Epoche ich unterrichten müsse, hätte ich genauso geantwortet wie schon Todi Dhamo, unser Geschichtsprofessur an der Universität: „Von der Zeit, als die Menschen von den Bäumen herabstiegen, bis zum Aufbau der ökonomischen Basis des Sozialismus in Albanien."

Schlimm war für mich nicht die nötige Unterrichtsvorbereitung, sondern dass es in der Schule brummte wie in einem Bienenstock; kein Vergleich mit dem Lesesaal der Bibliothek in Tirana, in dem nur geflüstert wurde. An diesen ohrenbetäubenden Lärm konnte ich mich nicht gewöhnen; ständig hatte ich Kopfschmerzen.

Was kann ich über meine Kollegen sagen? Ich traf sie gelegentlich im Lehrerzimmer, lernte sie aber nicht wirklich kennen. Die meisten waren recht jung. Als sie mich aus der Schule warfen, grüßte mich kaum noch wer. So hielt auch ich es dann, mit wenigen Ausnahmen: Die Sportlehrerin Naime Dervishi und die Sekretärin Satbere Hafizi fragten stets „Wie geht's?", wenn wir uns begegneten.

Die Schüler waren selbstverständlich höchst unterschiedlich: intelligent und gewöhnlich, nur wenige sehr gut, die meisten durchschnittlich, einige wurden von Klasse zu Klasse durchgezogen und blieben bald weg. Einige waren gut erzogen und höflich, viele aber streitsüchtige Schreihälse, die nicht ruhig sitzen bleiben konnten, ohne die Klassenkameraden zu ärgern. Andere wieder hingen träge und schläfrig auf der Bank. Das machte wirklich keinen Spaß. Vielleicht lag es am Geschichtsunterricht, der sie nicht interessierte – aber nein. Auch ihr Äußeres verriet eine Saumseligkeit, die nicht zum Alter passte.

Am unerträglichsten waren einige eingebildete Jungs. Ich konnte gar nicht glauben, dass Schüler sich so benehmen würden. An drei von ihnen erinnere ich mich besonders. Einer war schon in der Abiturklasse. Einmal kam er ein paar Minuten zu spät in die Klasse und setzte sich auf seinen Platz, ohne Erlaubnis und ohne sich für die Verspätung zu entschuldigen. Ich wollte ihn hinausschicken, aber seine Freunde sprangen ihm bei und erklärten mir, dass jemand in seiner Familie gestorben sei. Den beiden anderen gab ich einmal eine Sieben, woraufhin sie nach vorne zum Pult stürmten, „Wieso nur Sieben?" schrien und mir das Klassenheft entrissen.[16] Daraufhin sprach ich mit dem Klassenlehrer, der mich überzeugen wollte, dass sie dies nicht wegen meiner besonderen Stellung taten, sondern auch bei anderen Lehrern gemacht hätten. Ich beließ es dabei. Eben wegen dieses Vorkommnisses behielt ich diese Schüler auch später im Auge. Der Abiturient ging, obwohl nicht glänzend, zum Studium nach China, die beiden anderen konnten ihr Wunschfach an der Universität Tirana studieren. Es war klar, dass sie auch durch ihre Herkunft zu solch ungezogenen Großmäulern geworden waren.

Umso mehr wunderte ich mich, dass einige der besten Schüler nicht studieren durften. Besonders leid tat mir Mark Marku, ein Internatsschüler aus Bregu i Matës. Er war ein sehr guter Schüler, bekam nur Zehner, zudem höflich, gut erzogen und unermüdlich; er war sogar Sekretär des Jugendkomitees der Schule. Er durfte nicht studieren wegen seiner „Biografie". Als ich ihn nach 15 Jahren zufällig wieder traf, hätte ich ihn nicht wiedererkannt, wenn er mich nicht angesprochen hätte. Statt erwachsen zu werden, war er vorzeitig alt geworden. Das passierte allen, die harte körperliche Arbeit leisten mussten, vor allem in der Landwirtschaft, und nicht die dementsprechende Ernährung erhielten. Als ich ihn nach dem angeblichen „Schandfleck" in seiner Biografie fragte, lächelte er voller Bitterkeit und sagte: „Was soll's, das war etwas, was ich selbst nicht wusste."

16 Auf der bis 10 reichenden Notenskala entspricht die Sieben etwa der deutschen Note 2.

In der dritten Klasse des Gymnasiums waren zwei Kongolesen, die als kleine Kinder nach Albanien gekommen waren. Ihre Eltern waren nach einem Staatsstreich in ihrem Heimatland exekutiert worden. Sie waren als Gruppe gekommen und über Kinderheime und Internate verteilt worden. Nach Lezha ans Gymnasium waren Urban und Charlie geschickt worden. Urban Masena war ein ruhiger und höflicher Junge, der sich sehr anstrengte, um die besten Ergebnisse zu erzielen. Als Klassenkamerad von Gimi war er gelegentlich auch zu uns nach Hause gekommen. Charlie aber war eine Nummer für sich. Seine Klassenkameraden nannten ihn „Inspektor", denn er kam nur in die Schule, wenn es ihm passte, und lernte gar nicht. Er war groß und sympathisch, kleidete sich geschmackvoll und lief den Mädchen hinterher, und so erzählte man allerhand Witze über ihn. Wenn er keinen Erfolg bei einer hatte, ärgerte er sich und schnaubte vor Wut: „Ich spreche mit ihr, sie spricht nicht mit mir, mir platzt der A… für sie." Zu mir kam er erst nach einigen Tagen in den Unterricht. Ich wollte ihm einige Ratschläge geben, aber er sah mich nur überrascht an, als wenn er sagen wollte: „Das ist nicht dein Ernst, oder?" Später brach er die Schule ab und bat nachdrücklich darum, Albanien verlassen zu dürfen. Und das schaffte er dann auch.

* * *

Wir liebten die Natur. Solange wir in Tirana lebten, waren wir als Familie ganz oft auf den Dajti, den Hausberg Tiranas, gefahren, auch als die Kinder noch klein waren. Als sie uns zur Arbeit nach Korça geschickt hatten, gingen wir spät abends, wenn die Stadt still wurde, bis zum Park am Stadtrand – im Schnee ein echtes Wintermärchen. Jetzt in Lezha, da wir wenig Kontakt mit den Menschen hatten, brauchten wir das Erlebnis der Natur noch mehr. Das einzige Vergnügen in dieser nicht erklärten Verbannung waren unsere abendlichen Spaziergänge auf der Straße nach Ishulli i Lezhës. Da konnten wir durchatmen, da fanden wir die Erholung, die uns in der Wohnung fehlte.

Ohne dass es uns jemand gesagt hätte, waren wir überzeugt, dass sie unsere Wohnung abhörten. Eines Samstags besuchte uns Fatos und überbrachte uns die Empfehlung eines Kindheitsfreundes, der nun bei den Sicherheitsorganen arbeitete: „Passt auf, sie haben euch Mikrofone eingebaut!" So umgab uns zu Hause eine bedrückende Stimmung; wir lebten eine Art absurden Theaters, bei dem wir die Schauspieler sein sollten. Wir sprachen, wir „deklamierten" für die, die uns zuhörten, für die, die mit ihren Wanzen alles registrierten: Intimitäten, alltägliche Banalitäten, alles. So engten sie uns ein, verleideten, vergällten uns das Leben. Das zwingt dich, dich zu verdrehen, dich anzupassen – aber das konnte ich nicht. Also nichts wie weg von diesen verfluchten

Liri und Todi Lubonja in Lezha, 1973

Mikrofonen. Aber unsere Spaziergänge gefielen denen, die sich um uns „kümmern“ mussten, offenbar gar nicht. Eine Frage beschäftigte sie sehr: „Was sprechen sie miteinander, außerhalb der Wohnung?“ Beide Male, als ich nach den Verhaftungen von Todi und Fatos zu Verhören vorgeladen wurde, kam der Ermittler Koço Josifi wieder und wieder auf diese Frage zurück.[17]

Inzwischen ging Gimi weiter zur Schule; er war einer der besten Schüler in der Klasse und trieb auch viel Sport. Als seine Freunde merkten, wie gut er Gitarre spielte, holten sie ihn in das Schulorchester. Aber als die Schüler schließlich ein Konzert gaben, stand infrage, ob er auftreten sollte. Das letzte Wort dazu hatte der Erste Sekretär des Kreisparteikomitees: Nein, natürlich nicht. Wie verzweifelt war Gimi!

Der Baubetrieb, den Todi seit zwei Monaten leitete, konnte in dieser Zeit den Plan erfüllen. Statt es zu verschweigen, erzählten die Lieferanten freudig, dass sie sowohl im Ministerium als auch bei einigen Zulieferbetrieben eine deutlich größere Unterstützung als früher verspürt hätten. Sie berichteten auch von der Sympathie, die dieser oder jener Direktor für Todi geäußert habe.

17 Koço Josifi war einer der bekannten Ermittler während der Diktatur. Er wird auch in anderen Erinnerungsberichten gelegentlich genannt.

Beunruhigt und voller Vorahnungen erwarteten wir das Zusammentreten des Vierten Plenums der Partei. Samstags freuten wir uns immer auf die Ankunft von Fatos mit seiner Frau Zana und der kleinen Ana, die als erste Enkelin bei uns einen ganz besonderen Platz hatte. Mitte Mai wurde Todi über das Datum der Plenartagung informiert und erhielt einige Stichpunkte des Berichts, den Enver Hoxha dort geben würde. In unserem Wohnzimmer, zugleich Gimis Schlafzimmer, schrieb Todi seinen Redebeitrag, schrieb jene Selbstkritik, die von ihm nachdrücklich verlangt worden war, seit Enver Hoxha seinen Feldzug gegen angebliche Dissidenten begonnen hatte. Solch eine Selbstkritik musste gründlich und ernsthaft sein, sie sollte eine echte und tiefe Reue über das Getane ausdrücken. Man musste sprechen über die schweren Verfehlungen und die großen Schäden, die man der Partei, dem Volk und dem Weg des Sozialismus in Albanien zugefügt hatte. Aber die vier oder fünf halben Seiten, die Todi direkt in die Schreibmaschine tippte, waren reichlich trocken und weit entfernt von den Forderungen der Parteiführung. Sie würden ihnen kaum gefallen.

Am 25. Juni fuhr Todi nach Tirana; das Plenum trat einen Tag später zusammen. Am 27. Juni eilte ich beunruhigt nach dem Unterricht nach Hause. War Todi zurückgekehrt, was war passiert? Wie weit waren sie gegangen? Gimi öffnete mir die Tür. Er hielt eine Mokkakanne in der Hand und sah sehr betreten aus. Todi war gerade zurückgekehrt. Mit leiser Stimme und wenigen Worten berichtete Gimi, was passiert war, und begann Kaffee zu kochen. Todi war bestürzt, aber mehr noch angeekelt von der Arroganz, Banalität und Gemeinheit, von den Verleumdungen und der Unterwürfigkeit vieler von denen, die bis gestern seine „Waffenkameraden" gewesen waren. Sie waren Mitglieder des Zentralkomitees der Partei der Arbeit Albaniens, also des höchsten Gremiums, das unser Land führte. Er nannte mir die Namen und erzählte mir, was sie gesagt hatten. Viele von ihnen kannte ich, und bei einigen wunderte ich mich nicht, dass sie sich so verhalten hatten.

Anderntags gab es eine Art Meeting des Kollektivs der Baufirma, auf dem Todi mit Getöse als Direktor entlassen wurde. Außer den Anklagen, die aus Tirana kamen, fügte man noch neue Vorwürfe hinzu, und zwar aus Lezha. „Er hat sich mit Kulaken getroffen", sagte Drania, die Sekretärin der Basisorganisation. Im Baubetrieb von Lezha waren 12 Prozent der Arbeiter Söhne von Kulaken, die aus den Dörfern kamen, denn die Städter verachteten die Arbeit auf dem Bau. Sie kamen jeden Tag, strebten einen richtigen Beruf an und wurden in der Tat zu den besten Spezialisten im Betrieb: Klempner, Elektriker, Schlosser, Mauer, Tischler etc. Daher schätzte sie nicht nur der Direktor als die besten Arbeiter im Betrieb.

Drania war Arbeiterin in der Produktion, sie stammte aus einem Dorf in der Mirdita. Sie war eine Kommunistin, jung und entschlossen. Und doch war sie nicht „frei von den Überresten alten Aberglaubens“. Was geschah am Tag nach dieser Versammlung? Als sie nach der Arbeit nach Hause kam, fand sie ihre kleine Tochter krank vor, mit epileptischen Anfällen. Sie war sehr erschrocken, denn das passierte zum ersten Mal. Danach hieß es, dass Drania Gewissensbisse hatte und glaubte, Gott habe sie gestraft, da sie schlecht geredet, das heißt, Todi verleumdet hatte. Später wohnten wir mit Drania im gleichen Viertel. Sie war „aufgestiegen“. Nachdem sie die Parteischule abgeschlossen hatte, arbeitete sie als Instruktorin im Kreisparteikomitee und lief immer mit ernstem Gesicht herum. Ihr Mann dagegen, ein ruhiger und einfacher Zeitgenosse, war freundlich und grüßte uns immer.

Wir gewöhnten uns an all die Beinamen, Verleumdungen und Fantasiebezeichnungen, die die Zeitungen Todi anhängten. Manchmal lachten wir darüber, vor allem, wenn einer der Autoren ein „alter“ und „guter Freund“ gewesen war. Es war auch wirklich lächerlich, wenn in der *Stimme des Volkes* auf drei Spalten zu lesen war,[18] dass dieser Todi Lubonja neben allen anderen Vergehen auch noch dagegen gewesen war, die Amateurkünstler-Bewegung in den Reihen der Volksarmee aufzubauen!

Einige Tage später wurde im städtischen Kino von Lezha eine große Versammlung der Angestellten und Intellektuellen der Stadt abgehalten. Der Saal war voll, ja übervoll. Gab es überhaupt so viele von denen in Lezha? Wir wussten nicht, worum es gehen sollte, aber erfuhren es rasch. In einer langen und leidenschaftlichen Rede demaskierte der Abgesandte des Zentralkomitees der Partei die feindliche Tätigkeit von Fadil Paçrami, Todi Lubonja und ihren Anhängern auf dem Gebiet der Literatur und der Künste. Er sprach „kompetent“ über ihre liberalen, opportunistischen und für die Zukunft des Sozialismus in Albanien sehr gefährlichen Standpunkte. Leere, hochtönende Phrasen, gezogen aus Enver Hoxhas Plenumsbericht und gut auswendig gelernt. Sevo, der Abgesandte, war Jugendverantwortlicher gewesen, ich kannte ihn gut; Literatur und Kunst waren nie sein Thema gewesen. Ich saß zwischen meinen Schulkollegen und hörte aufmerksam zu. Das war empörend, einfach unerhört. Mein Gott, wie kann er so schamlos lügen! Vielleicht war Todi auch noch Agent aller Geheimdienste dieser Welt! Mir wurde bewusst, wie schwer das Leben für uns als Familie werden würde. Wir stiegen die Treppe des Kinos herunter, schweigend, ohne ein Wort, als wären wir auf einem Begräbnis. Was

18 Die „Stimme des Volkes“ (Zëri i Popullit) war die Zeitung der herrschenden Partei der Arbeit Albaniens. Sie erschien von 1942 bis 2015.

hier gesagt worden war, zielte nicht nur auf die Angegriffenen, sondern auch auf die Intellektuellen, die an dieser Versammlung teilnahmen, es zielte auch auf Literatur, Kunst und Kultur insgesamt.

Und was würde mit mir geschehen? Eine Vorwarnung hatte mir schon der Sekretär des Exekutivkomitees gegeben. Natürlich bemerkte ich die distanzierte Kälte der Kommunisten im Kollegium. Unsere Basisorganisation im Bildungsbereich war sehr heterogen: eine Kindergärtnerin, eine Lehrerin aus der Oberschule, eine aus der Wirtschaftsschule, der Direktor der Stadtbibliothek, der Verantwortliche des Internats und der Wehrkundelehrer, ein Offizier namens Tahir, ein Kriegsmann, Asthmatiker, ein ruhiger Mensch. Er war damals der Einzige, der offen Mitleid mit mir zeigte. Der Sekretär der Basisorganisation, Isuf Pelingu, war der Trainer der Fußballmannschaft von Eintracht Lezha und Sportlehrer in der Oberschule.

Nach den Parteiregeln sollte meine von der Basisorganisation des Historischen Instituts beschlossene Beurteilung in der ersten Versammlung der Basisorganisation in Lezha verlesen werden, aber dazu kam es nicht. Mir wurde klar, dass auch ich abgestraft werden sollte. In den ersten Julitagen gaben sie mir den Bericht, den Enver Hoxha auf dem Vierten Plenum vorgetragen hatte, und sagten mir, dass es zwei Tage später eine Versammlung der Basisorganisation geben würde. In der Zwischenzeit kam eine Lehrerin aus der Oberschule – sie war Parteimitglied – zu mir. Ihr Sohn ging mit Gimi in die Klasse. Sie riet mir, mich von Todi zu trennen. Sie verstehe gut, wie schwer das für mich sei, aber ich müsse das wegen meiner Söhne unbedingt tun. Ich widersprach ihr und erklärte, auch die Jungs dächten wie ich. Tatsächlich hatte ich mit Fatos gesprochen und ihm gesagt, dass sie sicherlich etwas Derartiges von mir verlangen würden und dass ich nicht vorhätte, der „Empfehlung" nachzukommen. Er war empört über diese absurde Forderung, und das tat mir gut. Zuletzt drohte die Lehrerin (ob sie von selbst gekommen oder geschickt worden war, habe ich nie herausgefunden) noch: „Dann wirst du irgendwann auf der Baustelle landen." Ich wehrte mich dagegen, vor solch eine ungerechte Wahl gestellt zu werden. Als sie aber darauf beharrte, sagte ich: „Also gut, dann eben auf den Bau!"

Da alle das Material schon vorher gelesen hatten, ging es bei der Versammlung der Basisorganisation gleich zur Sache. Ich war als Erste an der Reihe und sagte, ich sei in die Partei aufgenommen worden, bevor ich meinen Mann kennenlernte, und ich wäre nie auf den Gedanken gekommen, dass meine Parteizugehörigkeit irgendwie von ihm abhänge. Und dann fügte ich hinzu, was hier nottat, nämlich, dass ich mich nicht von ihm trennen würde. Punkt. Dann ergriff der Vertreter der Mittelschulgruppe das Wort und sagte ganz ehrlich:

„Zu ihrer Arbeit gibt es nichts anzumerken, sie hat gut gearbeitet. Aber wenn sie nicht bereit ist, sich von ihrem Mann zu trennen …" Danach sprach die Lehrerin aus der Wirtschaftsschule, eine junge Kollegin, und drückte ihr Bedauern und ihre Enttäuschung über meine Haltung aus: „Ich hätte von Genossin Liri erwartet, dass sie versteht, wie man sich in solchen Fällen zu verhalten hat …" Nach diesen Debatten schritt man zur Abstimmung, und einstimmig warf man mich Anfang Juli 1973 aus der Arbeiterpartei Albaniens hinaus, die mich 1944 in ihre Reihen aufgenommen hatte.

Ich wartete auf die Sitzung des Kreisbüros, das den Regularien entsprechend die Entscheidung der Basisorganisation bestätigen musste. Ich ging mit Cuf gemeinsam hin. Rund um den großen Tisch saßen die Mitglieder des Kreisbüros. An der Wand auf der Türseite standen die Vorgeladenen. Die Sitzung leitete der Erste Sekretär Mentor Muça, den ich 1944 in Peshkopi kennengelernt hatte, als er Aktivist im Jugendkomitee des Kreises war.[19] Er fragte mich, was ich zu sagen hätte. Ich wiederholte in etwa die wenigen Worte, die ich bereits in der Basisorganisation vorgetragen hatte. Plötzlich dröhnte eine laute Stimme: „Das ist offenbar nicht mehr die revolutionäre Liri, die ich einmal kannte." Diese Phrase wurde mehrmals wiederholt, wie ein Refrain. Der Mann mit der lauten Stimme war ein stämmiger Typ mit einem großen runden Kopf und ergrauten Locken. Leise fragte ich den neben mir stehenden Cuf, mit wem wir es hier zu tun hätten. Aber der Name Deda, den er nannte, sagte mir nichts.

Der Erste Sekretär ergriff wieder das Wort und fragte, die Brauen bedrohlich gerunzelt: „Warum bist du nicht mitgegangen, als Todi nach Kukës versetzt wurde?" Jetzt, 1973, sollte ich mich also für das Jahr 1954 „rechtfertigen"? Es war zum Lachen und zum Weinen zugleich, trotzdem antwortete ich ernst: „Ich konnte nicht, denn die Partei hatte mich auf die Zentralschule des Komsomol in Moskau geschickt." – „Aber warum gingst du nicht nach Kukës, als du zurückkamst?", fragte er rasch zurück. Der arme Mentor. Wie hätte er wissen können, dass Todi schon einige Monate vor meiner Rückkehr aus Moskau wieder nach Tirana versetzt worden war? Nachdem ich auch das klargestellt hatte, ließ er die Vergangenheit auf sich beruhen. Er wurde aber nun noch zorniger und schnaubte: „Warum hast du die Partei nicht darüber in Kenntnis gesetzt, was er für ein Mensch ist?"

19 Am Ende des Zweiten Weltkriegs arbeitete die junge Partisanin Liri in der Kleinstadt Peshkopi im Osten Albaniens beim Aufbau der kommunistischen Jugendorganisation. Mentor Muça (1929–2022) aus Dibra war 1971 bis 1989 Erster Parteisekretär bzw. Vorsitzender des Exekutivkomitees in Lezha.

Meinte er das wirklich ernst? Da ging ich auch hoch und rief wütend: „Worüber hätte ich sie denn in Kenntnis setzen sollen? Erst vor ein paar Monaten verlieh man ihm zu seinem 50. Geburtstag den Flaggen-Orden Erster Klasse, und das halbe Politbüro kam, um zu gratulieren!" In der Sitzung hörte man daraufhin eine leise, schwache Stimme, die erklärte, das sei korrigiert, der Orden entzogen worden. Es war Deda, der dem Ersten Sekretär aus dieser Lage heraushalf und dann zu ganz direkter Kritik überging: „Ich habe gehört, dass sie noch liberaler ist als ihr Mann", sagte er, wieder mit lauter Stimme. Nun fühlte ich mich stärker. Ich fragte ihn, wo er das gehört habe, denn die Menschen würden ja wohl nicht aufgrund von Geschwätz auf der Straße aus der Partei ausgeschlossen, und verwies dann auf meine Beurteilung durch das Institut, an dem ich gearbeitet hatte. Da unterbrach mich eine Stimme, die von Marash, dem Ersten Jugendsekretär, der hinten, am Ende der Wand saß: „Er ist doch ein Feind, wie wirst du mit ihm leben?" Da blieb mir nur, den Schluss zu ziehen, den sie doch vermeiden wollten: „Also werde ich doch allein wegen meines Mannes ausgeschlossen, wegen nichts anderem."

Die Entscheidung war einstimmig, und Mentor verlangte bedeutungsvoll, ich solle ihm mein Parteibuch übergeben. Ich reichte es dem dafür Zuständigen in die Hand und ging hinaus. Ich war erleichtert, dass sie mich nicht kleingekriegt hatten.

Lagerverwalterin

Nicht umsonst hatte der Sekretär des Exekutivkomitees bei unserer ersten Begegnung über meine Zukunft bloß gesagt: „Schauen wir mal, schauen wir mal!" Nun musste ich wieder zu ihm gehen. Diesmal war er sehr steif und kühl, ja unhöflich; nicht einmal die Hand gab er mir.

Er teilte mir mit, dass ich von nun an in der Handelsorganisation arbeiten würde, und zwar in der Lebensmittelbranche, als Lagerverwalterin im Magazin einer Großbäckerei. Wenn er mir gesagt hätte, dass sie mich ins Weltall schicken würden, wäre ich auch nicht überraschter gewesen. Auch für eine Arbeit auf dem Bau war ich im Geiste vorbereitet. Aber im Handel, in einer Backfabrik? Ich hatte noch nicht einmal bemerkt, dass es in Lezha so etwas gab. Die Bäckerei lag am anderen Ende der Stadt, gegenüber der Holzbrücke über den Fluss Drin, an der Nationalstraße, die Lezha mit Shkodra und dem Norden verband.

Der Magazinverwalter, der mir seinen Posten übergab, hatte ein Defizit gemacht. Genauso war es schon seinen Vorgängern ergangen; einer wurde zu zehn Jahren Gefängnis verurteilt. Alle Lagerverwalter kamen ins Minus, einige in Bezug auf die Waren (dahinter verbarg sich Diebstahl), andere in Bezug auf die Behältnisse (was Sorglosigkeit bedeutete). „Deine Frau soll bloß nicht diese Arbeit annehmen; da ist sie für die Ware verantwortlich!" hatte ein Hilfsverwalter, der im Baubetrieb ein Praktikum machte, zu Todi gesagt. Aber ich kam gar nicht darauf, mich zu weigern. Ohne Arbeit konnte ich nicht bleiben. Als Einkünfte hatten wir nur die 400 Lek von Todi. Gut, dass ich Fatos etwas Geld gelassen hatte, das ich auf dem Konto des Instituts für einen Kühlschrank gespart hatte, anderenfalls hätte er nicht weiter studieren können.

Wie würde ich diese Arbeit ohne irgendwelche Vorkenntnisse bewältigen können? Wie mir die Leute sagten, lag das Problem bei diesem Magazin in der Art und Weise, wie es organisiert war. Der Lagerverwalter war nicht nur für die Rohstoffe verantwortlich, sondern auch für die Backstube und schließlich auch für die Auslieferung der fertigen Produkte in Stadt und Umgebung. Einige mahnten mich zur Vorsicht bei der Anlieferung, beim Abwiegen der Rohstoffe, die ich dem Brigadeleiter und dem Kaffeeröster zu übergeben hatte. Viele rieten mir aber auch, auf die Behältnisse acht zu geben, auf die Kuchenbleche und Backformen, die überall in den Lokalen zurückblieben und dem Lagerverwalter bei der Inventur als Verlust angerechnet wurden. Sie machten mir Angst vor all diesen Unwägbarkeiten, die mich hier erwarteten. Niemals wollte ich wegen Diebstahl im Gefängnis landen.

Die Produktionskapazität dieser Bäckerei entsprach 120 000 neuen Lek.[20] In ihr arbeiteten etwa zehn Leute, darunter ein junger Mann, der die Kochschule abgeschlossen hatte und Spezialist für Torten und Gebäck war, der Brigadeleiter, der Kaffeeröster, der Bäcker und der Fuhrmann. Die Räume waren mehr für eine Tischlerei geeignet als für die Herstellung von Lebensmitteln. Krapfen und Böreks waren die wichtigsten Artikel, aber hergestellt wurden auch „Zöpfe" und „Zahnräder", die bei Schülern und Soldaten beliebt waren, da sie nur 0,30 bzw. 0,50 Lek kosteten. Sie bestanden nur aus Mehl, Öl und Zucker sowie Natron, das ihnen ein schlechtes Aroma gab. Selten, wenn wir Eier geliefert bekamen, stellten wir auch Gebäck her, Torten auf Bestellung, im Sommer auch eine kleine Menge Eis, aber dafür fehlte oft die

20 Bei einer Währungsreform 1964 wurden 10 alte Lek durch einen neuen Lek ersetzt, aber noch heute wird im Alltag oft in alten Lek gerechnet. Im Folgenden nennt die Autorin einen Umsatz von 12 Millionen Lek.

Milch. Ein riesiges Rundblech über einem Ofen in einem Extraraum zeigte, dass auch Kadaif produziert werden konnte; das geschah meist zu Neujahr. Genauso wichtig wie Krapfen und Böreks war der Kaffee, der geröstet, gemahlen und dann zusammen mit dem Zucker in allen Cafés des Kreises vertrieben wurde.

Der vorherige Lagerverwalter übergab mir den Rohstoffbestand mit einem Inventur-Protokoll, erteilte mir noch einmal die nötigen Anweisungen, wünschte mir viel Erfolg und verschwand.

Jeden Abend übergab ich dem Brigadeleiter Ludovik die Rohstoffe für die Böreks und Krapfen. Die Nachtschicht bereitete den Teig zu, ehe der Bäcker Petrit sie backte und der Fuhrmann Sabri, ein Einheimischer aus Lezha, sie noch vor dem Morgengrauen in die Verkaufsstellen auslieferte. Als die Arbeiterinnen der Tagschicht und ich in die Bäckerei kamen, brachte er die Backformen und Bleche sowie die Quittungen zurück, die ihm die einzelnen Verkäufer gegeben hatten. Nach diesen Quittungen unterschrieb ich die Rohstoff-Abrechnung, Ludovik zeichnete die Abrechnung für die mir übergebenen Produkte ab.

Ich arbeitete aber mit dem Brigadeleiter auf Vertrauensbasis. Wenn ich ihn fragte, ob die Böreks und Krapfen gemäß der Norm produziert worden seien, zuckte er mit den Schultern und sagte: „Ja, das weißt du doch“, und ich unterschrieb. Am Ende des Monats stellte sich heraus, dass 100 Böreks fehlten. Ich musste sie bezahlen, obwohl sie direkt von der Backstube in den Handel gegangen waren, ohne überhaupt ins Lager zu kommen. Jemand nutzte die Naivität der neuen Lagerverwalterin aus, und wer weiß, wohin die Zahlen noch gestiegen wären: In den ersten Tagen fehlten jeweils zehn oder 15 Stück, dann kletterte die Zahl bis auf 100 Stück täglich.

Nesim kam mir zu Hilfe. Er hatte in Tirana gelebt, ich hatte sogar seine Frau gekannt. Sie hatten sie herausgezogen und als zweifelhafte Elemente nach Lezha geschickt. Jemand sagte, weil sie Juden waren. Jetzt war er Hauptbuchhalter für die Handelsorganisation der Stadt. Seinem Rat folgend, unterzeichnete ich die Abrechnung jetzt nicht mehr im Vertrauen auf den Brigadeleiter, sondern nur gemäß den Quittungen der Verkaufsstellen, die mir der Fuhrmann brachte. Der Brigadeleiter musste nun stets in der Früh herauskommen und dem Fuhrmann die Böreks und Krapfen richtig übergeben. So konnte ich ein Übel vermeiden.

Aber gleich traf mich ein anderes Verhängnis, völlig unerwartet. Zum Quartalsende wurde Inventur gemacht. Die Inventarisierin war eine Offiziersfrau, genauso unerfahren wie ich. Wir wogen einen Berg Mehlsäcke ab; es kam ein Verlust von Hunderten Kilogramm Mehl heraus. Ich war sehr enttäuscht und bedrückt. Wie war das möglich? Ich hatte doch alles jeden Abend so sorgfältig abgewogen! Der vorherige Lagerverwalter half mir aus dieser Bedrängnis. Er warf einen Blick auf die bis zur Decke gestapelten Säcke und sagte zu mir: „Da hast du doch dein Mehl!" Eine schnelle Überschlagsrechnung im Stehen zeigte, dass es tatsächlich so war. Ich musste nur die einhundert Böreks im ersten Monat bezahlen, sonst nichts.

Eine ärgerliche Geschichte passierte mir auch mit dem Kaffee. Zwischen dem Gewicht im Lager, aus dem wir den Kaffee bezogen, und dem Gewicht in unserer Backstube gab es ein Kilogramm Unterschied, d. h. 90 Lek, also nicht wenig. Gleich wurden Vermutungen über die Waagen angestellt und dann Ratschläge gegeben: „Er vertrocknet auf dem Weg", meinte jemand, „wähle zum Abholen einen Tag ohne Wind aus." – „Stecke einen Tonkrug mit Wasser in den Kaffee-Sack", schlug der Fuhrmann vor, „das gibt ihm die Feuchtigkeit zurück." „Nimm mich beim nächsten Mal mit", sagte Mark, der Kaffeeröster, und so machten wir es. Bei dieser Gelegenheit lernte ich, dass auch das Abwiegen eine Kunst war und Erfahrung verlangte, die mir vollkommen fehlte. Insgesamt erschöpfte mich diese mühsame Arbeit sehr. So ging ich eines Tages zu dem „großen Direktor", wie sie den Direktor des Betriebes des Kreises nannten. Ich sagte ihm, dass ich diese Arbeit nicht machen könne. Er antwortete mir überrascht: „Wieso kannst du das nicht, du hast doch die Universität abgeschlossen!" Ich erklärte ihm, dass das, was ich an der Universität gelernt hatte, mir überhaupt nicht helfe für die Krapfen und Böreks, sondern völlig nutzlos sei.

Formell war der Lagerverwalter die Nummer Eins der Bäckerei, aber wichtiger war der Fuhrmann, durch dessen Hände der größte Teil der Produkte und Behältnisse ging. Er war meistens betrunken. Immer wieder sagte er mit einer vom Raki schweren Zunge zu mir: „Du bist nicht für diese Arbeit gemacht, du bist zu ehrlich."

Ein kräftiger, langanhaltender Regen überschwemmte einmal den Raum, in dem Böreks, Krapfen und alles andere hergestellt wurden. Das Wasser stand eine Handbreit hoch, die Abflüsse liefen über. Offenbar war so etwas normal, denn die Arbeiterinnen krempelten die Ärmel hoch, zogen die Schuhe aus und fingen an, Wasser zu schöpfen, mit den gleichen Schüsseln, in denen unsere Backwaren zubereitet wurden. Das empörte mich. Am nächsten Tag ging ich zu Nikola Nika, dem Leiter des Einzelhandels in der Stadt, einem sehr anständigen und gebildeten Mann, und ließ ihn nicht in Ruhe, bevor er mir nicht einige Eimer überließ. Dies war mein einziger Erfolg in diesem Magazin. Diese Geschichte mit den Schüsseln, dann zwei Böreks, mit denen ich mir den Magen verdarb, und noch ein Fass Hüttenkäse, aus dem beim Öffnen Tausende kleine

Fliegen aufflogen, sorgten dafür, dass ich solche Backwaren nie mehr kaufte, nirgendwo, egal wo wir hinkamen.

Die Zöpfe und die Zahnräder waren trotz ihres miesen Natron-Geschmacks bei den kleinen Kindern in der Umgebung sehr beliebt, vor allem bei den armen Romakindern aus dem Freiheits-Viertel. Eines von ihnen bettelte nicht direkt, sondern kam an die Tür und fragte: „Hast du eine Arbeit für mich?“ Ich wusste nicht, welche Arbeit dieser zehn, vielleicht zwölf Jahre alte Junge hätte übernehmen können. Aber er kannte das wohl, denn er schlug mir selbst vor: „Ich kann dir Säcke flicken.“ Es gab nur wenige Säcke zu flicken, aber viele Kinder, die Säcke flicken wollten. Am meisten profitierten zwei Brüder, die mir sehr leidtaten. Sie sagten, dass sie acht Kinder seien, ihre Mutter sie verlassen habe und der Vater sie von seinem Lohn als Transportarbeiter nicht ernähren könnte. Ich sammelte alle zerbrochenen, unverkäuflichen Kekse und gab sie ihnen. Aber eine der Arbeiterinnen lachte laut, als ich ihr davon erzählte, und sagte, die Mutter der beiden sei gesund und wohlbehalten zu Hause. Wegen dieser Lüge strich ich die beiden fortan von meiner Liste. Diese Sorte Kekse war wie gesegnet. Immer überstiegen sie die vorgesehene Norm, und die Arbeiterinnen lieferten alle ab, sogar den Überschuss. Ich habe nie verstanden, warum immer zu viele herauskamen. Ich kann nicht sagen, ob sie das richtige Gewicht hatten, denn wir haben sie nie gewogen. Ihre Dicke unterschied sich nicht von denen, die wir in Tirana in den Schaufenstern gesehen hatten. Die Arbeiterinnen rührten sie nicht an, sie bevorzugten Böreks.

Die bedenkenlose Selbstbedienung am „Gemeinschaftseigentum“ überraschte mich anfangs, aber mir war bewusst, dass ich dagegen alleine völlig machtlos war. Eine der Arbeiterinnen war sehr rundlich, ihre Haut glänzte, als wenn ihr das Fett aus den Poren tropfte. Als ich sie einmal fragte, wie viel Böreks sie pro Tag esse, antwortete sie: „Zehn“. Ich erteilte ihr eine Lektion, wie schädlich das Fett sei, aber umsonst. Sie starb einige Jahre später.

In den zwei Monaten, die er als Normenbearbeiter in einer Baracke in der Nähe unserer Wohnung arbeitete, half Todi mir nach der Arbeit beim Ausfüllen der Formulare, Spalte für Spalte Hunderte und Aberhunderte Böreks, Krapfen, Kekse, Zöpfe, Zahnräder, Kaffee und Zucker, die ich während der Schicht verteilt hatte.

Vielleicht hätte ich noch länger in dieser Bäckerei gearbeitet, immer etwas angespannt, aber auch mit einem wohl in Naivität und Unerfahrenheit gründenden Humor, wenn nicht diese Sache mit Pashuk passiert wäre.

Pashuk belieferte mit seinem Fuhrwerk das Café des nahe gelegenen Dorfes Tale. Er war ein kleiner, schweigsamer Mann. Auf dem Kopf trug er eine Kappe wie die Männer aus der Myseqe-Ebene, aber aus Wolle.[21] Eines Tages sagte er mir, dass ihm beim Nachzählen der Kekse 500 Stück fehlten. Er war sehr besorgt. „Aber du hast sie dir selbst abgezählt", sagte ich. Meine „Praxis", ihn die Ware bei der Abholung selbst abzählen zu lassen, oft sogar ohne dabei zu sein, war offensichtlich falsch. Ein Wohlmeinender hatte mich gewarnt, dass Vertrauen heute in diesen Dingen nicht genüge. Pashuk tat mir leid, und ich sagte ihm, eine Arbeiterin werde alle Kekse abzählen; wenn welche übrig seien, bekäme er sie. Tatsächlich waren 500 Stück übrig. Aber als ich am nächsten Tag auf Pashuk wartete, kam Sali, der Fuhrmann, der das Dorf Zejmen belieferte; er war aus Tropoja und ein ganz anderer Charakter als Pashuk. Seltsamerweise beklagte auch er sich, dass ihm 500 Stück Kekse fehlten. Wem sollte ich die überzähligen Kekse nun geben? Ich war mir sicher, dass sie Pashuk zustanden, aber der Teufel trieb mich, Nezir zu fragen, den Verantwortlichen für den Vertrieb ins Umland. Er bestand darauf, dass sie Sali zustanden. Ich machte den Fehler und gab sie ihm. Diese Entscheidung bekümmerte Pashuk; er war ein ehrlicher Mensch mit einem Haufen Kinder. Auch einige Arbeiterinnen reagierten sofort darauf. „Das war nicht recht von dir, Pashuk ist ehrlich", sagte mir eine von ihnen ganz offen. Diese ganze Situation belastete mich. Mich empörten die Lüge und die Ungerechtigkeit, auch meine eigene. Das brachte für mich das Fass zum Überlaufen. Nicht genug, dass ich so tun sollte, als sähe ich nicht, wie ausgewachsene Männer lange Finger machen und sich einen Keks in die Tasche steckten, während ich mich nur umdrehte, um Kaffee und Zucker abzuwiegen; ich schämte mich, es zu sehen und nichts dazu zu sagen. So ging ich zu Direktor Muhamet Kaplan, der auch Mitglied des Politbüros des Kreises war, und bat ihn diesmal mit Nachdruck um Versetzung aus der Großbäckerei.

„Dann übernimm das Magazin von Gjergj", schlug er mir vor. Im ersten Augenblick erschien mir dieses Lager, das nichts mit Lebensmitteln zu tun hatte, wie eine Rettung. „Ich überlege es mir und erkundige mich", antwortete ich und ging hinaus. Sul Hafizi, der als Lieferant von Baumaterial die Verhältnisse dort kannte, ärgerte sich und sagte: „Du willst ein Magazin mit 12 Millionen Umsatz verlassen für eines mit 80 Millionen? Weißt du, dass die Ware dort mit dem Lkw rein und raus geht?" Also ging ich wieder zum Direktor und sagte ihm verbittert: „Ihr wollt mich ohnehin ins Gefängnis stecken, aber wegen so etwas möchte ich nicht eingesperrt werden." Der Direktor wirkte

21 Die Myseqe-Ebene (Myzeqeja) ist eine sumpfige, in der kommunistischen Zeit trocken gelegte Küstenebene zwischen Lushnja und Vlora in Mittelalbanien. Tale ist ein Küstendorf etwa 15 km südwestlich von Lezha.

beleidigt; er bedaure, dass ich so denke, außer einer Stelle als Arbeiterin in einem Lager für Agrarprodukte könne er mir sonst nichts geben. Obwohl wir in großen finanziellen Schwierigkeiten steckten und die Arbeit in diesem Warenlager schlecht bezahlt wurde, nahm ich diese Stelle an.

Meinen Lagerbestand übergab ich an Beqir. Bei einigen Produkten (Kaffee, Mehl, Öl, Zucker) gab es einen Überschuss. Trotzdem musste ich noch 250 Lek für fehlende Waren bezahlen, vor allem für Krapfen und Böreks, die das Magazin nie von innen gesehen hatten. Bei den Behältnissen dagegen hatte ich gewonnen; kein einziges fehlte. Die Leute beglückwünschten mich: „Da bist du gut rausgekommen", aber ich ärgerte mich.

Arbeiterin

Am 12. Oktober 1973 begann ich die Arbeit in dem Magazin für Agrarprodukte, das am nördlichen Stadtrand lag. Ein paar Mal war ich dort gewesen, um eine Kiste Eier für die Bäckerei zu holen. Um dahin zu kommen, ging man über die Hauptstraße und durch das Freiheits-Viertel, das „Ghetto" Lezhas, in dem die Roma wohnten, seit eh und je benachteiligt und in chronischer Armut lebend.

Das Magazin versorgte die Verkaufsstellen der Stadt mit Obst und Gemüse, belieferte aber auch den Nachbarort Shëngjin, einige Läden in der Umgebung sowie das Wohnheim, die Krippen und Kitas, das Krankenhaus, die Kaserne und das Gefangenenlager von Torovica. Es wurde seinerseits beliefert von den nahe gelegenen Staatsgütern und Kooperativen in Ishull und Balldren. Im Sommer bekam es einige Früchte aus der städtischen Obstplantage, während die meisten Südfrüchte (vor allem während der Feiertage im November und zu Neujahr) aus Saranda kamen, die Äpfel dagegen aus Korça und vor allem aus Peshkopi. Es war schon ein Erfolg, wenn ein Abgesandter des Betriebs aus Berat getrocknete Feigen brachte, vielleicht eine gewisse Menge Oliven oder ein paar Nüsse. Kartoffeln kamen im Winter aus Kukës, im Sommer aus Torovica, wenn dort noch etwas übrig war, nachdem das Plansoll für den Export und für Tirana erfüllt war. Die Zahl der Arbeiter war gering, sie wurde aber vor den Festtagen aufgestockt, vor allem zur Unterstützung beim Be- und Entladen. Auch im Sommer wurden Saisonkräfte beschäftigt; meist waren sie zuvor in verschiedenen Bereichen des Betriebs als Lageristin, Kellnerin etc. bestraft, entlassen oder eingespart worden. Dort zu arbeiten hieß schwere körperliche

Arbeit mit schlechter Bezahlung; daher war das Magazin für Agrarprodukte ein unbeliebter Arbeitsplatz.

Die festen Arbeitskräfte dort waren Ymer, Noka, Katrina, Pip und Xheja. Alle waren mit dem Be- und Entladen beschäftigt. Nur Ymer verdiente 450 Lek; Pip, sein engster Helfer, und alle anderen bekamen 405 Lek. Mir als Neue im „Beruf", wenngleich nicht in der Arbeit oder der Lebenszeit, zahlten sie nur den Mindestlohn von 370 Lek. Daher beantragte ich eine Qualifizierungsprüfung. Anscheinend machten Lagerarbeiter für gewöhnlich keine solche Qualifizierung, ich fand keinerlei Vorbereitungstext dafür. In unserem Magazin gab es aber einige Tabellen aus der Zeit, als es die Zentralvereinigung der Konsumgenossenschaften gab, die „Grundlagen und Standards für Agrar- und Milchprodukte 1965". Diese Tabellen gaben sie mir. Es war nicht leicht, damit zu lernen, aber ich machte mich mit Eifer daran.

Wie muss eine Karotte sein, um im Handel akzeptiert zu werden? Wie muss sie aussehen, wie groß der Durchmesser in Zentimeter? Und ihr innerer Aufbau: weiches Fleisch, saftig, ohne Risse und ohne Reste von Erde. Dann die besonderen Merkmale: Sie soll jung sein und noch im Wachsen, frisch und nicht verholzt, mit ihrer charakteristischen Farbe und mit allen Blättern, kurz und grün …

Und wenn es nur um Karotten gegangen wäre! Für alle Gemüse- und Obstsorten, die das Magazin auf den Markt brachte, musste man die Anforderungen der drei Qualitätsstufen kennen. Am schlimmsten war für mich die Kartoffel. Neben ihren allgemeinen Eigenschaften musste man wissen: wie viel Prozent leicht grünlich sein durften, wie viele ausgekeimt, deformiert, vertrocknet, mit anderen Materialien vermischt, gerissen oder beschädigt, mit wie vielen Wurmlöchern, Dürrflecken oder Anzeichen von Mehltau, dann die Größe der Knollen, gemessen im Durchmesser der größten „Breite", in Ellipsen- oder in Eiform. Als wenn es damit genug wäre! Dann kamen die Krankheiten, etwa physiologische Krankheiten wie die Krätze: Wie groß durfte die Schadstelle sein, damit die Kartoffel noch angenommen wurde? Hol's der Teufel, auch Kartoffeln konnten die Krätze bekommen? Dann Fitoftera, eine andere Krankheit, Schorf, braune Flecken, Rost, Nassfäulnis etc. Bestimmt waren diese verdammten Anweisungen irgendwann ins Albanische übersetzt worden, sonst hätten sie nicht verlangt, dass die Eier 55 Gramm wiegen und die Luftblase einen halben Zentimeter groß sein müssten. Wo hätten wir jemals in Albanien Eier nach Gewicht gekauft?

Ich lernte alles sehr gründlich und trat vor die Kommission. Am Kopf des T-förmigen Tisches saß der Direktor des Betriebs, um ihn herum die Kaderleiterin und vier, fünf andere, auch sie Leitungskader. Nur einer war Agronom, also Fachmann. Die meisten Fragen stellten mir die, die nichts mit Gemüse zu tun hatten. Ich war sicher: Nach dieser Vorbereitung, theoretisch anhand der Vordrucke, wusste niemand im ganzen Betrieb über die Annahmekriterien für Obst und Gemüse genauer Bescheid als ich, aber was nützte es? Meine große Anstrengung brachte mir nur einen kleinen „Gewinn". Ich war nur eine Einstufung aufgestiegen, was eine Lohnerhöhung um 15 Lek bedeutete. Ich musste noch eine „Prüfung" bestehen, um auch 405 Lek wie die anderen Kollegen zu bekommen. Dieses Mal ging es um die Kartoffel.

Der Verwalter des Magazins war Abdulla Sherri. Sein wichtigster Mitarbeiter, eine Art Vorarbeiter, war Ymer, ein junger, kräftiger Kerl, fleißig und schweigsam. Er arbeitete wie ein Uhrwerk und spornte damit auch die anderen an. Ymer war bescheiden und gutherzig, sehr arm, wie die Roma allgemein. Obwohl noch nicht einmal 25 Jahre alt, hatte er schon drei, vier Kinder. Seine Frau arbeitete bei der Gemeinde, als Straßenkehrerin. Zu mir war er sehr freundlich. „Liri, die kannst du nicht tragen", diese Worte, stets ruhig und gelassen ausgesprochen, hörte ich wie einen Refrain, immer wenn Ymer die Schicht leitete. Für gewöhnlich ging es dabei um Säcke mit Kartoffeln. Er fand dann eine leichtere Arbeit für mich; am schwersten war dabei noch das Füllen der Kartoffelsäcke. Als Ymer einmal Nierenprobleme bekam, machten wir uns alle Sorgen. Er hielt durch, ohne die ihm vom Arzt verschriebene Medizin zu kaufen. Er tat mir leid, und ich redete ihm gut zu, aber Ymer hatte sich ausgerechnet, dass ihm sein Geld bis zum nächsten Lohn reichen und er keinen Kredit nehmen müsse. So arbeitete er weiter und verschleppte seine schwere Krankheit, bis er sich eines Tages unters Messer legen und sich eine Niere entfernen lassen musste.

Ymer bildete ein unvergleichliches Duo mit Pip. Pip hatte als Kind eine schwere Krankheit gehabt, Meningitis oder Kinderlähmung, die ihn für das ganze Leben zeichnete. Obwohl er sich manchmal aufregte und laut herumzankte, tat er niemandem etwas zuleide. Um mich aufzumuntern, rief er manchmal von seinem Platz am anderen Ende der Lagerhalle zu mir herüber: „Oh meine Lili! Bei Gott, ich liebe dich wie Lefterina, meine Mutter!"

Auch Noka war ein guter Mensch, sehr bescheiden, klein gewachsen und stark kurzsichtig. Im nahe gelegenen Dorf Mërqia hatte er vier, fünf Kinder; sein fester Lohn bedeutete viel für ihn und seine Familie. Obwohl er nur 30, 35 Jahre alt war, nannten alle Arbeiter ihn Onkel. Von Charakter und Temperament her glich er tatsächlich eher einem Mann in gesetztem Alter.

Die beiden Frauen, Katrina und Xheja, unterschieden sich sehr. Katrina war lebhaft, eifrig und tatkräftig. Laut Xheja war Katrina der Liebling der Magazinverwalter, daher war Xheja eifersüchtig und mochte sie nicht. Tatsächlich schickten die Verwalter Katrina wegen irgendwelcher Bestellungen in die anderen Magazine, und nur sie übernahm die Auswahl der Eier – was als leichte Arbeit galt. Katrina war Asthmatikerin, wie auch zwei ihrer fünf Kinder. Ihr Mann Pjetër Neli war Lkw-Fahrer. Zu mir war sie vom ersten Tag an sehr freundlich.

Xheja wohnte ganz in der Nähe, in einem extra für die Lagerarbeiter errichteten Viertel. Sie war faul, zänkisch und neidisch auf alle. Andauernd war sie entweder schwanger oder im Mutterschutz. Die Lagerverwalter hatten die Nase voll, aber was sollten sie tun? Sie war die Frau eines der Fahrer, die mit dem Magazin zu tun hatten, und man sagte, er sei Kommunist. Xheja war klein, stammte aus Tirana; er war ein stattlicher Mann, sie hatten neun Kinder, alle gesund und hübsch. Wie viele waren in der Krippe oder der Kita? Einige. Eines Tages bat sie mich, ihr ein Formular auszufüllen, das die Kita zur Abrechnung brauchte. Wir setzten uns hin und begannen. Ich fragte: „Wann ist Kujtim geboren?" Xheja überlegte kurz und antwortete: „Als das schlimme Unwetter in Lezha war." Als sie merkte, dass ich davon nichts wusste, fragte sie erbost: „Wie kannst du das nicht wissen?" Da fiel mir eine an der Mauer des Zentralkomitees einbetonierte Tafel ein, die das Jahr 1963 und den Stand des damaligen Hochwassers zeigte. Aber auch ihre Angaben für das zweite Kind brachten mich in Schwierigkeiten: „Zusammen mit Katrinas Paulin." Wieder ärgerte sie sich, als ich das Geburtsdatum von Katrinas zweitem Sohn nicht kannte. Schließlich kamen wir mithilfe von Katrina und dem scherzenden Ymer bis zum letzten Kind. Da ich das Formular mehrmals ausfüllen musste, lernte ich die Namen aller Kinder von Xheja. Einige von ihnen kamen oft in die Arbeit, was die Verwalter auch ärgerte.

Das Magazin kann man ohne die Lagerverwalter nicht verstehen. Es waren zwei gemeinsam Verantwortliche, Cousins aus einer bekannten Familie, alteingesessen in Lezha. Tatsächlich war Abdulla quasi der allmächtige Gott, ein älterer, gescheiter Mann, der sich im Geschäftlichen und der Lagerhaltung auskannte. Ich denke, er war so etwas wie der Patriarch der ganzen Großfamilie. Er knüpfte die Beziehungen zu verschiedenen Betrieben, schloss Vereinbarungen und löste die grundsätzlichen Probleme des Magazins, während Shefik, der jüngere Lagerverwalter, die ermüdenden Alltagsarbeiten übernahm, den Ein- und Ausgang, die Belieferung der Verkaufsstellen und alles andere. Wenn das Warenlager überfüllt war – und das war eigentlich immer so –, regte er sich sehr auf, schimpfte auf den Patriarchen, der als Hauptleiter gerade in irgendeinem Café saß. Aber im Allgemeinen gehorchte er ihm, sowohl aus Respekt als auch aus Gewohnheit.

Abdulla fühlte sich kompetent und unangreifbar. Morgens kam er spät, denn gewöhnlich trank er gern ein Gläschen. Dann war er meistens guter

Laune, aber manchmal kam er auch wütend herein. Dann mieden wir ihn und setzten eine ernste Miene auf; denn wenn er auch nur ein kleines Lächeln bemerkte, entlud sich seine ganze Wut auf den Schuldigen. Wir Übrigen wurden dann Zeugen eines langen Monologs, währenddessen er ohne Pause in den Lagerhallen hin- und herlief und seinen Zorn laut herausschnaubte. Irgendeinen Namen nannte er dabei nicht. Wenn seine Wut auf dem Höhepunkt war, schlug er sich mit der Faust auf die Brust, schüttelte den Kopf und rief immer wieder: „Die wissen nicht, was für ein Hurensohn ich bin!“ Wir alle arbeiteten schweigend weiter. Wenn er guter Laune war, handelten seine Monologe von seiner Vergangenheit, seiner Arbeit in der Obstwirtschaft, vor allem bei der Umsetzung der Agrarreform. Eines Tages kam er zu mir und sagte: „Ich hab' deinen Mann kennengelernt, er kam einmal hierher wegen der Agrarreform.“ Ich wusste genau, dass Todi nie mit der Agrarreform zu tun hatte und in dieser Zeit auch nie dienstlich in Lezha war, aber ich hörte ihm schweigend zu.

Unverhofft wurde mir dann eine Arbeit übertragen, die mich in Unannehmlichkeiten brachte. Abdulla hatte selbst die Buchhaltung des Magazins übernommen, da die vorher als Buchhalter Angestellten vonseiten des Betriebs für „überzählig“ gehalten wurden. So musste er die ein- und ausgehenden Waren selbst in den dicken Registrierbüchern verzeichnen. Jeden Abend nahm er sie mit, um sie zu Hause zu bearbeiten, brachte sie aber morgens meistens unberührt wieder zurück. Irgendwann entdeckte er meine weiterreichenden Fähigkeiten und beauftragte mich mit dieser Arbeit. Offenbar hatte er mit denen vom Betrieb darüber gesprochen, und die Antwort muss klar gewesen sein: „Nein, sie muss körperliche Arbeit leisten.“ Anders war es nicht zu erklären, dass ich nicht in dem gut beleuchteten Zimmer saß, wo normalerweise die Buchhalter arbeiteten, sondern in dem dunklen Raum, in dem Katrina die Eier kontrollierte – mithilfe einer Lampe in einer Kiste, in die oben ein Loch für die Eier geschnitten worden war. Ich bekam also nur das Licht durch die Öffnung für die Eier. Die Arbeit machte die Augen kaputt und war, auch wenn man dabei sitzen konnte, schrecklich ermüdend, vor allem wegen Shefiks vollkommen unleserlicher Handschrift. Lieber mochte ich die Arbeit der anderen. Aber konnte ich mich Abdulla widersetzen? Einmal sagte ich ihm, dass ich nichts zum Schreiben habe, aber rasch fand sich ein Tintenfässchen und ein Federhalter in einem anderen Magazin. Als ich einen stärkeren Vorwand wählte, „ich habe meine Brille nicht dabei, ohne sie kann ich nicht schreiben“, sagte er mir, ich solle nach Hause gehen und sie holen. Vor der Inventur gab er mir immer öfter die Bücher mit nach Hause, um sie abends oder am Sonntag weiter zu bearbeiten. Das war auch für ihn besser, denn wenn immer ich am Tisch saß, also schrieb, erreichte das die Direktion, die die Anweisung wiederholte: Sie soll nicht zu dieser Arbeit eingeteilt werden. Abdulla ärgerte sich, fletschte die Zähne und versuchte, den Spitzel zu finden. Er war überzeugt, dass es Xheja war, und sagte immer wieder: „Was ist das nur für eine, was ist das nur für eine!“ Aber da er um seine Fähigkeiten und um seinen Ruf wusste, kümmerte er sich nicht allzu sehr um die Befehle, die ihn erreichten. Aber hin und wieder verließ ich den dunklen Raum und kam ans Licht, normalerweise, wenn der Verwalter Katrina und mich ins Magazin von Shëngjin schickte.

In der Hauptsaison kamen sehr viele Frühlingszwiebeln und verblieben mangels Nachfrage im Magazin. Sie fingen an zu faulen und verbreiteten einen erstickenden Gestank, der sich durch das ganze Lager zog. Ihr grünlicher Saft floss uns zwischen den Füßen. Aber sie wurden nicht vergraben, mit einem Kommissionsprotokoll, sondern wir Arbeiterinnen setzen uns hin mit dem Messer in der Hand und machten aus ihnen wieder Frühlingszwiebeln der Güteklasse 1. Dann wurden sie auf den Lkw des Gefangenenlagers von Torovica oder der Kaserne geladen, begleitet von einer Kiste Äpfel oder anderer Früchte als Geschenk für den Auslieferer oder den Fahrer. So machten wir es auch mit dem Lauch, dem Spinat und einigen anderen Gemüsen. Bei irgendwie beschädigten Kartoffeln wurde nicht einmal darüber diskutiert, sie zu entsorgen. Dieses Vorgehen erinnerte mich an meine ersten Erfahrungen in der Bäckerei. Ich schmunzelte; wenn ich diese „Schule“ vorher durchgemacht hätte, wäre ich damals nicht so naiv gewesen und hätte das besser durchgestanden.

In der Pause saßen wir zusammen, die fest und die zeitweise angestellten Arbeiter. Eine heiße Diskussion brach aus, über ein ernstes und heikles Thema. Wem hat diese Regierung mehr gegeben, den Arbeitern oder den Bauern? Ich äußerte mich nicht dazu, schrieb aber, nach Hause gekommen, gleich auf, was ich gehört hatte. Seit meinem ersten Tag im Magazin hatte ich begonnen, mir Notizen zu machen. Vor mir tat sich eine ganz neue Seite auf; diese Menschen, sehr arm und nahezu ohne Schulbildung, waren so interessant. Unter ihnen fühlte ich mich zum ersten Mal wohl, seit ich nach Lezha gekommen war. Sie waren nicht schüchtern oder ängstlich. Die Arbeiter insistierten, dass die Bauern mehr profitiert hätten, und zählten deren Bevorzugungen auf, die Bauern aber protestierten und schworen, dass gerade die Arbeiter mehr gewonnen hatten – und auch sie machten eine Liste. Dass beide auf ihrer Sicht beharrten, zeigte, dass keine Seite zufrieden war.

Rund um unser Magazin lagen viele Lagerhäuser und Betriebsteile. Ich kannte fast alle Arbeiter dort, denn unser Lager zog sie alle an. Sie arbeiteten beim Be- und Entladen, in der Verpackung, als Zimmerleute, als Bauarbeiter etc. Die Mahlzeiten, die sie hier und da, nicht weit voneinander entfernt einnahmen, waren nahezu „einheitlich“, obwohl in verschiedenen Häusern zubereitet: ein Viertellaib Vierziger-Brot (500 Gramm), ein Stück Weißkäse, häufiger aber Frischkäse, mit frischen oder eingelegten Tomaten. Oft kamen sie zu uns wegen einer Frühlingszwiebel oder einer Knolle Knoblauch. Die Kleidung? Auch sie fast uniform: Kattun- oder Cordstoff, an den Füßen schwarze Gummistiefel aus Durrës zu dreißig Lek, durchgetragene und ausgewaschene Jacken. Am schlechtesten angezogen von allen war unser Ymer.

Eines Tages sagte uns Abdulla, dass wir anderntags im Magazin von Gryka e Zezë arbeiten sollten. Dort lagerte eine große Menge Kartoffeln, mit denen (das war in Shëngjin genauso) der Markt bis in den Mai, Juni hinein beliefert werden sollte. Mit Ausnahme von Xheja, die ein kleines Baby an der Brust hatte, brachen wir anderen alle auf, zusammen mit Maliq Dani, einem Transportarbeiter. Es schneite, eine seltene Sache in Lezha. Ich war gut angezogen und trug die Botten von Gimi, tschechische Gummistiefel mit Schaft. Ich nannte sie Botten, denn sie waren klobig und schwer, aber mir leisteten sie sehr gute Dienste. Mir gefiel der Weg zu Fuß, in der Natur, auf einem mir unbekannten Weg. Alle freuten wir uns, weit weg zu sein von den Befehlen und dem Lärm der Lagerhallen.

Die Halle in Gryka e Zezë war groß, fast wie ein Stadion, und kalt, aber rasch wurde ein Feuer entzündet, an das wir uns der Reihe nach hinsetzten, um uns die Hände zu wärmen. Die Tür wurde von innen verschlossen; falls jemand klopfte, der das Feuer nicht sehen durfte, löschten wir es schnell und beseitigten alle Spuren. Manche der ankommenden Fahrer setzten sich ans Feuer und achteten darauf, dass es nicht ausging, während wir ihren Laster beluden. Sie verpfiffen uns nicht wegen dieses Regelverstoßes. Schiebend und ziehend verstauten Katrina und ich oben auf dem Laster die Säcke, die Ymer, Maliq und Pip auf die Ladefläche hoben. Aber als der Laster sich füllte und die Säcke gehoben und in die zweite Reihe gestapelt werden mussten, holte Ymer mich herunter: „Liri, das schaffst du nicht, geh und fülle die Säcke.“ Stattdessen stieg er mit Pip hinauf. Währenddessen übernahm Katrina eine andere Aufgabe. Sie suchte einige große, abgeflachte Kartoffeln heraus (ellipsoide laut den Tabellen, die ich auswendig gelernt hatte), fachte das Feuer an, legte sie in die Glut und passte auf, bis sie gar waren. In der Mittagspause wurden sie an alle verteilt. Sie zergingen auf der Zunge, süß und schmackhaft, so heiß gegessen. Jemand beschwerte sich, dass Salz fehlte. Katrina versprach, anderntags Salz mitzubringen. Nur ich hatte nichts von den Kartoffeln gewusst und mir Brot mitgenommen. So verging die Pause beim Essen und Reden. Als wir hinter der Tür die Stimme des Lagerverwalters hörten, ließen wir Kartoffeln und Feuer sofort verschwinden.

An der Busstation traf ich Katrina. Wir würden nach Shëngjin fahren, um Kartoffeln zu sortieren. Es würde ein langer Tag werden, hatte der Verwalter gesagt. Obwohl das Magazin sehr groß und kalt war, gefiel mir der Einsatz dort, vor allem wegen der Fahrt und der Begegnung mit dem Meer. In der Mittagspause spazierten wir am Strand entlang. Das Meer war wunderschön, die Wellen schlugen wild an das mit Muscheln übersäte Ufer. Wir beide gingen, in diesem Wintermonat ganz allein, am Strand entlang und sammelten die schönsten und größten Muscheln. Katrina für ihre Kinder, ich für Ana und Tetis. Und wir unterhielten uns. Meistens sprach Katrina. Ihr Lieblingsthema war Vermosh, ihr Geburtsort. Mit wie viel Liebe und Sehnsucht erzählte sie ganz schlicht von den Schönheiten der Natur, der reinen Luft, dem kühlen Wasser! Auch über den frische Joghurt, die Milch und die Butter aus Vermosh fand sie die treffendsten Worte: Wie gut schmeckten sie, nach dem Heu und den Blumen der Bergwiesen.

Ich hörte ihr gerne zu. Katrinas Schilderungen passten gut zu meinen romantischen Vorstellungen, genährt von der klassischen albanischen Literatur, mit der wir aufwuchsen und die uns schon seit der Grundschule nahegebracht wurde, vor allem Naim Frashëris bukolische Lyrik und die Gedichte und Erzählungen der Schriftsteller des Nordens.

Aber die Idylle, die Romantik und ... die ernüchternde Realität des alltäglichen Lebens ... Folgendes geschah: Eines Tages kamen einige junge Frauen aus dem Hochland und arbeiteten mit uns beim Sortieren der Kartoffeln. Sie lebten in einstöckigen Häusern am Eingang der Stadt Shëngjin. Katrina und ich konnten diese Riesenmenge Kartoffeln nicht bewältigen. Das Magazin war voll und übervoll, nicht nur unten, sondern auch im Obergeschoss. Es war ein Gebäude mit Bretterwänden an drei Seiten, bei dem schon das Hochsteigen ein Elend war, denn dafür gab es nur eine tragbare Maurerleiter, von der man leicht herunterfallen konnte. Die Kartoffeln hatten begonnen auszukeimen, und so ging es nun nicht mehr darum, die verfaulten Knollen auszusondern, sondern die gerade ausgekeimten Triebe in jeder Kartoffel zu entfernen. Andernfalls werden die Kartoffeln grün, und das Solanin macht sie ungenießbar, ja lebensgefährlich für den Menschen (Nicht umsonst hatte ich diese Tabellen gelernt. Jetzt halfen sie mir, die Wichtigkeit und den Wert meiner Arbeit schätzen zu lernen).

Die Hochländerinnen, die nun mit uns arbeiteten, waren lebhaft; sie redeten ununterbrochen und laut miteinander. Jeden Morgen hatten sie ihre Haare zu einer Lockenpracht im Stile Ludwigs XIV. geflochten, unter einem farbenfrohen Kopftuch über der Stirn herabfallend. Manche waren allzu neugierig und nervten mich mit ihren endlosen Fragen, die ich nicht beantworten wollte. Als einige Tage vergangen waren, begannen sie auf einmal, leise miteinander zu sprechen. Ich schnappte einige sonderbare Gespräche auf: „Ist es geboren?“ – „Was ist es geworden?“, fragte eine. Als die andere „eine Sie“ antwortete, wurden begeisterte Glückwünsche laut, die Gesichter hellten sich auf. Anderntags, nach einem „Er“, lautete die Gratulation: „Ein Glück, dass er durchgekommen ist.“ Wie war das möglich? Albaner, die sich mehr über ein Mädchen als über einen Jungen freuten?

Nein, es war überhaupt nicht die Rede von Menschen. Vielleicht hatten sie Schafe. Ich fragte Katrina: Sie sprachen über Kühe. Das war neu für mich, unerwartet, sehr menschlich, schön. Zum ersten Mal hörte ich solche Glückwünsche wegen eines Tieres. Das berührte und beeindruckte mich. Aber wieder hatte ich nur eine Seite verstanden und direkt vergessen, warum sie so flüsterten, mit Angst im Herzen. Die Kühe, von denen sie sprachen, hielten sie in der „Illegalität“. Sie kümmerten sich mit Sorgfalt und Liebe um sie, denn sie sicherten ihnen die Milch, die sie für ihre Kinder dringend brauchten. Diese Kühe hätten nach den geltenden Erlassen in die Kooperativen von Ishull i Shëngjinit gebracht werden müssen, wo sie in einem gesonderten Stall für Kühe in Privateigentum stehen sollten. Dort wären sie aus Mangel an Futter und Pflege bald nur noch Haut und Knochen gewesen und als Fleisch dritter Güteklasse im Schlachthof gelandet.

Als wir 15, 16 Jahre alt waren, lernten wir in den Schulungen, die die kommunistischen Jugendorganisationen für alle Schulklassen anboten, auch über die Wildheit der ökonomischen Gesetze des Kapitalismus. Wir hörten konkrete Fakten: Um die Marktpreise hoch zu halten, verbrannten die Kapitalisten den Kaffee oder das überschüssige Getreide, warfen Bananen und andere Früchte ins Meer, während rings um sie Elend herrschte und die Armen in Not waren. Wir hatten auch die Werke weltbekannter Schriftsteller wie John Steinbeck, A. J. Cronin und anderer gelesen, die von den scharfen Gegensätzen der kapitalistischen Gesellschaft handelten. Und doch, im Magazin für Agrarprodukte sah ich, dass die Gesetze des Marktes in unserer „sozialistischen“ Gesellschaft genauso wild waren. Wenn überzählige Waren wie Lauch, Frühlingszwiebeln oder Spinat nicht vom Gefangenenlager in Torovica oder irgendeiner anderen Einrichtung abgenommen wurden, verrotteten sie, und das Magazin stank nach ihrem fauligen Saft. Dann vergrub Ymer sie zusammen mit Pip und Noka, denn die Kinder aus dem Freiheits-Viertel durchsuchten sie, um noch etwas Essbares zu finden. Am meisten schockierte mich, als das auch mit den Blutorangen passierte, die zu jenem Neujahr im Überschuss geliefert wurden. Sie waren allerbester Qualität, 50 Lek pro Kilo, rot „wie Granatäpfel“, wie wir als Kinder begeistert gesagt hatten. Viele wurden nach Shëngjin gebracht, denn das Magazin in Lezha war randvoll.

Diesen „Berg“ Orangen konnten die wenigen gutbezahlten Bürokraten und Intellektuellen gar nicht verbrauchen. Die Mehrheit aber, die Arbeiter und Bauern konnten sich Früchte zu einem solchen Preis nicht leisten. Sie griffen zu denen dritter Güteklasse, die 20 Lek pro Kilo kostete, oder zur Ausschussware zu 15 Lek, sodass unser „Berg“ Orangen mehr durch Verfaulen als durch Verkauf schrumpfte. Der Preis wurde nicht herabgesetzt, und mir blieb nichts übrig, als voller Ärger an jene Marktgesetze des Kapitalismus – und des Sozialismus – zu denken, die ich auch an der Universität gelernt hatte, und mich über mich selbst lustig zu machen. Auch für die Orangen wurde ein Protokoll erstellt, aber sie wurden tiefer vergraben als die Zwiebeln und der Lauch, denn sie wären für die Kinder des Viertels eine viel größere Verlockung gewesen.

Die Roma

Die Kinder des Freiheits-Viertels, des Roma-Quartiers, hatte ich schon in meiner Zeit in der Großbäckerei kennengelernt. Jetzt passierte ich dieses Viertel jeden Tag auf dem Weg ins Magazin. Es war extra für die Roma errichtet worden von der „Volksmacht“, die so viel redete über die Verbesserungen für diese lange verachtete Volksschicht.[22] In diesem Viertel mischten sich Häuser und Lagerhallen; es begann mit einem fünfstöckigen Gebäude und zog sich dann jenseits eines Depots für Industrieprodukte auf beiden Seiten der Magistrale dahin, bis zu den Lagerplätzen der Bauabteilung.

Es waren hauptsächlich einstöckige Häuser, den Eingang ohne Stufen direkt auf der Erde. Durch die offenen Türen sah man sofort das Elend: halbnackte und schmutzige Kinder, Zimmer ohne Möbel, kahle Küchen, aus denen man den Mief der Armut roch. Die Männer arbeiteten fast alle als Lade- und Transportarbeiter im Handel, in den Lebensmittelläden, bei den Ablieferungsstellen, bei der Eisenbahn oder im Hafen von Shëngjin. Diese schwere Arbeit war quasi ihr „Monopol“. Die Frauen dagegen sammelten sich morgens, wenn ich zur Arbeit ging, vor dem Büro der Stadtreinigung. Einige begannen mit langen Besen, die Straßen und Plätze zu kehren. Andere gingen mit Eimer und Schrubber zu den Treppen der Wohnhäuser. Auch in den Lebensmittelgeschäften, bei den Ablieferungsstellen, auf den Land- und Forstgütern

22 Vgl. Shannon Woodcock, Life is War. Surviving Dictatorship in Communist Albania, Bristol 2016, S. 110–135.

arbeiteten viele von ihnen. Obwohl Lezha gelobt wurde für die gesellschaftliche Position, die man den Roma dort gegeben hatte, hatte es nur einer von ihnen in die „Führungsschicht" geschafft. Er hatte viel mit Musik zu tun und war Referent für Musik in der Bildungsabteilung des Exekutivkomitees.

Auch unser Kaderleiter war eine Zeit lang ein „Magjyp", wie sie die Roma in Lezha nannten. In der Oberschule hatte es nur zwei von ihnen gegeben. Das Mädchen schloss die Schule und auch die Wirtschaftshochschule ab, während der Junge später ohne Abschluss vom Sportinstitut zurückkam. Die Roma in der Grund- und der Hauptschule lernten wenig. Viele „erfüllten" die Schulpflicht, indem sie die Klasse zwei oder drei Mal wiederholten. Zu uns waren sie freundlich und wohlwollend. Keiner von ihnen – außer zwei Angestellten und einem Parteimitglied – drehte je den Kopf zur Seite, wenn er mich traf, oder tat so, als sähe er mich nicht, um mich nicht begrüßen zu müssen. Was hatten sie schon zu verlieren? Den bequemen Angestellten-Sessel, das gute Gehalt? Nein, sie lebten von der Kraft ihrer Arme, und diese Arme konnte ihnen niemand wegnehmen.

Von den ersten Tagen im Magazin an beeindruckte mich Ymer Manis Hochherzigkeit, später auch die der anderen Roma wie Abdyl Aziz oder Maliq Dani. Im Spitalsviertel lebte Sania, eine Witwe, die mit viel Mühe eine Schar Kinder aufzog. Als wir aus dem Fenster sahen, dass Ana nicht unter den spielenden Kindern auf der Straße war, liefen wir beunruhigt hinaus, um sie zu suchen. „Sie ist bei der Magjypja", sagte man uns. Bei Sania und ihren Kindern fand die kleine Ana die Großzügigkeit, Liebe, Zuneigung und Gastfreundschaft, die ihr so fehlten – und sie genoss sie von Herzen. Undenkbar, dass Sania Ana die Tür vor der Nase zugeschlagen hätte, so wie das die Mutter einer ihrer Freundinnen aus dem Viertel getan hatte! Unter vielen Tränen und voller Kummer erzählte Ana dieses Ereignis, als wir sie von Sania abholten. Und der Einzige, der am letzten Tag meiner Arbeit zu mir kam und sich verabschiedete, war ein Rom, der Transportarbeiter Vullnet.

Die Verhaftungen

Nach dem Bruch Albaniens mit den sozialistischen Ländern berichtete uns ein albanischer Diplomat, den wir noch aus der gemeinsamen Jugendarbeit kannten, über die Lage in Ungarn: „Hier gibt es echte Revolutionäre, Marxisten-Leninisten, aber sie werden mit dem Auto überfahren." Wir hatten diesen armen Diplomaten damals nicht ernst genommen. Aber jetzt gebrauchte ich diese Worte, über die wir uns damals immer lustig gemacht hatten, und ermahnte Todi, sich vor den Autos in Acht zu nehmen, wenn er auf der Straße ging. Die Angriffe von Enver Hoxha hatten nicht aufgehört.

Als Normenbearbeiter wurde Todi entlassen, da er nicht die „erforderliche professionelle Vorbereitung" habe! Von nun an sollte er Betonplatten gießen: acht Quadratmeter am Tag für 400 Lek Lohn, eine Arbeit, die Muskeln verlangte, körperliche Kraft. Und für ihn blieb nur die größte, schwerste und primitivste Gießform der Abteilung übrig, die niemand anders schleppen mochte. In dem Alter, ein Diabetiker, in unserer wirtschaftlichen Lage! Diese Arbeit überstieg wirklich seine Kräfte. Die Baracke der Normenbearbeiter hatte in der Nähe unserer Wohnung gelegen, aber die Abteilung der Plattengießer war am Ende des Betriebs, weit hinten an der Straße nach Shëngjin. Eines Tages ging ich dorthin. Die Kollegen von Todi waren alles junge Kerle. Man musste stark sein, um die Zement- und Sandsäcke hochzuheben und auszuleeren, den Beton zu mischen, ihn in die Verschalung zu geben und in Form zu pressen. Und alles nur mit der Hand, es war wirklich ein mittelalterlicher Anblick. Todi, in seiner Art, versuchte, sich nicht kleinkriegen zu lassen, aber ich erschrak sehr. Die Arbeit laugte ihn aus, er nahm von Tag zu Tag ab, sein Gesundheitszustand verschlechterte sich so, dass wir ihn während einiger kalter Dezembertage nicht in die Arbeit gehen ließen. Aber … alles lief wie ein Uhrwerk: Auf einer vollen Briefseite schrieb die Vorsitzende des Volksrats der Stadt, Nadire Zyberi, sie sei in Kenntnis gesetzt worden, dass er der Arbeit ferngeblieben sei, und schloss mit der Drohung, das – vollständig zitierte – Gesetz gegen das Parasitentum anzuwenden, was Gefängnis oder Verbannung bedeutete. Hier ging es um einen 51-jährigen Kranken, der schon mit 19 am Nationalen Befreiungskampf teilgenommen und, wo immer sie ihn hinschickten, geschuftet hatte, ohne sich zu schonen.

Dann näherte sich das Neujahrsfest. Fatos würde mit Zana und Ana kommen, wir wollten zusammen feiern. Wir kauften einen Truthahn und machten süße Nachspeisen. In dem hässlichen Ambiente unserer Küche saßen wir alle um den Tisch zusammen. Es war kein schlechter Abend, wir hatten sogar unseren Spaß und sangen ein Lied. Es war die Carmagnole, ein französisches Revolutionslied. Alle zusammen sangen wir immer wieder den Vers „Tous les bourgeois à la lanterne!" und begleiteten ihn mit komischen Gesten, die zu verstehen gaben, wen wir am Fensterkreuz aufhängen wollten …

Was würde uns das neue Jahr 1974 bringen? Welches Schicksal hatte „Zeus" für uns vorgesehen? Würde er noch mehr Blitze schleudern oder würde er sich beruhigen? Wir erwarteten, dass Ana in diesem Jahr ein Brüderchen oder Schwesterchen bekäme, dass Fatos und Zana die Universität abschlössen und man ihnen eine Stelle zuwiese und dass Gimi im Gymnasium von Lezha sein Abitur machen würde. Wir beide würden unsere Kräfte zusammennehmen müssen, um der harten körperlichen Arbeit zu trotzen, zu der sie uns fast schon im Rentenalter zwangen.

Am 2. Januar, einem sonnigen Tag, stiegen wir alle zur alten Burg Lissus hinauf, um ein paar Fotos zu machen. Ana trugen wir, meist Fatos, auf dem Arm. Wir hatten uns in den letzten Jahren nie fotografiert, so alle zusammen, und damals, am 2. Januar 1974, kam uns gar nicht in den Sinn, dass fast zwei Jahrzehnte vergehen würden, ehe wir wieder einmal alle zusammen auf einem Bild versammelt sein würden.

* * *

Fatos brachte uns Nachrichten aus Tirana, die uns ziemlich beunruhigten. Wie man hörte, vor allem in einigen Intellektuellenkreisen, hatte der bekannte Regisseur Mihallaq Luarasi während seines Prozesses einige schwer belastende Aussagen gegen Todi gemacht.[23] Da fiel mir ein, was mir seine Jugendfreunde und Mitschüler von der Kunstschule gesagt hatten, als er zu uns in die *Stimme der Jugend* kam … Hoffentlich bestätigen sich diese Einschätzungen nicht, dachte ich, denn sonst … Ich wollte mir gar nicht ausmalen, welche schlimmen Folgen diese in Tirana herumgeflüsterten Worte für Todi haben könnten. Warum hatten sie ihn verhaftet und warum verbreiteten sie diese Gerüchte in der Hauptstadt?

In der Universität wurden die Stellenzuweisungen bekannt gegeben. Fatos und Zana wurden in den Kreis Burrel geschickt. Das munterte uns auf: Burrel war nicht weit weg, und wie man sagte, gab es wegen der Chromtransporte immer Verkehr dorthin. Später erfuhr Fatos, dass man ihn als Physiklehrer der Schule des Ortes Klos im Kreis Burrel zugewiesen hatte, wo er jeden Tag unterrichten musste. Er brach zunächst auf nach Karpen bei Kavaja, wo die Wehrübung der Naturwissenschaftlichen Fakultät abgehalten wurde. Zana kam zu uns nach Lezha, denn sie erwartete die Geburt ihres zweiten Kindes. Gimi bestand die Abiturprüfungen mit sehr guten Ergebnissen und bekam ein Zeugnis, mit dem er, wie man sagt, selbst seine Brötchen verdienen konnte. Die kleine Ana war wie ein Jungbrunnen für uns; mit ihrer Liebe und ihrer

23 Mihal Luarasi (1929–2017) war einer der bekanntesten Theater- und Filmregisseure Albaniens. Als erstes Stück inszenierte er 1957 Schillers „Kabale und Liebe“. Später folgten zahlreiche albanische Stücke. 1972 wurde er zu acht Jahren Gefängnis verurteilt und arbeitete anschließend als Anstreicher. Nach 1990 arbeitete er in Budapest und Tirana.

Fatos Lubonja als frisch diplomierter Physiker, ohne Datum

reinen Kinderseele machte sie uns eine solche Freude, wie wir sie vorher noch nie empfunden hatten.

Wir vergaßen nicht unsere liebe Gewohnheit, spazieren zu gehen. Unser Lieblingsweg war die Straße nach Ishull i Lezhës, wo wir der Liebe eines anderen Kindes begegneten. Fatmire war ein vier oder fünf Jahre altes Mädchen, dunkel mit sehr schönen Augen. „Wenn ihr sie so mögt, nehmt sie doch mit", sagte ihre Großmutter zu uns mit ihrer erstickten Stimme. Warum das Mädchen bei ihr und ohne Mutter aufwuchs, haben wir nicht verstanden.

Am 27. Juni wurde Fatos' zweite Tochter geboren, in der Geburtsklinik von Lezha. Ana sah ihr Schwesterchen durch das Fenster, wo Zana sie uns hinhielt, und fing an zu weinen, denn sie wollte sie mitnehmen, wie ein Spielzeug, eine

Puppe. Den Namen Tetis bekam sie nach einigen Diskussionen in der Familie. Er war Fatos' Wahl, nach der Meeresgöttin Thetis. In den ersten Tagen machte ich einige Fotos von Tetis und Zana, mit Ana, mit dem Opa. Ana und ihren Großvater knipste ich auch in dem schönen Wäldchen neben der Zentrale des Agrarbetriebs, in das wir in diesem ersten Halbjahr 1974 immer wieder gern gingen.

Unterdessen, hinter dieser Fassade des normalen Lebens, fühlten wir die alltägliche Überwachung. Wir entdeckten sogar einen „Beobachtungsposten" in einem Rohbau unserem Haus gegenüber. Der Mensch, der dort hochstieg, tat dies einmal recht unvorsichtig; er bemühte sich nicht einmal, sich zu verstecken, als wir ihn sahen. Die Schlinge zog sich von Tag zu Tag enger zu.

25. Juli 1974. Es klopfte. Verschlafen blickte ich auf die Uhr: 6 Uhr morgens. Wer könnte so früh kommen? Beunruhigt zog ich mich an und ging zur Tür. Es war ein Unbekannter, der sagte: „Ich würde gerne Fatos sprechen." – „Wer sind Sie?", fragte ich. Er antwortete, er sei von der Dega e Brendshme.[24] Ich erstarrte, mir blieb die Spucke weg. „Fatos?", fragte ich erschrocken. Etwas sanfter und leiser sagte er: „Wir wollen ihn nur etwas fragen."

Ich ging und weckte Fatos. Er zog die grau-beigen Cordhosen und das Hemd an und sagte: „Was mag geschehen sein?" Mit den Händen fuhr er sich durchs Haar und ging hinaus. Ich war erschüttert. Auf Todis Verhaftung war ich vorbereitet, war es schon in Tirana gewesen, auch wenn ich es absurd fand und mir gar nicht vorstellen wollte. Aber niemals war mir in den Sinn gekommen, dass sie die Hand auch an die Jungs legen würden. Das hätte ich nicht ausgehalten. Fatos im Gefängnis! Beim bloßen Gedanken daran hätte mich das Zittern überkommen. Für ihn hatte ich so schöne und wunderbare Träume gehegt. Dabei ging es gar nicht um Reichtum oder Ämter, es waren rein intellektuelle Träume, die seiner Veranlagung entsprachen, aber ein wenig auch meinen eigenen Wünschen und Fantasien, die ich selbst im Leben nicht hatte realisieren können. In Fatos fand ich viele Gemeinsamkeiten mit meinem großen Bruder Fiqret, einem wirklichen Intellektuellen, der mir immer Vorbild und Inspiration gewesen war.

Wir warteten an der Tür der Dega. Am Morgen sagte uns der stellvertretende Leiter Skënder Duka, dass Fatos mit dem Mittagszug käme. Als er dann nicht kam, sprach er vom Abendzug; erst am nächsten Morgen verriet er uns, scheinbar arglos, die Wahrheit: „Sie haben ihn behalten, er ist verhaftet."

24 „Dega e Brendshme" heißt Abteilung für Inneres. Das Ministerium für Innere Angelegenheiten unterhielt in jedem Kreis Albaniens eine solche Abteilung, die sowohl die Polizei als auch die für politische Fragen zuständige Staatssicherheit (Sigurimi) umfasste.

Das war für mich ein schlimmer Schlag. Wir alle waren erstarrt, wie betäubt. Und was sollten wir Ana sagen, die so an Fatos hing und immer wieder nach ihrem Vater fragte? Zana, Gimi und die Mädchen brachen nach Tirana auf. Für mich war aber der Schmerz um den Sohn nicht das Einzige. Unheilkündende Gedanken und Angst um Todi ließen mich nicht los ... aber an diesen zwei Tagen sprach ich niemals darüber. Todi selbst hatte es wohl am schwersten. Wir hatten vergessen, dass er regelmäßig essen musste, er war doch Diabetiker. Aber irgendwann, voll rebellischem Zorn, rief er aus: „Wir müssen überleben!", riss sich zusammen und bereitete das Essen zu.

Am 27. Juli ging ich wie jeden Tag in die Arbeit. Um 12 Uhr gab mir Abdulla das Registerheft, die Karteikarten und die Ein- und Ausgangs-Quittungen und schickte mich nach Hause. Zum ersten Mal tat er das. Todi kam wie immer gegen drei Uhr nachmittags nach Hause, müde und erschöpft von der schweren Arbeit, die ihn völlig ausgelaugt hatte. Er wollte sich gerade hinlegen, als es an der Tür klopfte. Es war Hysni, ein Angestellter seines Betriebs, der sagte, dass der Direktor Todi sprechen wolle. „Der Direktor, um diese Uhrzeit?", fragte Todi überrascht und zweifelnd, während er sich anzuziehen begann. Ich ging hinaus, um Hysni zu sagen, dass Todi käme, und die Tür zu schließen. Aber nein, sie sollte offen bleiben, deshalb bat er mich um ein Glas Wasser. Ich schaffte es nicht, ein Glas zu holen, denn schon kam eine ganze „Einheit" hinein. Hysni war verschwunden, seine Aufgabe hatte er erfüllt. Der Leiter der Dega, Mithat Bare,[25] verkündete wichtigtuerisch und mit unverhohlener Befriedigung: „Todi Lubonja, du bist verhaftet!" In unserer engen Wohnung drängten sich nun sechs Männer sowie eine Frau, die Vorsitzende des Rats der Stadt. Eine echte Invasion.

Als ich Todi seine Diabetes-Medizin und seine Zahnbürste in ein Papier einwickelte, gab es die erste Reiberei mit dem Dega-Leiter. Was für eine Naivität! Wo wäre es denn erlaubt, einen Verhafteten mit solchen „Luxus"-Gegenständen auszustatten? So dachte der Leiter wohl und schnaubte mich deswegen ärgerlich an. Das wiederum erboste Todi, der ihn beim Schuheanziehen aufgebracht fragte: „Warum sprichst du so mit ihr?" Der Leiter war Widerspruch nicht gewohnt, besonders nicht in solchen Fällen. Er wurde wütend, wandte sich wieder zu mir und rief erregt: „Los, zieh dir auch die Schuhe an! Du kommst auch mit."

Was hieß das nun? Wollten sie Todi noch einen Schlag versetzen, den dritten, nachdem sie erst Fatos verhaftet hatten und nun ihn mitnahmen? Oder wollten

25 Mithat Bare, damals Leiter der Abteilung für Inneres im Kreis Lezha, wurde in den 1980er-Jahren Stellvertretender Direktor für alle Lager und Gefängnisse Albaniens.

sie mir nur Angst einjagen? Ich begriff rasch, dass sie mich nicht verhaften würden, sonst hätte er doch gleich, als er in der Tür stand und Todis Verhaftung „proklamierte", dies mit noch größerem Vergnügen für uns beide getan. Warum sollte ich mit ihnen kommen, wo im Haus außer ihnen niemand mehr war?

Die Wahrheit erfuhr ich erst, als ich später nach Burrel fuhr, um Todi im Gefängnis zu besuchen. In der Untersuchungshaft hatten sie Todi gesagt: „Auch Liri haben wir verhaftet." Das war ein psychologisches Druckmittel, ein schwerer Schlag für den Inhaftierten, der in der U-Haft vollkommen isoliert ist, ohne jeglichen Kontakt mit der Familie. In Burrel erzählte mir Todi, er habe immer, wenn man ihn aus der Zelle holte, heimlich nach den im Korridor aufgereihten Schuhen, Sandalen und Pantoffeln der Frauen geschaut und versucht, meine dazwischen zu finden.

Ich konnte Todi nicht einmal zur Tür begleiten. Während ich die Schuhe anzog, hatten sie ihn schon mitgenommen. Er hatte nur einen dünnen Anzug an, die alten Sachen, mit denen er in die Arbeit ging, zum Gießen der Platten dort. Wir hatten in der Eile nicht daran gedacht, dass man in der kalten Zelle selbst im Sommer wärmere Kleidung brauchte. Uns fehlte tatsächlich nicht nur die Zeit, sondern auch die Erfahrung in solchen Dingen. Mit dieser dünnen Kleidung verbrachte Todi auch den Winter in der Zelle. Ob die Gefangenen die mitgebrachten Kleider und Lebensmittel erhielten oder nicht, war immer Teil einer „Strategie", war Druckmittel gegen die Häftlinge.

Ich blieb allein zurück zwischen diesen sieben Fremden, die mit ihrer Operation gerade erst begonnen hatten. In einem formalen, in diesem Moment völlig unpassenden Ton wandte sich der Leiter an mich: „Liri Lubonja, gemäß Strafgesetzbuch frage ich dich, ob ihr Waffen, verbotene Bücher oder anderes Material zu Hause habt!" Angewidert von seinem ganzen Verhalten, antwortete ich: „Nichts davon. Lasst mich unterschreiben und geht." Er wurde noch zorniger: „Was sagst du? Wir sollen gehen?" Er kannte seine Arbeit; ich dagegen hatte noch nie gesehen, wie Verhaftungen und Hausdurchsuchungen vor sich gingen. Ich wusste nicht, dass man alles öffnen und auseinandernehmen musste: von den intimsten Wäschestücken, die sie – lauter Männer – eins nach dem anderen herauszogen, bis zu den Blumentöpfen auf dem Balkon, in denen sie herumgruben. Alles in den Schubladen der Kommode und den Regalen, was man irgendwie als Brief bezeichnen könnte, nahmen sie in die Hand. Zwei Fotografien weckten als Erstes die Neugier von Hekuran Çuçka, einem der Beamten. Sie zeigten zwei vornehme, ältere Männer, einer davon mit Schnurrbart. Offenbar unterschieden sie sich in Kleidung und Aussehen von den Porträts, die er sonst kannte; daher überreichte er sie eifrig an den Chefermittler Koço Josifi, der aus Tirana gekommen war. Dieser gab ihm aber mit einer Geste zu verstehen, dass Konstandin Kristoforidhi und Bajram Curri kein belastendes Material darstellten.[26] Ich hatte die beiden Porträts auf der Kommode stehen, hauptsächlich aus Respekt gegen Todis Vater, der diese Bildpostkarten zeitlebens sorgfältig aufbewahrt hatte. Auch zwei Fläschchen Wicks-Hustensaft zogen Hekurans Aufmerksamkeit auf sich. Er zeigte sie ebenfalls dem Untersuchungsrichter, der ihm aber ohne Zögern bedeutete, sie stehen zu lassen.

Der Leiter der Dega, der gekommen war, um Todi zu verhaften, erzählte mir, dass er aus dem Dorf Kuçi stammte,[27] und als er nach meinem Geburtsdatum fragte, sagte er nach kurzem Nachdenken: „Ich bin ein Jahr jünger als du und bin doch ein Jahr vor dir in den Krieg gezogen." In all meinem Elend erinnerte mich das doch an einen unserer Freunde aus der Zeit, als wir bei der *Stimme des Volkes* arbeiteten, der mich mal gefrotzelt hatte: „Weißt du, warum das Dorf Fterra nicht mehr zur Gemeinde Vlora, sondern zu Saranda gehört? Beim Einsteigen an der Bushaltestelle in Vlora sagten die aus Kuçi jedesmal zu denen aus Fterra: Geht ihr nach hinten, denn ihr habt weniger gekämpft als wir. Die Leute aus Fterra hielten das irgendwann nicht mehr aus und wollten daher von Vlora loskommen."

Fterra war der Geburtsort meines Vaters und meines großen Bruders Fiqret. Bis zum Jahr 1971 war ich nie dort gewesen, aber trotzdem mochte ich dieses Dorf. Es war weit weg, aber gehörte doch zu mir. Damals haben wir gelacht, aber was sollte ich jetzt tun? Sollte ich dem Leiter sagen, dass ich von Beginn an am Krieg teilgenommen und 1944 die Jugend Tiranas auf dem Ersten Antifaschistischen Jugendkongress vertreten hatte, dass ich Trägerin der „Medaille der Erinnerung" war? Das lohnte nicht. Als er mir aber drohte, mir auch die Wohnung wegzunehmen, schlug ich in die gleiche Kerbe wie er: „Für ein Dach über dem Kopf habe auch ich gekämpft." Als wenn die, die nicht gekämpft hatten, kein Recht darauf hätten. Aber in diesem Fall war das doch die angemessene Sprache für die.

Da sie keine Waffen fanden, wandten sie sich den verbotenen Büchern zu. Ich sagte voller Überzeugung, dass wir so etwas nicht besäßen. Dann fügte ich

26 Konstandin Kristoforidhi (1827–1895) war Sprachforscher und Übersetzer, u. a. der Bibel, und trug in der Zeit der Nationalbewegung Rilindja zum Entstehen einer Literatursprache bei, https://www.biolex.ios-regensburg.de/BioLexViewview.php?ID=1201. Bajram Curri (1862–1925) kämpfte als Politiker und Guerillaanführer vor, während und nach dem Ersten Weltkrieg für die Unabhängigkeit Kosovas bzw. für den Anschluss an Albanien sowie gegen die Herrschaft Ahmet Zogus in Albanien, https://www.biolex.ios-regensburg.de/BioLexViewview.php?ID=692.

27 Kuçi und Fterra sind Nachbardörfer im Hinterland von Himara an der albanischen Riviera zwischen Vlora und Saranda.

hinzu: „Was ihr verbotene Bücher nennt – das ist so eine Sache." Er schüttelte ärgerlich den Kopf und sagte: „Hej! Du weißt sehr gut, welche Bücher verboten sind." In der Tat wusste ich das, deswegen sagte ich das ja. Mit den „verbotenen Büchern" hatte ich schon ein Erlebnis gehabt. Als ich im September 1955 aus der Sowjetunion zurückkehrte, fand ihr Mitarbeiter beim Zoll in Durrës bei der Kontrolle zwischen meinen Büchern auch *Tom Sawyers Abenteuer* auf Italienisch. Ich weiß nicht, ob es das Wort „Abenteuer" war oder die italienische Sprache, die ihn misstrauisch machte. Er legte es zur Seite und sagte: „Dieses behalte ich, du bekommst es später zurück." Aber statt des Buches schickte er mir die Kritik: „Die Frau von Todi Lubonja liest verbotene Bücher." Als Tom Sawyer später auf Albanisch veröffentlicht wurde, wollte ich ihm ein Exemplar mit einer kleinen Widmung schicken, aber ich ließ es dann sein. Es wäre umsonst gewesen. Ich weiß nicht, wie viel dieser Dega-Leiter aus Lezha von Literatur verstand, aber offenbar war ich wütender, als man in solchen Situationen sein sollte; die Vorsitzende des Rats legte mir die Hand auf die Schulter und riet mir, mich nicht aufzuregen.

Während sie in Gimis Schlafzimmer alle Bücher zusammentrugen, blätterten die Ermittler aus Tirana alles durch, was sie in den Kommoden fanden: Hefte, Aufzeichnungen, Briefe. Koço zählte das gefundene Geld scheinbar gleichgültig. Es waren insgesamt 800 neue Lek, die Fatos aus Tirana mitgebracht hatte, wo wir einige Dinge verkauft hatten.

In zwei Dossiers (so wurden sie im Protokoll genannt) sammelten sie diese anscheinend „kompromittierenden" Sachen, fast alle von mir, außer einem Manuskript von Todi über die Kriegsjahre. Demzufolge nahmen sie mit sich: die Karteikarten meiner Arbeit im Historischen Institut über die Periode von der Liga von Prizren 1879 bis zur Junirevolution 1924, ein Heft mit Angaben über Blumen (Dosierung von Dünger, Erde, Sand etc.), ein Heft mit Notizen vom Ersten Antifaschistischen Jugendkongress am 8. August 1944 und einige Aufzeichnungen, die ich gemacht hatte, seit ich im Oktober 1973 die Arbeit im Magazin für Agrarprodukte begonnen hatte.

Später verfolgte ich hartnäckig das Schicksal dieser „Dossiers", die mir die Ermittler aus Tirana weggenommen hatten. Ich wandte mich per Brief an Koço Josifi und fragte ihn, als sie mich in Tirana zur Befragung vorluden, einmal, zweimal danach. „Sobald wir das hier abschließen, werde ich sie dir schicken", versprach er mir beim ersten Mal. Beim zweiten Mal sagte er: „Hast du sie nicht erhalten? Ich schicke sie dir." Schließlich ging ich zu dem Gebäude, wo Gericht und Staatsanwaltschaft von Lezha saßen. Als ich sah, dass die Staatsanwaltschaft im Erdgeschoss war, betrat ich eines ihrer Büros. Hinter einem Schreibtisch saß eine junge Frau. Ich berichtete ihr, warum ich gekommen sei, und blieb dabei etwas länger bei diesem Block mit Notizen über den Kongress von Helmës; anscheinend hing ich an ihm besonders. Ich dachte, ich hätte es mit einer stellvertretenden Staatsanwältin zu tun, aber sie war offenbar Richterin. Ganz ruhig antwortete sie mir: „Wer weiß, wie du diesen Kongress interpretiert hast." Hol's der Teufel, was für ein Küken, diese Marika! Damals, 1944, hätten wir das Leben unseres eigenen Vaters riskiert, nur um unserer Ideale willen. (Eine Übertreibung dies, die zeigt, wie absurd das Verhalten dieser Richterin, aber auch unser damaliger Fanatismus war. In Wirklichkeit starb mein Vater, als ich noch nicht einmal drei Jahre alt war; sein Fehlen war für mich, meine Kindheit, meine Jugend ein großes Handikap).

Auch nach der „Befreiung" (für uns war 1990 eine völlig andere Befreiung als die von 1944, für die wir rückhaltlos und mit aller jugendlichen Leidenschaft gekämpft hatten) pilgerte ich wieder durch die Büros der Staatsanwaltschaft von Tirana und fuhr sogar ins Archiv des Innenministeriums, weit draußen bei der Hundeschule, aber ohne Ergebnis.

Florian Kolaneci, ein anderer Ermittler aus Tirana, glaubte, in meinen jüngsten Aufzeichnungen den „Schlüssel" gefunden zu haben, deswegen riss er sie geradezu an sich. Bei der Niederschrift war ich aber vorsichtig gewesen, überzeugt, dass sie sie eines Tages in die Hände bekommen würden. Zwischen den Zeilen konnte nur ich lesen. Sie konnten dort nichts anderes finden als die Realität der Arbeiterschaft, beschrieben so, wie sie war und wie ein Mensch sie wahrnahm, der sie zum ersten Mal direkt und ungeschminkt erlebte. Aber mit all seiner „Schlauheit", Bosheit und Voreingenommenheit hatte der Chefermittler Haznedari darin gleich Ironie „entdeckt". So jedenfalls beurteilte er das, was ich über die „Kampagne für Einsparungen im Gesundheitswesen" schrieb, schüttelte drohend den Kopf und fletschte die Zähne. Was sollte ich schreiben über die Vizedirektorin des Krankenhauses von Lezha, Drania Martini, die mir, als ich wegen eines nicht nachlassenden Fiebers zur Diagnose in die Klinik nach Tirana überwiesen werden sollte, sagte: „Du wirst nicht nach Tirana, sondern nach Shkodra überwiesen, denn dich hat die Kampagne für Einsparungen erwischt."

Endlich war die Durchsuchung zu Ende. Sie erstellten ein Protokoll und verbrachten dann nicht nur die Bücher, Fotos und Briefe aus den Kommoden in Gimis Zimmer, sondern auch alle halbwegs wertvollen Möbel (außer der Waschmaschine), wohl um sie zu konfiszieren. Dann „versiegelten" sie das Zimmer sehr feierlich mit Kordel und Wachs. Ich setze „versiegeln" in Anführungszeichen, denn später merkten wir, dass die Dega-Leute dieses Zimmer betraten, so oft sie wollten.

Während der ganzen Durchsuchung hing an einem Nagel hinter der Zimmertür meine Küchenschürze. In ihrer Tasche war der eben vollgeknipste Film. Während sie bei den Kleidern im Schrank jede einzelne Tasche umdrehten, jubelte meine gequälte Seele: Sie würden den Film nicht finden, ihn nicht herausnehmen und in ihrer Unmenschlichkeit, ihrer Rohheit zunichtemachen. Diese Fotos – wer weiß, wann wir uns nochmal alle zusammen knipsen könnten – würden gerettet. Mich selbst überraschte dieses spezielle Gefühl, das mich überkam, während sie zu siebt in der Wohnung herumwirbelten. Für mich war das eine Revanche.

Unterdessen holte der Vizechef aus dem Bad – das war ihm bei der „Arbeitsteilung" wohl zugefallen – den Petroleumkocher heraus, hielt ihn an einem Bein und stellte ihn mitten auf den Gang.[28] Was für einen Schuldbeweis konnte der nun liefern? Ich verstand sofort: Er war nicht sauber, und eine Spinne hatte ihr Netz darüber gewebt. Das allein war der Grund, warum er ihn herausgeholt hatte: Man musste beweisen, dass wir neben allem anderen auch nicht wussten, was Sauberkeit ist. Ich sah ihn gleichgültig an. Niemand anderes sagte etwas, und der Stellvertreter stellte ihn wieder an seinen Platz.

Auf Befehl des Leiters brach man auf zur Dega. Ich wollte die Türe abschließen, aber nein. Sein Stellvertreter blieb in der Wohnung. Es kam noch ein zweiter (ein achter), um ihm Gesellschaft zu leisten. Sie würden eventuell kommende Besucher „auf frischer Tat ertappen".

* * *

Das Wartezimmer der Dega war ein kleiner Raum voller Zigarettenstummel; der kalte Rauch der den ganzen Tag lang gerauchten Zigaretten raubte mir den Atem. Daher öffnete ich gleich das Fenster, als ich hineinkam. Da kam von draußen der herrische Befehl, es wieder zu schließen. Auf der Gartenmauer vor dem Gebäude saß Florian, einer der Ermittler, und redete unaufhörlich auf einen Mann neben sich ein. Nicht genug mit dem Gezeter, er kam noch ans Fenster und schrie mich an. Anscheinend ließ er jetzt an mir seinen Ärger aus über einen Satz, den ich während der Durchsuchung gesagt hatte.

Er hatte mit Koço den Schrank untersucht, in dem er auch meine Aufzeichnungen „entdeckte". Da bemerkte er eine kleine, quadratische Schachtel. Ich weiß nicht, warum er zögerte, sie zu öffnen, aber sein ganzer Übereifer war nicht auszuhalten, daher nahm ich die Schachtel, öffnete sie und sagte, extra um ihn zu ärgern: „Keine Angst, das ist eine Fernbedienung für den Fern-

28 In vielen albanischen Wohnungen wurde auf einem einfachen Petroleumkocher im Badezimmer gekocht.

seher!“ Florian antwortete wütend: „Ich hab’ überhaupt keine Angst!“ Koço, erfahren in dieser Arbeit, hob den Kopf, sah mir in die Augen und grinste fast.

In diesem kleinen Raum wartete ich also und überlegte, was den Tag über passiert war. Was würde mir Gimi um acht Uhr am Telefon berichten? Er war nach Tirana gefahren, um etwas über Fatos herauszufinden. Würden sie mich für das Telefonat zum Postamt gehen lassen?

Nach ein paar Stunden sagten sie, ich könne gehen. Die „Vorstellung“ war beendet. Ich ging zur Post. Gimi erzählte, dass die Hausdurchsuchung in Fatos’ Wohnung in Tirana hereinplatzte, kaum dass Zana und er sie betreten hatten. Sie durchwühlten alles. Sie hatten Todis Bruder und seinen Schwager verhaftet. Keine Nachricht von Fatos. Ich sagte: „Auch Vater haben sie heute geholt.“

Als ich nach Hause kam, fand ich den Vizechef noch im lebhaften Gespräch mit seinem Kollegen; sie kommentierten wohl die Ereignisse des Tages. Es war nicht auszuhalten! Erst um 22 Uhr, als klar wurde, dass niemand mehr kommen würde, gingen sie endlich.

Nun durchlebten wir die schwere Zeit der Untersuchungshaft, voller Unruhe und Beklemmung. Die große Leere, Trauer und Bedrücktheit erleichterte uns nur Ana, die bei uns in Lezha war. Wenn sie in der Wohnung herumlief und unaufhörlich wiederholte „Ana kommen Oma“, war das für mich die schönste Musik der Welt. Sie schlief unruhig, wachte nachts auf, weinte. Ich drückte sie an die Brust, hielt sie so für den Rest der Nacht und hörte ihren Atem. Ganz tief in mir fühlte ich Liebe, Schmerz, Glück, alles miteinander verwoben. Wenn ich in die Arbeit ging, blieb Ana bei Gimi (sie nannte ihn Mimi), der ihr alle Launen zu erfüllen suchte.

Verurteilt

Dreizehn Tage waren vergangen seit der Verhaftung Todis, als ein Polizist kam und uns zur Dega vorlud. Was wollten sie nun wieder von uns? Von denen war nichts Gutes zu erwarten. Den Beamten, der uns einbestellt hatte, trafen wir in dem kleinen Warteraum der Dega; er war ein stämmiger Mann mit Schnurrbart, der mich an Taras Bulba erinnerte.[29] Streng und förmlich verlas „Taras

29 Taras Bulba ist eine 1835 veröffentlichte Erzählung von Nikolai Gogol. In einer Verfilmung von 1962 spielt Yul Brynner den schnauzbärtigen Kosakenanführer Taras Bulba. An diesem 10. August 1974 wurde die Verbannung offiziell ausgesprochen.

Bulba", was die Zentrale Kommission für Verbannung und Internierung am 10. August für Gimi und mich beschlossen hatte: Uns wurde verboten, Lezha zu verlassen, außer wir führten einen von der Dega ausgestellten Passierschein mit uns.[30] Wir durften nur in wenige Städte reisen, mit denen uns aber nichts verband. Zum Trost sagte er dann zweimal, dass wir ein Recht auf kulturelle Aktivitäten hätten. Das hieß aber nicht, dass Gimi, der eben das Gymnasium mit sehr guten Noten abgeschlossen hatte, zur Universität gehen könnte. Nein, keinesfalls!

Dieses Recht empfanden wir erst einmal als blanken Hohn, aber ich sollte später doch Gelegenheit bekommen, davon Gebrauch zu machen. Das geschah, als ein neuer Direktor in die Stadtbibliothek kam und mir dort den Zugang verwehren wollte. Ich hatte ihn schon als Kind gekannt, danach hatten wir zusammen in der *Stimme der Jugend* gearbeitet, später im Institut für Geschichte und Sprachwissenschaft. Unter solchen alten Bekannten litt ich mehr als unter anderen Menschen; wie um diese Bekanntschaft „wegzuwischen", verhielten sie sich oft „prinzipienfester", das heißt unerbittlicher, roher, bösartiger. Damit meine ich diejenigen, die irgendwo in der staatlichen Verwaltung arbeiteten. So war ich also gezwungen, diesem ehemaligen „Freund" mitzuteilen, dass ich „das Recht zur kulturellen Aktivität" habe; wenn er wolle, könne er deswegen mit der Dega sprechen, andernfalls würde ich das tun. Anscheinend wollte er mit der Dega nicht aneinandergeraten, also bekam ich Recht. Jede Begegnung mit ihm am Bibliotheksschalter war originell: Ich sprach ihn mit Sie an, als wenn ich ihn zum ersten Mal sähe; er verhielt sich genauso.

Ich habe nie herausgefunden, ob „Taras Bulba" Offizier oder Unteroffizier war. Ich weiß nur, dass er auch mit den Fahrern und dem Dynamitlager zu tun hatte. Er gab uns noch letzte Anweisungen: Wenn wir Lezha ohne Genehmigung verließen, würden uns Sanktionen bis hin zu Haftstrafen treffen. Da zeigte Ana, in Gimis Armen ihm direkt gegenüber, mit dem Finger auf ihn und sagte mit kindlicher Offenheit „Onkel". Das war unerwartet für ihn. Einen Moment lang sah er Ana überrascht und verwirrt an. Dann unterbrach er sich und antwortete: „Ja, Onkel!" Ana hatte ihn kompromittiert.

Wir hatten nicht einmal gewusst, dass eine Kommission für Verbannung und Internierung existierte, verstanden aber sofort, was diese administrative

30 Die „Komisioni Qendror i Dëbim Internimeve", zeitweise auch „Komision i Internim-Dëbimeve" genannt, verhängte hier zunächst offenbar die mildere Strafe des „Dëbim" (Ausweisung, Verbannung). 1982 wurde ein „Internim" (Verbannung, Internierung) gegen Liri Lubonja verhängt, das hier mit „Verbannung" übersetzt wird, da die Verbannten nicht in einem umzäunten Internierungslager eingesperrt waren, sondern in abgelegenen Dörfern wie Fishta oder Malecaj leben mussten.

Strafe für uns bedeutete: Uns wurde jede Möglichkeit genommen, nach Tirana zu fahren und, wie geplant, Todi und Fatos Lebensmittel ins Untersuchungsgefängnis zu bringen. Gut, dass wenigstens Zana frei war. Gimi und ich konnten nur mit einer Empfehlung der Poliklinik von Lezha nach Tirana fahren, im Fall einer Erkrankung, für die es in Lezha keinen Spezialisten gab. Sollte man sich so etwas wünschen? Auch im Todesfall eines nahen Angehörigen konnten wir einen Passierschein bekommen. Zwischen Antrag und Genehmigung würden aber einige Tage vergehen. Zudem hatte zwar der Tote keine Angst mehr vor den Folgen unseres Besuchs, aber seine Hinterbliebenen? Als Todis Schwester starb, gab uns jedenfalls niemand Bescheid.

Der Ermittler Koço Josifi hatte Zana gesagt, dass wir Fatos besuchen könnten. Voller Freude bereiteten wir vor, was wir ihm zum Essen mitbringen wollten. Die Dega gab mir ohne Probleme den Passierschein. Am Tor des Neuen Gefängnisses in Tirana war ich schon in den Kriegsjahren oft gewesen, um den dort inhaftierten Genossen Essen zu bringen. Nun warteten wir lange, aber zuversichtlich, denn wir würden ja Fatos sehen. Um uns herum viele Menschen. Eine erzählte uns, dass sie ihren Mann verhaftet hätten, weil er sich sehr um seinen Sohn aus erster Ehe kümmerte, der ins Gefängnis gekommen war. Eine andere, verängstigt, mit bleichem Gesicht, wiederholte immer wieder: „Zum Glück hat mein Mann nichts mit Politik zu tun."

Jemand rief meinen Namen. Ich verstand nicht, was los war, denn wir waren zu dritt, auch Ana war dabei. Als ich zu den Polizisten ging, fand ich mich Koço Josifi gegenüber. Er begrüßte mich, sagte, dass sie mich kurz sprechen wollten, und führte mich zu einem anderen Eingang und über eine Treppe in den ersten Stock. Wir traten in ein großes Zimmer. In der Mitte saß der Ex-General Haznedari, auf einer Seite ein mir unbekannter Mann, während sich Koço Josifi auf der anderen Seite hinter eine Schreibmaschine setzte.[31] Ich setzte mich vorne an den Tisch, Haznedari gegenüber, aber glücklicherweise weit weg von ihm, denn der Tisch war sehr groß. Sie hatten uns belogen. Wir hatten zwei Stunden umsonst gewartet, auf der Straße, in der Sonne. Es ging gar nicht darum, Fatos zu treffen, sondern auf Haznedari zu warten, der wenige Minuten zuvor mit dem Auto gekommen war. Die Wut, die mich überkam, war ein guter Schutz für dieses „Treffen", diese unerwartete Vorladung zu einem Verhör.

Dabei half auch Chefermittler Haznedari selbst, der mich gleich am Anfang mit einem türkischen Schimpfwort für „schamlos" bedachte. Dann

31 Generalmajor Nevzat Haznedari (1915–1984) war bis zu seiner Pensionierung 1979 einer der berüchtigtsten Staatsanwälte und Ermittler im Innenministerium.

kam er zu irgendwelchen „kompromittierenden“ Tatsachen wie meiner ironischen Bemerkung über das Sparregime im Gesundheitswesen, die er in meinen Aufzeichnungen gefunden hatte. Bedrohlicher wurde es, als er sagte, Mihallaq Luarasi habe ausgesagt, dass Liri bei allen seinen Gesprächen mit Todi anwesend war. Ohne Zögern antwortete ich, ich habe Mihallaq und seinen Charakter schon in der Jugend kennengelernt.

Dass Mihallaq viel über Todi gesprochen hatte, wussten wir, seitdem ihm der Prozess gemacht worden war. Aber was genau hatte er wohl gesagt? Mir fiel jener Tag ein, als er in Korça mit zwei neuen Werken von Enver Hoxha zu uns kam. Als Todi das sah, meinte er nur: „Hat er noch zwei Bände veröffentlicht! Er will noch Lenin überholen.“ Wenn dieses Ereignis in seinen Aussagen auftauchte, was könnte ich dem überzeugend entgegenhalten? Aber Haznedari machte nicht weiter, mürrisch und ärgerlich stand er auf und ging. Nun ließ der Dritte seine Stimme hören und fing an, dass ich mich von Todi hätte trennen sollen. Ich sollte mir eine alte Kameradin aus dem Krieg als Vorbild nehmen; ihre beiden Kinder hatten sogar ihren Nachnamen geändert und inzwischen die Universität abgeschlossen. Ihr selbst ging es gut, sogar eine Rente bezog sie. Als ich erwiderte, jeder solle nach seinem eigenen Gewissen handeln, sagte er nichts mehr.

Wir verließen das Gefängnis ärgerlich und bedrückt, denn sie trieben mit uns nur Spielchen. Während der Untersuchungshaft gab es gar keinen Fami lienbesuch, abgesehen von den seltenen Ausnahmen, wenn sie mit einem Verhafteten sehr zufrieden waren und ihn belohnen wollten. Das wussten wir aber nicht. Auch das Essen, getrocknete Lebensmittel, die die Familie dem Inhaftierten der Vorschrift entsprechend zwei Mal pro Monat schicken durfte, nutzten die Ermittler, um die Häftlinge zu erpressen. Als ich beunruhigt fragte, warum das Essen für Todi zwei Mal zurückgekommen war – ich dachte, er sei womöglich krank – , antwortete Koço Josifi ganz unschuldig: „Er wollte es nicht nehmen, das ist seine Sache.“ Später erfuhren wir, dass Todi ihn vor Gericht verklagt hatte; deswegen ließen sie ihn hungern und händigten ihm das von der Familie gebrachte Essen nicht aus.

Einige Tage später luden sie auch Gimi zum Verhör nach Tirana. Obwohl er gerade erst 17 Jahre geworden war, konnten diese drei in ihrem schmutzigen Geschäft erfahrenen Männer nichts aus ihm herausholen. Haznedari ließ sich von Florian vertreten. Im September begann Gimi, in Lezha im Baubetrieb zu arbeiten. Zana blieb trotz ihrer Bemühungen im Bauministerium erfolglos: Niemand dort wollte für sie in Burrel darum bitten, ihr die Dokumente nach Lezha zu schicken. Solch ein „Eingreifen“ hätte als Parteinahme gelten können.

Um den 15. Dezember herum kam Zana und sagte, dass Fatos der Prozess gemacht werde. Ich eilte zur Dega wegen eines Passierscheins, aber als der Vizechef hörte, dass ich nicht als Zeugin vorgeladen sei, schickte er mich wieder hinaus. So fuhr Zana mit Tetis nach Tirana. Tetis wurde noch gestillt; sie war noch keinen Monat alt, als ihr Leidensweg auf den Straßen begann. Gimi und ich erwarteten beklommen Zanas Telegramm. Es kam am 17. Dezember mit nur zwei Wörtern „Sieben Jahre". Sieben Jahre? Uns packte die Verzweiflung. Das waren nicht Tage, nicht Monate, sondern Jahre im Gefängnis. Diese Nachricht war noch schlimmer, noch erschütternder als die ersten Tage nach der Verhaftung. Als Zana zurückkam, erfuhren wir, dass Fatos wegen Agitation und Propaganda verurteilt worden war, gestützt auf seine Manuskripte und Tagebücher, dass sich unter seinen Freunden ein oder zwei gefunden hatten, die gegen ihn aussagten, und dass man nicht wisse, wo er seine Strafe absitzen müsse.

Über Todi lag weiter die tiefe Stille der Untersuchungshaft. Presse, Radio und Fernsehen dagegen, die Propagandawerkzeuge der Partei, identifizierten ihn als Haupt der „Volksfeinde". Unaufhörlich schleuderten sie ihm die schlimmsten Adjektive entgegen, die alle mit „anti-", „anti-" begannen, bis hin zu „antifolkloristisch". Weiter ging es mit „Agent des ...", „Agent des ..." und Aufzählungen der gefährlichsten Dienste der Welt, alle dem verdammten Bericht Enver Hoxhas auf dem Vierten Plenum entnommen. Was würde mit Todi geschehen? Schon eine dieser Anklagen genügte, um ihm die Höchststrafe zu geben!

Auch von Fatos kam seit seiner Verurteilung keine einzige Nachricht.

Meine Arbeit in Handel und Lebensmittelbranche hatte einen großen Vorteil: Hier wurden keine Versammlungen abgehalten. Offenbar legten sie hier auch nicht so viel Wert auf die Erziehung des „neuen Menschen". Der Handel war in staatlicher Hand und damit der neuralgischste Punkt, der Volk und Macht jeden Tag miteinander verband. Wenn er gut funktionierte, hieß das, dass die Beschäftigten im Handel ihre Aufgabe auch politisch gut gemeistert hatten. Der private Handel dagegen war verboten. Wenn ein Bauer an irgendeiner Ecke an der Straße nach Shkodra ein Beutelchen mit Majoran, ein wenig Knoblauch, scharfe Paprika und vielleicht eine Quitte aufreihte, um sie zu verkaufen, kam gleich ein Polizist und vertrieb ihn.

Aber auch im Handel wurden in jedem Betrieb und in jeder Institution Erziehungsprogramme aufgezogen. Nur waren die Lagerarbeiter schwer erziehbar. Bei den Versammlungen gab es die, die nur mit Mühe ihre Initialen auf den Lohnzettel kritzeln konnten, aber auch Leute wie mich mit höherer Bildung. Was sollte die Agitatorin machen? Sie war eine junge Frau, eine

Warenkundlerin, war gut vorbereitet und sprach flüssig, aber das Publikum folgte ihr gar nicht. Alle waren schon früh morgens aus dem Haus gegangen und dachten nach acht Stunden Arbeit an die eigenen Sorgen: Die Mütter wollten schnellstmöglich zu ihren Kindern und zur Hausarbeit zurück. Die aus den Dörfern wollten sich auf den Weg machen, um noch vor der Dunkelheit nach Hause zu kommen. Andere mussten noch Einkäufe machen. Die gelangweilte, fast schläfrige Stimmung wurde nur von Pip unterbrochen, der hin und wieder mit lauter Stimme einen seiner Sprüche losließ. Die Agitatorin stellte wieder Ruhe her und fuhr fort.

Eines Tages kündigten sie eine Generalversammlung an. Was war geschehen? Man munkelte, dass zwei unserer Fahrer beim Klauen erwischt worden seien. Gerüchteweise ging es dabei nicht um einzelne Früchte, nicht um ein paar Kilo, sondern um ganze Säcke mit Kartoffeln. Wie immer gab es unterschiedliche Vermutungen, was für eine Strafe zu erwarten war. Die größte Beunruhigung äußerte Pip, mit lauter Stimme. In die Versammlung kamen auch Leute aus der Verwaltung. Einige ergriffen das Wort, aber entscheidend war letztlich Abdullas Meinung, der die Schuldigen weise und großherzig behandelte. Später warfen sie Abdulla dann wegen eines Karrens Lauch ins Gefängnis, und das, dachte ich oft, noch kurz vor seiner Rente.

Eines Tages bekamen wir eine Anweisung vom Rat der Stadt; wir sollten in eine andere Wohnung umziehen, eine Ein-Zimmer-Wohnung mit Küche. Die Wahl des Ortes überraschte uns ein wenig. Wir erwarteten, in irgendeine Ecke der Stadt geschickt zu werden, aber sie bestimmten für uns den „neuralgischsten“ Punkt Lezhas: gegenüber dem Haupteingang des Kinos, wo alle Aktivitäten stattfanden. Hatte das die Dega so beschlossen? Später wurde klar, dass dies geschehen war, um der Direktorin der Kita Nr. 2 eine größere Wohnung zu geben; sie sah ich immer umgeben von einflussreichen Frauen. Also tauschten wir die Wohnungen. Gimi rackerte in dieser Nacht bis spät, um die Schränke und Betten zu zerlegen, ich packte unsere Sachen zusammen. Am Morgen hatten wir fast alle unsere Sachen herausgebracht, als die Vorsitzende des Rats erschien. „Der Beschluss wird zurückgenommen; ihr geht nicht in jene Wohnung“, sagte sie. Nachdem sie sah, wie viel Arbeit wir uns gemacht hatten und wie erschöpft wir waren, schenkte sie uns ein „tut uns leid“ und ging.

Wir erwarteten, dass sie uns aus der Wohnung werfen würden, aber wohin würden sie uns schicken? Alle Dinge mit etwas Wert für uns waren in jenem „versiegelten“ Raum. Ich fürchtete, wir würden die vielen Bücher und Fotos, die nach der Durchsuchung dort drunter und drüber lagen, verlieren.

Am 26. Dezember ließ mich der stellvertretende Dega-Chef durch einen Polizisten holen. In seinem Büro sagte er mir ohne irgendeine Zeremonie, dass wir die Wohnung innerhalb von zwölf Stunden räumen müssten und dass wir im Spitalsviertel wohnen sollten, oben auf dem Hügel. Es war bereits Nachmittag, also hatte er uns nur die Nacht über Zeit gelassen. Irgendwie drängte es mich, zu reagieren, mich zu widersetzen, und ich sagte: „Und wenn wir bis dahin nicht fertig sind?“ Er antwortete, ohne lange zu fackeln: „Dann schicke ich Soldaten, die euch wegschaffen. Mit denen ist nicht zu spaßen.“

Bedrückt stieg Gimi den steilen Hügel des Spitalsviertels hinauf, um unser neues Quartier anzusehen, und kam verzweifelt zurück: „Etwas noch Schlimmeres hätten sie uns nicht geben können. Es ist mit Freiwilligeneinsätzen gebaut worden, nicht einmal richtige Fliesen und Türen gibt es.“ Wir stiegen beide hoch. Die Wohnung war im zweiten Stock des zweiten Wohnblocks. In diesem Eingang hatten sie weder Balkon noch Keller. Gimi hatte recht: Die Türen waren aus viereckigen Stücken von schlecht gepressten und verbogenen Spanplatten, Fliesen im Bad fehlten völlig. Die einst von Freiwilligen verputzten Mauern waren wellig, genauso die nur mit der Maurerkelle glattgezogenen Böden. Das Zimmer war sehr klein, die Küche hatte eine Art Annex, in dem aber nur ein Ofen und eine Blumenvase Platz hatten.

Immerhin bekam die Küche durch ihre zwei Fenster nach Westen viel Licht. Ich trat an eines der Fenster und blickte hinaus. Am Horizont sah ich etwas selten Schönes: das Meer und die Konturen der Küste. Ich wandte mich zu Gimi um und sagte: „Das ist sehr gut.“ Er war erleichtert.

Wir stiegen hinab, um unseren Hausrat zusammenzupacken. Was würden wir mit Ana machen? Wir hatten wirklich niemandem, bei dem wir sie lassen könnten, während wir die Wohnung putzten. Die Wände waren so schlecht gestrichen, dass auch die Böden wie bemalt aussahen. Wir mussten unsere Sachen vom Zimmer in die Küche und zurück tragen, um die Wohnung irgendwie zu putzen.

Zana war jetzt ohne jegliches Einkommen geblieben. Unter dem Vorwand, dass ihr die Dokumente nach Lezha geschickt würden, kam sie nach Fatos' Verurteilung mit Tetis zu uns. Unser Zimmer war sehr klein. Die Tür ließ sich nicht ganz öffnen, denn sie schlug gleich gegen das Bett. Auch die Kommode und den Kleiderschrank konnte man nur einen halben Meter weit öffnen; mehr Platz war nicht neben dem Bett. Den Toilettenschrank und eine der kleinen Kommoden stellten wir oben auf den Schrank, sie reichten bis knapp unter die Decke. Indem Zana nach Lezha kam, gab sie ihre Wohnung in Tirana auf, ein Ein-Zimmer-Appartement, aber in Lezha wollten sie ihr nicht einmal ein einzelnes Zimmer geben. „Du wolltest zur Schwiegermutter kommen, also wohne bei der Schwiegermutter“, sagten sie ihr. Was konnten wir tun? Zana und die Mädchen richteten sich in dem Zimmer ein, Gimi und ich in der Küche.

Am Vorabend des Neujahrsfestes 1975 kam zu unserer chronischen Bedrücktheit noch eine neue Sorge hinzu: Gimi bekam die Einberufung zum Militär. Auch ihn nahmen sie mir nun. Mitte Januar begleitete ich ihn zum Sammelpunkt auf dem Platz vor der Rekrutierungsstelle. Dort herrschte ein kummervolles Schweigen. Hier und da gaben die Eltern dem weggehenden Sohn noch letzte Ermahnungen. Unter ihnen waren auch einige meiner früheren Schüler. Ich erkannte Pashku, einen Klassenkameraden von Gimi. Er war ein sehr sympathischer Junge, lustig und lebhaft, den ich Washington getauft hatte, da er einmal einen sehr schönen Anzug anhatte, den er, wie er auf meine Frage hin sagte, aus Washington geschickt bekommen hatte. Er stammte aus einer reichen Kulakenfamilie in Bregu i Matës.[32] Folglich war auch er einer jener Rekruten mit einem Schandmal in der Biografie. An diesem kalten Januartag hatten einige der jungen Männer nur ein Hemd an, andere trugen sehr abgetragene Jacken, Hosen und Schuhe. Da in der Kaserne alle privaten Kleidungsstücke verbrannt wurden, hatte jeder seine ältesten, fast schon unbrauchbaren Sachen angezogen. Diese Garderobe verstärkte den traurigen Anblick beim Abmarsch der Rekruten.

Schweigend trennte ich mich von Gimi, dem letzten im Haus verbliebenen Mann. Ich verabschiedete auch die anderen. Die Jungs überschritten nun eine Schwelle, tauschten die Hacken und Spaten ihrer bisherigen Arbeitsstellen mit denen der Militäreinheiten, in die sie geschickt wurden. Auf sie warteten hauptsächlich Arbeitsbrigaden, die den klingenden Namen „Pioniertruppen“ trugen. Dass Gimi nun „Alat“ (Soldat) war, betrübte Ana sehr und verschlechterte unsere wirtschaftliche Lage. Bis Zana anfangen konnte zu arbeiten, mussten wir sieben Familienmitglieder von meinen 400 Lek Lohn leben. Daher schmerzte es uns keineswegs, vielmehr freuten wir uns, als wir unsere Wohnung von einigen Möbeln, Kleidern und anderen Sachen – außer Büchern – „befreiten“.

* * *

32 Bregu i Matës ist eine fruchtbare Ebene in Mittelalbanien, zwischen dem Fluss Mat und Lezha. „Kulaken“ sind wohlhabende Großbauern. In der stalinistischen Sowjetunion wurden in zunehmendem Maße alle selbstständigen Bauern als „Kulaken“ bezeichnet und vielfach als Klassenfeinde deportiert oder erschossen. In Albanien dienten die „Kulaken“ ebenfalls als Feindbild bei der Umsetzung der Agrarreform und der angestrebten Industrialisierung der Landwirtschaft. Faktisch gab es nach der Enteignung der Großgrundbesitzer bald nach 1945 kaum noch Großbauern. Vgl. Georgia Kretsi, Verfolgung und Gedächtnis in Albanien. Eine Analyse postsozialistischer Erinnerungsstrategien, Wiesbaden 2007, S. 58 ff.

In Tirana hatte ich in den Sechziger Jahren ein Buch gelesen, auf Italienisch hieß es „La morte civile". Den „Bürgerlichen Tod" hatte der Autor jenes Phänomen genannt, das in den sozialistischen Ländern den Partei- oder Staatskadern widerfuhr, die in Ungnade fielen. Beschrieben wurde ein solcher „Tod" einer Frau aus der Führungsschicht Rumäniens, ich glaube von Ana Pauker.[33] Schon damals hinterließ diese Schilderung einen tiefen Eindruck auf mich, fast als hätte ich so etwas selbst erlebt, vielleicht gerade auch, weil es eine Frau betraf. Auch bei uns waren solche „Tode" passiert, aber außer bei einigen Bekannten, die uns leidtaten, hatten wir uns nur wenig darum gekümmert. Wie konnte das geschehen? Jetzt stellte ich mir oft diese Frage, hatte Schuldgefühle und machte mir Vorwürfe. Lag es an unserem gewissen Wohlstand oder an unseren kleinen Alltagssorgen, dass wir uns um die anderen nicht sorgten? Wann war diese Kommission für Verbannung und Internierung geschaffen worden, von der wir erst 1974 erfuhren?[34] Immer wieder hatten wir zufällig gehört, dass X oder Y verbannt worden sei und nun hier oder da arbeite. Aber stets fügte man hinzu, dass seine Kinder in die Schule gingen und normal lebten, ohne für ihn verantwortlich gemacht zu werden und ohne Probleme zu haben. Von außen betrachtet, war er noch gut davongekommen, das war auszuhalten. Aber in Wirklichkeit war es wohl nicht so einfach gewesen!

Solch ein „Tod" eines lebendigen Menschen war tatsächlich absurd, hässlich, inakzeptabel. Wie konnte sich ein uns Nahestehender so einfach in einen

33 Ana Pauker (1893–1960) war Gründungsmitglied der Rumänischen Kommunistischen Partei. Als Mitglieder der „Moskauer Gruppe" spielte sie ab 1945 eine wichtige Rolle bei der Stalinisierung Rumäniens. 1947 wurde sie (als erste Frau der Welt) Außenministerin. 1952 wurde sie von der „Gefängnisgruppe" um Gheorghe Gheorghiu-Dej und Nicolae Ceaușescu entmachtet, wobei auch antisemitische Klischees bemüht wurden. Als Veröffentlichung mit dem Titel „La morte civile" ist nur ein gleichnamiges Theaterstück (1861) von Paolo Giacometti nachweisbar. Der mit „bürgerlicher Tod" bezeichnete Verlust aller bürgerlichen Rechte wurde in den 1848er-Verfassungen abgeschafft; seit 1969 gibt es in Deutschland auch keine Aberkennung der bürgerlichen Ehrenrechte mehr.

34 Schon 1949 wurde beim Innenministerium die Kommission eingerichtet, die unter verschiedenen Namen – Komisioni i Dëbimeve dhe Konfiskimeve (1949–1954), Komision i Internim-Dëbimeve (1955–1976 dhe 1980–1990), Komisioni i Veçantë i Internim-Dëbimeve (1977–1979), Komisioni Qendror i Internimeve dhe Dëbimeve (1990) bis zum Ende der Diktatur bestand. Ohne Gerichtsurteil interniert wurden Angehörige von politischen und anderen Häftlingen, Angehörige von ins Ausland Geflüchteten, aus dem Gefängnis entlassene Häftlinge und andere Verdächtige. „Dëbim" war etwas milder als „Internim" – man durfte ohne Genehmigung in mehreren Landkreisen reisen. Interniert wurden insgesamt zwischen 12 500 (ohne die Kinder der Verbannten) und 59 000 Menschen. Über 7000 Menschen sind als Folge der Internierungs-Bedingungen zu Tode gekommen. Vgl. https://www1.undp.org/content/dam/albania/img/Publications/Studimi_Kornize%20for%20web.pdf

fremden Menschen verwandeln, in einen völlig Unbekannten? Da begegnet mir einer auf dem Gehsteig der Hauptstraße; wer weiß, warum er nach Lezha gekommen ist. Wie er näherkommt, sieht er mich nicht nur nicht an, sondern wendet sogar den Kopf zur Seite. Ich komme nicht mal dazu, mich zu wundern. So weit ist es gekommen? Wie in den Märchen oder phantastischen Geschichten hatte ich mich plötzlich in ein unsichtbares Wesen verwandelt, unsichtbar für die, die mich nicht sehen wollten oder die Angst hatten, mich zu treffen. Die Ersten, die mich nicht mehr erkannten, waren die Büromenschen, die Intellektuellen. Auch ich begann, sie zu ignorieren. Sonderbar erschienen sie mir, armselig, wie sie sich schon wanden und quälten, wenn sie mich auch nur von Weitem auf der Straße sahen. Ich konnte mich nur wundern. Hatte ich doch an der Tür der Ermittlungsbehörde den Refrain gehört: „Zum Glück ist er kein Politischer." Ein wegen Diebstahls Verurteilter dagegen kehrte nach dem Absitzen seiner Strafe in unser Viertel zurück. Mit wie viel Wohlwollen und Herzlichkeit begrüßten ihn alle Nachbarn, während gleichzeitig eine der Nachbarinnen die dreijährige Ana wegschubste und nicht in ihre Wohnung ließ. Auf dem langen Weg ins Magazin passierte es, dass ich nicht einen einzigen Blick mit jemandem wechselte, niemanden grüßte. Aber das war besser, als wenn dich auf einmal neugierige Blicke trafen. Es waren Besucher in Lezha, und ihr einheimischer Begleiter beeilte sich, ihnen zu erzählen, dies sei die Frau von ... Einmal, als mir die „Beobachter" sehr nahekamen, reichte es mir und ich fragte: „Und, wie gefalle ich Ihnen, so als Zootier?" Das hatten sie nicht erwartet. Verlegen murmelten sie etwas und gingen weiter. Von meinem jeweiligen Seelenzustand hing es ab, wie ich diese Isolation erlebte, die erzwungene Isolation, die später von einer Selbstisolierung begleitet wurde. Manchmal schien mir, ich lebte ganz alleine in dieser fremden und feindseligen Stadt-Wüste.

Doch eines Abends geschah etwas Unerwartetes. Nachdem wir die Mädchen ins Bett gebracht hatten, gingen Zana und ich hinunter in die Stadt. Zu dieser späten Stunde, gegen zehn Uhr, war die Stadt wirklich verlassen, kein Mensch war mehr auf der Straße. Die Nacht war mild und schön. Wir gingen am Postamt vorbei in Richtung der einzigen Buchhandlung der Stadt, als aus dem Kulturhaus Pianoklänge zu uns drangen – der Titelsong des Films „Love Story". Was für ein zauberhafter Effekt war das, auf einmal erschien mir Lezha schön, liebenswert und voller Wärme! Ich erfuhr, dass die junge Musiklehrerin Feliçita, eine talentierte Pianistin, spät nachts im Kulturhaus übte. Wegen irgendetwas in ihrer Biografie hatten sie sie nach dem Schulabschluss nach Lezha geschickt.

Die Erwachsenen überstanden all das, nicht leicht, aber mit ihrer kalten Logik doch einigermaßen. Aber wie war das für Ana, von Natur aus ein sehr feinfühliges Kind, freundlich und gerne unter Menschen, vor allem unter anderen Kindern? Wie sollte Ana verstehen, dass die Erzieherin in der Kita mit ihr umging wie mit allen anderen Kindern, außerhalb dagegen so distanziert war wie die anderen Leute in der Stadt? Mit einem Freudenschrei lief Ana auf der Straße oder in einem Laden auf die Tante zu, aber die Tante war wie verwandelt, besonders wenn Ana mit uns zusammen war. Genauso ging es ihr mit den Freundinnen und Freunden, wenn sie in Begleitung ihrer Eltern waren. Schuld hatten für sie dann Mama und Oma, die zu ihr eilten, sie an der Hand nahmen und fortzogen. Sie ärgerte sich, wurde wütend, begann zu fluchen und uns in die Hand zu beißen, damit wir sie losließen. Und sie beschimpfte uns „Oma böse mit Getöse“ oder „Mama böse mit Getöse“. Das betrübte uns, aber was sollten wir tun? Erst als wir nach Hause kamen, beruhigte sie sich, entschuldigte sich fürs Fluchen und wurde wieder ein liebes und braves Kind. Sie wusste nicht, dass auch wir Verurteilte waren wie sie.

Als die Erzieherin Xhija mir sagte: „Dein Mädel ist a bisserl verlaust“, verstand ich sie nicht. Nicht wegen des Dialekts, sondern weil ich solches Ungeziefer fast vergessen hatte. Trotz allem Grübeln kam ich nicht darauf, woher die Läuse kamen. Außerhalb der Kita war Ana mit keinem anderen Kind zusammen. Dass sie sich die Läuse ganz einfach dort geholt hatte, kam mir erst gar nicht in den Kopf. Anscheinend idealisierte ich noch immer solche Einrichtungen, in die die Eltern ihre Kinder zur Not schicken konnten. In der alten Kita, wo Syri Lohja die Leiterin war, blieb dies nur eine Episode, aber als Ana in die neue Kita unter der Leitung von Drania Martini wechselte, wurden die Läuse für sie ein echtes Trauma und machten auch uns das Leben schwer. Daher schreibe ich auch darüber.

Am Abend zuvor hatte Zana, wie sie die Erzieherin angewiesen hatte, über eine Stunde lang Anas Kopf gesäubert. Wir waren angespannt, genervt und ekelten uns, und all das ließen wir an Gimi aus, als er eine dieser ihm unbekannten Parasiten sehen wollte. Anderntags ging ich mit Ana hinunter. Es war ein kalter Februartag. Ich beeilte mich, denn ich musste in das Magazin nach Shëngjin gehen. Am Eingang der Kita wartete die Leiterin, in ihrer ganzen Autorität, die Ernsthaftigkeit in Person. Sie zerzauste Anas Haare und sagte brüsk: „Ich lasse sie nicht herein, sie ist nicht sauber.“ Ich berichtete ihr, wie es bei mir stand, aber voller Überheblichkeit antwortete sie, das gehe sie nichts an, und schloss die Tür. Ich lief zur Haltestelle; weinend sagte Ana immer wieder: „Ana nicht hat Räuse.“ Im Bus drückte ich sie ganz fest und hatte, nach all dem, was uns passiert war, zum ersten Mal Tränen in den Augen. Diese Gefühllosigkeit gegenüber Ana machte mich sehr betroffen. Wie war es möglich, dass solche Menschen mit Kindern arbeiteten und sie so verletzten?

In Shëngjin erzählte ich den Kollegen, was passiert war. Jup zündete rasch ein Feuer an, vor das wir Ana setzten, die immer noch weinte und zu ihm sagte: „Ana nicht hat Räuse." Sie machten das Beste daraus und wiederholten: „Nein, nein, Ana nicht hat Räuse." Dann ging Jup und kaufte ihr in der Stadt eine Schokolade. Um 12 Uhr sagten sie zu mir: „Geh nach Hause. Wenn Abdulla kommt, sagen wir ihm Bescheid." Was hätte ich gemacht, wenn es nicht auch so gute Menschen in der Welt gäbe!

Wir hatten nicht damit gerechnet, dass dies erst der Anfang unseres „Kampfes" mit der Leiterin der Kita war. Es wurde noch schlimmer, als wir auch Tetis dorthin schickten. Jeden Abend mussten wir den Mädchen die Köpfe kontrollieren. Die Armen! Das Gesicht auf die Knie der Mutter gedrückt, musste jede von ihnen über eine Stunde lang stillhalten. Sie langweilten sich, begannen zu weinen und zu protestieren, konnten dieser Tortur aber nicht entgehen. Vor allem Tetis' Haare machten uns verrückt, denn jeden Abend durchsuchten wir sie und jeden Tag waren sie wieder voll. Keiner unserer Hinweise wurde ernst genommen in der Kita; im Gegenteil, wir waren die Quelle allen Übels. „Was weiß ich, wer euch in Tirana den Kopf gewaschen hat", sagte die Leiterin zu Zana, als sie erwähnte, dass sie ihre Haare immer schon lang trug. Die Haare von Tetis wurden immer problematischer. Als wir einmal 33 Läuse fanden, erschraken wir wirklich.

Ich nahm es auf mich, am nächsten Tag der Kitaleiterin entgegenzutreten. Ich sagte, dass ihre Decken dort verlaust seien, man müsse eine Desinfektion machen. Wie immer beharrte sie selbstgefällig darauf, dass wir die Läusebringer seien. Da sagte ich verärgert und bestimmt, dass wir die Haare der Mädchen ab sofort jeden Morgen beim Bringen und jeden Abend beim Abholen kontrollieren würden (was muss der Mensch nicht alles durchmachen). Sie meckerte weiter, aber Anas Erzieherin Didi, eine gewissenhafte Frau, machte mir ein Zeichen mit der Hand und gab mir so zu verstehen, dass ich recht habe, und es nichts bringe, sich wegen der Leiterin aufzuregen.

Der Wechsel der Mädchen in die neue Kita war für uns nicht nur deswegen ein Unglück gewesen. Syri, die Leiterin der ersten Kita, mochte Ana und hatte keine Angst, sie zu liebkosen. Ana mochte sie auch sehr. Syri war keine furchtsame Frau; das hatte sie schon ganz am Anfang gezeigt. Damals arbeitete ich im Magazin für Agrarprodukte. Man sagte mir, dass Nadirja, die Vorsitzende des Rats der Stadt, mich am Telefon sprechen wollte. Was wollte sie bloß? Von keinem dieser Funktionäre erwartete ich etwas Gutes. Wie immer bei denen, sagte sie mir ohne irgendeine Vorrede: „Du hast deine Enkelin in die Kita geschickt, nimm sie wieder heraus!", und wollte keinerlei Argumente hören. Wie sollte das gehen? Gimi hatte begonnen zu arbeiten, Zana musste in der

Universität zwei Prüfungen machen. Außerdem klang dieses „nimm sie wieder heraus“ so hässlich. Man gab mir meine Enkelin, die mir so lieb und teuer war, zurück – wie ein Paket oder irgendeinen anderen leblosen Gegenstand. Ich wandte mich an den Dega-Leiter, er fragte Syri, und sie meinte, die Kita habe genug Plätze, Ana nehme niemandem aus Lezha den Betreuungsplatz weg. So wurde Ana nicht aus der Kita „herausgenommen“. Die neue Leiterin hätte so etwas niemals getan. Einmal, als wir zu spät aus Spaç zurückkamen, hatte sie die Mädchen mit den Kindern aus unserem Viertel schon losgeschickt und uns gedroht, beim nächsten Mal würde sie sie nicht mehr in der Kita annehmen.

Unterwegs nach Spaç

Eines Tages in der zweiten Märzhälfte 1975 kam Zana in das Magazin, mit einem Brief in der Hand. Endlich eine Nachricht von Fatos – aus Spaç! Ich betrachtete den Umschlag mit seiner feinen Handschrift, mit Kopierstift geschrieben, von beiden Seiten. Der Brief war kurz, mit großen Abständen auf ein Schönschriftblatt geschrieben. Fatos teilte mit, dass es ihm gut gehe, zeigte sich besorgt um uns und trug mir auf, ihn erst zu besuchen, wenn das Wetter wieder wärmer werde. Schließlich fragte er, zu viel Jahren sie Todi verurteilt hatten. Freude und Beunruhigung zugleich. Endlich bekamen wir ein Lebenszeichen von ihm, aber ... aus Spaç, dem berüchtigtsten Lager des Landes. Wir hatten kein einziges Gefangenenlager gesehen, aber über Spaç hatten wir viel Schlimmes gehört.[35]

Und Fatos fragte uns aus Spaç nach Todis Urteil! Das hieß, auch Todis Prozess war abgeschlossen, und wir wussten gar nichts. Das hätte mir doch einfallen können, als vor einigen Tagen ein Polizist zu uns kam und uns zum stellvertretenden Dega-Chef vorlud, der Todis Orden haben wollte! Ich hatte das nicht mit seinem Prozess verbunden, sondern dachte, das Präsidium des

35 Eines der berüchtigsten Gefängnisse und Straflager der Volksrepublik Albanien lag nahe bei dem abgelegenen Dorf Spaç in den Bergen der Mirdita. Bis zu 1400 Gefangene mussten in den dortigen Kupfer- und Pyrit-Minen arbeiten. Das 1968 eingerichtete Straflager war zugleich ein militärisches Kommando, sodass hier auch Soldaten als Wachtruppen eingesetzt waren. 1973 kam es zu einer Gefangenenrevolte in Spaç. Die Ruinen des Gefängnisses, heute unweit der Autobahn nach Kosova gelegen, sind heute zugänglich und beschildert, aber dem Verfall preisgegeben. Die Kupfermine wird nun von einem türkischen Konzern betrieben.

Volksrats habe beschlossen, sie ihm abzuerkennen. Hatten sie ihm nicht, kaum dass wir nach Lezha kamen, den Flaggen-Orden abgenommen, mit dem sie ihn erst drei Monate vorher ausgezeichnet hatten? Ich gab sie alle ab, und zwar ohne irgendein Bedauern. Es war sogar einer mehr, denn ich gab ihnen auch einen von meinen Orden, und zwar, hol's der Teufel, gerade den, den ich in dieser Zeit am meisten gebraucht hätte, den fürs Heldentum. Der Vizechef sagte kein Wort dazu, und ich fragte auch nicht.

Zana brach auf nach Tirana, obwohl sie damit rechnete, eher heute als morgen eine Arbeit in Lezha zu bekommen. Als sie zurückkam, sagte sie schon beim Aussteigen aus dem Bus, dass Todi zu 15 Jahren verurteilt worden war. Ich holte tief Luft, eher erleichtert als verzweifelt. Das erscheint paradox, unerhört und unvorstellbar, aber es geschah nach einem Jahr und acht Monaten ununterbrochenem Tamtam ungeheuerlicher Propaganda von Presse und Fernsehen, von Partei und Staat, die Todi samt und sonders zu einem der gefährlichsten Feinde des albanischen Volkes und der sozialistischen Heimat erklärt hatten. In diesen Monaten der Beklemmung blieb nur eines zu hoffen: dass er seinen Kopf retten könnte. Und der war gerettet; das war das Wichtigste.

Ich solle ihn nicht besuchen kommen, ehe es wieder wärmer würde, schrieb Fatos in seinem lang ersehnten Brief. Er wusste nicht, dass dafür schon die Dega Sorge trug, denn nach meinem schriftlichen Antrag musste ich noch mehrmals nachfragen und wieder auf eine Antwort warten. Um dieses verfluchte Stück Papier zu bekommen, musste ich zur Dega gehen und in diesem kleinen Raum warten, der nach kaltem Zigarettenrauch stank – ein, zwei oder drei Stunden auf eine Wand starren, an der einige Fotos an eine Holztafel gepinnt waren, Zeitungsausschnitte, auf denen Kadri Hazbiu und andere Mitarbeiter der Organe des Innern abgebildet waren … Es war wirklich eine ermüdende, bedrückende und erniedrigende Angelegenheit.[36]

Eines schönen Apriltages bekam ich den Passierschein und machte mich mit zwei bescheidenen Beuteln auf den Weg nach Spaç. Diese Fahrt eröffnete ein neues Kapitel meiner Erfahrungen. Bis zur Brücke von Mat fuhr ich mit dem Bus. Es war nicht leicht gewesen, Fahrkarten zu bekommen. Schwieriger noch war, vor dem Morgengrauen aufzustehen und hinunterzugehen zum Busbüro nach einer schlaflosen Nacht voller – wenn auch angenehmer –

36 Kadri Hazbiu (1922–1983) war von 1954 bis 1980 Innenminister und damit oberster Chef der Dega e Brendshme, seit 1971 zudem Mitglied des Politbüros; 1980 wurde er Verteidigungsminister. Im Zuge der Säuberungswelle nach dem Tod Mehmet Shehus wurde Kadri Hazbiu 1982 verhaftet und 1983 hingerichtet. Vgl. Idrit Idrizi, Enver Hoxha's Last Purge. Inside the Ruling Circle of Communist Albania (1981–1983), in: East European politics and societies 36 (2022) 4, S. 1091–1110.

Ehemaliges Gefängnis Spaç, mittlerweile baufällige Zellengebäude, 2020

Emotionen. Dann konnte ich von Glück sprechen, dass ich weiter bis nach Shpal fahren konnte, ohne Stopps in Rubik oder an der Brücke über den Fan.[37] Der ZIS, der mich mitnahm, transportierte Medikamente in den Norden.[38] In Shpal schließlich kletterte ich von der Fahrerkabine herunter, setzte mich auf die „Bänke" an der Autostraße und wartete auf irgendeinen Wagen, der in die schmale Straße nach Spaç einbiegen würde. So, das sollte also der Ort Shpal sein! Ich hatte mir ein Zentrum, eine Art kleiner Stadt vorgestellt. Für meine Ungeduld war schon eine Stunde des Wartens zu viel, daher machte ich mich zu Fuß auf den Weg. Die halbe Strecke hatte ich geschafft, als ein Laster vor

37 Offenbar verkehrte die Buslinie nur in der Ebene entlang der Hauptstraße Richtung Tirana. An der Brücke über den Fluss Mat zweigt die Nebenstraße in das Tal ab, durch das die heutige Autobahn in Richtung Kosova führt. Auf dieser Strecke über Rubik, den Fluss Fan und den Ort Shpal wurden Reisende von gelegentlich passierenden Lkws mitgenommen. Im Dorf Rreps zweigt dann die Bergstraße zum Lager Spaç ab.

38 Ein ZIS war ein schwerer Lkw des sowjetischen Fahrzeugherstellers Zavod Imeni Stalina (Stalinwerk) in Moskau, der über mehrere Jahrzehnte in verschiedenen Modellen gebaut und auch nach Albanien geliefert wurde.

mir hielt und mich auf seiner Ladefläche mitnahm. Ein Wunder! Er hielt an einem Ort, von dem ich vorher noch nie gehört hatte: Rreps. Wieder Warten, Ungeduld und Losgehen, dieses Mal direkt bis nach Spaç. Ich ging alleine auf der leeren Straße, ohne eine Spur von Müdigkeit, denn nach neun Monaten würde ich Fatos endlich wiedersehen. Einige Arbeiter in einer Art Magazin sagten, das Lager sei nicht mehr weit. Die Berge rundherum wurden immer kahler, nur hier und da ein paar armselige Büsche und Sträucher. Die Straße war sehr schlecht, voller Schlaglöcher.

Endlich sah ich das Lager. Angsteinflößend, wie ich es mir vorgestellt hatte: Es lag an einem kahlen Abhang, so schroff, dass noch nur ein kleines Stück Himmel zu sehen war. Der Eingang des Lagers war so an die Felsen des Berges gebaut, dass er sich unter dem Steilhang verlor und kaum zu erkennen war. Dort hing eine große Tafel mit der Besuchsordnung. Aber man brauchte sie nicht zu lesen; wenn man in der Reihe wartete, hörte man die Antworten der anderen Besucher auf die Fragen des wachhabenden Soldaten: Namen des Gefangenen, Verwandtschaftsbeziehung, Feind oder Gewöhnlicher? So lernte man nicht nur das Reglement kennen, sondern konnte gleich seine eigenen Schlüsse daraus ziehen.

Ein Vater hatte gerade seinen Sohn besucht, zusammen mit der Schwiegertochter und dem Enkel. Das Treffen war vorbei, und sie warteten, dass irgendein Wagen sie mit hinunternehme. Als sie am Nachmittag angekommen waren, arbeitete ihr Sohn bzw. Ehemann gerade im Stollen, in der Spätschicht. Sie mussten also warten und hatten die ganze Nacht unter freiem Himmel verbracht. Sie zeigten mir eine Baracke rechts ob auf einem Berg, in der man in der Not seinen Kopf betten konnte. Ich stieg hinauf und sah sie mir an; sie war völlig verdreckt und ekelhaft!

Nach der Besuchsordnung konnte ein Gefangener nur Besuch empfangen von Frau, Kindern, Mutter, Vater, Brüdern, ledigen Schwestern, Onkels und deren Söhnen, also von Verwandten, die den gleichen Nachnamen hatten. Verheiratete Schwestern dagegen sowie Tanten und deren Kinder brauchten eine Bestätigung des Rats ihres Viertels oder Dorfs, dass sie wirklich verwandt waren. Alle, die dabei versuchten, etwas zu drehen, wurden mit den Daten ihres Personalausweises registriert, ohne den gar kein Besuch möglich war.

Während ich wartete, dass die Besuche der anderen vonstatten gingen, fiel mir eine Kolonne ins Auge, Menschen in brauner Uniform, die den Berghang hinaufstiegen, einen ausgeblichenen, ockerfarbenen Berghang. Mir wurde klar, dass dies die Häftlinge der Spätschicht waren, die dem Stollen des Bergwerks zustrebten. Sie erinnerten mich an Dostojewskis Beschreibungen in den „Aufzeichnungen aus einem Totenhaus“, und mir war, als hätte ich jetzt genau das vor Augen, was mir seit der Lektüre dieses großen Schriftstellers nicht mehr aus dem Kopf gegangen war.[39]

Und, dachte ich mir, wenn auch Fatos jetzt in dieser Schicht wäre? Nein, nein, ausgehend von seiner Schicht in der Woche, in der er den Brief geschrieben hatte, hatten wir zu Hause ausgerechnet, dass er jetzt frei haben müsste. Das war wirklich ein großes Problem: Wenn du die Schicht nicht wusstest, konnte es passieren, dass du die Nacht unter freiem Himmel verbrachtest und am anderen Morgen doch kein Besuch möglich war. In der Kupfermine arbeitete man in drei Schichten. Nicht umsonst stand da und dort an den Straßenmauern: „Kupfer durchbricht die Blockade!" Nicht ganz so schlimm wäre da noch, ihn aus dem Schlaf zu reißen, falls er in der dritten Schicht gearbeitet hatte.

Während ich wartete, malte ich mir das Treffen mit Fatos aus. Ich wollte stark sein und mich nicht gehen lassen. In Tränen breche ich eh nicht so schnell aus, zeige meine Gefühle nicht so leicht. Bei Schmerzen und Unglück verhärte ich eher, ziehe ich mich zusammen. Es ist eine Art Schamgefühl gegen solche „Schwäche", dass ich mich zusammenreiße und Schlimmes lieber in mich hineinfresse. Darin ähnele ich meiner Mutter, die ich trotz allen Unglücks und Leidens in ihrem Leben niemals mit Tränen in den Augen gesehen hatte. Umso weniger wollte ich jetzt, dass die hin- und herlaufenden Offiziere und Polizisten irgendein Zeichen der Schwäche bemerkten. Dennoch, als ich Fatos sah, kahlgeschoren, in der hässlichen Gefängniskleidung, überkam mich die Rührung. Beinahe wäre ich in Tränen ausgebrochen, wenn er mich nicht, während er mich ganz fest umarmte, zwei, dreimal ermahnt hätte: „Nicht, bitte nicht, das wäre eine Schande!" Für mich war das ein Albtraum.

Sie steckten uns in ein kleines Zimmer auf der rechten Seite. Fatos fragte und fragte immer wieder nach Ana, Tetis, Zana, Todi und Gimi. Wir sprachen lange auch über den Prozess, die Anklagen und die Zeugen, die gegen ihn auftraten. Wir wussten, dass sie uns abhörten. Es war das erste Treffen. Sie dachten, sie würden irgendetwas aus uns herausholen, deswegen steckten sie uns in dieses Zimmer und ließen uns fast eine Stunde Zeit. Wenn wir gewollt hätten, hätten wir den Wasserhahn in dem kleinen Waschbecken dort aufdrehen und ihnen so ihre Aufnahme kaputt machen können. Aber der Gedanke an die Aufnahme beunruhigte uns gar nicht, deswegen sprachen wir weiter, um die kostbare Zeit miteinander maximal auszunutzen …

Wie bitter und schmerzhaft war dann die Trennung …

39 In den „Aufzeichnungen aus einem Totenhaus" (1861/62) schildert Fjodor Dostojewski das Leben in einem sibirischen Gefängnislager anhand eigener Erfahrungen während seiner Verbannung von 1849 bis 1853.

Ehemaliges Gefängnis Spaç, Besuchszimmer für die 15-minütigen, durch ein Eisengitter getrennten Treffen, 2020

Nach Ende der Besuche warteten wir alle auf eine Mitfahrmöglichkeit in einem vorbeikommenden Fahrzeug. Gerade in dem Moment versammelten sich die Gefangenen auf dem Appellplatz, den man von der Kurve aus, wo wir meistens warteten, gut einsehen konnte. Jeder der Angehörigen versuchte aus dieser ziemlich großen Entfernung, den ihm Nahestehenden zu erkennen. Die Erfahrenen rieten dazu, keine Gesten zu machen. Die Älteren hatten es schwerer, aber sie entdeckten ihren Jungen, ihren Liebling. Er war weit weg, aber die Blicke ließen ihn nicht los, bis sie sahen, wie der Aufseher die Häftlinge vom Appellplatz herunterschickte.

Irgendein Škoda[40] kam die Straße herab, nahm aber nur die Aufseher und anderen Angestellten mit, die in Rreps wohnten. Daher beschloss ich, zu Fuß hinabzugehen, bis ich unten auch einen der Militärlaster aus Orosh erreichen

40 Der Škoda 706 war ein Lastkraftwagen des tschechoslowakischen Nutzfahrzeugherstellers LIAZ, der von den 1950er- bis in die 1970er-Jahre hergestellt und auch in Albanien viel genutzt wurde.

könnte. Es waren sieben Kilometer, aber hinunter war es einfacher. Ich marschierte zusammen mit einem älteren Mann. Sein Sohn, Mitarbeiter des Kulturhauses in Laç, war wegen Agitation und Propaganda verurteilt worden. Laut Vater hatten sie ihn verhaftet, weil er Todi gelobt hatte.

Es war schon dunkel, als uns endlich ein Škoda mitnahm. Unterwegs drückte uns nun eine andere Sorge: Sollten wir an der Brücke über den Fan aussteigen, um nach Rrëshen zu gehen, wo der Passierschein abgezeichnet werden musste, oder sollten wir weiterfahren bis zur Brücke über den Mat? Dieses verdammte Stück Papier schloss mit der kategorischen Anweisung, sich auf der Hin- und Rückfahrt bei der Dega des Kreises anzumelden. Auf der Hinfahrt hatte ich das versäumt. Wenn ich es auch jetzt ausließ, könnte ich Veranlassung dazu geben, mir in Zukunft eine Erlaubnis zu verweigern. Mit Bedauern stieg ich aus dem mühsam gefundenen Wagen, las auf dem Kilometerstein „Rrëshen 2 km" und machte mich auf den Weg. Ich hatte es eilig: „Eine Unterschrift, wenn es möglich ist. Ich muss los nach Lezha", sagte ich zu dem Wachhabenden der Dega. „Nach Lezha, jetzt?", fragte jemand von drinnen. Es war neun Uhr abends. Zu spät, aber ich hatte keine andere Wahl.

Zurück an der Brücke über den Fan musste ich nicht lange warten. Schon der zweite Škoda, der vorbeikam, nahm mich mit, und gegen Mitternacht ließ er mich an der Brücke über den Mat heraus. Was sollte ich nun tun? Die Nacht dort verbringen oder nach Lezha aufbrechen? In der Baracke neben der Brücke waren noch andere Menschen. Das erwärmte mein Herz; anscheinend fand man überall Reisegenossen. Auf den Straßen waren viele Menschen unterwegs, aber nur wenige Fahrzeuge. Auf der Brücke tauchte eine Gruppe enthusiastischer Jugendlicher auf; es waren Fußballfans, die zum Spiel von Eintracht Lezha in Burrel gewesen und nun auf dem Rückweg waren. Ich stand vor der Wahl, mich ihnen anzuschließen oder alleine zu laufen. Es waren 17 Kilometer. Im Morgengrauen erreichten wir Lezha. Ich erholte mich und rechnete dann aus, dass ich locker die Auszeichnung „40 km Partisanenmarsch" beantragen könnte.

Einen Fortschritt gab es aber immerhin: Von nun an würde der Passierschein in der Kommandantur des Lagers abgezeichnet anstatt in Rrëshen. Wir hatten vergessen, was uns „Taras Bulba" an jenem Augusttag 1974 vorgelesen hatte, als er uns die Entscheidung der Zentralen Kommission mitteilte. Nach Spaç und nach Burrel durften wir in diesen ersten fünf Jahren der Verurteilung ohne Passierschein fahren. Wir verstanden erst, dass wir für diese beiden Landkreise keinen Passierschein benötigten, als Mithat nach Tirana versetzt und Bajram Suleyman Leiter der Dega wurde, ein ruhiger und höflicher Mann, der einzige Funktionär, der mich je mit Sie anredete. Wir kannten nur

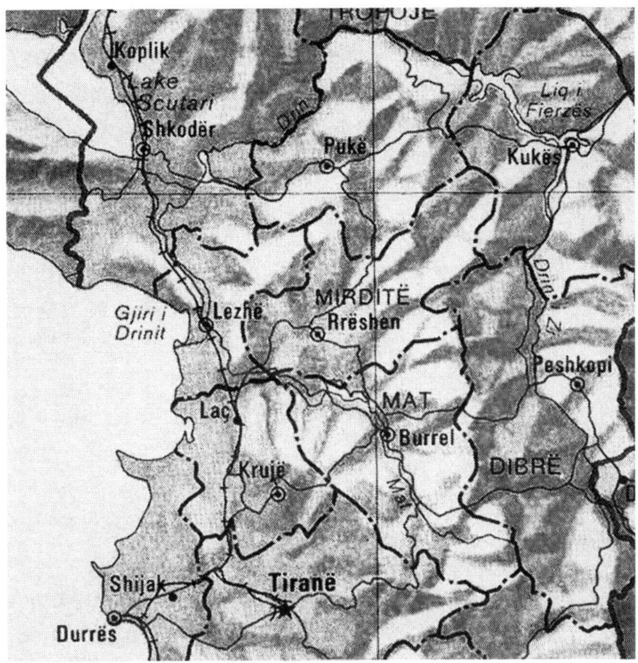

Albanien 1984: Bahnlinie von Tirana über Lezha nach Shkodra und Straßen nach Burrel und Rrëshen in der Mirdita, *U.S. Central Intelligence Agency, Albania (Shaded Relief) 1984, Perry-Castañeda Library (PCL) Map Collection, University of Texas Libraries, https://maps.lib.utexas.edu/maps/europe/txu-pclmaps-oclc-11198804-albania_rel-1984.jpg*

Mithats Befehl, der in seiner typischen Überheblichkeit zu mir gesagt hatte: „Wo immer ihr eure Leute habt, könnt ihr nur mit Erlaubnis hinfahren, auch nach Spaç und Burrel. Wollt ihr nach Gjirokastra oder nach Fier, könnt ihr so oft fahren, wie ihr wollt." Er wusste sehr gut, dass uns mit Gjirokastra oder Fier nichts verband. Jedoch profitierten wir nicht lange davon, denn bald erklärten sie auch Spaç und Burrel zu verbotenen Orten.

Die Launen der Dega-Mitarbeiter wechselten. Wann immer ich in diesem kleinen Vorzimmer warten musste, mindestens zwei oder drei Stunden voller Unruhe, ob sie uns die Erlaubnis geben würden oder nicht, nahm ich stets etwas zu lesen mit, um nicht zu wütend zu werden, während ich all die Fotos der verdienten Mitarbeiter der Sicherheitsorgane betrachtete. Aber was passierte mir da? Ligor Divjaka, der neue stellvertretende Leiter der Dega, hatte anscheinend eine Art „Allergie“ gegen Bücherleser, daher ließ er mich an diesem Tag überhaupt nicht vor. Als seine Geschäftszeit vorbei war, ging er zur Türe hinaus, ohne mich auch nur anzusehen. Am nächsten Tag ging Zana hin, bei ihr entlud sich seine Wut: „Sie kommt und liest mir auch noch Bücher hier! Als wenn wir nicht lesen könnten? Nein, es gibt keine Erlaubnis!“ Als ich daraufhin statt des Buchs einen Pulli für die Mädchen oder eine ähnliche Handarbeit mitnahm, war davon keine Rede mehr.

Die Geschichte mit den Passierscheinen hatte nie ein Ende. Einmal wollten wir Tetis zu Fatos nach Spaç mitnehmen, zum ersten Mal. Wir hatten die Erlaubnis bekommen, hatten auch die üblichen Vorbereitungen getroffen und wollten am nächsten Tage aufbrechen. Als aber ich hinunterging, um die Mädchen von der Kita abzuholen, sagten sie mir, dass Tetis die Gelbsucht habe und in die Infektionsabteilung des Krankenhauses nach Shkodra müsse. Das fehlte uns gerade noch. Für Shkodra brauchten wir einen Passierschein. Ich stand gerade vor der Tür der Dega, als ich bemerkte, dass Mithat mit seinem Gefolge hinauskam, darunter auch welche aus dem Ministerium. Kaum sah er mich, schrie er mich an: „Du, Liri Lubonja, willst du dich über uns lustig machen? Du beantragst einen Passierschein nach Spaç, wir geben ihn dir, jetzt willst du einen nach Shkodra!“ Schnaubend ging er weiter und hörte nicht einmal, wie ich sagte, die Überweisung nach Shkodra sei verpflichtend; wer ihr nicht nachkomme, dem würde eine Strafe auferlegt. Unerwartet fand ich Menschlichkeit dort, wo ich sie nicht erwartete, bei seinem Stellvertreter. Er sagte, ich sollte nicht auf das achten, was der Chef gesagt hatte, sondern mich um meine Notlage kümmern – und binnen weniger Augenblicke hatte ich den Passierschein für Zana. Das erschien mir wie ein Wunder. Zana kam um Mitternacht aus Shkodra zurück, und tags darauf fuhren wir nach Spaç.

Wir hatten Angst, dass Ana uns bei Fatos verraten würde, aber als er sie nach ihrer Schwester fragte, sagte sie, wie wir es ihr aufgetragen hatten, sie sei bei Tante Xhija, der Erzieherin. Zusätzlich erklärten wir ihm: Sie hatte einen Tag zuvor leichten Durchfall gehabt und war nicht reisefähig. Er war sehr enttäuscht. Gab es ein Jahr, in dem Tetis nicht im Krankenhaus lag? Im Sommer Verdauungsstörungen, im Winter Bronchitis. Und doch hatte sie bis zu ihrem ersten Kita-Tag, mit neun Monaten, nicht eine einzige Aspirin nehmen müssen.

Aber ich will fortfahren mit diesen Passierscheinen und Mithats Schikanen ... Es begann zu regnen und wollte gar nicht wieder aufhören. Mit dem Passierschein in der Tasche und den fertig gepackten Taschen hörten wir traurig den Regen niederprasseln. Die ganze Nacht lang schüttete es ununterbrochen, in solchen Strömen wie selten, ein Trommeln und Prasseln ohne Pause. Der kleine Bach lief über und hatte schon die Straße überschwemmt.

Sein Rauschen war wirklich furchterregend. Wir waren verzweifelt, wir hatten uns doch so auf den Besuch gefreut. Vom Fenster aus rief uns Ana andauernd zu, der Regen habe aufgehört, wir sollten aufbrechen. Außerdem hatten wir schon alle Vorbereitungen getroffen; besonders leid tat es uns um die Dreiecks-Böreks und den Kuchen, den wir ja nicht für uns selbst gebacken hatten …

Aber an solch einem Tag kann man nicht reisen. Am Abend hörten wir im Radio von den Überschwemmungen und den Schäden für die Landwirtschaft in verschiedenen Landstrichen. Wir atmeten auf und dachten erleichtert, die von der Dega würden uns verstehen. Aber wir irrten uns: „Ihr seid nicht gefahren?", schnaubte Mithat ärgerlich. „Dann werdet ihr auch nicht fahren!" Und er gab uns erst wieder einen Passierschein, nachdem er uns zwei oder drei Anträge abgelehnt hatte.

Als Tetis im Krankenhaus in Shkodra war, erlaubten sie Zana nur einmal, sie zu sehen. Als ich zum Augenarzt musste, erhielt ich dafür einen Passierschein nach Shkodra. Bei dieser Gelegenheit wollte ich auch Tetis besuchen. Als der Bus in Shkodra ankam, war die Sprechstunde des Augenarztes schon vorbei. Um meine Angelegenheit erledigen zu können, musste ich dort eine Nacht verbringen, aber als ich zur Dega von Shkodra ging, um den Passierschein verlängern zu lassen, bekam ich eine abschlägige Antwort von „Taras": „Nein, sie muss zurückkehren." Ich schäumte vor Wut, denn im Krankenhaus hinterließ ich ein Bild des Jammers: Die kleine Tetis, still, ergeben, alleine, lag da mit ausgestreckten Armen und bekam ihre Infusion. Sie hatte wohl schon vergessen, dass es Menschen gab, die sie liebten. So wütend, wie ich war, musste ich mir auch noch die bitteren Vorwürfe der Krankenschwester anhören, dass wir das Kind so völlig vernachlässigten. Zurück in Lezha, ließ ich am Eingang der Dega alle in mir aufgestaute Wut an „Taras" aus. Mithat ging vorbei und bemerkte mich komischerweise gar nicht. „Taras" dagegen brüllte mich an: „Hej du, mit wem sprichst du so?" In meinem ungezügelten Zorn schrie auch ich ihn an: „Mit dir, wem sonst?" Als ich aber wegen einer zweiten Erlaubnis kam, gab er mir einen Passierschein für zwei Tage, der es mir ermöglichte, Tetis auch aus dem Krankenhaus abzuholen. „Taras" war schließlich ein Unteroffizier mit einem Haufen Kinder, sein Verhalten bis zu einem gewissen Grad verständlich. Aber was sollte ich machen? Ich war einfach emotional denen gegenüber, das kam von innen. Wenn ich sie nur sah, zog sich in mir alles zusammen, ging ich gleich in Kampfstellung. Ich stand auf der einen Seite, sie auf der anderen. Ich konnte sie nicht ertragen, ihre Überheblichkeit, Großspurigkeit und Rüpelhaftigkeit, diese Ignoranz, diesen Zynismus. Unsere erste „Begegnung" am Tag, als sie Todi verhafteten, hatte unseren „Beziehungen" ihren Stempel aufgedrückt. Selbst wenn ich wüsste, dass es besser für mich wäre, könnte ich mich nicht anders verhalten. „Liri ist eine Wilde", hatte „Taras" einmal zu einem unserer Bekannten gesagt.

Nach der „Wende" des Jahres 1949 wurde in den Parteiaktiven viel gesprochen über die Fehler und Verbrechen, die die Sicherheitsorgane unter der Führung von Koçi Xoxe begangen hatten.[41] Ich weiß noch, wie erschüttert das Publikum im Volkstheater war, als Nexhmije Hoxha erzählte, wie sie Galip Hatibi bei lebendigem Leib verbrannt hatten; dabei „hätte man ihn für seine Fehler höchstens aus der Partei ausschließen können". So sagte sie das damals.[42] Galips Schwester war Zena, eine unserer Freundinnen aus der Klasse und der kommunistischen Jugend. Vielleicht erfuhr er nie, wie viel er für uns getan hatte in den Kriegsjahren, vor allem nach der Schließung der Schule. In der reichhaltigen Bibliothek bei ihm zu Hause fanden sich die Koryphäen der Weltliteratur wie Dostojewski, Tolstoi, Tschechow, Turgenjew und Gorki, Steinbeck und Dreiser, Cronin, Jack London und Dickens, Balzac, Hugo, Maupassant und Émile Zola, Knut Hamsun und andere. Dieser Mensch konnte kein schlechter Mensch gewesen sein. Wir wussten, sie hatten ihn verschwinden lassen. Wir hassten Koçi Xoxe und die, die ihm gedient hatten, von ganzem Herzen. Alles Schlechte wurde nun ihnen angelastet. Man sprach viel über die Rechtmäßigkeit und Menschlichkeit, die die Arbeit der Sicherheitsorgane von nun an leiten würde. Aber deren zügellose Gewalt war offenbar weiter gegangen …

Ein Telegramm aus Burrel

Mitte März 1975 klopfte jemand spät abends an der Tür. Es war Deda vom Telegrafenamt der Post. Was, der um diese Uhrzeit? Ich sah ihn überrascht und beunruhigt an, daher sagte er rasch, er habe ein Telegramm aus Burrel. Schnell, wie um das Verhängnis abzuwenden, antwortete ich, er müsse sich irren, ich würde in Burrel niemanden kennen. Aber Deda irrte sich nicht. „Doch, du kennst dort jemanden", antwortete er und reichte mir das Telegramm. „Es geht

41 Nach dem Bruch zwischen Stalin und Tito 1948 schlug sich Enver Hoxha auf Stalins Seite und säuberte die Partei- und Staatsführung von angeblich oder tatsächlich jugoslawienfreundlichen Elementen. Sein Weggefährte Koçi Xoxe (1911–1949), Innenminister und Sigurimi-Chef, wurde aus der Partei ausgeschlossen, wegen „trotzkistischer und titoistischer Tätigkeit" zum Tode verurteilt und gehenkt.

42 Galip Hatibi (1920–1946) war ein junger und engagierter Kommunist, der Parteiführung aber suspekt, da er von den Faschisten in Italien inhaftiert und dort von den Amerikanern befreit worden war. 1946 wurde er in Tirana entführt und getötet.

mir sehr gut im Gefängnis Nr. 321 in Burrel, komm mich besuchen. Ich küsse dich, Todi."

Endlich eine Nachricht von ihm, freilich aus Burrel! Ich weiß nicht, ob ich mich bei Deda überhaupt bedankt habe, war doch das Austragen der Telegramme gewiss nicht seine Aufgabe. Ich war verwirrt und wie erstarrt. Also hatten sie Todi tatsächlich in Burrel ins Gefängnis gesteckt, wie wir befürchtet hatten.

Von außen kannte ich dieses Gefängnis gut. Das erste Mal hatte ich es 1944 gesehen, als ich im Bezirk Peshkopi Jugendarbeit machte. In der Erinnerung habe ich es aber so, wie ich es beim zweiten Mal sah, während unseres Fußmarsches 1945 von Peshkopi nach Tirana. In Burrel hatten wir etwas Aufenthalt, um Delegierte aus dem Kreis Mat zum Zweiten Antifaschistischen Jugendkongress mitzunehmen. Wir, die Mehrzahl der Jugendkader des Bezirks, waren Schüler der Oberschulen von Tirana, die als Freiwillige zum Arbeiten nach Peshkopi gegangen waren. Wir hatten damals kein Einkommen und bekamen weder Briefe noch Unterhalt von unseren Familien in Tirana, aber einige hatten Geld und kauften bei den Bauern aus ihren Körben etwas Obst, das wir dann gemeinsam aßen. Danach liefen wir in Grüppchen herum durch das brandzerstörte Burrel. Das einzige Gebäude war die ehemalige Unterpräfektur. Einige von uns stiegen auf das Minarett, das einzige Überbleibsel der völlig verkohlten Moschee. Als ich oben hinaustrat auf den Balkon, bekam ich Höhenangst, sodass ich nicht lange draußen bleiben und mich umschauen konnte. Von dort sahen wir ein anderes Gebäude, das nicht verbrannt war: das Gefängnis. So hat sich es mir im Kopf festgesetzt, gelblich, und mit ein paar dunklen Feuchtigkeitsflecken.

Zum 15. Jahrestag der Befreiung von Mat hatte ich in der *Stimme der Jugend* eine Reportage geschrieben, in der ich dieses Gefängnis brandmarkte als eine berüchtigte Hinterlassenschaft König Zogus, als sein einzige Geschenk an die Landsleute seiner Heimatgegend.[43] Was ich dabei vergessen hatte: Auch „unsere Volksmacht" nutzte das Gefängnis nicht nur weiter, sondern füllte es sogar auch mit bekannten, im Westen ausgebildeten Intellektuellen, später auch mit Teilnehmern des Nationalen Befreiungskampfes.

Also hatten sie Todi trotz seiner Krankheit dorthin geschickt. Ein Telegramm zu schicken, etwas Geld, einen Brief, lag an mir, ein Besuch dagegen lag in den Händen derer, die mir einen Passierschein ausstellen müssten.

43 Ahmet Zogu (1865–1961), ein konservativer Großgrundbesitzer aus der Region Mat, beherrschte Albanien vor dem Zweiten Weltkrieg mit harter Hand. Er war ab 1920 zeitweise Innenminister und Ministerpräsident, ab 1925 Präsident und ab 1928 König. 1939 ging er ins Exil. Geboren wurde er auf der Burg seiner Familie in Burgajet bei Burrel.

Anfang April brach ich auf. Die vielen Lkws, die Chrom transportierten, machten die Reise nach Burrel leichter als die nach Spaç. Ich stieg am Eingang der Stadt aus, bei der Busstation. Der Škoda fuhr, um Chrom zu laden, und wenn ich schnell fertig wäre, könnte ich mit ihm wieder zurückfahren. Ich wusste, wo das Gefängnis war, am anderen Ende der Stadt. Ich durchquerte sie – Burrel war etwas größer als Lezha – an zwei Reihen gleichförmiger Wohnblöcke entlang, wenig schön, obschon sie die Hauptstraße säumten. Ich absolvierte den erforderlichen „Empfang" in der Dega, um den Passierschein abzeichnen zu lassen, und ging direkt zum Gefängnis, voller Emotionen und Ungeduld.

Das Gefängnis war nun so „verkleidet", dass ich es kaum wiedererkannt hätte, aber die Wachtürme, von Soldaten mit Maschinenpistolen besetzt, und die hohe Umzäunung mit dicken Eisengittern ließen keinen Zweifel. Das „Kleid", dass sie dem Gefängnis angezogen hatten, war nicht schlecht. Hinter dem Zaun gab es Bänke, Blumen, Weinreben und Obstbäume, rechts weiter vorne einen einstöckigen Anbau, auf der linken Seite einige weitere Gebäude. Alles leuchtete von weißer Kalkfarbe. Die Blumen im Garten am Eingang standen denen in einem städtischen Park nicht nach. Die Häftlinge aus der Bauabteilung – gewöhnliche Häftlinge – liefen mit Kalkeimern, Bürsten, Schaufeln und anderen Werkzeugen im Hof hin und her. Sie verdienten sich ihren Löffel Extra-Ration. Warum sie solch ein Ambiente schufen, kam mir nicht in den Sinn. War das nötig als Kompensation für die im Gefängnis Beschäftigten? Dass sie versuchten, den Familienangehörigen und den Passanten mit solch einer trügerischen Maskerade etwas vorzumachen, fiel mir nicht ein.

Ein „Halt"-Schild gebot denen, die erstmals herkamen, sich dem Tor nicht zu nähern. Ich wartete ungeduldig, aber schließlich rief der Soldat auf dem Wachturm über dem Tor irgendetwas. Ein anderer Soldat, den ein rotes Armband als Wachhabenden auswies, kam zum Eingang. Ich griff meine Sachen, aber nein, der Soldat fragte nur nach dem Namen des Gefangenen, den ich treffen wollte, und ging zurück. Wieder langes Warten. Als er wiederkam, ergriff ich schnell die Beutel und wandte mich zum Tor, aber auch dieses Mal öffnete er es nicht, sondern verlangte meinen Personalausweis und eine Liste der mitgebrachten Speisen und verschwand. Erst als er erneut kam, diesmal mit Schlüsseln in der Hand, glaubte ich, dass ich endlich hineingehen und Todi treffen könnte. Aber wieder irrte ich mich. Nun begann das „Ritual" der Kontrolle der Speisen, das strenger war als das in Spaç. In das schon zu Hause in Stücke geschnittene Börek wurde mit einer Messerspitze hineingestochen (was man in einem Börek verstecken könnte, verstand ich nicht, höchstens ein

Stück Papier, das vom Öl aber unbrauchbar geworden wäre). Dann wurde die in einem staatlichen Laden gekaufte Salami aufgeschnitten, die Eier mitleidlos aufgeschlagen und in einen Napf geleert. Würde der Gefangene sie binnen eines Tages verbrauchen können? Bei einem anderen Besuch hatte die Kontrolle den Napf mit 15 Eiern gefüllt, und Todi bat mich, ihm keine mehr mitzubringen. Danach wurden die Zigarettenpäckchen geöffnet. Nach einer sorgfältigen Kontrolle der Verpackung wurde jede einzelne Zigarette aufmerksam in Augenschein genommen. Dann begann das Messer die Früchte zu zerteilen, und als ich erleichtert aufatmete, dass alles beendet sei und ich endlich zu dem Treffen könne, begann die zweite Phase: „Hast du auch Fotos?“ (Ich hatte Bilder von Ana und von Tetis). Er betrachtete sie von vorne und hinten, sagte: „Fragen wir“, und legte sie zur Seite. Auch die Postkarten und Umschläge mussten genau geprüft werden.

Ich traf Todi in einem kleinen Raum am Eingang des Gefängnisses. Wir umarmten uns voller Liebe und Emotion, aber wir rissen uns zusammen. Wir waren so froh, uns endlich wiederzusehen und wieder dieses Einverständnis zu spüren, das uns unser ganzes Zusammenleben lang begleitet hatte, das wir mit einem bloßen Blick miteinander teilen konnten. Auch wie man sitzen musste, war durchdacht und organisiert. Todi saß hinter einem Tisch, ich ihm gegenüber auf einem im Boden einzementierten Stuhl. Anfangs ließen sie uns alleine, aber Todi hielt den Finger an den Mund und gab mir zu verstehen, dass wir noch immer abgehört würden. Der Aufseher kam immer wieder herein, um zu schauen, ob alles in Ordnung war. Todi versuchte, mich zu überzeugen, dass das Gefängnis nicht so schlimm war, wie ich es kannte, dass es Bretter gab, auf denen die Strohsäcke ausgelegt wurden. Er fragte nach meinem Besuch bei Fatos, nach Gimi, den er gar nicht gesehen hatte, denn Gimi hatte von seiner Armeeeinheit nie Urlaub bekommen, nach den Mädchen, nach Zana. Er wollte mir von seinen Leidensgenossen erzählen, aber kaum hatte er zwei, drei Namen erwähnt, schritt der Aufseher ein und sagte, das sei verboten. Ich hörte nur von Koço Tashko und Xhavit Qesja.[44] Die halbe Stunde

44 Koço Tashko (1899–1984) war Pädagoge, aktiv in der Komintern, Sekretär von Fan Noli, dann Sekretär im Nationalen Befreiungsrat, später Minister und Botschafter in Moskau und Sofia. In den 1960er-Jahren wurde er zunächst interniert, dann für zehn Jahre in Burrel inhaftiert. Vgl. Erwin Lewin, Koço Tashko, 1899–1984. Ein politisches Leben in Albanien (Biografische Annäherung), Berlin 2015. Xhavit Qesja (1923–1994) aus Kruja war Kommissar einer Partisanenbrigade und später Politiker. Nach einem Aufenthalt in Moskau wurde er 1958 wegen Sympathien für Chruschtschow verhaftet und zunächst auf der Insel Zvërnec bei Vlora interniert, dann in Burrel inhaftiert. In der Haft übersetzte er Marx' „Kapital“, das ohne Namensnennung auf Albanisch publiziert wurde. Erst 1991 wurde er nach über 30 Jahren Haft entlassen.

Besuchszeit verging wie im Fluge. Der Abschied ist immer bitter, umso mehr dort im Gefängnis, wenn du gehst, und der Wärter dir deinen Liebsten nimmt und mit ihm hinter der großen Eisentür verschwindet.

Ich hatte Todi versprochen, bald mit den Mädchen zu kommen, aber ein Telegramm von Fatos aus dem Haftkrankenhaus in Tirana versetzte uns in Unruhe. Seit einiger Zeit hatte er erhöhte Temperatur. Wir fuhren nach Tirana. Neben mir Ana, lehnte ich an der Mauer des Postamts und wartete auf Zana, um zum Krankenhaus aufzubrechen. Von Weitem sah ich eine junge Frau auf uns zukommen. War das Roza oder täuschten mich meine Augen? Gewiss war sie das, kein Zweifel. Ich würde sie zwischen tausend Anderen erkennen, so zart, frisch und schön. Und so war sie geblieben, strahlend und anmutig. Fatos hatte sie uns einmal vorgestellt, in Korça, als sie in den Ferien gekommen waren, und wir hatten begriffen, dass sie für ihn mehr war als nur eine Freundin … Sie war die Einzige in Tirana, die anhielt und mich begrüßte, dort an der Mauer des Postamts, und mich nachdrücklich nach meiner Gesundheit fragte. Damals war wohl das Gerücht aufgekommen, dass ich an Krebs gestorben sei. Von dieser Begegnung blieb ich erschrocken und sehr gerührt zurück.

Im Krankenhaus trafen wir Fatos nicht an. Eilig wandten wir uns zum Neuen Gefängnis von Tirana, dem „Hotel" der Gefangenen, in der Hoffnung, dass noch kein Gefangenentransporter mit ihm zurück nach Spaç gefahren sei.

Das Erdgeschoss des Neuen Gefängnisses hatte ich noch gut in Erinnerung aus den Jahren der faschistischen Besatzung, als viele unserer Freunde dort einsaßen. Damals gingen wir an dem für den Besuch bestimmten Wochentag dahin, um ihnen das Essen zubringen, das die Patrioten Tiranas als Beitrag zum Nationalen Befreiungskampf gesammelt hatten. Wir überquerten den von einer hohen Mauer umgebenen Hof, traten in einen langen Korridor und zu den dort aufgereihten Zellen. Die Klappen der Zellentüren öffneten sich, wir übergaben den Genossen das Mitgebrachte und warteten dann. Kurz danach kamen sie aus den Zellen auf den Korridor, und alle gemeinsam sahen wir, auf Hockern sitzend, die Aufführung ihrer Theatergruppe. Unter den „Schauspielern" waren auch meine Freunde Hamdi Sallaku und Selman Vaqari. Wir hatten uns beim Debatik, der antifaschistischen Jugendgruppe, kennengelernt.[45]

45 Der Debatik (Abkürzung für Djemtë E Bashkuar Anëtarë Të Ideve Komuniste, Vereinte Junge Anhänger der Kommunistischen Ideen) entstand 1942 als kommunistische Jugendgruppe für 10- bis 14-jährige Kinder. Aus ihm ging später die bis 1991 bestehende Pionier-Organisation hervor. Selman Vaqari schrieb später Bücher, u. a. über die Gründung des Debatik und über den albanischstämmigen Schauspieler Alexander Moissi. Hamdi Sallaku studierte in der Sowjetunion und wurde Journalist.

Jetzt erkannte ich das Gefängnis nicht mehr wieder und konnte mich auch nicht mehr orientieren. Den langen Gang, in dem wir die Aufführungen gesehen hatten, gab es nicht mehr. Auch die Zellen fand ich nicht mehr. Neue, eiserne Trennwände waren hinzugefügt worden, überall Eisen. Fatos kam uns dann irgendwo entgegen, doch wir konnten uns nicht umarmen, noch nicht einmal die Hand schütteln. Zwischen ihm und uns lagen zwei Meter Zwischenraum mit zwei Reihen Eisenstäben. Was sollte Ana tun? Sie wartete nicht nur sehnlich darauf, ihren Vater zu treffen, sondern hatte auch den „Auftrag", ihm einen Kuss zu geben im Namen von Tetis, Opa und Onkel, die nicht mitgekommen waren.

Mit Erlaubnis des Wachtmeisters, der mit zwei anderen Wärtern – einer auf unserer Seite, der andere bei Fatos – unser Treffen beaufsichtigte, schoben wir Ana durch die Eisenstangen hindurch in das „Zwischenzimmer" aus Eisen. Sie rannte zu Papa, küsste ihn und umarmte ihn ganz fest. Aber als sie merkte, dass sie alleine in diesem riesigen Käfig war, fürchtete sie sich bald. Sie fing an zu weinen und rannte zu uns zurück, um wieder herauszukommen. Aber da blieb sie drinnen stecken. Wir versuchten, sie herauszuziehen, indem wir sie seitlich drehten, unter den beobachtenden Blicken des Wachtmeisters, der sagte: „Du bist selbst schuld, Fatos (wie vertraut sprach er mit dem Gefangene), dass du eine so mollige Tochter gemacht hast." Was für ein Idiot!

Wir konnten die Mädchen nicht zu Todi nach Burrel mitnehmen, wie ich ihm das versprochen hatte, denn wir mussten Ana ins Krankenhaus nach Tirana bringen. Unerwartet stellte sich eine Anämie heraus, mit Hämoglobinwerten von 48, 44, 40 und weiter im Sinken. Als die Ärzte in Lezha von einem Geräusch im Herzen sprachen, machten wir uns noch mehr Sorgen. Wie leer war es nun ohne Ana! Die Daten aus dem Krankenhaus in Tirana beruhigten uns aber. Nach einem Monat kehrte sie zurück, gereifter, mit einem reicheren Wortschatz. Sie heiße Ana Lubonja, sagte sie, im Krankenhaus nannten sie sie Ana Maria, dort hatte sie einen Freund, der Xhon hieß, und eine Tante Fatime. Zana hatte sie einmal besuchen können, ich dagegen nicht. Tirana war für mich „verbotene Stadt".

Eine neue Säuberungswelle

In unserer völligen Isolation bekamen wir gar nicht mit, was in der Partei- und Staatsführung in Tirana geschah. Laut den Nachrichten, die bis nach Lezha kamen und hier hinter vorgehaltener Hand herumgeflüstert wurden, hatte es eine Säuberung in der Armee gegeben, bei der hohe Militärs verhaftet worden waren.[46] Konkret fassbar wurde das für uns, als einer der nur milde bestraften Militärs nach Lezha geschickt wurde, als Chef der Buchhaltung im Großhandel. Ihn quartierten sie just in unserer ersten Wohnung ein, in der wir in einem Zimmer noch Bücher, Fotos und andere wertvolle Dinge hatten. Rechtlich gehörten sie mir, denn laut Gerichtsurteil war Todi sein Eigentum nicht entzogen worden, aber die Dega hielt den Raum weiterhin verschlossen. Mit einem anderen, gewöhnlichen Bürger wäre es leichter gewesen, die Sachen zu uns zu holen, denn er hätte ja das Zimmer frei bekommen wollen, aber dieser Ex-Militär hatte Angst, und Mithat wollte sie uns nicht überlassen. So dauerte es sehr lange, bis wir diese Sachen holen konnten.

Unsere Allergie gegen die offizielle Propaganda hatte uns völlig ferngehalten von Radio Tirana und den Zeitungen, mit Ausnahme der „Drita".[47] Aber Enver Hoxhas weitere Säuberungen blieben uns doch nicht verborgen. 1975 trat er die dritte Welle los, gegen die Gruppe der „Wirtschaftssaboteure". Die erhöhte Wachsamkeit gegenüber dem Feind erreichte auch uns. Anfang Mai 1975 gaben sie mir im landwirtschaftlichen Magazin einen verschlossenen Umschlag. Er kam von der Betriebszentrale und war unterschrieben vom Leiter der Abteilung, der wir unterstanden. Überrascht öffnete ich den Brief und begann zu lesen: An die Lagerarbeiterin Liri Lubonja (unterstrichen). Text: „Beginnend mit dem Datum 15. 5. 1975, werden Sie nicht mehr im landwirtschaftlichen Magazin arbeiten, sondern versetzt in das Lager für Verpackungen und dort beim Be- und Entladen beschäftigt." Immerhin, sagte ich bei mir, sie reden mich mit Sie an, sogar schriftlich! Aber wie würde diese neue Arbeit zu schaffen sein? Wir arbeiteten mit diesem Magazin zusammen, und ich wusste, dass dort keine Nylontaschen oder Papiertüten gelagert wurden, sondern große und kleine Fässer mit Käse, Frischkäse, Butter, das Gebinde à 25 Stück. Die Baumwollsäcke waren klein und leicht, aber die Leinensäcke

46 Verteidigungsminister Beqir Balluku (1917–1974), Vizeverteidigungsminister Hito Çako (1923–1975) und Generalstabschef Petrit Dume (1920–1975) wurden 1974 abgesetzt und kurz darauf hingerichtet.

47 „Drita" („Licht") war eine Wochenzeitung des Verbands der Schriftsteller und Künstler Albaniens.

voller Mehl waren so schwer, dass ich sie nicht von der Stelle bewegen könnte, nicht auf der Erde und erst recht nicht einen Laster be- oder entladen. Und die Holzkisten mit den Öl-Flaschen? Kurz, diese Arbeit konnte ich körperlich nicht bewältigen, in meinem Alter, kurz vor der Rente.

Das Magazin dort hatte einen fest angestellten Arbeiter, einen Rom, der im Freiheits-Viertel wohnte, der Partei treu ergeben, vor allem wegen familiärer Verbindungen. Auf ihn konnte ich nicht zählen. Zeitweise arbeitete auch Jup dort, den ich schon nach wenigen Tagen Arbeit im Magazin von Shëngjin als einen guten Menschen kennengelernt hatte. Das galt auch für seinen Vater, der zur Anlieferung mit einem Pferdefuhrwerk in unser landwirtschaftliches Magazin kam. Und Abdyl Azizi, der Lagerverwalter, bemühte sich, mir Arbeiten zu geben, die ich bewältigen konnte: das Magazin aufräumen und putzen, Säcke flicken, zusammenfalten und zählen, die Gebinde verschnüren. Er war ein sehr guter Mensch, wirklich ein anständiger Kerl. Auch er war Rom, früher mal Gewerkschafts-Kader. Er hatte eine ganze Schar Kinder und kam jeden Tag aus Shëngjin zur Arbeit.

Einmal entlud ich in der Mittagspause, als alle gegangen waren, ganz alleine einen ZIS-Lkw. Mit welchen Emotionen! Denn er kam aus dem Lager von Spaç. Vielleicht hatte einer der Männer an diesem Tag Fatos gesehen? Als der Fahrer, dessen Gesicht und Gestik mir nicht gefielen, einmal kurz weg war, fragte ich den Lieferanten, der mir beim Abladen der Fässer mit Speiseöl half, voller Bangen nach Fatos. „Warum seid ihr hier?", fragte er mit leiser Stimme und antwortete mir sofort: „Ich habe ihn gesehen, es geht ihm gut." Dieser junge Mann in Armee-Uniform arbeitete vielleicht als Lieferant, um keinen Kontakt mit den Häftlingen zu haben, trotzdem beeindruckte mich sein menschliches Verhalten. Den Fahrer dagegen hätte ich, obwohl er zur Eile drängte, einfach in der Sonne warten lassen, bis die anderen Arbeiter kamen. Seine Großspurigkeit gefiel mir nicht. Und diese Intuition täuschte mich nicht. Einmal sah ich ihn später in Spaç. Am Lagereingang redete er auf uns Angehörige ein, während wir auf ein Treffen mit den Unsrigen warteten. Er belehrte uns, welche Haltung wir den Gefangenen gegenüber einzunehmen hätten, und schloss seine feurige Rede mit den Worten: „Wenn das meine Söhne wären, würde ich ihnen nie mehr in die Augen sehen."

Mit dem Versetzungsschreiben als Transportarbeiterin ging ich zur Kaderleiterin Shyrete, einer freundlichen Frau, früher einmal Lehrerin. Ich verlangte, von nun an als Transportarbeiterin bezahlt zu werden, denn so hatten sie mich ja schriftlich bezeichnet. Und so stieg ich, die ich mir mit 370 Lek Einstiegslohn den Kopf zermartert und für 15 Lek Lohnerhöhung Tabellen und Standards gelernt hatte, nun plötzlich auf in die Kategorie von Ymer, dem

Vorarbeiter, der den besten Lohn im landwirtschaftlichen Magazin erhielt, etwa 480 Lek.

Eines Tages, als der Betriebsdirektor in meinem neuen Magazin auftauchte, zeigte Abdyl auf mich und fragte: „Und die, warum habt ihr die hergetan, soll sie hier krepieren?“ Ob sie mich sterben lassen oder weiter mitschleppen wollten, das wussten sie selbst besser, aber der Direktor fragte überrascht: „Warum krepieren?“ Abdyl antwortete ohne Zögern: „Sie kann diese Arbeit nicht machen.“ Da befahl er sogleich: „Dann soll sie dahin gehen, wo sie herkam!“ So kehrte ich in das landwirtschaftliche Magazin zurück. Ich ließ die Dunkelheit hinter mir, die muffige Feuchtigkeit, den Berg von Säcken aus dem ganzen Landkreis vor den kleinen Fenstern des Magazins, den Haufen ungespülter Käsefässer mit ihren sauren Ausdünstungen, und auch die ganzen anderen Behältnisse.

Vielleicht wären also in der stadiongroßen Lagerhalle von Shëngjin weiterhin Tausende und Abertausende Kartoffeln, Knolle für Knolle, durch meine Hände gegangen. Ich hätte die gerade ausgekeimten Sprossen abgemacht, die Kartoffeln in Säcke gefüllt und die vollen Säcke zu dem Haufen geschleift, von wo sie die Transportarbeiter abholten. Im Sommer hätte ich „Ball gespielt“, nämlich die mit Wagen oder Fuhrwerk ins Magazin gelieferten Wasser- und Honigmelonen in einer Kette von Hand zu Hand weitergereicht. Für Pip und Ymer war das wirklich ein Spiel; die beiden lachten die ganze Zeit und machten Späße, während es für uns Frauen sehr anstrengend war. Ich hätte weiterhin Lauch und halbverfaulte Frühlingszwiebeln aussortiert und dabei traurig daran gedacht, dass das Gleiche auch in den Magazinen von Burrel und Rrëshen geschah: Sie belieferten damit das Gefängnis von Burrel und das Lager von Spaç. Ich hätte weiter die Rechnungsbücher geführt, gewöhnlich in der „Illegalität“ der Kammer, in der die Eier sortiert wurden, und nach der Arbeit oder am Sonntag zu Hause, Hunderte und Aberhunderte Karteikarten über die Ein- und Auslieferungen, aber …

Es wurde eine Versammlung aller Mitarbeiter der Magazine einberufen. Auch von der Verwaltung waren sie gekommen. Einer von ihnen sprach und verlas einige Seiten. Er verurteilte das feindliche Wirken einiger führender Ökonomen: Abdyl Këllezi, Koço Theodhosi, Kiço Ngjela usw.[48] In der Handelspolitik hatte man wohl ein Gemetzel veranstaltet. Unser Betrieb bekam

48 Vize-Ministerpräsident Abdyl Këllezi (1919–1976), Industrieminister Koço Theodhosi (1913–1977) und Außenhandelsminister Kiço Ngjela (1917–2002) wurden im September 1975 verhaftet. Këllezi und Theodhosi wurden hingerichtet, Ngjela bis zum Ende des Regimes inhaftiert.

einen neuen Direktor aus Tirana. Er hatte vorher irgendwo im Außenhandel als Stellvertreter gearbeitet, war bleich, erdfarben, obwohl ein dunkler Typ; die Angst stand ihm im Gesicht. Anscheinend fürchtete er sich noch mehr, wenn er zufällig mir begegnete, deswegen tat ich alles, um ihm aus dem Weg zu gehen. Vielleicht schämte er sich, fiel es ihm schwer, mich genauso zu grüßen wie die anderen Mitarbeiter. Er war einfach sehr eingeschüchtert. Dieser neue Direktor, schweigsam und ruhig, überließ alles Heldentum seinem Stellvertreter Dylber Cani, dem ehemaligen Leiter des Handels im Exekutivkomitee des Kreises. Überraschend stellte sich heraus, dass er etwas in seiner Biografie versteckt hielt; unter den Arbeitern unseres Magazins ging der „Titel" Kulak um, mehr erfuhr ich nicht.

Von dem Direktor mit seiner sorgenvollen und betrübten Miene hörte man selten etwas, sein Stellvertreter dagegen brüllte herum. Er kam nun oft in unser Magazin, und die Arbeiter, die ihn nicht besonders mochten, sagten, er möge die Früchte sehr. Ich hatte mit ihm noch kein Wort gewechselt, aber wie es der Teufel will, war er eines Tages gerade da, als ein Škoda-Lkw mit einem Anhänger voller Kartoffeln aus Kukës in das Magazin kam. Von den Mitarbeitern waren nur Xheja und ich da. In solchen Fällen holte Abdulla Transportarbeiter aus den anderen Magazinen zu Hilfe, aber dieses Mal erlaubte der Chef das nicht! „Ausladen!", befahl er uns. „Das schaff' ich nicht", sagte Xheja. Als ich einen Blick auf diese zwei „Berge" von Säcken warf, gab ich ihm die gleiche Antwort. Da stellte er mir ein Ultimatum, unfreundlich und herrisch: „Entweder du entlädst den Škoda oder du gehst nach Hause." – „Dann gehe ich nach Hause", antwortete ich und ging.

In dieser Zeit hatte der Ministerrat einen Beschluss gefasst, nach dem man auch vorzeitig in Rente gehen konnte, vor allem aus gesundheitlichen Gründen. Der Vorschrift entsprechend, konsultierte ich den Betriebsarzt und reichte dann meinen schriftlichen Antrag ein. Ich litt unter Bluthochdruck und einer Reihe anderer Krankheiten, die mir beinahe andauernd eine erhöhte Temperatur verursachten. Es war gut, die Mandeln zu entfernen, die laut HNO-Arzt „faulige Pfropfen" hatten, aber was sollte ich gegen die Kehlkopfentzündung mit „Granulomen" tun? In den kalten Lagerhallen, in denen ich arbeitete, konnte ich sie nicht auskurieren. Auch die Fahrten oben auf dem Lkw nach Burrel, noch mehr nach Spaç, taten das Ihrige dazu.

Einige Tage später erhielt ich die Antwort, per Brief mit Unterschrift des Direktors: Ich könne meine Arbeit gut bewältigen, daher werde meinem Rentenantrag nicht entsprochen. Kurze Zeit später teilte mir ein zweites, ebenfalls vom Direktor unterzeichnetes Schreiben mit, dass „der Vertrag mit diesem Betrieb wegen Wegfalls des Arbeitsplatzes beendet" werde. Wen hatte mein

Antrag, „mich zur Ruhe zu setzen“, wohl so verärgert? Erster Kreisparteisekretär war ein früherer enger Kriegskamerad von Todi geworden, Peti Shamblli.[49] Er war ein dogmatischer und herrschsüchtiger Mensch, bei dem ich, als wir in Korça arbeiteten, eine gehörige Unterwürfigkeit entdeckte, obwohl er sich selbst als mutigen und großen Helden darstellte, der nicht lang fackelte. Er war nach Korça gekommen, um zu jagen, aber in diesen Tagen traf auch Enver Hoxha dort ein; da schloss er sich dessen Gefolge an und vergaß die Jagd vollkommen. Vorsitzender des Exekutivkomitees war der ehemalige Erste Sekretär Mentor geworden, der mich 1973 aus der Partei ausgeschlossen hatte.

Laut dem Brief der Betriebsleitung sollte ich zu Nadirja gehen, der Vorsitzenden des Rates der Stadt, und meine „Arbeitshand“ abholen – so hieß im dortigen Jargon das Zuweisungsschreiben für den Betrieb, bei dem ich von nun an arbeiten sollte.

Ich dachte, solange ich beschäftigt sei, hätte ich mit diesen Funktionären, gewählt oder ernannt, nichts mehr zu tun, aber dem war nicht so. Oh Gott, was für Typen! Ich fragte mich selbst: Was macht sie zu solchen Menschen? Steckte hinter ihrem Verhalten tatsächlich Fanatismus, blinder Glauben an die Partei und dementsprechender Hass auf ihre „Feinde“? Oder spielten sie bloß Theater, passten sie sich an, um ihre Stelle zu sichern und keine Schwierigkeiten zu haben? Wie sehr veränderten sie sich, kaum dass du ins Büro kamst und sie dich erkannten! Ihre Augenbrauen zogen sich zu einer tiefen Furche zusammen: Die Ablehnung, hier und da begleitet von Verachtung, legte sich über ihr verbittertes, strenges Gesicht. Egal wie alt, der Mensch hinter dem Schreibtisch erhob sich niemals von seinem Stuhl, reichte dir niemals die Hand und antwortete auf keinen Gruß. Ob er überhaupt hörte, was man zu ihm sagte? Gewiss war, dass er dir niemals dein Problem lösen würde und bloß wartete, dass du aus dem Büro verschwindest.

Einige Male mussten Zana und ich zum Sekretär des Rates der Stadt gehen, zu Bib Ndoci. Wir baten um Zuweisung einer größeren Wohnung, mussten also die Treppen in der Stadtverwaltung hinaufsteigen, wo Bib uns aufforderte, unsere Meldezulassung für Tirana zurückzuziehen.[50] Beim Eintreten sah Bib uns – dem Feind – nicht in die Augen, sondern blickte nach unten, wandte das Gesicht zur Wand oder zur Tür, auch während er mit uns sprach. Bei einem dieser Besuche trafen wir ihn mit seinen beiden Kindern im Büro an. Voller

49 Peti Shamblli (1923–1992) war kommunistischer Funktionär und zeitweise Landwirtschaftsminister.

50 Die Binnenmigration war im kommunistischen Albanien streng reguliert, besonders der Zuzug nach Tirana. Vgl. Örjan Sjöberg, Rural Retention in Albania: Administrative Restrictions on Urban-Bound Migration, in: East European Quarterly 28 (1994), S. 205–233.

Ernst fragte er Zana: „Siehst du die beiden?“, und deutete auf die Kinder. „Dein Vater wollte sie umbringen.“ Wurde der „Feind des Volkes“ Fadil tatsächlich so gebrandmarkt?[51] Dass seine „ideologischen“ Waffen Bibs Kinder bedrohten – und alle albanischen Kinder … Was mussten wir uns nicht alles anhören! Aber einen Vorteil hatten wir, denn jedes Mal, wenn wir an ihn dachten, mussten wir lachen, und wir hatten wirklich das Bedürfnis, auch mal ein wenig zu lachen …

Auch die Vorsitzende des Rats der Stadt konnten wir nicht umgehen. An sie sollte ich mich wegen der „Arbeitshand“ wenden. Wo würde sie mich hinschicken? Sie schlug mir vier Arbeitsplätze vor: auf dem Bau, in der Landwirtschaft, in der Forstarbeit oder beim Obstanbau – ich hatte die Wahl. Aber was sollte ich wählen? Überall erwarteten mich Hacke und Spaten. Gimi war beim Militär, in einer Arbeitskompanie beim Tunnelbau in Peshkëpi bei Vlora, Todi und Fatos brauchten alle Hilfe, die wir leisten konnten, Zana mit ihren zwei Töchtern hatte nur einen Bauarbeiterlohn. Die meisten Dinge von Wert aus unseren beiden Haushalten hatten wir schon verkauft, also brauchte ich eine Arbeit.

Ich entschied mich für den Baubetrieb und begann in der Brigade, die eine Fabrik zur Maisverarbeitung errichtete. Dort standen die letzten Arbeiten zur Fertigstellung an. Das Betonmischen war eine schwere Arbeit, aber gute Menschen finden sich überall. Sokol, ein Offizierssohn, war in den zwei Monaten, als ich in der Schule arbeitete, mein Schüler gewesen. Mit Petrit hatten wir in einem Wohnblock in dem Viertel unten gewohnt. Beide merkten gleich, dass das Hochheben und Ausleeren der Zementsäcke in die Bretterverschläge über meine Kräfte gingen. Aber gibt es denn auf dem Bau leichte Arbeiten für Frauen, noch dazu, wenn sie schon älter sind? Auch einen Wassereimer zu tragen oder den Beton mit der Schaufel anzumischen waren für mich zu anstrengend.

Noch dazu machten sich der Brigadeleiter Mark und sein Stellvertreter Gjoka einen Spaß daraus, mir Aufträge zu geben und dann dabei zuzusehen, wie ungeschickt ich mich anstellte. Einmal strich uns Mark den Tageslohn, nur weil eine andere Kollegin fünf Minuten zu spät gekommen war. Gjoka verhielt sich herablassend. Wenige Tage, nachdem ich in die Brigade gekommen war, wurden Zement und Beton angerührt. Er trug mir auf, Wasser in den Beton zu schütten. Ich nahm den Eimer und wollte das Wasser in den Zement schütten; nur sein Aufschrei stoppte mich gerade noch. Er brauche sich nicht zu wundern, dass ich Beton und Zement verwechsele, sagte ich wütend, denn ich habe zum ersten Mal mit so etwas zu tun. Er schwieg, und dabei blieb es

51 Fatos Lubonjas Frau Zana war die Tochter von Fadil Paçrami, der zusammen mit Todi Lubonja entmachtet und inhaftiert wurde.

zum Glück. Nach Gjokas Geschrei fiel mir auf, dass Zement Kalk enthält und daher etwas heller ist als der Beton.

Aus Shkodra kam eine Brigade zum Aufbau der Maschinen. Es waren junge Kerle, die offenbar keine Angst hatten, sich mit mir zu unterhalten. In der Mittagspause sprachen wir über die verschiedensten Themen, hauptsächlich über Bücher. Einer von ihnen lud mich zu seiner bevorstehenden Hochzeit ein und gab mir seine Adresse. Ich hatte in Lezha bis dahin noch keine einzige Wohnung betreten und fragte ihn, ob er wirklich keine Angst habe, dass ich ihn besuchen käme. Das schien mir erstaunlich. Aber er beharrte darauf und sagte, die Einladung gelte nicht nur für die Hochzeit, sondern wann immer ich in Shkodra sei. Wir trennten uns mit Bedauern, als die Arbeit in der Fabrik für unsere Brigade beendet war.

Eines heißen Julitages gingen wir mit Hacke und Spaten über der Schulter zum zentralen Platz der Stadt vor Apotheke und Busstation. Wir sollten einen Kanal graben, der Wasser zur Fabrik leiten sollte: Man musste den Asphalt und das Pflaster darunter aufhacken und dann die Erde wegschaufeln. Wie viel ich zu dieser Art von Arbeit für unsere Brigade beitragen konnte, kann man sich vorstellen. Wie „wertvoll" ich aber an diesem neuralgischen Punkt der Stadt war, ist kaum zu berechnen. Den Passanten, die mich kannten und hier sahen, wurde so vor Augen geführt: Pass auf! Gehorche, sonst landest du auch im Kanal. Als Ana abends zu Hause zu quengeln anfing, bat ich sie, mich nicht kaputt zu machen, das habe schon der Kanal getan. Ganz beunruhigt sagte Ana: „Oma, wenn du in den Kanal fällst, holt dich Ana heraus." Dann fragte sie: „Warum bist du in den Kanal gegangen, was hast du dort gemacht?" Diese Sorge, Zuneigung und Liebe der kleinen Ana belebten die Großmutter wieder und schenkten ihr viel Freude. Nach zwei oder drei Tagen kam Ana mit ihrer Kindergartengruppe an unserem Kanal vorbei. Sie riss sich aus der Reihe los, rannte zu mir und umarmte mich ganz fest, dann nahm sie ihren Strohhut ab und setzte ihn der Großmutter auf den Kopf. Dann ging sie weiter, ich blieb zurück voller Freude und Liebe. Diese kleinen Wesen, meine Enkelinnen, mit ihrer Reinheit, Güte, Aufrichtigkeit und vor allem Liebe gaben mir Lebenskraft. Sie neutralisierten gewissermaßen all das Böse um mich herum. Sie füllten die Leere, die die distanzierten Menschen schufen.

Aber die Juli- und Augusthitze tat meinem Bluthochdruck nicht gut. So ging ich zum Staatsanwalt des Kreises und versuchte, dort zu meinem Recht zu kommen. Zum ersten Mal in einem Amt hörte ich, wie man mit mir in einer anderen Sprache sprach: „Du leidest unter Bluthochdruck und arbeitest in der Sonne? Warum haben sie dich von deiner vorherigen Stelle weggeschickt? Du warst dort doch Arbeiterin, nicht Direktorin!" Verwundert hörte ich, was Koço

Themelin, der stellvertretende Staatsanwalt, sagte, und traute meinen Ohren kaum. Er erklärte mir, was zu tun sei, nämlich eine amtsärztliche Kommission zu beantragen etc. Es gab doch noch einige mutige Menschen.

Der Betriebsarzt war bereit, mir zu helfen, und gab mir eine Überweisung. Mit seiner Empfehlung und einem geschlossenen Umschlag in der Hand brach ich auf nach Tirana. In diesen zwei Tagen dort, im Ersten Krankenhaus, in der kardiologischen Ambulanz, und was weiß ich wo, versorgten mich die Fachärzte mit allen Daten, die die in Lezha haben wollten. Der Befund, den ich bekam, verbot das Arbeiten in der Sonne; der Baubetrieb wurde verpflichtet, einen anderen Arbeitsplatz für mich zu finden. In der Kommission schlug die Beauftragte des Betriebs vor, ich solle Zementsäcke ausschütteln und aufstapeln, das könne im Schatten gemacht werden. Ich war beinahe so weit, das anzunehmen, aber Doktor Agron Belishova warnte mich vor der Gefahr, durch den Zement an Staublunge zu erkranken. Ich wehrte mich gegen diesen Arbeitsplatz, ohne die Staublunge zu erwähnen, und so setzten sie mich als Putzfrau ein.

Als erste Aufgabe bekam ich die Reinigung der WCs, deren Gestank die ganze Umgebung durchzog. Ohne Zaudern ging ich in diese Toiletten. Es war keine Frage der Wut. Konnte ich denn anders handeln, wenn ich doch gezwungen war, einen großen Teil meiner Arbeitszeit dort zu verbringen? Von einem ganz fernstehenden Menschen hörte ich das Lob: „Sie hat diese Dreckslöcher in saubere Orte verwandelt." Gut. Eine Auszeichnung erwartete ich nicht dafür. Ich putzte weiter die Toiletten. An den kalten Dezembertagen setzte ich draußen den Kessel auf, um den Junggesellen im Haus die Bettwäsche zu waschen. Da bekam ich einen Umschlag mit einem vom Direktor unterzeichneten Schreiben. Darin hieß es: „Wir setzen Sie in Kenntnis, dass Ihre Stelle gemäß Paragraf 56 Buchstabe C gestrichen wird und dass Ihre Beschäftigung am 31. 12. 1976 endet." Es war klar: In diesem Gebäude gab es keinen Platz für eine zweite Putzfrau. Wer weiß, aus welchen Mitteln sie mich diese drei Monate lang bezahlten.

Ich war überhaupt nicht traurig über den Verlust dieser Arbeitsstelle, ich hatte nichts zu beweisen. Und immerhin hatten sie mich mit „Sie" angesprochen und mir angekündigt, mich noch bis zum 31. Dezember zu bezahlen. Auch wenn ich bis zur Rente lieber nicht mehr gearbeitet hätte, wer fragte danach? Daran war nicht einmal zu denken. Wenn ich nicht sofort ging, würde die Vorsitzende keine Zeit verlieren und mir sofort ein Schreiben mit drohenden Paragrafen schicken. Daher hatte ich keine Angst, „auf der Straße" zu bleiben. Ich war entschlossen, die Befolgung des amtsärztlichen Zeugnisses zu verlangen. Leiter der Kommission war der Arzt der Handelsorganisation, Naim Shtylla, von dem ich wusste, dass er mir wieder helfen würde, wie er es schon getan hatte. Als Einziger ermunterte er mich, als meine Verrentung nicht bewilligt wurde: „Sie wollen, dass du weiter leidest."

Am meisten ärgerte mich der Gang zur Vorsitzenden des Rats der Stadt. Dieses Mal gab sie mir nicht sofort eine Antwort, sondern sagte, sie würden sich mit der Angelegenheit befassen. Zu welcher „Nomenklatur" würde ich nun als Arbeiterin gehören? Beim nächsten Mal kommunizierte sie mir meine „Ernennung": „Du wirst beim Salbei arbeiten, im Großhandel."

Viele Frauen aus dem Spitalsviertel machten diese Arbeit. Sie war beliebter als Bau- oder Forstarbeiten, Viehwirtschaft oder Obstanbau. An Regentagen wurde man nicht nass, im Winter fror man nicht, im Sommer war man vor der Sonne geschützt. Auch die Arbeitsnorm war erreichbar. Aber bei meiner Arbeit im Institut für Geschichts- und Sprachwissenschaft in Tirana hatte ich zwei Jahre lang Arbeitseinsätze in den Gewächshäusern des Botanischen Garten abgeleistet und beide Male eine Bronchitis mitgenommen, eine mir bis dahin unbekannte Krankheit. Beim zweiten Mal kam noch eine Nebenhöhlenentzündung dazu. Zwischen all den Blüten dort bekam ich keine Luft mehr. Einer der Ärzte sagte etwas wegen einer Pollenallergie. Ob wohl auch der Salbei zu den Kräutern zählte, auf die ich allergisch reagiert? Daher sagte ich der Vorsitzenden, dass ich das erst herausfinden müsse, ehe ich diese Arbeit beginne. „Du wirst dort arbeiten", antwortete sie kurz angebunden. Den „Test" machte ich selbst, indem ich mich etwa eine halbe Stunde zwischen die Säcke im dunklen Salbei-Lager setzte und danach mit einer Überweisung des Allergologen von Lezha nach Tirana fuhr, in die Allergologische Abteilung des Ersten Krankenhauses.

In solchen Fällen war das Bekommen eines Passierscheins nicht so schwierig. Aber die Emotionen und die Unruhe, die eine Fahrt nach Tirana in mir auslösten! Denn Tirana war für mich immer meine Lieblingsstadt gewesen. Dort hatte ich die Kindheit, die Jugend und die schönen Jahre des Krieges intensiv durchlebt. Dort waren meine Toten begraben – meine Mutter und meine Schwester Drita, die 1932 mit acht Jahren gestorben war – und dort lebten alle mir und Todi nahestehenden Menschen, die Freundinnen und Freunde aus Kindheit, Schule, Kriegszeit und Arbeit, aber … Wo gab es in dieser rauhen Zeit Platz für Erinnerungen und Gefühle? Besser, man wälzte einen schweren Stein auf sie, dieser Stein tat seine Arbeit immer gut.

Aber manchmal vergaß ich das. So geschah es, als ich vom Zugfenster aus auf einmal den majestätischen Dajti-Berg vor mir sah.[52] Wie könnte ich ihn

52 Der Dajti ist der 1613 m hohe Hausberg Tiranas, heute Nationalpark und per Seilbahn erreichbar.

Die 16-jährige Liri Ftera in Tirana, 1943

nicht begrüßen, wie könnte ich die Augen abwenden? Wie viele Erinnerungen verbanden mich mit ihm, schon seit den ersten Jahren der Kindheit. Die Esel, die die Bauern von Tür zu Tür zu führten, beladen mit Blechkrügen in Bretterkisten. „Bergwasser“ nannten wir das und füllten damit die großen Tonkrüge im Haus, denn das Wasser aus den Brunnen im Hof konnte man nicht trinken. Tatsächlich kam das Wasser, das in unserer Straße verkauft wurde, aus Linza, einem Dorf am Dajti. Der Dajti bot uns auch die einzige „Wettervorhersage“. Wenn die Wolken von ihm hinabstiegen, kam sicherlich Regen. War der Berg frei und die Sicht klar, würde es nicht regnen.

Und jene Tage des 5., 6. und 7. April 1939, kann man die vergessen? Nach so vielen Demonstrationen auf den Straßen Tiranas und vor den Toren des königlichen Palastes, für Waffen zum Kampf gegen die italienischen Faschisten, die Albanien besetzten! Verzweifelt und enttäuscht verließen viele junge Leute nun die Stadt und machten sich auf zum Dajti. Im Nu verbreitete sich das Gerücht, man gehe zu Fuß bis nach Jugoslawien, um dort Waffen zu besorgen und zum Kämpfen zurückzukommen. Unter ihnen war auch mein Bruder Zija, Schüler der Technischen Oberschule. Die Verzweiflung meiner Mutter, die uns Halbwaisen unter großen Opfern großgezogen hatte, war unbeschreiblich. An einem dieser Tage, am 5. oder 6. April, kam Mustafa Gjinishi zu uns, denn auch er wollte nach Jugoslawien aufbrechen. Noch heute habe ich sein Gesicht vor Augen, während er mit meiner Mutter sprach: offen, gutwillig, klug und anständig. Sie trug ihre schwarze Trauertracht, die sie nie ablegte, seit ich geboren war und bis sie starb, und bat ihn voller Trauer, aber ohne eine Träne: „Bring mir Zija zurück, Mustafa!“ Er versprach ihr das beim Abschied: „Ich bringe ihn dir zurück, mach dir keine Sorge.“ Nach zwei oder drei Tagen kamen mein Bruder und seine Freunde nach Tirana zurück, müde, ausgehungert und verzweifelt.[53]

Dieser Dajti weckte ihn mir weit zurückliegende Erinnerungen! An seinem Fuß, in Priska, versammelten wir uns am 4. und 5. Oktober 1944 zur Konferenz der Kommunistischen Jugend von Mittel- und Nordalbanien. Wir kamen eben zurück vom Ersten Kongress der Antifaschistischen Jugend in Peza. Am letzten Tag der Versammlung traf es sich, dass ich Nexhmije Xhuglini begegnete.[54] „Du und Melihaja, ihr geht nach Tirana zurück und arbeitet mit dem Debatik“, sagte sie mir. Nach Tirana zurückkehren? Das kam mir überhaupt nicht in den Sinn. Schon lange war unser größter Traum gewesen, „zu den Partisanen zu gehen“, aber jedes Mal wurde uns gesagt: „Ihr seid noch klein.“ Diese Antwort ärgerte, aber wunderte uns auch. Denn Ervehena, meine Cousine, Klassenkameradin und Freundin aus der kommunistischen Jugend, wurde in Gjirokastra, wo sie in den Ferien bei ihrem Großvater war, in eine Partisaneneinheit aufgenommen. Wie beneideten wir sie! „Wollen wir nach Gjirokastra gehen?“, fragten wir uns voller Eifer, Aufrichtigkeit und Naivität. Erst nach der Befreiung erfuhren wir, dass unsere „kleine Arbeit“ in Tirana wohl mehr wert war, als sich „bei den Partisanen einzureihen“: Wir verteilten Taschen, voll mit Kommuniqués, Aufrufen und Broschüren in den Basis-

53 Mustafa Gjinishi (1912–1944) war Mitbegründer der kommunistischen Widerstandsbewegung und deren Verbindungsmann zum Britischen Geheimdienst und den nationalistischen Widerstandsgruppen. 1944 wurde er auf Befehl Enver Hoxhas ermordet.

54 Nexhmije Xhuglini (1921–2020) heiratete 1945 Enver Hoxha und gehörte fortan zum engsten Machtzirkel, u. a. als Direktorin des Instituts für Marxismus-Leninismus.

abteilungen. Unseren Freund Dushi erwischten sie auf der Straße mit solch einer Tasche, und er landete im Gefangenenlager von Prishtina.[55]

Ich widersprach Nexhmije: „Lieber gehe ich nach Peshkopi als nach Tirana", sagte ich. Sie akzeptierte meinen Wunsch, umarmte mich sogar. Am nächsten Tag brach ich mit der Delegation des Bezirks Peshkopi auf. Wir erstiegen die Flanke des Dajti auf der nicht befahrenen Autostraße, als die deutsche Artillerie uns beschoss. Schossen sie zufällig, da sie wussten, dass sich Partisanen rund um Tirana aufhielten, oder hatten sie Kenntnis von unserer Versammlung? Wir schlüpften rasch hinter die Steine; als der Beschuss aufhörte, überquerten wir den Pass von Priska und erreichten die Rückseite des Berges, die ich damals zum ersten Mal sah. Die andere Flanke des Dajti, die Treppe von Tujan, rannte ich fast herunter, als ich in das befreite Tirana zurückkam, zu einer Versammlung des Zentralkomitees der Jugend im März 1945.

Als die Jugend Tiranas in den sechziger Jahren die Schönheiten des Dajti entdeckte und organisiertere Ausflüge begannen, verbrachten wir auch als Familie, Todi, die beiden Jungs und ich, samstags oft schöne Tage dort. Der steile Aufstieg an der Wasserleitung entlang, fröhliche Abende und Nächte im Ferienhaus der Pioniere, am nächsten Morgen die Besteigung eines Gipfels, Skiabfahrten am Hang des Dajti oder in Gropa e Qershisë. Wir „erkundeten" alle drei Gipfel. Der Dajti gefiel mir in jeder Saison: die Bergblumen und die frische Luft im Sommer, der Schnee und die Abfahrten mit unseren wenigen Skiern im Winter! Und vor allem die fröhliche Gesellschaft junger Leute. Diese, wenn auch ferne, Begegnung mit dem Dajti stimmte mich wirklich melancholisch, fast fühlte ich mich schuldig ihm gegenüber. Warum hatte ich nicht früher an ihn gedacht? Er erschien mir so nah, so schön und so großartig.

Je näher ich Tirana kam, umso unruhiger wurde ich. Wie sollte ich vorgehen, wenn ich ankam? Sollte ich mir schnell ein Zimmer in einem Hotel suchen oder zuerst zur Direktion für Innere Angelegenheiten gehen, wo sie mich nach dem Grund meines Besuches befragen und mich dann in einem gesonderten Heft registrieren würden. Auf dem Passierschein aus Lezha würden sie vermerken: „Sie erschien am … um … Uhr." Aber dort musste man warten, und währenddessen wurden die Hotels belegt von denen, die schneller waren und keine solchen Verpflichtungen hatten. Außerdem verzeichnete die

55 Im Anhaltelager Prishtina wurden zahlreiche Kommunisten aus Albanien inhaftiert, darunter auch Kin Dushi (1922–1994). Er verarbeitete seine Inhaftierung in dem 1951 erschienenen Tagebuchroman „Në gojën e ujkut" („Im Wolfsmaul"); 1967 wurde er verhaftet und war acht Jahre in Burrel inhaftiert.

Todi, Agim, Liri und Fatos Lubonja vor ihrem Auto, Tirana, 1960er Jahre

Direktion in ihrem Register auch das Hotel mit Zimmernummer; ohne Zimmer müsste man also später erneut hingehen.

Ich stieg aus dem Zug und eilte los, ohne irgendwen zu beachten. In der Naturwissenschaftlichen Fakultät, dem ersten Gebäude direkt am Ausgang des Bahnhofs, arbeitete eine meiner engsten Freundinnen, Semiramis.[56] Ihr wollte ich auf gar keinen Fall begegnen. Ich wollte es nicht erleben müssen, dass auch sie den Kopf abwandte und tat, als sähe sie mich nicht, wie mir das jetzt mit vielen anderen Menschen passierte. Zu groß wäre die Enttäuschung,

56 Semiramis Alia (1928–1986) war die Ehefrau von Enver Hoxhas Stellvertreter und Nachfolger Ramiz Alia.

wäre der Schmerz, diese Freundin für immer verloren zu haben. Hatte ich das nicht schon einmal erlebt, im Bus, mit einer anderen Freundin? 13 Jahre lang gingen wir zusammen in die gleiche Klasse: Vorschule, Grundschule, Oberschule, dazu noch in dieselbe Basisgruppe der kommunistischen Jugend. Später trafen wir uns immer voller Zuneigung, bis wir aus Tirana weggeschickt wurden. An jenem Tag im Bus war sie abweisend und eiskalt zu mir, bis sie ausstieg.

Je mehr die Zeit verging, umso fremder wurde mir Tirana, ich kannte niemanden mehr. Also sagte ich mir: „Los geht's mit dem Marathon, Liri!" – und zwar nicht zu den Ärzten, sondern erst einmal, um einen Schlafplatz für die Nacht zu finden. Bisher kannte ich das Hotel „International", denn es gehörte der Familie einer Klassenkameradin. Jetzt lernte ich alle Hotels der Stadt kennen, sogar die Ledigenheime. Die wenigen Hotels, die es gab, waren alle nach Landschaften und Flüssen benannt: Arbana, Peza, Vjosa, Drin, Arbëria. Es gab sogar ein Hotel Wolga. Überall antwortete man an der Rezeption „belegt" oder hatte dies, um sich die Worte zu sparen, gleich auf einen Zettel am Fenster geschrieben. Als ich einmal kreuz und quer durch die Stadt gegangen war, packte mich die Sorge, draußen auf der Straße zu bleiben. Die Füße taten mir weh; erschöpft fragte ich mich: „Und jetzt … Wie ist das möglich?" Das alles schien mir paradox, unvorstellbar.

Anders war es, wenn ich Ana mitnahm. Sobald sie hörte, dass ich nach Tirana fahre, bettelte sie, mitkommen zu dürfen, und hörte gar nicht mehr auf. Ana war eine glänzende Reisegenossin, mit der es Spaß machte, die Hauptstadt zu entdecken: „Wer ist der auf dem Pferd da, warum ist er hinaufgestiegen, wird er wieder herunterkommen, und warum hat er eine so lange Nase?" Ana hatte noch nie so einen Bart wie den von Skanderbegs Reiterdenkmal gesehen und dachte daher, es sei eine lange Nase. Und wie sie sich freute, in einen der roten Busse zu steigen!

Mit Ana konnte ich nicht die ganze Stadt ablaufen, also ging ich in die Straße nach Laprak zum Haus von Todis Schwester Olimbia, deren Tür uns, wenn sie alleine war, immer offen stand. Mit ihrer charakteristischen Liebenswürdigkeit sagte sie: „Wo hätte ich denn mein Herz, euch draußen stehen zu lassen?" Sie empfing uns nicht nur, sondern versuchte, Ana alle ihre Wünsche zu erfüllen. Auch sie litt, als Todi verfolgt wurde. Ihr Mann wurde verhaftet, sie aus der Partei ausgeschlossen und nach Laprak geschickt. Wie litt sie unter allem, was geschah: der Verhaftung ihres Mannes Vasil, der zwei Brüder, und besonders von Fatos, den sie immer sehr geliebt hatte. „Was haben Sie bloß mit dem Jungen?", wiederholte sie immer wieder. Sie war schon älter und äußerte oft die Angst, die Freilassung ihrer Lieben nicht mehr zu erleben. Ana war glücklich, wenn wir zur Tante gingen, und mochte sie sehr! An diesem Abend saßen wir noch lange und unterhielten uns, sie nähte für Ana und Tetis einen Mantel, ein Kleid oder eine Bluse, sammelte Stofffetzen für die Puppen – Anas Lieblingsspielzeug. In ihrer Jugend war Olimbia in Tirana eine bekannte Schneiderin gewesen.

Während ich am nächsten Tag zu den Kliniken ging, kaufte sie Ana Süßigkeiten und Obst, fuhr mit ihr in Laprak Karussell und machte ihr ein Ei „mit viel Soße". Als wir nach Hause zurückkehrten, mochte Ana meine Eier nicht mehr: „Ich will sie mit Soße, wie bei der Tante, mit viel Soße." Die „Soße" der Tante, in der Anas Ei schwamm, war frische Butter, die für uns ein Luxus war. Das Haus der Tante war die einzige Tür, die sich uns in Tirana öffnete. Als ihr Mann zurückkehrte, von den Leiden in Spaç traumatisiert, verschloss sich uns auch diese Tür, und leider für immer, denn nach einiger Zeit starb Olimbia.

Diesmal war ich nach Tirana gefahren, um Allergietests auf Salbeipollen zu machen. Als alte Patientin mit zwei anderen Allergien, gegen Staub und gegen Schimmel, wusste ich, dass die Abteilung bis spät geöffnet war. Deswegen ging ich an diesem Tag noch hin. „Was ist Salebei?", fragte mich die Ärztin Violeta Dhimitri. Dieses E, dass sie dem Wort hinzufügte, zeigte, dass ich die Erste war, die wegen dieser Art Pollen zu ihr kam. Was ich ihr sagte, genügte offenbar nicht; woher sollte ich wissen, dass der wissenschaftliche Name von Salbei *Salvia officinalis* lautet? So bat sie mich, am nächsten Tag wiederzukommen, denn sie müsse einen Botaniker fragen. Anderntags schlug Dr. Shyri vor: „Warum machen wir nicht alle Tests? Sonst schicken sie dich nicht zum Salbei, sondern zu anderen Blumen", und so wurde es gemacht. Sie injizierten mir 22 Arten von Pollen. Ich war selbst überrascht, als mir auf beiden Armen zwölf kleine Pusteln wuchsen. Deswegen also war es mir damals im Botanischen Garten so schlecht ergangen.

Mit dem amtsärztlichen Bericht, „sie darf nicht in Räumen mit Blumen arbeiten", wurde ich in Lezha vorstellig. Die Ärzte verstanden das sofort, aber was sollte man tun mit den Bürokraten, die mit der Zuteilung der Menschen zu Arbeitsplätzen beschäftigt waren? „Was haben denn Blumen damit zu tun? Wir schicken sie doch nicht zu den Blumen", sagten sie. Ich versuchte zu erklären, dass der Salbei zu den Blumen zählt und dass ich eine Arbeit, bei der ich auch nur den Geruch von Nelken einatmen müsste, als Bestrafung ansehen und nicht annehmen würde. Schließlich ging ich mit beiden Berichten in der Hand ins Arbeitsbüro beim Exekutivkomitee des Kreises. Der Mitarbeiter dort sagte mir, dass ich vielleicht in den Handel zurückgeschickt würde. Jedoch würde die Angelegenheit erst einmal nach oben gehen. Wer sollte entscheiden?

Während ich am Fenster des Korridors wartete, ging der stellvertretende Leiter mit meinen beiden Berichten in der Hand vorbei und zum Komitee der Partei. Trotz zweier amtsärztlicher Zeugnisse: Über meinen Einsatz als Arbeiterin hatte offenbar er, der Erste Sekretär, das letzte Wort.

Bittere Kindheit

Ana wechselte von der Krippe in den Kindergarten. Das war uns recht, weil sie dort auch etwas lernen würde. Doch je älter sie und Tetis wurden, desto verworrener und verzwickter wurde ihr Leben. Und das lag nicht so sehr an den großen und andauernden Entbehrungen, unter denen sie aufwuchsen. Es war eine tiefer reichende, schmerzlichere Verstörung der heilen und fröhlichen Kinderwelt, die sie immer traf, ihre Seele vergiftete und traumatische Wunden schlug. Der Vater, dann auch Opa und „Mimi" (Gimi) verschwanden und kamen nicht zurück. Die kleine Ana konnte sich das nicht erklären. Sie fragte immer wieder: „Wo sind sie, warum kommen sie nicht?" – „In Tirana, bei der Arbeit", antworteten wir, und sie sagte das Tetis weiter: „Papa ist in Rana, Opa in Rana, Mimi in Rana …" Wenn sie aus dem Küchenfenster, ihrem „Fenster zur Welt", auf die eingezäunte Weide blickte, wo normalerweise das Pferd des Krankenhauses graste, und das Pferd zwei Tage hintereinander nicht da war, rief sie Tetis bedauernd zu: „Das Pferd ist nach Rana gegangen." Als sie noch etwas größer geworden war, fing sie an, beunruhigt zu fragen: „Oma, wie ist mein Vater eigentlich?" Ich sagte sogleich, bestimmt und ohne Zögern: „Sehr gut, für dich ist er der beste der Welt." Sie freute sich und beruhigte sich.

In der Kita lernte Ana viele Gedichte. Mit Bedauern stellte die Großmutter fest, dass die Verse der albanischen Klassiker in Anas Repertoire fehlten, die wunderbaren Gedichte aus der Zeit der Rilindja, die sie selbst in ihrer Kindheit gelernt und immer noch im Kopf hatte. Anas Gedichte stammten alle aus der Zeit des sozialistischen Realismus. Anscheinend gefiel ihr das von Oma Mara am besten, sodass auch ich es bald rezitieren konnte: *Oma Mara hatte ihren Sohn so gern / Er war Partisan, auf der Stirn ein Stern / In Stürmen und Bergen und Beben / Gab für die Freiheit sein Leben.* Aber Patriotismus und Opferbereitschaft von Großmutter Mara durften sich nicht auf das Opfer ihres Sohnes beschränken: *Oma Mara ist jetzt in Pension / macht dennoch mit bei der Aktion / Ihre Haare sind schon grau …* Verdammt, die ersten Worte des letzten Verses habe ich doch vergessen! In der Form fehlte dem Gedicht nichts. Der Reim passte genau, vom *schon grau* … bis zum *Eisenbahn-Bau.*

Ana erzählte uns alles, was in der Kita passierte. Onkel Enver war traurig, wenn er sah, dass die Kinder nicht aufaßen, er ärgerte sich, wenn sie sich miteinander stritten, etwas anstellten oder nicht einschlafen wollten … Wir bekamen mit, dass der von einem großen Porträt an der Wand herabblickende Onkel Enver all dies beobachtete. War das zum Lachen oder zum Weinen? Wir durften nichts gegen den Onkel sagen, sondern taten der kleinen Ana gegenüber so, als wenn wir nichts gehört hätten.

Eines Tages kam Ana besorgt und wütend aus der Kita. In ihrem Gesicht standen Verzweiflung und Unverständnis. „Warum ist Papa Tosi denn Deutscher?" – „Wie kann Papa Tosi denn Deutscher sein? Er ist doch mein Sohn. Bin ich denn Deutsche?" Ana hörte zu und wollte das glauben, und nicht das, was ihre beste Kita-Freundin ihr gesagt hatte, als sie sich gestritten hatten. Für die Partisanen und ihren Kampf begeisterte sich Ana sehr. Wenn wir den Hang zum Krankenhaus hinaufgingen, fragte sie immer wieder danach und schoss mit ihrem „Gewehr", einem Stück Holz, auf die Büsche, in denen sich die Deutschen versteckt hatten. Im Lehrplan der Vorschule nahm der Nationale Befreiungskampf eine wichtige Rolle ein. Als sie erfuhr, dass auch ihre Oma Partisanin gewesen war, bestand Ana darauf zu erfahren: „Gut, Oma, aber Ana, war sie auch Partisanin?" Sie verlangte so beharrlich und hoffnungsvoll eine Antwort, dass ich sagte: „Warst du auch, ja, aber klein, ganz klein, im Herzen der Oma." Konnte ich Ana damit zufrieden stellen? „Wie ging das denn, hast du mich in dein Herz eingenäht oder wie?" An diesem Tag weinte Tetis, weil Ana sie mit den Worten „Hau ab, du warst keine Partisanin!" aus dem Bett der Oma vertrieb. Dieses „Sektierertum" von Ana akzeptierte die Oma allerdings nicht und machte im Bett auch Platz für Tetis.

Anas Freundin Gresa machte uns wirklich Probleme. Auf die Beleidigung als „Deutscher" folgte ein paar Tage später noch „Feind", „Gefängnis" usw. Als Ana wütend auf sie losging, hielten sie die anderen Kinder, vor allem die Jungs, zurück. Aber was sollten wir sagen? Wir rieten ihr, nicht mehr mit Gresa zu spielen. Gresa war aber ein liebes und offenherziges Kind, sie mochte Ana und litt darunter, dass sie nicht mehr mit ihr sprach. Sie beklagte sich bei mir, und da sie uns oft hinterherlief, lud ich sie auch zu uns ein und brachte sie abends wieder in die Stadt hinunter. Ich knipste die beiden, auch zu dritt mit Tetis, zeigte Gresa die Bilder aber nicht. Später wies mich ein Wichtigtuer aus der Nachbarschaft zurecht: „Warum fotografierst du die Kinder?" Offenbar hatte seine Tochter, eine gute Kita-Freundin von Ana, ihm erzählt, dass ich die beiden einmal geknipst hatte.

Ana musste sich an die Deutschen gewöhnen, mit ihnen vertraut werden, sonst würde sie es schwer haben. Wir taten unser Bestes, uns nicht den Kopf zu zerbrechen, sondern zu lächeln, um den Mädchen zu zeigen, dass diese Beleidigungen uns nichts ausmachten, wir uns nicht darum kümmerten. Erfolglos war dagegen mein Versuch, Ana zu erzählen, dass es auch gute Deutsche gebe, einige von ihnen seien sogar zum Arbeiten nach Albanien gekommen, als Freunde. Ana rollte mit den Augen und wandte sich an Tetis: „Wow, was für schlimme Wörter sagt Oma!"

Um diese Reaktion zu verstehen, muss man wissen, was in der Kita passierte. Eines Tages wollte Ana nicht mehr hingehen und erzählte mir den Grund: „Frau Reti schickt mich immer zu den Deutschen. Nie zu den Partisanen, nie zum Volk. Ich möchte (das war für Ana ein neues Wort) nicht Deutsche sein." Das wollte auch die Großmutter nicht akzeptieren und bat die Erzieherinnen daher, bei den Sketchen Ana auch einmal eine Partisanin oder wen aus dem Volk spielen zu lassen.

Aber das Böse kam für Ana nicht nur von den Deutschen. „Warum lässt das Fräulein mich nie Gedichte aufsagen?", fragte sie nachdrücklich. Wir antworteten, nicht alle Kinder würden Gedichte rezitieren, aber Ana überzeugte das nicht, sie bestand darauf: „Ich, ich, warum darf ich nichts aufsagen?" Ana zweifelte zu Recht. Zu Hause hatten wir alle Vorschulbücher aus Tante Marianas Bibliotheksregal durchgesehen. Wir hatten auch die Fibel gekauft und lasen sie, wie Tetis sagte, jeden Abend. Die Stücke, die ihnen am besten gefielen, wie „Partisanin Shega" oder „Tomor kocht Suppe", kannte nicht nur Ana auswendig, sondern auch ihre Großmutter, die sie immer wieder vorlesen musste. Ana konnte sich also sehr wohl mit ihren Kameradinnen aus der Gruppe vergleichen.

Und wie schmerzhaft und schlimm waren für Ana die Abschiede bei den Gefängnisbesuchen. Im Juli 1975 hatten wir zu viert ihren Großvater besucht. Ana zwitscherte in einem fort, sagte Gedichte auf und sang ihrem Opa Lieder vor, während Tetis wie betäubt, auch von der langen Fahrt, nur mit „Ja" und „Nein" antwortete. Als wir uns am Schluss verabschiedeten, weinte und schrie Ana fürchterlich. Sie ließ Todi gar nicht los, zog ihn am Ärmel und rief: „Komm mit uns nach Hause!"

Wie sehnlich sie die Besuche bei ihrem Vater erwartete! Wenn sie von Weitem sah, wie Fatos auf das große Eisentor zukam, klatschte sie jubelnd in die Hände und rief: „Papa ist gekommen." Dann umarmte sie ihn durch die Klappe in der Tür hindurch. Und Tetis? Sie hockte in einer Ecke auf ihren Knien, sagte nichts und bewegte sich kaum. Hatte sie Angst vor den Soldaten und Polizisten rund herum? Oder war Papa ihr zu abstrakt? Sie war erst einen

Monat alt, als Fatos verhaftet wurde. Trotz unserer Rufe und Anas Rügen kam sie nicht aus ihrer Ecke.

Beim Abschied weinte nur Ana. Ihre Tränen zeigten ihr Leid und waren eigenartigerweise doch schön. Sie flossen nicht in Strömen die Wangen herunter, sondern traten als einzelne Tropfen aus den Augen und fielen, da sie den Kopf gebeugt hatte, eine nach der anderen auf den Boden. Dort sagte sie nichts, aber auf der Fahrt fragte sie mit kindlicher Naivität: „Warum kommt Papa nicht mit uns, lassen ihn diese Onkels nicht gehen?" Später kam sie selbst zur Erkenntnis, dass dies keine „Onkels" sein könnten, und fragte: „Lassen ihn diese Offiziere nicht gehen?"

Am 20. Oktober 1976 lief Ana, noch keine vier Jahre alt, zum ersten Mal zu Fuß von Spaç bis nach Rreps hinunter – sieben Kilometer. Sie ging an der Hand ihrer Großmutter, wunderte sich über die vom Schlamm ockerfarbene Farbe des Flusses, sie sagte Gedichte auf und fragte ängstlich: „Wird es schon Nacht?" Tetis saß auf den Schultern ihrer Mutter und freute sich. „So kommen wir jedes Mal, ohne Wagen", sagte sie. In Rreps wuchsen Anas Sorgen wegen der einbrechenden Nacht, aber schließlich nahm uns ein Truppenlaster aus Orosh mit bis nach Shpal. Dort setzten wir uns an den Straßenrand und warteten. Die Mädchen waren müde und schliefen ein. Ein Mitreisender zog seine Jacke aus und deckte sie zu. Ein anderer Wagen kam aus Fushë Arrëzi herunter und brachte uns bis zur Mat-Brücke. Es war Nacht, als wir nach Lezha losfuhren. Am nächsten Tag in der Kita blieb Ana nur auf ihrem Stuhl sitzen und spielte nicht mit den anderen Kindern: „Mir tun die Füße weh", beklagte sie sich bei den Erzieherinnen. Selbst uns schmerzten die Sohlen, umso mehr dann auch Ana.

Einmal drohte Tetis Ana im Spiel: „Ich stecke dich ins Gefängnis." Also wusste Tetis, was ein Gefängnis ist! Als wir sie fragten, was ein Gefängnis sei, antwortete Ana: „Wie, das wisst ihr nicht?" Wir antworteten, das wüssten wir nicht, aber sie schüttelte nur den Kopf und sagte: „Ach, was seid ihr denn für welche!"

Einmal saß ich mit Ana bei dem „Halt"-Schild vor dem großen Gefängnistor in Burrel. Als ein ZIS-Laster herankam, fragte mich Ana: „Womit machen sie hier in Opas Gefängnis das Essen? Dort zu Papa bringen sie es mit dem Lkw." Zum ersten Mal sprach Ana über Papas Gefängnis und Opas Gefängnis. Sie wuchs heran, war groß geworden, wie selbst gerne sagte. Jetzt sprach sie in Bezug auf Vater und Großvater nicht mehr von „Rana" und „Arbeit", sondern fragte beharrlich: „Aber was haben sie denn getan? Warum haben sie sie ins Gefängnis gesteckt?" Die Oma antwortete darauf immer ganz kurz angebunden: „Nichts haben sie getan."

Nach einem Besuch bei Fatos sagte Ana zu Flori, ihrem Freund aus Kita und Nachbarschaft, dass sein Papa mit ihrem Papa zusammen in Spaç sei. Diese „Verbindung“ der beiden Väter hätte Ana vielleicht getröstet, aber Flori war sehr stolz auf seinen Vater, einen Offizier. Erschüttert und zornig gab er Ana eine Ohrfeige. Abends auf der Straße war er immer noch wütend und fragte beharrlich: „Ana, warum, warum hast du gesagt, dass mein Papa im Gefängnis ist?“ Ana sah zu mir und schwieg. Nachdem ich ihm sagte, sie habe einen Fehler gemacht, sie sei noch klein, und es tue ihr leid, versuchte die „große“ Ana ihren Freund zu besänftigen. „Nein, Flori, ich habe es nicht ernst gemeint, ich wollte nur spielen.“

Die armen Kleinen. Wenn sich die Kinder in Kita und Nachbarschaft stritten, fielen andauernd offizielle Schimpfwörter wie „Feind“ oder „Verräter“. Aber Ana und Tetis bewahrten eine tiefe und reine Liebe für den Vater und die beiden Großväter. Wie viele Zeichnungen und Briefchen gingen mit den Briefen der Oma nach Spaç und Burrel! Opa Todi schrieb einmal, für ihn seien „Anas Zeichnungen die schönsten der Welt“. Ana freute sich sehr, und als ich bei einem anderen Bild von ihr einmal etwas zu bemängeln wagte, erwiderte sie: „Was hat Opa über meine Zeichnungen gesagt?“

Sadija

Mit einem Schreiben des Exekutivkomitees des Kreises wurde ich zur Arbeiterin in der Reparaturabteilung für Säcke „ernannt“ (was für eine große Ehre!). Mit diesem Schriftstück machte ich mich auf den Weg zum Grumbullim, einem der größten Betriebe im Kreis, der sich am südlichen Stadtrand befand.[57]

Es war gerade Pausenzeit. Am Fuß einer Mauer, im Schatten des dreistöckigen Gärhauses, saß in einer Reihe eine beträchtliche Anzahl Mädchen und Frauen. Vor ihnen hatten sie auf Taschentüchern oder aufgefalteten Zeitungen ihr Mittagessen. Ein oder zwei große Scheiben Brot, Käse oder Hüttenkäse,

57 Der „Grumbullim“, eigentlich Ndërmarrja Shtetërore e Grumbullimit (Staatliches Sammelunternehmen), war als Großhandelsbetrieb für Ablieferung, Lagerung, Transport und Auslieferung von Lebensmitteln zuständig. Er nahm den Produzenten ihre landwirtschaftlichen Produkte ab, betrieb Lager für Rohprodukte („landwirtschaftliches Magazin“), Molkereien, Mühlen und Lager für verarbeitete oder konservierte Produkte (Magazin für Verpackungen), organisierte den Transport und schickte die Waren in den Export oder vertrieb sie über Verkaufsstellen im Land.

einige gebratene Paprika und Tomaten. So dürftig war die Ernährung für die Arbeiterinnen, Mädchen und junge Frauen, die acht Stunden lang das Nikotin des Tabaks inhalieren mussten.

Ein paar andere Arbeiterinnen eilten zum großen Tor; sie kamen aus dem Salbeilager und anderen Magazinen. Einige von ihnen kannte ich, sie wohnten bei uns in der Nachbarschaft. Rasch stiegen sie den schmalen Pfad hoch zum Spitalsviertel. In der halben Stunde Mittagspause mussten sie ihren Kindern etwas zu Essen machen und sie zur Schule schicken. Dann eilten sie wieder hinunter und aßen unterwegs ein Stück Brot mit Zucker, mal in Wasser, mal in Öl eingeweicht. Das war ihr Mittagessen.

Zur Abteilung für Säcke und zu ihren Magazinen kam man ganz hinten, vorbei am Salbeilager, einer alten Getreidemühle und einigen Lagerhäusern auf der rechten Seite. Links hinter dem Gärhaus lag die Maisverarbeitung, dann das Verwaltungsgebäude und wieder Lagerhäuser. Gegenüber waren die WCs, auf die der Betrieb stolz war (sogar mit zwei Duschen). Tatsächlich waren sie aber eine Schande. Um sie nicht benutzen zu müssen, stieg ich in der Pause den Berg hoch nach Hause. Die Duschen funktionierten nie.

In der Abteilung der Säcke-Reparatur arbeiteten in der Regel etwa zehn Frauen. Einige waren wirklich kränklich und deswegen auf Anweisung des Betriebsarztes diesem als privilegiert geltenden Arbeitsplatz zugewiesen worden. Bei den anderen brauchte man gar nicht auf Gerüchte zu hören; das Verhalten der Magazinverwalterin war eindeutig genug. Ich traute ihr den einen oder anderen Freundschaftsdienst zu, hätte aber nie an Schmiergeld und Bestechung gedacht. Doch Mria Gega ließ mich meine Meinung ändern …

Die Magazinverwalterin Sadija, eine Frau in den Vierzigern, musste in ihrer Jugend eine Schönheit gewesen sein. Selbst jetzt wären ihre Augen noch schön gewesen, hätten sie nicht so kalt und böse geblickt. Mit ihr hatte ich immer wieder Auseinandersetzungen. Sie war Ehefrau eines Ex-Offiziers, der jetzt ein Büro im Exekutivkomitee leitete. In der Unternehmensleitung und der Frauenorganisation war sie angesehen und achtete dementsprechend natürlich auf ihre „Haltung" mir gegenüber. Aber Sadija übertraf alle meine Vorahnungen. Ich musste alle meine Kraft aufbringen, um ihrer Arroganz entgegenzutreten, ihrem Mangel an Erziehung und Manieren, ihrer Perversität. Sie waren wohl nicht Ausdruck des Klassenkampfes, den sie gegen mich führte, sondern entsprachen der Natur dieser Sorte von Menschen, mit denen ich mich in den mir noch verbleibenden Berufsjahren herumschlagen musste.

In erster Linie musste ich sie durch die Arbeit bezwingen, indem ich jeden Tag das vorgeschriebene Plansoll erreichte. Dann durfte ich mich nicht unterkriegen lassen. Die Frauen lobten mich: „Sie arbeitet, als ob sie zwischen den

Säcken geboren wäre“, und doch kontrollierte Sadija ununterbrochen gerade die Säcke, die ich geflickt hatte.

Dann hatte ihr bösartiges Hirn eine Idee: Ich sollte nicht mehr in der Abteilung zusammen mit den anderen Frauen Baumwollsäcke flicken, wo die Norm von 100 Stück leicht zu erreichen war, sondern im Magazin große Leinensäcke reparieren, die hart, schwer und schmutzig waren. Bis dahin waren solche Säcke immer in extra Aktionen geflickt worden, wofür am Vorabend nicht nur die Frauen der Abteilung, sondern auch Arbeiterinnen vom Salbei und aus anderen Lagern des Betriebs mobilisiert worden waren.

Um mich nicht ganz alleine zu lassen, wies Sadija Mria an, mit mir zu arbeiten. Mria war etwa 40, 45 Jahre alt mit den schönen und markanten Zügen der Menschen aus den Bergen. Wie alle Bergbewohnerinnen trug sie ein weißes Kopftuch, das ihrem Gesicht eine Art Leuchten gab. Schon am ersten Tag erzählte sie mir von den Schwierigkeiten, die sie durchgemacht hatte, und warum sie nun zum Säckeflicken bestimmt worden war. „Für sie habe ich wirklich kein Geld übrig.“ Voller Wut erzählte sie mir, dass Sadija sich von den Arbeiterinnen Geld lieh und es nicht zurückgab. Mria war wirklich arm dran. Sie war aus dem Dorf gekommen und wohnte alleine in einem Keller in der Nähe. Sie war verheiratet gewesen, hatte auch eine Tochter geboren, aber da sie hinkte, hatte ihr Mann sie verlassen und erneut geheiratet. Mria hatte ihre Tochter seitdem nicht mehr gesehen, auch jetzt nicht, wo die Tochter verheiratet war und selbst ein Kind hatte.

Mria hatte Sadija, mehr auf ihr Drängen hin als aus freiem Willen, tausend alte Lek gegeben, „aber geliehen, nicht geschenkt“, und als sie merkte, dass Sadija das Geld nicht zurückzugeben wollte, hakte sie nach. Das musste sie büßen; die Magazinverwalterin entließ sie aus der Säcke-Abteilung. Mria hatte bei allen möglichen Arbeitsplätzen im Grumbullim angefragt, war aber ohne Arbeit geblieben. In der Seele wütend über das ihr angetane Unrecht, aber in der Not, von irgendetwas zu leben, hatte sie an viele Bürotüren geklopft, bis sie schließlich Erfolg hatte und wieder zu den Säcken kam. Aber sie durfte nicht zurück zu den anderen Frauen der Abteilung, in ein großes, einigermaßen menschliches Zimmer mit Fenstern, im Winter beheizt von einen Blechofen mit Maiskolben, sondern kam zu mir ins Lager, wo die Säcke aus dem ganzen Landkreis aufgehäuft wurden, feucht und kalt, dunkel wie die Nacht, weil die großen Stapel von Säcken weder Sonne noch Licht hereinließen.

Wegen des muffigen und schimmligen Gestanks wurde bei offener Tür gearbeitet. Das elektrische Licht war immer an, sonst konnte man beim Nähen nichts sehen. Aber uns beide konnten sie nicht alleine im Lager lassen, also wurde eine Art Vorarbeiterin bestimmt, die die Säcke auswählte, die wir nähen sollten. Sie war schon älter, eine ungebildete, aber aufgeweckte Frau. Anfangs flickte sie auch Säcke, allerdings mit vermindertem Plansoll. Dann putzte sie das Büro der Magazinverwalterin, insgesamt etwa vier Quadratmeter, und teilte mit ihr die gefüllten Weinblätter oder anderen Mahlzeiten, die sie von zu Hause mitbrachte. Nähen musste sie dann nie mehr. Der Grumbullim war ein großes Unternehmen mit vielen Arbeitern und konnte es sich leisten, einige einfach so zu bezahlen.

Die meisten Säcke waren für den Salbei. Vergeblich drängte die junge Betriebskrankenschwester Flora, die mit ihrem beim Militär eingesetzten Mann aus Tirana gekommen war, Sadija dazu, den amtsärztlichen Bericht zu respektieren, den mir die Kommission des Kreises ausgestellt hatte, gestützt auf den Befund der allergologischen Abteilung des Krankenhauses Nr. 1 in Tirana. Aber was konnte Flora schon erreichen? Der Betriebsarzt Veli Velija kam ins Magazin und machte einen ebenso absurden wie für einen Arzt vollkommen inakzeptablen Vorschlag: „Die Säcke, die sie näht, sollen vorher ausgeschüttelt werden." Und so wurde es gemacht. Aisha, die das Rentenalter schon überschritten hatte, die aber noch zehn Jahre arbeiten musste, um die Hälfte davon zu bekommen, wurde beauftragt, meine Säcke auszuschütteln.

Ich habe versucht zu vergessen, dass ich das „Glück" hatte, noch mit anderen Ärzten von Velis Art zu tun zu haben. So musste ich etwa zu Petraq Cani gehen, dem ehemaligen Klinikdirektor und Vorsitzenden der ersten amtsärztlichen Kommission. Er verwarf den Untersuchungsbericht des Arztes aus dem von ihm geleiteten Krankenhaus, um damit den gegen mich eingeleiteten Maßnahmen des Parteikomitees nachzukommen. Nach dem Sturz der Diktatur, der er so treu ergeben war, wurde er zum glühenden „Demokraten" und bekam sogar einen nicht unbedeutenden Posten im Gesundheitsministerium.

Schon am zweiten Tag stieß ich mit Sadija zusammen. „Du willst dir während der Arbeitszeit eine Spritze geben lassen? Nein, das wirst du nicht tun! Warum starrst du mich so an?" Wie konnte ich sie nicht anstarren? Bis dahin hatte mich noch nie jemand daran gehindert, meine Desensibilisierung gegen Staub und Schimmel fortzuführen. Ich brauchte diese Behandlung für die Säcke und für nichts anderes. Nun folgte wieder ein kleiner Marathon: vom Betriebsarzt zum Kaderleiter. Nach seiner Anordnung bat ich den Arzt der allergologischen Station um einen Brief mit den Tagen und Uhrzeiten, zu denen ich zur Impfung gehen sollte, ein Dokument mit Unterschrift und Siegel. Bei Leuten mit einer Biografie wie meiner wurde im Grumbullim mit solchen Angelegenheiten nicht gescherzt. Anscheinend riss ich nun bei jedem Gespräch mit der Magazinverwalterin überrascht meine Augen auf, weil sie fast immer sagte: „Was starrst mich so an?“ An ihre rüpelhafte Art konnte ich mich einfach nicht gewöhnen!

Anders als im Handel oder auf dem Bau gab es hier im Grumbullim normalerweise viele Versammlungen. Jeden Montagmorgen, vor Arbeitsbeginn, versammelten sich alle Angestellten und Arbeiter in der Kantine für eine politische Schulung, normalerweise die Lesung eines Leitartikels aus der *Stimme des Volkes*. Der wöchentlich wechselnde Vorleser fand bei den Arbeiterinnen allerdings wenig Beachtung. Einige folgten ihm gedankenverloren, die meisten begannen, miteinander zu flüstern. Bei einer Versammlung verteilten sie Belobigungen. Mit welcher Gleichgültigkeit nahmen die Arbeiterinnen diese Schreiben entgegen! Eine wurde gebeten, etwas zu sagen, und sie sprach fünf blasse Worte des Dankes, ohne eine Spur von Bewegtheit.

Eine ganz unerwartete Veranstaltung gab es mit dem Direktor der Stadtbibliothek, der uns eine Besprechung des eben veröffentlichten Bandes eines jungen Dichters vorlas, eines Mitarbeiters der Dega. Nun, im Grumbullim arbeitete auch der talentierte Dichter Ndoc Gjetja, der gelegentlich Bände mit guten Gedichten veröffentlichte. Über ihn wurde aber nie gesprochen.[58] Ich hatte den Eindruck, dass außer mir – ich wollte nur hören, was der arme Direktor zu sagen hatte – keine der Frauen ihm zuhörte. Die Aktivität wurde erfasst und würde sowohl von der Bibliothek als auch vom Grumbullim nach oben gemeldet werden.

Woran lag es, ob ich an diesen morgendlichen Zusammenkünften teilnehmen sollte oder nicht, an der Zuspitzung oder Abmilderung des Klassenkampfes oder an den Launen der Magazinverwalterin? Eines Tages sagte sie zu mir, wie immer mit gerunzelter Stirn und unfreundlich: „Du kommst nicht mehr in die Versammlungen.“ Ich weiß nicht, warum sie das entschieden hatte. Vielleicht hatten sie mich abgehört, als ich zu Hause davon erzählte. Wie auch immer, das war für mich Sadijas einzige Wohltat. Während also die Arbeiterinnen den Leitartikel anhörten, saß ich auf der Schwelle des Magazins und las ein Buch, das ich mitgenommen hatte. Als aber regnerische und kalte Tage kamen, bat ich darum, entweder eine Stunde später kommen zu dürfen oder das Magazin schon für mich zu öffnen. Nein, weder das eine noch das andere, aber dafür öffnete sich mir … die Tür zu den Versammlungen.

58 Ndoc Gjetja (1944–2010) veröffentlichte zwischen 1971 und 1998 acht Gedichtbände und gab ab 1980 die Zeitschrift „Skena dhe ekrani“ (Bühne und Leinwand) heraus, vgl. https://web.archive.org/web/20220628115545/http://ndocgjetja.blogspot.com/.

Ich war selbst schuld. Ob ich zu den Versammlungen zugelassen wurde oder nicht, beeinflusste sehr die Einstellung der Frauen der Abteilung mir gegenüber, aber das beeindruckte und bedrückte mich nicht. Im Allgemeinen waren sie sehr vorsichtig und zählten die Worte, die sie mit mir wechselten. In Anwesenheit der Magazinverwalterin sprach niemand mit mir, außer Semi, die aus Tirana nach Lezha geheiratet hatte, und Lola, die aus der Maisverarbeitung kam. Nun, sie musste vorsichtiger sein, denn sie war auch Kandidatin für die Partei. Die ganze Stimmung war im Grumbullim anders. Diejenigen, die mich grüßten, konnte man an den Fingern einer Hand abzählen.

Sadijas Übereifer, verbunden mit ihrer naturgegebenen Perversität, machten mir großen Kummer. Ich hatte bei der Dega die Erlaubnis eingeholt und alle Vorbereitungen getroffen, um Todi in Burrel zu besuchen. Ich sagte ihr, dass ich am nächsten Tag nicht zur Arbeit kommen würde. Auf ihre Frage hin nannte ich ihr auch den Grund. „Nein, du wirst nicht fahren!“, antwortete sie mir kurz angebunden. Ich musste also die Treppen zu den Büros hinaufsteigen und an die Tür des Kaderleiters klopfen. Als ich ein anderes Mal deswegen zum Chef ging und wütend rief: „Sie ist unmenschlich!“, sagte er: „Du hast ja keine Ahnung, was sie mit uns macht.“ Das wusste ich nicht und verstand ich auch nicht.

Plötzlich hatte sie Lust, die von der Dega ausgestellten Genehmigungen zu lesen. Es kostete mich nichts, ihre Neugier zu stillen, aber ihre Aggressivität ärgerte mich, also antwortete ich: „Nein, das ist nicht für dich.“ Sie wurde wütend und sagte, sie würde mir nicht freigeben. Da sich diese Probleme mehrmals wiederholten, bat ich die Person, die uns in der Dega die Genehmigungen ausstellte, ihr zu sagen, sie solle ihre Nase nicht in Angelegenheiten stecken, die sie nichts angingen. Darin ließ sie mich dann in Ruhe. Aber in der alltäglichen Arbeit hatte sie mich in der Hand. Nun wurden auf einmal Hunderte von Säcken, die aus dem Verkehr gezogen und in mehreren Lagern in Gurrat e Begut gesammelt worden waren, per Lastwagen an uns geliefert. Zum ersten Mal schafften Mria und ich das Plansoll nicht. Erst unsere Beschwerde und das Eingreifen der Normenbearbeiterin, der schönen Nusha, brachten Sadija dazu, nachzugeben.

Der Samstag fühlte sich immer gut an, besonders. Der nächste Tag war Sonntag, Ruhetag. Die Arbeiterinnen sprachen lautstark über ihre Pläne. Am meisten freuten sie sich über die Möglichkeit, einen Vormittag mit den Kindern verbringen zu können. Wenn die Kleinsten fragten: „Mama, kann ich zu dir?“, mussten sie sie nicht aus ihrem Bett scheuchen, um aufzustehen und zur Arbeit zu eilen. Einige würden Krapfen oder Börek backen. Dann war es Zeit für die Sonntagsarbeiten wie Wäsche waschen.[59] Andere freuten sich darauf, zu ihren Leuten ins Dorf zu fahren.

„Gottseidank", wurde gewispert, „morgen gibt es wohl keine Aktion." Aber wir hatten uns zu früh gefreut. Am Schichtende verkündete Sadija: „Morgen machen wir eine Aktion." Nach dieser Ankündigung wandte sie sich an mich: „Du wirst auch kommen." Man wartete, aber niemand sagte etwas. Auch bei guten Gründen, nicht zu kommen, wurden nur selten Zugeständnisse gemacht. Der Befehl war kategorisch: „Keine darf fehlen."

Am nächsten Tag versammelten sich die Arbeiterinnen, sobald es dämmerte, vor dem Salbeilager. In den Gefängnissen hatte ich in diesen Jahren viele Polizisten gesehen, manche freundlich und menschlich zu uns Angehörigen, andere böse und unfreundlich. Als ich sah, wie Sadija die Aufteilung und die Abreise der „Freiwilligen" dirigierte, dachte ich mir, sie wäre eine geborene Gefängniswärterin. Die Aufteilung begann. Die Jüngsten und Stärksten stiegen auf einen Lastwagen und fuhren nach Fishta, wo das Unternehmen einen Zweigbetrieb hatte. Je nach Jahreszeit halfen sie beim Dreschen, beim Maisschälen oder bei anderen Arbeiten. Die Alten (es gab auch welche, die schon das Rentenalter erreicht hatten, denen aber selbst für die halbe Pension noch Arbeitsjahre fehlten und die deswegen weiterarbeiteten) und diejenigen mit einem ärztlichen Befund wurden innerhalb des Betriebs verteilt, zur Reinigung des Geländes und der Magazine oder zum Sortieren von Säcken.

Unter der Parole „Der Ackerbau ist Sache des ganzen Volks" fingen sie an, den Beschäftigten fast jeden Sonntag zu rauben, vor allem, als Peti Erster Sekretär wurde. Schon früh morgens war die ganze Stadt auf den Beinen. Krippen und Kitas waren geöffnet. Lastwagen voll mit Angestellten und Schülern fuhren nach Gjadër, Balldren und anderen Staatsgütern. Ob sie dort wirklich halfen oder eher Schaden anrichteten, spielte keine Rolle; wichtig war nur die Zahl, die Anzahl der Teilnehmer. Dienstags nannten die Zeitungen in großen Schlagzeilen die Zahl der Freiwilligen, die dem Aufruf Partei gefolgt waren und in der Landwirtschaft mitgeholfen hatten.

Freiwillig? Lass sie nur fehlen, wenn sie nicht wollen. Eines Montagmorgens wies mich die Magazinverwalterin an, nicht mit der Arbeit anzufangen, sondern ihr zu folgen. Im Hof versammelten wir uns, alle, so stellte es sich heraus, die die Aktion versäumt hatten. Wir stiegen auf einen Lastwagen, und sie

59 Noch 1989 besaßen nur 12,7 % der albanischen Haushalte eine Waschmaschine, vgl. Idrit Idrizi, „Magic Apparatus" and „Window to the Foreign World"? The Impact of Television and Foreign Broadcasts on Society and State-Society Relations in Socialist Albania, in: Kirsten Bönker/Julia Obertreis/Sven Grampp (Hrsg.), Television Beyond and Across the Iron Curtain, Newcastle-upon-Tyne 2016, S. 227–256, hier S. 232.

schickten uns zu den Hühnerställen in Balldren. Nach der Arbeit liefen wir zu Fuß nach Lezha zurück. Das war – neben dem Wegfall des Tageslohns – Teil unserer Bestrafung.

Unter uns war auch Gëzim Alia, ein Elektriker im Betrieb, der uns die Scheren schliff, mit denen wir die Flicken für die Säcke schnitten. Obwohl das nicht seine Arbeit war, verweigerte er das nie. Es waren große Scheren, schwarz wie die zur Schafschur. Gëzim war recht jung, frisch verheiratet, aber fühlte sich bald unwohl, hatte ständig Kopfschmerzen. Der arme Junge! Mehrmals wurde er bei der Arbeit bewusstlos. Auf dem ganzen Weg von Balldren sprach er mit mir über seine Gesundheit. Im landwirtschaftlichen Magazin hatte ich seinen Vater Cenin kennengelernt, der als Fuhrmann arbeitete. Einige Zeit später starb Gëzim an einem Tumor im Kopf.

Eines Tages hatte die Abteilung keine Baumwollsäcke mehr. Unsere großen Leinensäcke gingen nie aus, aber Sadija befahl fast allen – ein paar Frauen wollte sie dabehalten –, in einem Getreidelager Säcke zu füllen. Alle Arbeiterinnen dort waren Frauen mit einem Haufen Kinder. Bekleidet mit braunen Schürzen, Kopftüchern und Mund-Nase-Masken, mussten sie hundertfünfzig Getreidesäcke füllen, verschnüren und so stapeln, dass sie leicht zu zählen waren und nicht viel Platz einnahmen. Eine Höllenarbeit für vierhundert Lek im Monat. Ich weiß nicht, was für ein Plansoll wir Säcke-Frauen in dieser Woche zusammen erfüllt haben. Auf dem Lohnzettel hatten wir schließlich drei Lek pro Tag.

Frauen arbeiteten auch bei der Belüftung der Ernte. Mit einer Schaufel musste jede in ihrem Bereich – das Plansoll wurde kontrolliert – den Weizen und den Mais wenden. Anders war es in der Drescherei, wo die meisten Prozesse mechanisiert waren. Dort arbeiteten auch ein paar Männer. Für mich war die Tabakverarbeitung wegen des Gestanks im Gärgebäude die schlimmste Arbeit im ganzen Betrieb, aber viele junge Frauen mochten sie, weil die Bezahlung dort besser war.

Der Salbei wurde in einem alten Gebäude verarbeitet. Im Erdgeschoss lagerten die Bündel, bis über die Fenster aufgestapelt, es wurde Rifugio genannt und war dunkel. Im Obergeschoss saßen die Frauen in einer großen Halle um lange, simple Tische herum und arbeiteten. Eine Werkstatt des Mittelalters kann nicht schlimmer gewesen sein. Ein leichter Staubschleier hing in der Luft. Jede Arbeiterin hatte ihr Bündel Salbei vor und ihren Sack neben sich. Während sie mit emsigen Händen Unkraut, verfaulte Blätter und Fremdkörper aus dem Salbei vor ihnen heraussuchten, redeten die Frauen ohne Pause miteinander, und so herrschte ein ohrenbetäubender Lärm im Raum. Die Jungen merkten das gar nicht, die älteren Frauen aber klagten über Kopfschmerzen, vor allem, wenn sie hohen Blutdruck hatten. Solch eine akustische Belastung machte selbst Gesunde krank.

Gerade, als ich einen Stapel Säcke anpackte, sprangen zwei junge Viecher heraus, von einer Tierart, die ich noch nie zuvor gesehen hatte, und huschten eilig davon. Sie waren hellbraun mit weißen Flecken. Mrias Mahnung, sie bloß nicht zu berühren, weil ihr Biss tödlich sein könne, brauchte ich nicht zu befolgen, weil sie sofort verschwanden; ich hatte nicht einmal Zeit, mich zu fürchten. So lernte ich „Lale und seine Braut" kennen; wir wurden bald Freundinnen. Wir mochten sie lieber als Sadija, auch wenn sie uns einige Spektakel boten, die wir lieber nicht gesehen hätten. Ratten und Mäuse waren ihre Erzfeinde. Schon auf dem Boden gab es nichts, dass sie nicht gejagt und im Handumdrehen gefangen hätten. Als sie aber den 40, 50 Grad steilen Balken des hohen Eternitdachs entlangrannten, war ich doch beeindruckt, es war wie eine Zirkusvorstellung: Die riesigen Ratten, die hier im Grumbullim reichlichstes Futter hatten, und diese flinken „Katzen", die hinter ihnen her waren. Irgendwann verrieten uns die schrillen Schreie der Ratten, dass „Lale und seine Braut" gewonnen hatten.

In allen Lagerhäusern gab es Mäuse und Ratten. Im Magazin der Backfabrik machte ich mich einmal lächerlich, als ich mich weigerte, eine kleine Schachtel zu übernehmen, die laut Verzeichnis Zimt enthalten sollte, in der ich aber Exkremente sah, mit Zimt vermischten Mäusekot. In meinem Ekel sprach ich mit dem Direktor und bat den Hygieneinspektor um Hilfe, aber es war zwecklos. Diese Schachtel blieb im Bestand und wurde von einem Magazinverwalter zum nächsten übergeben. Schlimmer war es im Magazin für Agrarprodukte. Ich fasste in eine Kiste und wollte sie gerade greifen, als ich fünf oder sechs sehr kleine, rosafarbene Wesen mit geschlossenen Augen bemerkte. Es waren neugeborene Mäuse. Vor diesen hilflosen Wesen hatte ich keine Angst. Ich gab keinen Laut von mir, aber Ymer und Pip hielten meine Besorgnis für Angst. Sie lachten mich aus und versuchten, mir „meine Angst auszutreiben". Jedes Mal, wenn sie irgendwo im Lager eine Maus entdeckten, holten sie sie hervor, riefen mich: „Liri, schau, Mäuse!" und ließen nicht ab, ehe sie sie mit einem Stein auf barbarische Weise umgebracht hatten. Wirklich entsetzlich.

Voller Unruhe warteten die Magazinverwalter, ihre Angehörigen und die ihnen Wohlgesinnten stets auf die Ergebnisse der Inventur in ihrem Lager. Auch ihre Widersacher interessierten sich dafür. Die Ergebnisse dieses oder jenes Lagerverwalters sprachen sich herum und wurden diskutiert. Allen tat es leid, als sie erfuhren, dass Gjergj mit einem Defizit von zehntausend Säcken herauskam. Zehntausend, das war kein Pappenstiel. Das konnte ihn seinen Kopf kosten. Wo waren sie hingekommen, was war geschehen, wie war das möglich? Welche Maßnahmen würden gegen ihn ergriffen werden? Gjergj selbst war ruhig und überzeugt, dass die Säcke wieder gefunden würden. Dann begann die Inventur in unserem Lager, bei der Sadija überraschenderweise mit zehntausend überzähligen Säcken herauskam. Ja, genau, volle Zehntausend. Wieder raunte es überall im Betrieb. „Sie hat Gjergj hereingelegt", sagte jemand, der sie nicht mochte. „Wie ist das möglich, wie ist das passiert?", wollte ein anderer wissen. Also wurde Sadija als Magazinverwalterin gefeuert und zur Arbeit geschickt … wer weiß wo? Gewiss war sie auch dort eine ausgezeichnete gesellschaftliche Aktivistin, insbesondere in der Organisation der freiwilligen Arbeit. Unsere neue Magazinverwalterin wurde eine junge Frau aus der Drescherei, Lisa. „Für mich sind alle Arbeiterinnen gleich", erklärte Lisa und schloss als erste Maßnahme unsere Unterabteilung. Mria und ich durften endlich den verbotenen Bereich betreten. Ich war gerettet! Mit Lisa hatte ich nie irgendwelche Reibereien. Von dem dauernden Kampf mit Sadija wegen der Salbeisäcke, die ich flicken sollte, blieb mir nur eine Erwiderung im Gedächtnis. Als ich ihr sagte: „Nein, ich flicke keine Salbeisäcke, weil ich eine Allergie habe", antwortete sie mir wie immer abrupt und überheblich: „Mich interessiert dein Algerien nicht."

Fatos' zweite Verurteilung

Am 4. März 1979 fuhren Zana und ich nach Spaç. An der Brücke über den Fluss Fan stiegen wir auf einen Laster, der uns bis dahin bringen würde – ein großes „Glück". In der Kabine des Škodas saßen zwei junge Männer, die mit ihrer Kleidung, ihren Aktentaschen und ihrem ganzen Verhalten wie Angestellte aussahen. Wenn sie nach Spaç fuhren, mussten sie wohl Ermittler, Staatsanwälte oder Mitarbeiter der Dega sein. Vielleicht gerade deswegen bewahrten wir uns unsere gute Laune ob des bevorstehenden Treffens mit Fatos, des schönen Märztags und der bequemen Fahrt in einem Satz bis zum Ziel. Mein „Rekord" auf dieser Strecke waren acht verschiedene Fahrzeuge gewesen …

Aber unsere nicht allzu schlechte Stimmung verflog sofort, als der vom wachhabenden Soldaten gerufene Wachtmeister zum äußeren Tor kam und uns knapp sagte: „Sie können ihn nicht treffen, denn er ist nicht hier. Mehr kann ich Ihnen nicht sagen." Nun beharrten wir darauf, mit dem Kommandanten oder dem Kommissar des Lagers zu sprechen. Dafür brachten sie uns in einen Raum, in dem auch unsere beiden Mitreisenden saßen. Der Kommandant, ein kleiner, nicht mehr ganz junger Mann, sprach uns an. Es wirkte, als sei er zerstreut, als hätte er zwei Kinder vor sich, um die er sich kümmern musste. „Das Ministerium hat ihn zusammen mit zwanzig anderen zum Arbeiten woanders hingeschickt. Wenn er zurückkommt, werden Sie sehen, wie gut er beieinander ist, ein Dickerchen wird er sein!" Er schüttelte den Kopf und grinste. Wo Fatos war, konnte er uns natürlich nicht sagen.

Niedergeschlagen und mit dunklen Vorahnungen kehrten wir nach Hause zurück. In unser Schweigen hin kam Ana zu mir, streichelte mir die Stirn und sagte: „Ich weiß, warum du traurig bist, Oma. Habt ihr Papa denn gar nicht getroffen? Wo war er?"

Zwei Tage später fuhr ich nach Rrëshen. Ein Polizeichef, den ich dort bei der Dega traf, hatte für mich nur idiotische Haarspaltereien übrig: „Wen findest du gefährlicher, deinen Mann oder deinen Sohn?" Ich ging zur Staatsanwaltschaft. Der Staatsanwalt des Kreises war Vaskë Dimoshi, mit dem wir in unserer Jugend zusammengearbeitet hatten. Sein Büro lag damals neben meinem, zwischen dem Zentralkomitee der Jugend und uns von der Redaktion der *Stimme der Jugend*. Viele Jahre lang waren wir beide Mitglieder des ZKs der Jugend. Er empfing mich freundlich, obwohl ich die kühle Distanz bewahrte, die ich für Ämtergänge verinnerlicht hatte. Er meinte, er müsste es wissen, wenn sie ihn erneut verhaftet hätten (mich traf fast der Schlag, als ich dieses Wort hörte, obwohl ich tief im Inneren genau das befürchtete). Dann erzählte er, vor ein paar Tagen sei er im Lager gewesen und habe Fatos gesehen, wohlauf. Ich wollte ihm gerne glauben, tat es aber nicht.

Nun lebten wir also mit noch anderen Sorgen und Ängsten als bisher. Am 15. April, dem Tag des Erdbebens, fuhren wir zu Todi nach Burrel. Auf dem Škoda, der uns zur Brücke über den Mat brachte, wirkte der gewaltige Erdstoß, der so viele Zerstörung anrichtete, nur wie ein kleiner Schlenker des Fahrers. Der dagegen meinte anscheinend, wir – die Ladefläche war voll – seien schuld, denn er hielt an, stieg aus und warf einen misstrauischen Blick auf uns. Unterwegs auf der Mat-Brücke und in Burrel erfuhren wir von dem Erdbeben und hörten, dass Minarett und Moschee von Lezha eingestürzt waren und viele Häuser dem Erdboden gleichgemacht worden waren.[60]

Als wir Todi trafen, machte Ana uns alle sehr betroffen. Sie rannte auf ihn zu, umarmte ihn, küsste ihn schluchzend und ließ ihn gar nicht mehr los, damit auch wir ihn umarmen konnten. Fast die ganze Viertelstunde verbrachten

60 Am Ostersonntag, dem 15. April 1979, verursachte ein Erdbeben schwere Schäden in Dalmatien, Montenegro und Albanien, vor allem in Kotor, Budva und Ulcinj. Etwa 100 Menschen starben in Jugoslawien, 35 in Albanien.

wir mit unseren Sorgen um Fatos. Auch Todi hatte seit zwei Monaten keine Briefe mehr von ihm bekommen.

Nach dem Erdbeben schickten wir Fatos ein Telegramm – keine Antwort. Uns blieb also wieder nur die Dega. Da wir nirgendwohin fahren durften, konnten wir nur dort erfahren, was los war. Wie eine Bombe platzte dann die Auskunft, mit der Zana eines Abends spät von dort zurückkam: „Sie haben ihn isoliert und werden ihn noch einmal verurteilen." Wir Erwachsenen waren schockiert, die Mädchen fragten: „Wen werden sie verurteilen, unseren Papa?" und fingen schrecklich zu weinen an. Wir versuchten, sie zu beruhigen. Wie schwer, wie bedrückend war das alles. Damals erzählte uns Ana ständig ihre Träume. Sie träumte, dass ihr Vater nach Hause gekommen war. Ein Albtraum hatte sie sehr erschreckt: Ein schwarzer Hund wollte sie fressen, aber Tante Olimbia rettete sie. Damals hatte ich auch einen schrecklichen Traum: Meine Mutter wurde in einen Gerichtssaal gebracht, umgeben von vielen Polizisten, und sollte verurteilt werden. Ich lief ihnen hinterher und rief: „Wie wollt ihr sie verurteilen, sie ist tot!" Aber die Polizisten umringten sie und stellten sie vor den Richter.

Ich bat den Arzt, Blutuntersuchungen in Tirana machen zu lassen, aber meine Absicht war, ins Innenministerium zu gehen. Vom Bahnhof ging ich direkt ins Ministerium und füllte ein Formular für ein Treffen mit dem Minister am nächsten Tag aus. Ich bat Olimbia, Todis Schwester, zu Ali Oseku zu gehen, der gerade aus Spaç entlassen worden war.[61] Sie ging nachts hin und brachte eine ausweichende Nachricht: „Er war dort und wohlauf", sagte er zu Olimbia, „aber man weiß nie, was der nächste Tag bringt …" Diese Antwort gefiel mir nicht. Keiner sagte die Wahrheit.

Ich war mir sicher, dass der Minister mich nicht empfangen würde. Ich hoffte, einen seiner Stellvertreter zu treffen. Den Mann, der mich erwartete, hatte ich nie gesehen und seinen Namen nie gehört. Nachdem er mir zugehört hatte, nahm er den Hörer ab und … auf der anderen Seite war Mithat, der frühere Dega-Leiter von Lezha, jetzt Direktor aller Gefangenenlager. Nachdem er meine Bitte gehört hatte, sagte er, er würde kommen, um mit mir zu sprechen.

Diesen Mann wollte ich auf gar keinen Fall treffen, aber was konnte ich tun? So wartete ich ängstlich, als statt Mithat ein Offizier in Begleitung einer jungen Frau kam. Sie riefen meinen Namen und baten mich in ein Büro. Also wollte auch Mithat mich nicht treffen. Der Offizier tat, als überbringe er mir eine frohe Botschaft, und sagte, der Junge habe Verbrechen gegen den Staat

61 Ali Oseku (*1944) ist heute ein bekannter albanischer Maler. In den 1970er-Jahren war er Bühnenbildner und wurde wegen seines modernistischen Stils vier Jahre inhaftiert.

begangen und werde vor Gericht gestellt. Schrecklich, nicht zu fassen, nicht zu glauben! Ich kehrte nach Lezha zurück und schrieb einen dreiseitigen Brief an den Minister Kadri Hazbiu. Ich äußerte meine tiefe Überzeugung, dass der Junge unschuldig sei, dass er höchstens Streit mit den im Lager für die Korrespondenz Verantwortlichen gehabt haben könne, voller Ungeduld, zu Frau und Kindern zurückzukehren. Keine Antwort.

Eine andere Ursache kam mir nicht in den Sinn. Ich wusste, wie lebenswichtig die Verbindung mit der Familie für die Gefangenen war und wie selten wir sie im Gefängnis besuchen konnten. Daher schrieb ich den beiden etwa vier Briefe im Monat. Aber der Briefwechsel mit Spaç strapazierte unsere Nerven sehr. Nach Fatos' Beschwerden wandte ich mich deswegen mehrmals schriftlich an die Lagerführung, an die Direktion der Gefangenenlager im Innenministerium, an den Minister selbst. Keine Reaktion, keine Besserung.

Als sogar die Telegramme mit im Voraus bezahlter Rückantwort „verloren" gingen (ein Diebstahl das, wenn auch ein kleiner), wandte ich mich an die Staatsanwaltschaft des Kreises Rrëshen. Die Antwort, unterschrieben vom stellvertretendem Staatsanwalt Ilir Marko, überraschte mich dann doch: Die Angelegenheit war überprüft worden, die Beschwerde zutreffend. Er schlug vor, die Briefe zukünftig als Einschreiben zu verschicken.

Vergeblich. Meine Tasche füllte sich mit Dutzenden Belegen des Postamt von Rreps, durch die ich die Namen der Soldaten des Lagers erfuhr, die die Post abholten. Zufällig erfuhr ich dann auf der Straße von Spaç nach Rreps, was geschah. Drei Frauen aus Tirana waren in einem Taxi unterwegs und hatten einen eben freigelassenen gewöhnlichen Gefangenen aus Kavaja mitgenommen. Als er den Preis erfuhr, den sie für das Taxi bezahlt hatten, sagte er: „Verschwendet doch nicht euer Geld. Schickt's lieber denen drinnen und schreibt Briefe, aber nicht solche wie … (hier nannte er meinen Namen). Wenn der Wachtmeister dort drei, vier Seiten sieht, zerreißt er sie gleich und schmeißt sie weg." Als auch Fatos mir auftrug, kürzere Briefe mit einfacheren Sätzen zu schreiben, bedauerte ich das: Die Spontaneität des Satzes, des Gedankens ging verloren. Bei jedem Wort, das ich zu Papier brachte, dachte ich an diesen Wachtmeister, und es schien mir, als schriebe ich ihm und nicht meinem Sohn.

Wir durchlebten schwierige, bedrückte Tage! Ich hörte sogar auf mit den Tagebüchern, die ich für die Mädchen führte – ich hatte eines für Ana begonnen, als ich sie in Lezha aufgenommen hatte, und eines für Tetis, als sie geboren wurde. Man kannte mich als starke Person, jemand hatte mich einmal eine „starke Frau" genannt, aber diese Zeit machte mir wirklich sehr zu schaffen!

* * *

Endlich, am 5. Juni, kam ein Telegramm von Fatos: „Mir geht es gut in Spaç." Wir fuhren gleich am 6. los, aber ... wir konnten ihn nicht besuchen, weil in Vlora gerade der Kongress der Front oder der Berufsverbände tagte und nach dem Reglement während solcher Anlässe und Feiertage keine Besuche in Gefängnissen und Lagern möglich waren. Noch einmal passierte uns das am Tag der Befreiung von Rrëshen. Überraschenderweise zeigte sich der Kommissar des Gefängnisses dann großzügig. Er befahl einem Škoda-Fahrer, uns herunterzubringen. Auf keinen Fall wollte er uns sagen, zu wie vielen Jahre sie Fatos verurteilt hatten. „Er sagt es euch selbst, wenn ihr ihn trefft", sagte er. Dies war einer der seltenen Autofahrten von Spaç und nicht von Rreps aus.

Wie haben wir diese Tage verbracht? Eine lähmende Frage ging uns ständig durch den Kopf: Wie viele Jahre Haft? Ohne würden sie ihn bestimmt nicht lassen. Aber würden es mehr als zwei oder drei Jahre sein? Schon an fünf wollte ich auf gar keinen Fall denken. Ich musste Beruhigungsmittel nehmen und meine Dosis von Medikamenten gegen Bluthochdruck erhöhen.

Am 11. Juni waren wir wieder dort. Als Fatos auf das große Eisentor zukam, waren wir entsetzt, wie er aussah: nur noch Haut und Knochen, und erschreckend blass. Beklommen und zitternd erwartete ich, was er berichten würde. Und was er dann sagte, war ein echter Hammer: Er war zu weiteren 17 Jahren verurteilt worden. Hatte ich richtig gehört? Das war nicht möglich, das wollte ich nicht glauben! Nun, man sagt, der Mensch ist stärker als Stein. Empört und wütend erzählte Fatos, dass sie ihn beschuldigt hätten, Teil einer konterrevolutionären, revisionistischen Organisation zu sein, und dass sie ihn endgültig von uns separiert hätten. Über zwanzig Häftlinge hatten im Gefängnis falsche Aussagen gegen ihn gemacht. Was konnten wir sagen?

Jahre später übergab mir Fatos die Anklageschrift zur Aufbewahrung, dazu auch Aranit Çelas Antwort auf die dagegen eingelegte Beschwerde.[62] Dieser Umschlag löste jedes Mal, wenn ich ihn berührte, das gleiche Gefühl aus, das ich schon aus meiner frühen Kindheit in Erinnerung hatte: Nach dem Tod meiner Schwester Drita verwahrte meine Mutter unten in ihrer Truhe ihr kleines kirschfarbenes Kleid und ein vierblättriges Kleeblatt, das meine Schwester als Glücksbringer getrocknet und aufgehoben hatte. Selbst jetzt, wo Fatos frei ist, weckt dieser verdammte Umschlag jedes Mal, wenn ich ihn sehe, wieder den Schmerz über den Tod meiner Schwester. Und Fatos' Worte dabei – „besser, sie ist bei euch" – weckten diesen Schauder wieder in mir, verbargen sich dahinter doch beängstigende Fragezeichen.

62 Aranit Çela (1924–2018) war ein berüchtigter Staatsanwalt und Richter im kommunistischen Albanien, Präsident des Obersten Gerichtshofs und Mitglied des Zentralkomitees. 1993 wurde er verhaftet, 1997 aber freigelasen.

Endlich in Rente

Meine letzte Schicht im Grumbullim-Betrieb ging zu Ende. Nur mühsam hatte ich diese Tage noch überstanden. Einmal fragte Mria: „Fällt es dir schwer, mit der Arbeit aufzuhören?“ Überrascht und deutlich antwortete ich: „Ob es mir schwerfällt? Sie haben mich doch zur Strafe hergebracht!“

Alle Frauen eilten in die Waschräume, um sich den Staub und das Mehl abzuwaschen. Für gewöhnlich hatten sie es eilig, weil zu Hause Kinder und Hausarbeit warteten. Mria musste nach Ishull i Lezhës, Gjyste nach Shëngjin … Heute aber war die übliche Zeit für das Waschen schon vergangen, und niemand tauchte mehr in der Abteilung auf, obwohl sie wussten, dass wir uns nicht wiedersehen würden. So war klar, dass sie mich nicht mehr treffen wollten …

Ich verabschiedete mich von Aisha, die auf das Magazin aufpassen musste, und beeilte mich, den Betrieb zu verlassen. Auf dem Hof kam Vullnet, der große Rom aus der Transportabteilung, auf mich zu und verabschiedete sich von mir. So musste es wohl sein. Waren sie, die Roma, nicht immer am freundlichsten zu uns gewesen? Als ich Mria zwei, drei Tage später traf, sagte sie, ihnen sei befohlen worden, sich so zu verhalten. Also hatten die armen Frauen in den schmutzigen Waschräumen des Grumbullims, die an diesem heißen Sommertag noch mehr stanken als sonst, so lange festgesteckt, bis ich weg war.

Über das Sozialversicherungsgesetz als eine der größten Errungenschaften der Arbeitnehmer ist viel geschrieben und gesprochen worden. Ich lernte es kennen, als ich in das Büro der Rentenversicherung in Lezha ging. „Haben Sie die Dega gefragt, ob sie Ihnen zusteht?“, war die erste Frage von Inspektor Deda. Ich konnte nicht umhin, mich zu wundern, und antwortete: „Wieso? Sind nicht Sie dafür zuständig?“ Dann fügte ich wütend hinzu: „Ich gehe nicht zur Dega. Wenn die gefragt werden müssen, machen Sie das!“ Es war so, dass ich nach diesem Gesetz die drei besten der letzten zehn Beschäftigungsjahre wählen konnte und dadurch Anspruch auf eine Rente hatte, die fast doppelt so hoch war wie mein Lohn in den Magazinen von Lezha.

Nach zwei, drei Wochen ging ich erneut hin. Zu meiner Überraschung erwähnte man die Dega nicht und sagte mir sogar, ich sei allen anderen Bürgern der Volksrepublik Albanien gleichgestellt. Nur vier Monate später, nach mehreren Briefen und Fahrten von Gimi nach Tirana, zum Institut für Geschichte, um die nötigen Formulare zu besorgen, erhielt ich meinen Rentenausweis. Aber während der Inspektor die anderen Rentner bei der Überreichung mit „Alles Gute! Gesundheit! Gesegneten Ruhestand!“ beglückwünschte, hatte er für mich eine originelle, aber unheilvolle Gratulation. Er reichte mir den Rentenausweis, ohne mir die Hand zu geben, und sagte: „Für Sie hat das Innenministerium das letzte Wort." Und sprach dieses Wort schnell aus. Keine vier Monate später wunderten sie sich in der Sparkasse, wo man die Rente abhob, dass ich nicht wusste, dass meine auf die Mindestrente reduziert worden war. Jeden Monat entriss mir der Staat die Hälfte der mir gesetzlich zustehenden Rente. Dies war offener Diebstahl, legalisiert mit irgendwelchen, in dicken Büchern zusammengeschriebenen Verordnungen des Ministerrates. Obwohl mir klar war, dass die Entscheidung definitiv war, ging ich in das Büro der Sozialversicherung, zur Abteilungsleiterin. Sie wiederholte mehrmals, dies sei eine Anweisung direkt von Mehmet Shehu. Tatsächlich stand auf dem Zweizeiler des Exekutivkomitees, der vor ihr auf dem Tisch lag, der Name des Ministerpräsidenten. Wie schnell und effizient war der Staatsapparat in solchen Angelegenheiten!

Die niedrige Rente traf die ganze Familie, auch Gimi. Er war nach seiner Rückkehr aus der Armee nicht von Hacke und Schaufel losgekommen. In dieser Zeit rackerte er sich ab in den Kiefernplanzungen auf der Maja e Teqe und in den Bergen von Shëngjin. Wie man das Plansoll einer 50 cm tiefen Grube schaffte, lernte der arme Gimi erst, als er die Försterei verließ. Man brauchte nicht so sehr Kraft und Muskeln, sondern musste den „Trick" kennen, nämlich den Draht, mit dem die Tiefe des Lochs gemessen wurde, nicht in der Hand zu halten, sondern behutsam ein Stück den Jacken- oder Hemdärmel hochzuschieben. Dadurch ließ sich die Grube viel schneller „ausheben".

Mit diesem staatlichen Rentenklau habe ich mich nie abgefunden. Als ich wieder Mut gefasst hatte, wandte ich mich an den neuen Premierminister, Adil Çarçani.[63] Ein junger Mann im Exekutivkomitee, den sie in das Empfangszimmer gesetzt hatten, rief mich auf. Anscheinend hatte er Jura studiert und war noch nicht vertraut mit den Mechanismen, die die Gesetze, die er studiert hatte, kippten und außer Kraft setzten. Beim ersten Treffen wollte er mich davon überzeugen, dass mir nur die Entschädigung für Teilnehmer am Nationalen Befreiungskampf nicht zustehe (hier führte er Gründe auf: unvereinbar mit den Idealen der Revolution …), dass sie meine Rente jedoch nicht antasten könnten. Er war so überzeugt von dem, was er sagte, dass er es mir beweisen wollte, indem er mir das Gesetz zeigte. Als ich das zweite Mal zu ihm ging, um

63 Adil Çarçani (1922–1997) war seit 1951 Minister und wurde 1981 Nachfolger des durch Selbstmord oder Mord zu Tode gekommenen langjährigen Ministerpräsidenten Mehmet Shehu. 1994 wurde er zu einer Gefängnisstrafe verurteilt, die er im Hausarrest verbringen konnte.

die versprochene Antwort zu bekommen, sagte er, er habe noch nicht mit dem Leiter der Versicherungsabteilung sprechen können. Beim dritten Mal empfing er mich sehr kühl. Förmlich und kurz angebunden sagte er nur: „Mehr steht dir nicht zu." Die Metamorphose eines armen Angestellten, würdig eines Gogolschen Werkes.

Nach 1991 machte ich erneut eine Runde durch verschiedene staatliche Institutionen, um die mir zustehende Rente zu bekommen. Wie konnte ich wissen, dass nach 1990 erneut der Ministerrat entscheiden müsse, da er 1981 meine Rentenkürzung beschlossen hatte! Das war doch absurd und absolut inakzeptabel! Nach mehreren Besuchen im Büro des – inzwischen ausgetauschten – Ministerpräsidenten las ich schließlich den von Mehmet Shehu unterzeichneten Beschluss, meinen Anspruch auf die Mindestrente von 350 Lek zu kürzen. Ich fand meinen Namen am Ende einer Liste von Generälen, die mit der sogenannten Gruppe der Streitkräfte verurteilt wurden. Da blieb mir nur, mich über solch eine „Wertschätzung" zu freuen und mir zu sagen: „Gut, haben sie mich also zum General ernannt!"

Die Mädchen hatten sich in der Kita gestritten. Tetis beschwerte sich, dass Ana sie geschlagen habe, und fing an zu weinen, während Ana mir erklärte, warum sie das getan hatte: „Als die Kinder sie gefragt haben, wo euer Papa arbeitet, hat sie gesagt, dass er im Gefängnis ist. Dann beleidigen sie uns." Wie Ana das sagte, zeigte, wie sehr sie darunter litt. Tetis dagegen weinte immer noch und fragte: „Warum, habe ich etwa gelogen, habe ich gelogen?" Die arme Tetis. Ana hatte noch einmal mit Tetis gestritten, als diese ihren Freundinnen erzählt hatte, ihr Vater sei Polizist. Ana wollte auch keinen Polizisten als Vater. Aber die Freundinnen mochten unsere Töchter gern, obwohl sie wussten, wo ihr Vater und ihre Großväter waren.

Ana fragte immer wieder beharrlich, wann Papa zurückkomme. Wir hatten ihr gesagt, wenn sie in die erste Klasse kommt, hatten ihm also quasi zwei Jahre erlassen. Weil sie da schon gestöhnt hatte: „Och, so lange noch!", trauten wir uns nicht, ihr die Wahrheit zu sagen. Und jetzt, im September 1979, als Ana in die Schule kam, war der Vater nicht nur nicht gekommen, sondern gerade noch einmal zu 17 Jahren verurteilt worden …

Zu ihrem ersten Schultag wollten wir Ana jeden Wunsch erfüllen. Eine Fahrt der Oma zu den Ärzten in Tirana verschaffte ihr Handarbeitshefte und Plastilin, das wir allerdings verstecken mussten, weil Tetis immer hineinbeißen wollte. Ein Glückwunschbrief vom Großvater, Blumen für die Lehrerin, ein Foto. Ana war neugierig, mochte die Schule und lernte sehr gut.

Im September 1980 kam auch Tetis in die Schule. Sie war verspielt und mochte Bücher nicht besonders gerne, sodass wir uns ein wenig Sorgen machten. Auch für sie trafen wir alle Vorbereitungen, nur die Schultasche fehlte noch. Als wir im Kaufhaus Hefte kauften, sah Ana, wie überall in der Abteilung Schultaschen hingen, und rief: „Schau, Oma, eine Tasche genau wie meine!“ Ich sagte nichts. Ich hatte noch keine Rente bekommen, und das Geld reichte nie. Aber sei es, wie es sei, Tetis brauchte eine neue Schultasche. Zu Hause sprach ich mit Gimi, der sofort sagte: „Wir kaufen ihr die Tasche.“ Als Zana kam, entschloss auch ich mich und ging am nächsten Tag mit großer Freude die Tasche kaufen.

Tetis ging in die neue Schule nahe beim Grumbullim. Wir gingen Hand in Hand los, in der anderen Hand hatte ich die Tasche, sie den Blumenstrauß. Als wir zur Schule kamen, sagte sie: „Oma, ich hab' Angst“, und drückte meine Hand ganz fest. Ein Junge neben uns weinte. Als die Kinder in die Klasse gegangen waren und der Unterricht anfangen sollte, ging ich hinein, um zu sehen, was Tetis machte. Sie rannte zu mir, umarmte mich und sagte: „Nicht weggehen!“ Wie viele Emotionen hatten all die kleinen Würmchen, die so still, gebannt und ängstlich zum ersten Mal die Schulbank drückten.

Nach zwei, drei Tagen kam Tetis glücklich nach Hause und sagte, sie habe eine Zehn bekommen, die beste Note. Ich küsste und beglückwünschte sie und fragte, wo sie die Zehn bekommen habe, aber das kleine Mäuschen sagte nichts. Ich nannte alle Fächer, aber sie schüttelte immer den Kopf. Am Ende sagte sie: „Die Zehn habe ich auf der Schulbank bekommen.“ Abends lachten wir über Tetis' erste Note, kamen dann aber zu dem Schluss, dass das nicht schlecht war. Hatten wir nicht Sorge gehabt, ob sie es schaffte, während der Schulstunden auf der Bank sitzen zu bleiben? Manchmal war sie nervig und anstrengend, aber meistens schenkte sie mir Freude und Erholung.

Zwei Wochen nach Tetis' Einschulung verließen uns Zana und die Mädchen. Sie wohnten nun bei der anderen Großmutter und dem Onkel, die aus Fushë Arrëzi nach Lezha gezogen waren. Wie sehr betrübte und schmerzte mich ihr Wegzug! Ana wunderte sich, die starke Oma so zu sehen wie nie zuvor: in einem fort weinend. Als sie den Berg hinunterging, wandte sie sich noch einmal um und rief: „Ich komme wieder, Oma!“ Abends war sie es, die weinte und meinte, die Oma solle mitsamt ihrem Bett zu ihr kommen. Solch einen Schmerz hatte ich vorher wohl noch nie empfunden. Was auch passierte, änderte nichts an meiner Liebe, meinem Mitgefühl für die Mädchen, aber irgendwie musste ich an den Helden von George Eliots Buch „Silas Marner“ denken. Als sie ihm das Kind, das er großgezogen hatte, wegnehmen und ihn überzeugen wollen, dass sich an seinem Verhältnis zu ihm nichts ändern würde, antwortet er: „Wie kann sie mich dann noch genauso lieben wie jetzt, wo wir vom gleichen Tisch essen, aus dem gleichen Becher trinken und an die gleichen Dingen denken?" Dass Zana von uns wegzog, schmerzte auch Fatos sehr; er empfand das auch als Entfremdung von sich.

Die Mädchen kamen regelmäßig zu uns, fast jeden Tag, vor allem Ana. Zusammen gingen wir zur Bibliothek und liehen Bücher aus. Ich las ihnen „Wanka" und „Kaschtanka" von Tschechow vor, die Ana sehr gefielen. Im Fernsehen brachten sie in dieser Zeit „Die Elenden" von Victor Hugo als Serie. Die beiden waren abends da; der erste Teil machte ihnen aber wenig Eindruck, nur dass Ana viele Fragen stellte. Sie wollte vor allem sehen, wie Cosette beim Wasserholen im Wald auf Jean Valjean trifft, aber Cosette tauchte im ersten Teil gar nicht auf. Zum zweiten Teil am nächsten Donnerstag kamen sie wieder, aber der Film zeigte nicht nur Cosette im Wald. Wie schlecht sie von Jean Valjean, Thérnardier und seinen Freunden behandelt wurde, konnte die feinfühlige Ana kaum aushalten. Mehrmals fragte sie angstvoll, ob sie sie töten würden, und als der Film zu Ende war, brach sie in Tränen aus. Lange konnte sie nicht einschlafen und sagte immer wieder zu mir: „Oma, lass uns weiterreden."

Ein anderes Mal sahen wir im Puppentheater das Stück „Gjergj Elez Alia".[64] Ana ließ die Großmutter nicht los und fragte unaufhörlich: „Werden sie Gjergj umbringen?" Sie litt sehr. Na, und als wir im örtlichen Kino den „Skanderbeg"-Film sahen, gefiel ihnen besonders die Szene, wie Skanderbeg zwei Türken tötete; Tetis war vor allem von dem Schwert begeistert. Als Ana mich fragte, was mir an dem Film gefallen habe, antwortete ich: „Lukë Kaçajs Lieder".[65] Ana war davon begeistert und sagte auf einmal, dass die auch ihr gefallen hätten.

Aus der Kita brachte Ana außer dem Hass auf die Deutschen auch Angst vor den Türken mit. Am Vorabend des Feiertags am 8. März waren wir ein Jahr zuvor – alle gemeinsam – auf der alten Straße von Lezha zur Burg hinaufgestiegen. Wir wollten die Burg besichtigen, für die Lehrerinnen und Erzieherinnen Veilchen pflücken und ein paar Fotos machen. Auf dem Weg fragte Ana: „Werden wir Skanderbeg sehen? Und gibt es auf der Burg Türken? Können sie Skanderbeg etwas antun?" Sie konnte nicht glauben und auch nicht verstehen,

64 Gjergj Elez Alia (oder Đerzelez Alija) ist ein legendärer Charakter der epischen Folklore in Nordalbanien und Bosnien. Vgl. Janice Mathie-Heck/Robert Elsie, Songs of the frontier warriors. Albanian epic verse in a bilingual English-Albanian edition, Wauconda: Bolchazy-Carducci Publishers, 2004.

65 „Skanderbeg. Ritter der Berge" ist ein sowjetisch-albanischer Spielfilm von 1953. Lukë Kaçaj (1926–2001) war ein erfolgreicher Opernsänger, mit Auftritten u. a. im Bolschoi-Theater auch international bekannt als „Shaljapin Albaniens". 1966 bekam er Auftrittsverbot, 1973 wurde er verhaftet. Nach fünf Jahren Haft arbeitete er als Lastenträger auf dem Markt von Tirana.

dass Skanderbeg schon viele, viele Jahre tot war. Nun, wie erklärst du der kleinen Ana die Sterblichkeit aller Menschen? Ihre Fragen wurden immer schwieriger: „Oma, wirst auch du sterben müssen? Und Mama?“ Ich antwortete ausweichend und sagte nichts über ihre Mutter, die ja noch jung war. An diesem Abend kam sie wieder, um „Die Elenden“ zu sehen. Als sie in den Nachrichten hörte, das Sing- und Tanz-Ensemble sei in die Türkei gefahren, fragte sie ängstlich: „In die Türkei? Werden die Türken sie dort nicht umbringen?“ Wie eh und je erfüllten die Mädchen mit ihren Sorgen, Problemen, Freuden, mit ihrem Leben auch mein Leben. Oft setzten sie sich hin und schrieben etwas ans Ende meiner Briefe oder auf extra Blätter an Papa und Opa.

Dank meines Ruhestands entdeckte ich ein kleines Wunder: das schöne Akazienwäldchen am Fuß der Festung Lissus in Lezha. Es war ganz nah von uns, vorbei an Bäckerei und Lebensmittelladen, hinter dem großer Tor der Burganlage. Wenn ich morgens dorthin ging, nahm ich immer ein Buch mit. Wie schön war es dort, wenn die Akazien blühten und die Vögel sangen. Oft war auch eine Frau aus Përmet da, Mutter eines Offiziers, daher nahm ich zusätzlich irgendeine Handarbeit mit, meistens dicke Socken für Todi und Fatos. Wir plauderten miteinander Belangloses und sammelten Sauerampfer. Auch Veilchen gab es viele, die ich mit den Mädchen pflückte.

Wie viele nette Tage verbrachten wir dort im Sommer mit Ana, Tetis und ihren Freundinnen aus der Nachbarschaft. Mit ihrer „Auswahl“ der Freundinnen waren wir nicht immer einverstanden. Moza und Arta kamen mit uns, aber Vilma wollten sie nicht mitnehmen. Mir tat Vilma leid; ihr lief dauernd die Nase, auch im Sommer. Obwohl sie dieses Jahr in die erste Klasse kommen würde, sagte sie immer noch „Tue“ für Schuhe und „Ecke“ für Decke. Sie waren acht oder neun Kinder zu Hause. Als sie noch klein war, hatte sie uns alle „Ana“ genannt, wenn wir an ihrem Fenster vorbeigingen, weil wir ihr einmal Anas alte Schuhe geschenkt hatten. Nun kam sie manchmal, um mich um ein Streichholz zu bitten: „Ich muss für den Kleinen Essen kochen.“ Wenn ihre Mutter auf der Arbeit im Salbeilager und ihre größere Schwester in der Schule war, machte sie Essen und kümmerte sich um ihre kleinen Geschwister. Ich bestand also darauf, auch Vilma mitzunehmen.

Dort im Akazienwäldchen spielten die Mädchen mit einem Ball, pflückten wilde Granatäpfel oder Blumen und erzählten Märchen. Auch machten wir Fotos. Ana fing auch an, Freundinnen aus unserem Haus mitzubringen. Alle hatten Lust auf die wilden Granatäpfel. Von Zeit zu Zeit kam auch Turi, ein Kind aus unserem Haus. Er redete ununterbrochen; das war anstrengend und machte mir Kopfschmerzen, aber was er sagte, brachte Tetis zum Lachen, also musste ich ihn ertragen.

Als die Mädchen noch klein waren, holte ich sie nach der Arbeit in der Krippe oder Kita ab und ging mit ihnen den Spitalshügel hinauf. Zana kümmerte sich mehr um Tetis, aber oft musste sie weiter draußen in den Vororten arbeiten. Und konnte man das Mädchen bis spät in der Krippe lassen, wenn sie doch frische Luft brauchte? Also setzte ich mir Ana auf die Schultern und Tetis in den Kinderwagen. Als er mich so sah, fragte mich ein Nachbar, ob sie mir das später wohl danken würden, wenn sie einmal groß wären. Diese Frage wunderte mich; als ob ich es deswegen täte. Sie brauchten mich doch, so klein, ohne Vater, mit so vielen Entbehrungen! Es waren doch Fatos' Töchter, den ich so sehr liebte und wegen dem ich so litt. Ihre Familie war schon zerstört, ehe sie wirklich eine Familie wurde. Meine Liebe, mein Schmerz, mein Mitleid mit ihnen waren für mich untrennbar verbunden mit meinem Sohn, der seine Jugend im Gefängnis verbringen musste. Vielleicht wollte ich, indem ich mich ihnen von ganzem Herzen widmete, auch etwas gutmachen, was ich bei meinen Söhnen versäumt hatte. Wie wenig Zeit hatte ich für sie, als sie klein waren und mich und die Liebe ihrer Eltern so sehr brauchten! Nie vergesse ich Todis Mutter, wie sie an der Haustür auf mich wartete, mit Gimi auf dem Arm, der sich heiser geweint hatte. Sie war wütend, weil ihr der Junge leid tat, und meinte: „Warum macht ihr Kinder, wenn ihr sie nicht großzieht?"

Sie hatte recht. Ich litt selbst darunter, wenn ich von diesen endlosen Besprechungen nicht loskam, obwohl es schon nach 15 Uhr war … Schon damals hatte ich begonnen, ein Tagebuch für meine beiden Söhne zu führen, aber woher sollten wir die Zeit für solche Dinge nehmen? Deshalb bereitete es mir nun bei Ana und Tetis großes Vergnügen, für jede von ihnen in einem Heft die Freuden und Sorgen, aber wirklich auch die Enttäuschungen ihrer Kindheit niederzuschreiben, ohne die Gedanken, Sätze und Worte sorgfältig zu wählen, aber mit großer Liebe, bis 1982.

Fishta

Als der Referent für den Vollzug von Strafurteilen bei der Dega von Lezha, Avni Mullai, an jenem 22. Oktober 1982 in Begleitung von drei, vier Menschen den Spitalshügel hinaufkam, dachte ich gar nicht daran, dass sie wegen uns kämen. Mir schien das sogar eine gute Gelegenheit, ihn anzusprechen. „Ich wollte eigentlich zu Ihnen und um einen Passierschein nach Spaç bitten", sagte ich ihm. „Und ich komme zu dir“, antwortete er. Als er mir dort auf der Straße den Grund nicht nennen wollte, wurde ich unruhig. Als Einziges kam mir in den Sinn, dass etwas mit Fatos oder Todi passiert sein könnte. Aber dieses Gefolge, das ihn begleitete … Bei Verhaftungen, ja, da kamen sie mit so einem Gefolge, aber hier waren keine Dega-Leute dabei. Außerdem kamen sie mit dem Auto, wenn sie dich mitnehmen wollten. Aber die übertriebene Ernsthaftigkeit und Förmlichkeit dieses Referenten verhießen nichts Gutes. Wir gingen schweigend ein Stück Straße und stiegen die Treppe hinauf. Sobald ich die Tür öffnete, teilte er mir in der Enge des Korridors die Entscheidung der Zentralen Kommission für Verbannung und Internierung mit: Wir kämen von Lezha weg und würden ins Dorf Fishta verbannt. Um zwölf Uhr, also binnen vier Stunden, müssten wir abfahrbereit sein. Ich protestierte gegen diese Entscheidung, bat ihn als Mitglied des Rats sogar eindringlich, mir zu sagen, was mein jüngerer Sohn und ich denn getan hätten für solch eine Strafverschärfung. Er wand sich und beteuerte, das Übel komme nicht von ihnen, sie hätten im Gegenteil eine gute Meinung über uns und unser Verhalten usw.

Ich sagte ihnen, dass ich gar nichts tun könne, ehe Gimi käme. Auf einmal öffnete sich die Tür und Ana kam herein. Sie war offenbar in Eile hochgerannt. Welche Überraschung und Verzweiflung stand ihr im Gesicht, als sie diese Leute hier sah! Ich küsste und umarmte sie und versuchte, ein paar beruhigende Worte zu sagen. Sie gingen schweigend. Als der Beschluss zur Verbannung nach Fishta der Familie von Fadil und Zana mitgeteilt worden war, hatte die arme Ana sofort gesagt: „Ich bleibe bei meiner Großmutter, ich komme nicht mit nach Fishta.“ Sie machte sich vor allem Sorgen um ihre Schule. Gab es dort eine Schule? Würde sie sie besuchen können?

Von Fishta, einem der Verbannungsorte im Kreis Lezha, hatte ich schon gehört, als ich beim Grumbullim arbeitete, denn der Sektor des Grumbullim, in dem die Verbannten dort lebten und arbeiteten, war unserem Betrieb zugeordnet. Ich hatte gesehen, wie geknickt die Arbeiterinnen waren, wenn sie bei den sonntäglichen Arbeitseinsätzen auf einen Lastwagen geladen und dorthin gebracht wurden. Anderntags waren sie erschöpft und zerschlagen, weniger von der Arbeit dort als von der langen Fahrt. Die Straße war sehr schlecht, nicht asphaltiert und voller Schlaglöcher. Sie sprachen über die Hitze und Trockenheit dort, für den ganzen Arbeitseinsatz gab es einen einzigen Wasserhahn. Wie nebenbei erzählten sie auch ein paar Dinge über die Verbannten dort.

In der Poliklinik von Lezha hatte ich eine der Verbannten aus Fishta gesehen, Meli, die ich noch aus Tirana kannte. Sie war abgemagert, nur Haut und

Knochen. „Ich wiege noch 35 kg“, sagte sie. Das erschrak mich sehr. Wohl war sie klein von Gestalt, aber ihr Anblick erinnerte mich doch an die Frauen aus den Konzentrationslagern der Nazis, die wir so oft in Dokumentar- und Spielfilmen oder Illustrierten gesehen hatten. Sie war in unserer Schule drei, vier Klassen unter mir gewesen. Sie hatte auch an der Nationalen Befreiungsbewegung teilgenommen, als Mitglied im Debatik.[66] Ich leitete damals ihre Jugendgruppe, aber niemals hätte ich das nette Mädchen von damals, mit ihren schönen Augenbrauen, in Verbindung gebracht mit dieser Frau vor mir, so mager, verhärmt und ausgezehrt. Sie arbeitete im Grumbullim in Fishta und versuchte alles Mögliche, um irgendeinen Befund zu bekommen, wenn ich das richtig verstand, nicht wegen einer Behandlung ihrer Gesundheitsschäden, sondern um einer leichteren Arbeit zugewiesen zu werden. Die „leichten Arbeiten“ beim Grumbullim kannte ich schon gut genug, aber dort in Fishta gab es ohne eine solche ärztliche Bescheinigung nur harte Feldarbeit, mit Hacke, Schaufel und Spaten.

Um 12 Uhr mussten wir zum Aufbruch bereit sein, und Gimi kam nicht. An diesem Tag arbeitete er in den Bergen von Shëngjin; sie mussten Gräben ausheben. Der Polizeioffizier Aliu, der mit der Überwachung unserer „Operation“ beauftragt war, bezog vor unserem Haus Stellung. Den hatte ich schon immer für einen Mistkerl gehalten. Während er auf unseren Umzug wartete, trank er bei Nachbarn einen Kaffee und lästerte dort über mich: Er habe gesehen, wie ich irgendwo in der Stadt meine Tasche herumgeschwenkt habe, und sagte nun schadenfroh zu den Nachbarn: „Jetzt kann sie sie dort in Fishta herumschwenken, wie sie will!“ Hol's der Teufel, diese alte Arbeitstasche herumzuschwenken, lohnte wirklich nicht. Ich hatte sie bei der Arbeit in allen Lagerhäusern dabeigehabt, mit einem Buch, mit Brotzeit, Schürze und ein paar Kleinigkeiten.

Von Zeit zu Zeit kamen Abgesandte der Dega, wer weiß warum, um den „Fortgang der Angelegenheit“ zu verfolgen oder von Neugier getrieben? Um nicht gestört zu werden, zerriss ich die Vorhangbänder und zog die Vorhänge zu; so wurde ich diese unerwünschten Freunde los. Inzwischen kam eine unerwartete Geste von der Person, von der ich es am wenigsten erwartet hatte, vom stellvertretenden Leiter der Dega, Llesh Zogu, einem kalt und zynisch wirkenden Mann. Als er sah, wie ich alleine im Haus herumlief und die Matratzen

66 Der Debatik (Abkürzung für Djemtë E Bashkuar Anëtarë Të Ideve Komuniste, Vereinte Junge Anhänger der Kommunistischen Ideen) entstand 1942 als kommunistische Jugendgruppe für 10- bis 14-jährige Kinder. Aus ihm ging später die bis 1991 bestehende Pionier-Organisation hervor.

zu Bündeln schnürte, sagte er, er würde uns zwei Arbeiter schicken. Als sie kamen, halfen sie Gimi, die Sachen auf den Lastwagen zu packen.

Gimi kam um zwölf Uhr. „Bist du bedrückt?", fragte er mich und machte sich sofort an die bedrückende Aufgabe des Umzugs, nun bereits zum dritten Mal in Lezha, und von Mal zu Mal wurde sie bedrückender. Wir hatten außer den vielen Büchern, den Betten und einigen notwendigen Möbeln auch viel unnötigen Kram, der uns bei jedem Umzug großen Ärger bereitete. Vor allem die großen Bücherkartons und -kisten waren zu schwer. Offizier Aliu versuchte unten, die Sache zu beschleunigen, indem er eine Gruppe von Kindern aus der Nachbarschaft hochschickte, um uns beim Heruntertragen zu helfen. Das war mir zu viel, ich schickte diese zehn-, zwölfjährigen Jungs wieder weg, denn ich kannte sie ja und wusste, dass sie außer Durcheinander nichts zustande bringen würden. Aber von unten schienen sie einen anderen Befehl zu bekommen und kamen wieder hinauf. Als wir die Sachen in Fishta einräumten, fehlten einige kleine, aber wertvolle Dinge, und leider war wohl einer von diesen Jungs schuld. Vor allem um Fatos' Füller tat es mir leid.

Verwandte oder Freunde ließen wir in Lezha nicht zurück. Den Schmerz des Abschieds hatten wir vor Jahren gespürt, als wir aus Tirana wegmussten. Lezha war nicht gastfreundlich gewesen und … das verstanden wir vollkommen und nahmen es nicht übel. Wer hätte sich denn der Brutalität der Diktatur entgegenstellen können? Auch die Wohlmeinenden, die es gab, waren so vorsichtig! So verließen wir Lezha ohne das geringste Bedauern. Aber das Unbekannte, das uns erwartete, die Verbannung selbst, belastete uns emotional sehr.

Ich begriff mein Leben nicht losgelöst von dem Ziel, das ich mir gesetzt hatte, als Erstes alles zu tun für die, die am schlimmsten dran waren, unsere beiden Gefangenen Fatos und Todi. Anfangs machten wir unsere „überschüssigen" Möbel zu Geld, um ihnen Essen zu schicken und die dünne Suppe und den ungesüßten Tee dort aufzubessern, aber auch um sie öfters besuchen zu können. Dann nahmen die Schwierigkeiten zu. Die Dega gab uns seltener Passierscheine, die Fahrten waren mühsam, wir blieben an der Straße sitzen … und vor allem die äußerst angespannten finanziellen Verhältnisse, in denen wir lebten. Wir hatten die Zahl der Besuche reduziert, sie aber nicht eingestellt. Die Besuche der Familie sind für den Gefangenen das Leben.

Nun kam ein Problem dazu: Würden wir von Fishta aus zu ihnen fahren können? Wie wird es mit den Briefen, könnte ich sie wie bisher abschicken? Und das bisschen Geld, mal ein Päckchen, wie könnten wir es ihnen senden? Würden ihre Briefe uns erreichen? Die größte Kümmernis bereitete mir das weitere Schicksal der Mädchen. Ana lernte in der Stadt glänzend, sie mochte die Schule sehr. Wegen dieser Schule war sie atemlos den Spitalshügel hochgerannt.

Und dann, war das nicht noch ein schwerer Schlag für Fatos, dass seine Töchter und seine Frau nun noch weiter verbannt wurden? Und Gimi, was würde mit ihm passieren? Hieß das, er würde gar nicht mehr von Hacke und Schaufel loskommen? Was blieb von seinem Traum, seiner Kindheitsleidenschaft, der Musik, von der er in Lezha selbst nach der harten, erschöpfenden Arbeit nicht abließ? Schon hier in der Stadt hatte er kaum mal eine Gitarrensaite gefunden, außer denen, die er selbst aus Telefonkabeln herauszog. Er hatte sogar angefangen, sich selbst eine Akustikgitarre zu bauen. Und ich, was sollte ich machen ohne Bücher, ohne Bibliothek?

* * *

Wir brachen auf. Gimi kannte diese Straße, denn in seiner Zeit als Transportarbeiter war er sie mit einem Forst-Traktor bis nach Kallmet hoch- und runtergefahren. Er musste dort schwere schwarze Steine ausgraben, mit denen dort in den Bergen Schutzwälle gebaut wurden; davon hatte er einen sehr schmerzhaften Hexenschuss bekommen. Bis nach Mërqi kannte ich die Straße auch gut, sehr gut sogar. Im ersten Winter in Lezha war ich sie mehrmals zu Fuß gegangen, als wir im Kartoffellager in Gryka e Zezë arbeiteten. Auch wenn die Schöpfung sich dieser Gegend gegenuber nicht gnädig gezeigt hatte, konnte man bis Kallmet doch noch leben, die Schönheit der Natur genießen. Später, als ich diese Strecke dann Dutzende Male zurückgelegt hatte, meist zu Fuß, und hier und da etwas Reizvolles entdeckt hatte, blieben mir noch die Eindrücke dieser ersten Fahrt in Erinnerung.

Je weiter wir kamen, umso mehr staunte ich. Es war, als führen wir durch eine Filmkulisse, durch eine Mondlandschaft. Rechts eine endlose Reihe kahler Hügel, gelb, voller Geröll. Links passierten wir Kallmet e Vogël und Troshan, aber ich saß auf der rechten Seite und sah nur die unbefestigte Straße voller Schlaglöcher und diese „Wüste", die mich zunehmend bedrückte. Für ein Gefängnis oder Internierungslager hätte man keinen geeigneteren Ort finden können. Kein Laster, kein Auto begegnete uns auf der endlos scheinenden Straße. Die Sonne war schon untergegangen, als wir ankamen. Das Haus, in dem wir wohnen würden, lag links der Autostraße, die weiter nach Norden führte, irgendwohin, unbefestigt und holperig.

Während die Sachen abgeladen wurden, betrachtete ich aufmerksam die Natur um uns herum, im Bedürfnis, unbedingt auch da etwas Schönes zu finden, wo ich nun leben musste, unter Zwang und vielleicht bis an mein Lebensende. Als ich dies dachte, überkamen mich Angst und Traurigkeit. Obwohl die Dämmerung schon hereingebrochen war, sah man deutlich, dass alles um uns herum kahl und trocken war. Zwei oder drei Pappeln beim Wasserhahn neben dem Lager und eine einzelne Pappel, unserem Eingang gegenüber auf der anderen Seite des Traktorwegs nach Baqël und Blinisht. Aber auch sie hatte kein langes Leben. Eines kalten Wintertags rückte ihr unser Nachbar mit einer Axt zuleibe. „Nicht, Mark!", bat ich ihn, „nicht fällen, sonst sehen wir nirgends mehr, wie der Frühling einzieht." Er sah mich wie eine Verrückte an. Als er den Baum fällte, war ich wütend. Wenn ich mich aber später daran erinnerte, als ich Mark besser kennengelernt hatte, lachte ich über mich selbst und meine „absurde" Bitte.

Der Horizont war weit und luftig. Jenseits der Ebene, im Nordwesten, lag ein seltsamer Berg mit märchenhaften Konturen. Im Westen, unserem Hauseingang gegenüber, jenseits von Baqël, lagen wellige Hügel, die sich weiter hinten, in der Ferne, in Gebirgszügen verloren. Was für Sonnenuntergänge sahen wir hinter diesen Bergketten! Ja, wirklich erstaunlich, so etwas hatte ich noch nirgendwo anders gesehen.

Südlich unseres Quartiers lag das Dorf, man sah große Heuschober und ein dichtes Grün von Obstbäumen. Im Osten erinnerte mich der Mali i Velës mit seinen zwei Gipfeln bei der Ankunft an unseren Dajti und war mir deshalb ein gewisser Trost. Am anderen Morgen aber enttäuschte mich dieser zuerst phantastisch und märchenhaft scheinende Berg: Er war völlig kahl und grau. Er hieß Weißer Berg. Nachts war er schön, vor allem wenn der Mond schien. Ein in dieser Richtung mitten auf den Feldern stehendes Haus, das sie Haus der Gifte nannten, weckte meine Neugier und Fantasie. Ich wollte etwas über diesen Berg erfahren und besonders über eine Kirche am Westhang ziemlich weit oben, von der nur noch einige Mauern übrig waren, aber wen ich fragte, antwortete nur: „Ach! So war die schon immer!"

Näher bei uns lag die Kreshta, unser Berg. Sie erstreckte sich parallel zum Lager im Osten, jenseits eines breiten Bachbetts und einer Hügelkette. Die Kreshta, die die Zadrima-Ebene vom Kashnjet-Tal trennt, war einmal ein wunderschöner, dicht bewaldeter Berg gewesen, jetzt war er nur noch schütter bewachsen wie ein kaputter Kamm mit wenigen verbliebenen Zinken. Die Kreshta versorgte alle Dörfer der weiteren Umgebung mit Holz.

Drei Arten von Holzfällern erklommen die Kreshta: Am gefährlichsten waren diejenigen mit Lasttieren und Äxten, die dort oben fällten, was sie nur konnten, ohne Gnade. Sie machten Brennholz für sich zu Hause, aber viele verkauften das Holz auch in weiter entfernten Dörfern und lebten von dieser Arbeit. Hinter ihnen waren die Forstwächter, zwei junge, starke und gewandte

Männer, besonders her. Wenn sie erwischt wurden, tat uns das nicht leid. Aber es kam auch vor, dass ihnen ein unglücklicher Greis ins „Netz" ging. Er musste nicht nur das Holz zurücklassen, sondern auch eine Geldstrafe zahlen, die ihm ein großes Loch in den Beutel riss. Wenn wir solch einen Unglücklichen sahen, so armselig angezogen, baten wir den Forstwächter, ihn laufen zu lassen, aber umsonst.

Zur zweiten Gruppe gehörten die Verbannten, die nur Baumstümpfe ausgraben durften. Sie hatten Hacken statt Äxten, Säcke statt Lasttiere. Das war harte Arbeit, besonders wenn die Jungs und Männer weit hinaufsteigen mussten, um noch Baumstümpfe zu finden, weil die in der Nähe schon alle weg waren. Es war mühsam, sie auszugraben und den Sack mit dem spitzen Holz auf den Schultern herunterzutragen, also heizten wir sparsam. Die Größe der Stümpfe zeigte, welch prächtige Stämme sie einst getragen hatten.

Am originellsten war für mich die dritte Gruppe: Frauen in der Tracht der Zadrima-Ebene, die gemeinsam hoch- und wieder herunterstiegen. Normalerweise waren sie nur mit Seilen ausgestattet; beim Abstieg gingen sie tief gebeugt, beladen mit einem hohen „Berg" trockener Äste. Es war wirklich ein kleiner Berg, der sich auf ihren Schultern erhob, und es war eine besondere Kunst, ihn so quaderförmig aufzuschichten und auf den Schultern zu platzieren. Wie machten sie das nur? Sicher halfen sie sich gegenseitig.

Diese armen Frauen brauchten nicht den Propagandalärm von der Befreiung der Frau auf dem Land, sie brauchten Holz, im Winter wie im Sommer, um für ihre Kinder, ihre Familie zu kochen und die Wäsche zu waschen. Sie gingen direkt vor meiner Nase vorbei und sprachen miteinander. Ich platzte vor Wut darüber, dass ich sie nicht fotografieren konnte; es wäre so ein schönes „ethnografisches" Bild geworden. Nun, ich hatte einen Film in der Kamera, um Ana und Tetis zu knipsen und die Fotos an Todi und Fatos zu schicken, doch wo könnte ich den Film entwickeln und Abzüge machen lassen? Nur im Fotoatelier in Lezha. Aber die hier abgebildete Realität hätte den „großen Errungenschaften der Frauen dank der Herrschaft der Volksmacht" widersprochen. Und der Paragraf 55 des Strafgesetzbuches, Agitation und Propaganda, hatte schon zwei Menschen aus unserer Familie gerissen, deshalb konnte ich mir solche „Scherze" nicht erlauben.

Zana, die Mädchen und Fadils Familie war schon vor uns hergekommen und hatten sich schon irgendwie eingerichtet. Nachdem auch wir unsere Sachen ausgeladen hatten, versammelte uns der Referent für den Vollzug von Strafurteilen, der auch für Verbannte ohne Strafurteil zuständig war, um uns mit dem Reglement vertraut zu machen. Gleich zu Beginn fragte Zana eindringlich: „Warum haben Sie uns hergebracht, was haben wir getan?" Auch

Todi schrieb mir nach meinem ersten Brief aus der Verbannung: „Frage nach der Begründung für die Verbannung!“

Das war aber nur eine Verschwendung von Nerven und Papier. Weder wir noch der Referent wussten, dass Enver Hoxha am 12. Oktober im Plenum des Zentralkomitees die große „Entdeckung“ verkündet hatte: Alle in den 1970er-Jahren verurteilten parteifeindlichen Gruppen, die der Ideologie, der Armee und der Wirtschaft, waren Ableger der feindlichen Aktivitäten gewesen, die Mehmet Shehu anführte.[67] Und schon zehn Tage später schickte uns der emsige Innenminister Hekuran Isai nach Fishta.

Der Referent war neu auf diesem Posten, sehr eifrig und ernsthaft erklärte er uns die Vorschriften. Es war nicht erlaubt, den Wohnort ohne Erlaubnis zu verlassen. Ein Zuwiderhandeln – er zitierte den Beschluss – sei eine Straftat, die mit Freiheitsentzug bestraft werde. Keine Erlaubnis brauchten wir nur für Fishta, wo es eine Ambulanz, eine Schule, ein Lebensmittelgeschäft und einen Eisenwarenladen sowie ein Geschäft der Kooperative gab. Passierscheine für andere Orte innerhalb des Landkreises wurden vom örtlichen Polizeibeamten oder in dessen Abwesenheit vom Vorsitzenden des Rats der Gemeinde erteilt, immer in Absprache mit der Dega. Für Fahrten außerhalb des Landkreises war ein schriftlicher Antrag an die Dega zu richten.

Zweimal am Tag, morgens und abends, mussten wir uns bei der Wache des Sektors melden, was wirklich demütigend und erniedrigend war. Das nannte sich Appell. Einen Passierschein brauchten wir auch für den Laden in Krajn, der eigentlich näher lag als der in Fishta. Dort verkaufte ein geschickter Verkäufer hin und wieder für zwei, drei Lek ein paar Sardinen, was den ganzen „Sektor“ in freudige Bewegung versetzte (so nannte man den Ort unsere Verbannung, der, wie gesagt, ein Sektor des Grumbullim von Lezha war).

Auch um zum Arzt oder Zahnarzt in Troshan zu gehen, brauchte man eine Erlaubnis. Diese Erlaubnisse waren nicht leicht zu bekommen, kosteten Nerven, Zeit und Fußmärsche. Finde erst einmal den örtlichen Polizeibeamten, der selten herkam. Wie sollten wir dann erfahren von Tagen des Ausnahmezustands, wenn wir nirgendwohin fahren durften, selbst wenn wir krank waren? Sie wurden immer häufiger! Selbst wenn es irgendeine Versammlung oder Aktivität in Korça, Gjirokastra oder sonstwo gab, durften wir nicht nach Lezha zum Arzt gehen. Fatal war, als mir die Brille zerbrach, sodass ich keine

67 Ende 1981 entmachtete Enver Hoxha seinen designierten Nachfolger Mehmet Shehu, der mutmaßlich Selbstmord beging. In der anschließenden Säuberungswelle wurden Kadri Hazbiu und andere Minister verurteilt und hingerichtet. Vgl. Idrizi, Enver Hoxha's Last Purge, S. 1091–1110.

einzige Zeile mehr lesen oder schreiben konnte, denn dies gehörte nicht zu den Krankheiten, wegen derer man einen Passierschein bekam.

Genau das passierte mir eines Tages. Nach großem Drängen gestand mir Isuf Lako, der für uns zuständige stellvertretende Polizeichef, nur zu: „Dein Sohn soll morgens mit dem Rad nach Shkodra fahren und abends wieder zurückkommen.“ Wenn nicht Luti und Lida nach Tirana gefahren wären, wäre ich blind geblieben. Schwieriger war es, Passierscheine für Spaç oder Burrel zu bekommen. Vorschriftsgemäß schickte ich den Antrag per Einschreiben und wartete. Ein, zwei oder drei Wochen oder Monate vergingen ohne Antwort. Als Isuf kam und wir ihn fragten, was passiert sei, antwortete er, er habe den Antrag nicht erhalten. Obwohl wir wussten, dass er nicht die Wahrheit sagte, schrieben wir noch einmal und warteten erneut.

Zwei Jahre waren vergangen, seit Fatos die Mädchen und Gimi zuletzt gesehen hatte. Mit einem Telegramm vom 30. November aus dem Lager Ballsh bat er uns: „Gimi soll mit Ana kommen, ohne Mitbringsel.“ Armer Fatos. Woher wusste er, dass Isuf uns den Passierschein immer nur versprach, aber nie erteilte. Im Dezember 1982 teilte uns Fatos mit, dass sie ihn nach Qafë Bari verlegt hätten. Dies besorgte und betrübte uns noch mehr. Wo war dieses Qafë Bari? Ein ehemaliger Verbannter, der dort von Fushë Arrëz aus als Monteur gearbeitet hatte, beschrieb uns den Weg. Es war eine lange und schwierige Reise, man musste in Fushë Arrëz übernachten und dann weiter in Richtung Norden hinauffahren. Obwohl Fatos mir in einem Brief auftrug, mich auf keinen Fall im Winter dorthin aufzumachen, versuchte ich, eine Erlaubnis zu bekommen, zusammen mit Xhevrija, deren ältester Sohn Hasan dort im Gefängnis war. Wegen ihm war sie aus den Dörfern von Dibra hierher verbannt worden.

Ein Passierschein für Qafë Bari wurde uns nie erteilt (selbst die Dega machte sich wohl „Sorgen“ um unsere Gesundheit), also bekamen wir dieses Lager nie zu Gesicht. Nach drei Monaten verlegten sie Fatos wieder zurück nach Spaç, das für uns das meistgehasste Lager war. Aber nach den tragischen Ereignissen von Qafë Bari, wo die Polizei einen Gefangenenaufstand provozierte, der mit dem Tod von drei Menschen und der Bestrafung vieler anderer endete, waren wir heilfroh über diese Verlegung. Sicherlich wäre es ihm dort schlimm ergangen, weil er zweimal verurteilt worden war und, wie wir erfahren hatten, als gefährlicher Häftling galt.[68]

68 1982 wurde in Qafë Bari, 20 km nördlich von Spaç, das Gefängnis Nr. 311 für etwa 400 Häftlinge eingerichtet, ebenfalls mit einer Kupfermine verbunden, in der die Gefangenen arbeiten mussten. Ein Häftlingsaufstand am 22. Mai 1984 wurde niedergeschlagen, zwei Initiatoren hingerichtet.

Passierscheine und Passierscheine – und Fußmärsche! Einen Passierschein brauchten wir selbst, um die Rente in Kallmet abzuheben, wohin die Sozialversicherung sie uns anfangs überwies. Wohl, weil wir in Kallmet zu nahe an Lezha kamen, schickten sie die Rente dann nach Blinisht. Wie dankbar wären wir gewesen, wenn sie sie nach Fishta geschickt hätten. Das hätte ihnen Genehmigungen, uns Fußmärsche „gespart".

In Lezha lebten wir in der Stadt, unter den Menschen, aber meistens allein, von ihnen abgesondert. In Fishta war das anders. Dort waren wir von der „weiten Welt" isoliert, aber wir lebten unter Menschen. Das merkten wir schon von den ersten Momenten unserer Ankunft an: Einige kamen und begrüßten uns, einige halfen, die Sachen auszuladen und ins Haus zu bringen.

Unser „Städtchen" lag genau zwischen zwei Dörfern, Krajn und Fishta, aber es gehörte zu Fishta. Es war klein: Die Häuser waren die ehemaligen Diensträume des Gefangenenlagers, eines Lagers für gewöhnliche Gefangene, dazu ein Gebäude auf der anderen Straßenseite, das für die Beschäftigten des Lagers errichtet worden war. Es hatte vier Wohnungen mit je einem Zimmer und einer Küche. In eine von ihnen zogen wir ein, in einer anderen lebte ein junges Paar, das 1975 aus Tirana hierher verbannt worden war. Die beiden anderen Wohnungen waren besser, weil höher gelegen und daher weniger feucht. Dort wohnten zwei Familien von Kommunisten, der Brigadeleiter der Kooperative und die Krankenschwester von Krajn.

Unsere Wohnung hatte ein großes Plus, ein eigenes Badezimmer, während diejenigen, die in den ehemaligen Diensträumen lebten, zwar größere Zimmer hatten, aber die Gemeinschaftstoiletten der früheren Kommandantur benutzen mussten. Die Decken und Wände unserer Wohnung waren sehr schmutzig. Gimi brauchte einige Tage, um sie weiß zu kalken. Wieder lebten wir sehr beengt. Die aufgestapelten Bücherkisten und Kartons nahmen viel Platz ein. In der kleinen Küche, in der Gimi schlief, standen das Bücherregal und der große Esstisch sowie Gimis Schrank und Bett, sodass man dort gar nicht mehr kochen konnte. Also benutzten wir wie die meisten Albaner zum Kochen den schmalen Korridor und manchmal sogar das Badezimmer. Drei Treppen hoch gab es eine nach Westen ausgerichtete Veranda. Dorthin stellten wir die wenigen uns verbliebenen Blumentöpfe, mit denen ich mir die Langeweile vertrieb. Die Spargelpflanze, die genauso alt war wie Gimi, hatte sich in der lichtdurchfluteten Küche auf dem Spitalshügel prächtig entwickelt.

Mit dem Wasser hatten wir große Schwierigkeiten. Der Wasserhahn war ein Privileg derer, die dort drüben in den ehemaligen Diensträumen wohnten, etwa dreihundert Meter entfernt. Als das Lager errichtet wurde, hatten sie eine

Wasserleitung von dem Berg oberhalb von Krajn gebaut, mit mehreren Wasserhähnen innerhalb und außerhalb des Lagers. Es hieß, auch vor der Wohnung des Kommandanten, also auf der anderen Seite unseres Hauses, habe es einen Hahn gegeben, aber jemand hatte ihn kaputt gemacht und die Rohre mitgenommen. Die Wäsche zu waschen fiel mir also schwer. Ohne Gimis Hilfe hätte ich sie nicht zum Ausspülen tragen können.

Trotzdem waren wir so froh über diesen einzigen Hahn, denn oft blieb er auch trocken. Im Sommer zapften die Leute in Krajn die Leitung an, um das Wasser in ihre Gärten zu leiten. Im Winter hieß es, hoch oben an der Quelle hätten irgendwelche Tiere oder starke Regenfälle die Leitung kaputt gemacht. Wenn das geschah, war der ganze Sektor alarmiert. Wir alle, besonders die Frauen, wurden nervös und sorgten uns. Das war kein Witz; wir mussten bis zu Mrikas Brunnen laufen, ein Stück die Straße entlang, über die wir gekommen waren, bis zu einem der ersten Häuser im Dorf. Mit Eimern und Kanistern machen wir uns in Gruppen oder einzeln auf den Weg. Mrika half uns mit ihrem Eimer. Sie war immer freundlich zu allen, ärgerte sich nie. Für mich waren ein Fünf-Liter-Kanister und die Drei-Liter-Kanne des Wasserkochers schwer genug zu heben und zu tragen. Gimi trug den großen Eimer. Für die Wäsche gingen wir hinunter zum Bach (ein schwieriger, ziemlich steiler Abstieg) und suchten dort ein noch nicht vom Vieh verschmutztes Wasserbecken.

Um die Reparatur der Wasserleitung kümmerten sich der Verantwortliche des Sektors und der Brigadeleiter. Normalerweise schickten sie Zeneli, der in Tirana als Mechaniker gearbeitet hatte und der Älteste unter den Arbeitern war. Er nahm oft Luti mit, der Ringkämpfer gewesen und der Stärkste war. Wenn die Havarie schwerwiegend war, mussten alle unsere Jungs sonntags den Berg hochsteigen. Wenn er nach der Reparatur zurückkam, jagte Luti uns Angst ein: „Dass ihr nur wisst, was für ein Wasser wir trinken!“ Mit irgendwelchen Lappen (er zählte verschiedene Lumpen auf) hatten sie die Leitung gestopft.

Er spuckte angewidert aus und fuhr fort: „Ein Wunder, dass wir nicht die Cholera bekommen!“ Wir baten ihn, so etwas nicht zu sagen. Das Wasser aus dieser Leitung war kalt, aber als uns – kaum angekommen – die Nieren zu schmerzen begannen, ließen wir uns in Lezha untersuchen und lernten dabei einige neue Wörter … Kristalle, Oxalate, Mikrooxalate, manchmal zu viel und manchmal zu wenig. Das Wasser war kalkhaltig. Der Dorfarzt sagte, das sei nichts Ernstes (na ja, meine Nieren hatten vorher nicht wehgetan) und sie hätten bei allen im Dorf die gleichen Befunde gehabt. Dieser gemeinsame Nenner „beruhigte“ mich, ich kümmerte mich nicht weiter darum.

Die Verbannten

Obwohl die meisten Bewohner des ehemaligen Gefangenenlagers nicht mehr interniert waren, nannten die Leute im Dorf uns alle „Verbannte“. Manchen, die schon entlassen waren, gefiel diese Bezeichnung nicht. Die meisten lebten wie gesagt in den Diensträumen und Nebengebäuden der Kommandantur. Das eigentliche Lager lag dahinter, das große, eiserne Tor grenzte an die Räume, in denen nun Familien lebten. Nach der Schließung des Lagers wurden alle Gebäude, auch die Diensträume, in Warenlager umgewandelt, aber 1975, als der große Besen die Hauptstadt „säuberte“, wurden die Diensträume wieder mit Menschen gefüllt.

In einer Reihe von Zimmern waren Familien untergebracht, im ersten Meli, die ich schon in Lezha kennengelernt hatte. Sie und ihre ältere Schwester Hajrie hatten nach der Befreiung mit italienischen Ingenieuren zusammengelebt und auch Kinder von ihnen gehabt. Einer von ihnen war mit der Gruppe der „Saboteure von Maliq“ verurteilt worden und im Gefängnis gewesen.[69] Dann wurden beide nach Italien repatriiert. Danach hatten die Schwestern keinen Kontakt mehr zu ihnen gehabt, waren aber trotzdem in die Verbannung geschickt worden. Um sie nicht allein zu lassen, folgte ihnen auch ihr Bruder Zeneli, den nicht nur seine beiden Neffen Boxhi und Fredi, sondern alle hier Onkel nannten.[70] In ihrer Jugend waren er und seine jüngere Schwester Meli bei den Partisanen gewesen. Sie stammten aus einer wohlhabenden Familie; der Vater war zur Zeit König Zogus hoher Militär und Großgrundbesitzer gewesen. Ihr ganzes Leben waren sie Verfolgte. Sie erzählten, dass sie bei ihrer ersten Verbannung in den 1950er-Jahren irgendwo bei Fier einige Zeit unter einer Brücke geschlafen hätten. In Fishta wurde ihre Verbannung nach den ersten fünf Jahren zwar aufgehoben, aber sie durften nicht nach Tirana oder in eine andere Stadt zurückkehren.

69 1946 sollten die Sümpfe von Maliq (bei Korça) propagandistisch wirksam in Rekordzeit trockengelegt werden. Als es dabei zu Verzögerungen kam, wurde ein Schauprozess im Kino „Nacional“ inszeniert, um westlich ausgebildete Intellektuelle einzuschüchtern. Fünf Menschen, vier Ingenieure und eine schwangere Journalistin, wurden hingerichtet, andere Angeklagte zu langjährigen Gefängnisstrafen verurteilt.

70 Der Italiener Mario Guarnieri (1909–1968) war 1943 als Ingenieur nach Albanien gekommen. Im Prozess gegen die „Saboteure von Maliq“ wurde er 1946 zu einer Gefängnisstrafe verurteilt und 1955 nach Italien abgeschoben, seine schwangere Frau Emel „Meli“ Kolonja (1926–2010) blieb zurück. Ihr Sohn Ambrogio „Boxhi“ war Abiturient in Tirana, als er 1975 nach Fishta verbannt wurde.

Fredi, Hajries Sohn, verliebte sich in ein Mädchen aus der Zadrima und heiratete sie. Sie war die Tochter eines Kommunisten, des Standesbeamten der Vereinigten Kooperative. Ihre Familie akzeptierte diese Beziehung mit einem Verbannten nicht. Man sagte, es habe Drohungen mit dem Messer gegeben, und so seien sie, um die Streitereien zu unterbinden, in das Staatsgut nach Rrila geschickt worden. Hajrie kam oft zu Bruder und Schwester nach Fishta und erzählte viel von den Vorzügen von Rrila. Wie arm ist der Mensch; wenn er an wenig gewöhnt ist, ist er leicht zufriedenzustellen! Meli und Boxhi hatten einen Wasserhahn direkt unter ihrer Treppe. Mal empfanden sie das als Privileg, mal als Pech. Außer ihren beiden Räumen nutzen sie auch Bereiche des ehemaligen Lagers, vor allem den Garten, in dem sie Hühner hielten und sehr gutes Gemüse anbauten.

Neben ihnen wohnte Xhevrija in einem großen Zimmer. Sie hatten sie aus dem fernen Pocesti, einem Grenzdorf bei Peshkopi, hergebracht, mit ihrem zwölf-, dreizehnjährigen Sohn Meti und der Frau des älteren Sohnes Rushen, die wiederum zwei kleine Töchter hatte. Die beiden anderen Söhne, Hasan und Selami, waren inhaftiert worden, weil ein Freund, der aus Tirana zu ihnen gekommen war, nach Jugoslawien geflohen war. Nach dem, was Xhevrija und ihre Schwiegertochter erzählten, war das ein sehr schockierendes Erlebnis gewesen. Beim Verhör sollten die Jungs zugeben, dass sie diesem Freund aus Tirana geholfen hatten, die Grenze zu überqueren. Einer von ihnen, der Jüngste, hatte den Ermittler sehr „gequält", weil er das überhaupt nicht zugeben wollte. Das hatte der Ermittler im Nachhinein selbst gesagt. Im Prozess wurden beide hart bestraft, mit 14 und 16 Jahren Gefängnis. Die Familie lebte in Fishta von Xhevrijas Genossenschaftsrente von 110 Lek und dem Lohn der Schwiegertochter, einer Landarbeiterin im Sektor des Grumbullim.

In den größeren Zimmern hinter Xhevrija hatte Enver Paçrami gewohnt. Er war in Tirana Magazinverwalter gewesen und wurde hierhergebracht, weil er Fadil Paçramis Bruder war. In Fishta hatten er und seine Söhne in der Landwirtschaft gearbeitet. Noch bevor wir dorthin kamen, hatten sie ihn wegen Agitation und Propaganda zu zehn Jahren Gefängnis verurteilt. Er habe, so hieß es, über die Marmelade und das Trinkwasser geschimpft und jugoslawisches Fernsehen geschaut. Zwei Zeugen, ehemals Verbannte, hatten oft gesehen, wie er zu Hause den montenegrinischen Sender sah. Auch manch anderer Verbannter war unter dem Druck der Angst und in der Hoffnung auf Entlassung bereit gewesen, über andere Torheiten auszusagen. Seine Frau war einfallsreich, nach vielen Bemühungen hatte sie sich von ihm scheiden lassen und es geschafft, mit ihren beiden Söhnen nach Durrës zu ihren Leuten zu ziehen.

In diesen Räumen brachten sie Fadils Familie unter, und dahinter, in einem einzigen Zimmer, Zana und die Mädchen.

In einem Zimmer hinter Küche und Speisesaal lebte Neta, eine 30-, 35-jährige Frau, bei der man, sobald sie den Mund aufmachte, erkannte, dass sie aus Korça kam. Wie sie den Grund ihrer Verbannung erklärte, überraschte mich. Im Gegensatz zu anderen, die leise und nuschelnd darüber sprachen, sagte sie mir mit lauter Stimme im Dialekt der Zadrima ein Wort, das mir nichts sagte, weil ich es nicht verstand. Nachdem ich dreimal nachgefragt hatte, übersetzte es mir ein anderer: „Prostitution". Neta ärgerte das nicht, im Gegenteil, sie war erleichtert, dass ich das endlich verstanden hatte. Hatte ich es hier wieder mit einer Frau zu tun, die froh war, dass es bei ihr „Gottseidank nichts Politisches" war?

Neta war verheiratet gewesen. Sie hatte einen 13-, 14-jährigen Sohn, den sie bei ihrem Bruder in Korça gelassen hatte. Was mit ihrem Mann war, blieb irgendwie im Dunkeln. Sie selbst sagte, er sei gestorben; jemand anderes sagte nach einem Streit mit Neta, er habe sich von ihr getrennt. Dort in Fishta war sie mit einem Fahrer aus der Zadrima zusammen, einem Vater von vier oder fünf Kindern, mit einer allseits gelobten Frau. Nika kam zu Neta ohne irgendein Aufhebens, wie in sein eigenes Haus. Einige der ehemals Verbannten (auch Netas Verbannung war nach den ersten fünf Jahren aufgehoben worden) erzählten verschiedene Geschichten über sie …

Vor einiger Zeit hatte sie ein Telegramm bekommen, in dem ihr mitgeteilt wurde, ihr Vater sei krank. Neta erhielt einen Passierschein und fuhr zu ihm. Dann war noch ein Telegramm gekommen, dass ihr Vater gestorben sei. Und nach einiger Zeit kam erneut ein Telegramm mit der Nachricht vom Tod ihres Vaters. Die, die diese Geschichten erzählten, waren überzeugt, dass Neta daraufhin verhaftet und in eine Zelle gesteckt wurde, um dort die anderen inhaftierten Frauen auszuhorchen.

Uns gegenüber verheimlichte Neta nicht, dass sie mit einigen Mitarbeitern der Dega befreundet war, vielmehr wollte sie damit angeben. Sie besorgte ihnen gelegentlich einen guten Truthahn und nannte einen von ihnen liebevoll Golka (das war Ligor Thanasi, ein Ermittler). Schließlich erzählte sie Zana wie im Vertrauen, dass Hekuran (der damalige Chef der Dega) ihr aufgetragen habe, sich in besonderer Weise um „Liri und Zana" zu „kümmern".

Neta hütete die Kuhherde des Grumbullim, zusammen mit einem Mädchen aus Krajn namens Sata. Diese Arbeit war ein Privileg, nicht nur wegen des festen und guten Lohns, sondern auch wegen weiterer Vorzüge. Die Kuhherde des Grumbullim bestand aus den Rindern, die die Kooperativen an den Staat abgaben, um ihr Plansoll für Fleisch zu erfüllen. Sie wurden für den Markt in Lezha gemästet. Wenn die Kühe gekalbt hatten, bekamen die Hirtinnen die Milch. Anfangs wollte irgendwer sich einen „Anteil“ holen, war bei Neta aber an die Falsche geraten. Die beiden schütteten sich gegenseitig die Eimer voller Milch über den Kopf und redeten fortan nicht mehr miteinander. Die, mit denen sie befreundet war oder Beziehungen anknüpfen wollte, bekamen gelegentlich eine Schüssel Milch oder Joghurt von Neta.

Lachend erzählte sie, was sie machte, wenn sie Lust auf Fleisch hatte: Sie suchte sich die beste Kuh aus und trieb sie in den Klee. Wenn die Kuh davon Blähungen bekam, zu Boden ging und anfing, sich zu winden, tötete sie sie mit dem Messer. Die Kuh wanderte als Plansoll in den Schlachthof in Lezha, und Neta erhielt gratis das ihr zustehende Stück Fleisch und alle Innereien. Die Innereien verscherbelte sie überall im Sektor. Auch dieses Metzgershandwerk, das sie dort erlernt hatte, verstärkte meinen Widerwillen gegen diese Frau.

In den Sommerferien besuchte sie ihr Sohn, der in die erste Klasse der Landwirtschaftsschule in Korça ging. Eines Tages kam er an unseren Zaun und bat mich um ein italienisch-albanisches Wörterbuch, um Italienisch zu lernen. Irgendwie übertrug ich wohl meine Vorbehalte gegenüber seiner Mutter auch auf ihn, obwohl er eigentlich zu bemitleiden war, da sein Vater tot und seine Mutter so weit entfernt in der Verbannung war. Daher sagte ich, ohne ihm die „Tür“ im Lattenzaun zu öffnen, man lerne eine Sprache nicht mit dem Lexikon und ich habe keines. Später bereute ich, nicht freundlicher, höflicher und hilfsbereiter gewesen zu sein; auch er war Opfer des Misstrauens. Dieses Misstrauen gegenüber allen Menschen entsprang unserem Selbstverteidigungstrieb, aber es zerfraß und entfremdete uns auch.

Weiter in der Reihe, hinter dem großen Eisentor, das ins Lager führte, befand sich ein separates Gebäude. Dort wohnte die Familie von Gjon Marku, die auch 1975 verbannt worden war. Beide, Mann und Frau, waren ausgezeichnete Arbeiter im Textilkombinat gewesen. Roza, eine lebhafte Frau, war unermüdlich bei der Arbeit. Ihr Bild hing unter den Porträts der besten Arbeiter Tiranas auf dem öffentlichen Aushang der Berufsverbände an dem Tag, als sie in die Verbannung geschickt wurden. Es hieß, sie sei auch Kandidatin für die Ehrung als Heldin der sozialistischen Arbeit gewesen, aber das sei verhindert worden durch zahlreiche Briefe, die aus der Mirdita an den „Staat“ gegangen waren. Sie besagten offenbar: „Wie können sie in Tirana, in der Hauptstadt, leben, obwohl bekannt ist, dass Gjons Vater den Diversanten geholfen hat?“ Einige sagten, er sei sogar selbst Diversant gewesen und nicht nur deren Helfer. Die Familie hatte ihre eigene Version von seiner Ermordung bei einem Zusammenstoß zwischen Banden und den Spezialtruppen des Innenministeriums in den ersten Jahren nach der Befreiung. Deshalb wurden sie in die Verbannung geschickt.[71]

Gjons Mutter, die Frau des „Diversanten“, hatten sie verschont. Aber in ihrem fortgeschrittenen Alter konnte sie nicht allein und ohne Einkommen in Tirana leben, also war sie ihrem Sohn gefolgt. Sie war eine alterskluge Frau, schweigsam, aber stark. Sie erledigte die Hausarbeit, kochte für die Familie und verbrachte ihre gesamte Freizeit im Garten, neben der Wasserstelle, selbst in der Mittagshitze, obwohl sie doch unter Bluthochdruck litt. Dort zog sie sehr gutes und üppiges Gemüse. Ich sprach sie darauf an, ob ihr die Sonne nicht schade, aber sie ließ die Gartenarbeit nicht sein, außer wenn sie ein paar Tage krank war. So versuchte sie, ihrem Sohn mit seinen fünf Kindern zu helfen. Die beiden Kleinen waren in der Verbannung geboren. Die älteren Mädchen hatten die Landwirtschaftsschule von Blinisht mit hervorragenden Ergebnissen abgeschlossen. Trotzdem fanden beide keine andere Tätigkeit als die Feldarbeit.

Die Älteste, Kristina, begann, halb illegal, an der Nähmaschine zu arbeiten, nicht nur für die Familie und die anderen Verbannten, sondern auch für die Anwohner drumherum. Sie war als Näherin gefragt, besonders bei den Mädchen, die ihre Aussteuer für die Ehe vorbereiteten. Der Rat des Dorfes drohte ihr von Zeit zu Zeit, die Nähmaschine zu beschlagnahmen, tat es aber nicht. Einmal kam sogar der letzte Vorsitzende, ein junger Mann, vorbei, um sich eine Hose nähen zu lassen. Die zweite Tochter, Angjia, arbeitete mit ihrer Mutter auf dem Feld. Die dritte, Leta, war ein kluges Mädchen, lernte gut und wurde Anas beste Freundin. Sie waren gleich alt und gingen in die gleiche Klasse.

In diesem Haus lebte auch Ylvie Draçini, die 1975 mit ihrem Sohn Shpëtim aus Tirana hierher verbannt wurde, weil ihre Tochter, eine Bautechnikerin, wegen Agitation und Propaganda verurteilt worden war. Selbst als sie aus dem Gefängnis entlassen und nach Tirana zurückgekehrt war, wurde weder ihrer Mutter noch ihrem Bruder die Rückkehr erlaubt. Erst als sie in Rente ging, zog Ylvie zu ihrer Tochter nach Tirana, während Shpëtim trotz aller Bemühungen etwa vierzehn Jahre lang als „freier Bürger“ dort in Fishta bleiben musste.

Uns gegenüber wohnte das junge Paar Luti und Lida Noka. Luti war Ringer gewesen, ein guter sogar. Er stand, erzählte er, kurz vor der Reise zu einem internationalen Ringkampf, als er in die Verbannung geschickt wurde. Seine Frau stammte aus einer Familie, die mit dem Nationalen Befreiungskampf verbunden gewesen war. Das Übel scheint von einem Bruder von Luti

71 Als Diversanten wurden ausländische Agenten bezeichnet, hier Kämpfer, die nach dem Zweiten Weltkrieg vor allem in der bergigen Mirdita bewaffneten Widerstand gegen die Etablierung des kommunistischen Regimes leisteten.

ausgegangen zu sein, der zu einer langen Haftstrafe verurteilt wurde. Sie alle wurden nach den ersten fünf Jahren der Verbannung von der Dega zu „freien Bürgern" erklärt, jedoch ohne das Recht, nach Tirana zurückzukehren oder in eine andere Stadt zu ziehen. Wie sie sagten, trug „Taras Bulba", als er einmal vorbeikam, ihnen extra noch einmal auf, sie sollten bloß nicht den Fehler machen abzuhauen. Denn dann würde man ihnen auch diese Unterkunft in Fishta wegnehmen, und sie würden auf der Straße bleiben.

Die Widrigkeiten des Lebens kennenlernen

Zwei Tage nach Schulbeginn kam Tetis und erzählte mir ihre Eindrücke. Die Lehrer und die Kinder hatten sie gut aufgenommen, als hätten sie sich schon gut gekannt. Der Direktor wollte die Noten der letzten zwei Monate von den Schulen in Lezha sehen. Dann erzählte sie mir, wie sie auf dem Rückweg von der Schule Angst hatten, große Angst, weil es schon dunkel war, also hatten sie den ganzen Weg gesungen.

Die Grundschule von Fishta, die unsere Mädchen besuchten, war weit entfernt von unserem Sektor, der eigentlich näher an der Schule von Krajn lag. Das Dorf Fishta war so verstreut, dass sein Ende schwer zu finden war. Vom ersten Tag an lernten wir nur die Nachbarschaft von Mrikas Haus kennen, wo der Laden war. Einmal ging ich in einen anderen Teil des Dorfs, zum Haus des Dorfvorstehers, um eine Genehmigung zu bekommen, aber wiederfinden würde ich das sicher nicht mehr.

Die Schule war in der Nähe der Ambulanz und des Eisenwarenladens in der Dorfmitte. Wenn sie aus der Schule kamen, gingen die Kinder an der Ambulanz und den Läden vorbei, dann kam ein langes Stück an den Maisfeldern entlang, dann ein Weiler mit Hunden, Lagerhäusern und einigen Gebäuden der Kooperative, dann der Schafstall und schließlich die Autostraße. Sie mussten zwei Brücken ohne Geländer überqueren, was auch für uns unheimlich wurde, als der Magazinverwalter Berti, ein großer und kräftiger Mann, tot auf dem Beton des Bewässerungskanals unter der Brücke gefunden wurde. Wenn der Murlan wehte, konnte er problemlos einen Erwachsenen von der Brücke blasen, und erst recht ein Kind.[72] Aber wie

72 Der Murlan ist ein kalter, trockener und oft starker Fallwind aus den Bergen Nordalbaniens, ähnlich der Bora in Kroatien oder dem Mistral in Südfrankreich.

schön, berührend, schmerzlich war der Versuch der Mädchen, ihre Angst singend zu überwinden. So lernten sie die Widrigkeiten, die Überraschungen des Lebens kennen …

Wie alle in der Familie machte ich mir Sorgen um ihre Bildung. Schon in Lezha wussten wir, dass die Zukunft in diesem „Bereich" nicht rosig sein würde; das sahen wir ja an Gimis Beispiel. Aber dort in Lezha konnten sie wenigstens die allgemeine Oberschule besuchen, die, so hieß es, wohl bald verpflichtend sein würde. Hier im Dorf aber waren Anforderungen und Niveau der Schule gewiss anders. Das Beispiel von Kristina und Angjia, Gjons Töchtern, war vielsagend: Hatten sie die Landwirtschaftsschule von Blinisht nicht mit sehr guten Ergebnissen abgeschlossen? Aber an die Oberschule war nicht zu denken. Nicht einmal eine Fortbildung oder eine Anstellung als Normenbearbeiterin etc., wie es bei den besten Schülern üblich war, konnten sie sich erträumen. Nach den geltenden Vorschriften blieben ihnen nur der „Titel" eines qualifizierten Arbeiters und eine entsprechende Bezahlung. Aber beim Grumbullim war eine Eingruppierung nach Qualifikation nicht umgesetzt worden, sodass die feinfühlige Angjia nicht mehr bekam als irgendein halber oder ganzer Analphabet mit breiten Schultern.

Die Schule in Fishta war ein einstöckiges Gebäude mit zwei altersübergreifenden Klassen. Es musste schon vor langer Zeit gebaut worden sein, fiel also nicht besonders ins Auge, obwohl die Lehrer versuchten, es gut in Schuss zu halten. Nach vielen, vielen Jahren erlebte ich nun, wie eine altersübergreifende Gemeinschaftsklasse funktionierte. Die Lehrkräfte stammten vom Dorf und waren am Institut von Shkodra oder in der pädagogischen Schule ausgebildet worden. Sie begrüßten uns freundlich und beantworteten höflich die Bitten und Fragen, die wir für unsere Mädchen stellten. Auch die Dorfkinder waren nett und freundlich, ebenso ihre Eltern. Ana und Tetis fühlten sich wohl und freundeten sich mit ihren Klassenkameradinnen an. Es gab keine Beleidigungen wegen des Vaters oder der Großväter, wie sie in Lezha immer wieder vorgekommen waren. Ana und ihre Freundin Leta beeindruckten alle anderen, auch weil sie sehr gut waren. Im nächsten Schuljahr wechselten sie in die Mittelschule in Troshan. Für Tetis, die in Fishta blieb, wurde dadurch der Rückweg am Abend schwieriger.

Alle Kinder aus Fishta, die auf die Mittelschule in Troshan gingen, nahm ein Fahrer von der Instandhaltung aus Krajn mit. Bei den Hühnerställen lud er sie auf die Ladefläche seines ZIS und setzte sie dann bei der Schule ab. Die Schule war ein Neubau, Typ Modellschule, einstöckig. Sie war das ansehnlichste Gebäude in diesem traditionsreichen Dorf, in dem es einst ein Kolleg gegeben hatte, an dem At Gjergj Fishta und Shtjefën Gjeçovi gelehrt und gelernt hatten.[73] Die Rückkehr von Troshan nach Fishta war an regnerischen und kalten Tagen schwierig; wenn der Murlan tobte, fast unmöglich.

Als sie noch in Lezha in Krippe und Kita war, war das Krankenhaus für Tetis zum zweiten Zuhause geworden. Nun hatten sie die weiten Wege in Fishta offenbar abgehärtet; sie war nur noch selten krank. Die frische Luft, die Natur taten ihr gut. Und mit welcher Neugier und Freude entdeckte sie das Landleben! Wie sie den Schafen, den Lämmern hinterherrannte, mit welchem Vergnügen sprang sie auf den Karren der Kooperative! Die beiden lebten in Armut, mit großen Entbehrungen, mit dem Leid und Stress der Erwachsenen, aber Anas Lernwille ließ nicht nach, im Gegenteil. „Um Ana braucht ihr euch keine Sorgen zu machen", sagte mir eines Tages der Direktor der Schule. Ein Jahr nach Ana ging auch Tetis auf die Schule in Troshan.

In einer Kiste waren meine Französisch-Bücher aus der Schule. Wir hatten auch die neuesten Ausgaben, aber ich war an die gewohnt, mit denen ich selbst gelernt hatte. Auch Fatos und Gimi hatten mit diesen alten Büchern gelernt. Warum sollte ich nicht, so gut ich konnte, mit den drei Mädchen arbeiten? Wir lernten jeden Tag. Welche Freude bereitete mir diese Arbeit, vor allem mit Leta und Ana. Mir gefiel, mich überraschte dieses kleine, schlaue Mädchen aus der Mirdita. Auch Ana lernte gut, aber die „Perspektive" – „Was wird uns das bringen?" – motivierte sie nicht. Tetis dagegen ärgerte mich, weil sie manchmal gar nicht lernte.

Dennoch, ich war überzeugt, etwas Sinnvolles zu tun, und war sehr zufrieden. Mithilfe der Familie Richard in dem Lehrbuch lernten die Mädchen nicht nur Französisch. Eines Tages las Ana in dem Text: „Über dem Kamin steht ein Spiegel." Sie riss überrascht die Augen auf und fragte: „Wie – über dem Kamin?" Seit sie geboren war, hatte Ana nur staatliche Wohnungen kennengelernt, wo die Kamine auf dem Dach waren. Leta und ich kannten auch Zimmer mit Kaminen. Wir schafften das erste Buch und die Hälfte des zweiten. An der Schule in Troshan wurde Französisch unterrichtet, wofür unsere Arbeit den Mädchen zugute kam.

73 1882 eröffneten die Franziskaner in Troshan eine erste Schule. Gjergj Fishta (1871–1940) war Franziskaner, Übersetzer, Dichter und einer der wichtigsten Intellektuellen Albaniens. Mit „Lahuta e Malcís" (Die Laute des Hochlands) schrieb er das große Heldenepos Nordalbaniens. Während der kommunistischen Diktatur war sein Werk verboten. Shtjefën Gjeçovi (1874–1929) war katholischer Priester und Ethnologe. Er stammte aus Janjevo im heutigen Kosovo. Zwischen 1905 und 1920 sammelte und veröffentlichte er mündliche Überlieferungen im Norden Albaniens, u.a. zur Folklore und zum Gewohnheitsrecht, darunter den Kanun des Lekë Dukagjini. 1929 wurde er von serbischen Nationalisten ermordet.

Als Fatos uns ein Telegramm aus dem Gefängniskrankenhaus in Tirana schickte, waren wir sehr erschrocken. Nach Gimis Streit mit denen von der Dega und der offiziellen Mitteilung, dass Passierscheine für solche Fälle verboten seien, überlegten wir uns, Ana und Tetis mit Shpëtim nach Tirana zu schicken. Er nahm es sofort auf sich, sie dorthin zu begleiten.

Aber wie verzweifelt, traurig und niedergeschlagen sie aus Tirana zurückkehrten! Sie hatten nicht einmal die Möglichkeit bekommen, ihrem Vater die Hand zu drücken! Ein Treffen auf Distanz, unter der feindseligen Aufsicht einer Krankenschwester, die vielmehr eine Gefängniswärterin hätte sein sollen. Diese Reise traumatisierte die Mädchen, uns dagegen beruhigte sie. Fatos hatte nichts Ernsthaftes gehabt.

Grumbullim

Unser Sektor des Grumbullim hatte viel Land, auf dem Klee, Weizen, Mais und Sonnenblumen angebaut wurden. In seinen Lagerhallen in Blinisht wurde die von den Kooperativen im Umkreis an den Staat abgegebene Ernte gelagert. Hier im Sektor, auf dem Gelände des ehemaligen Lagers, lagerten chemische Düngemittel, ausgewähltes Saatgut und ein wenig Salbei. Den Dünger brachten sie zu unterschiedlichen Zeiten, und so mussten unsere Jungs oft hingehen und ihn abladen.

Außer den Verbannten arbeiteten beim Grumbullim auch einige Anwohner von der Vereinigten Kooperative in Blinisht, die die Dörfer Fishta, Krajn, Baqël, Troshan, Piraj und Blinisht umfasste. Wie sie das schafften, weiß ich nicht. Hier bekamen sie die Löhne der staatlichen Landgüter, während sie in der Kooperative 60 bis 70 Lek pro Arbeitstag erhielten. Zudem bekamen die beim Grumbullim Beschäftigten als „entgeltfreie Vergünstigung" auch noch ein Weizenbrot.

Gjergj, der Brigadeleiter, war aus Krajn. Die Äcker des Grumbullim um uns herum waren karg und trocken. Die fruchtbaren Felder, die bewässert wurden, lagen weit entfernt in Baqël und Blinisht. Die Arbeiten wurden mit Traktoren erledigt, die Bewässerung mit Motorpumpen, der Weizen mit Mähdreschern geerntet. Dennoch gingen alle Arbeiter jeden Morgen mit den der ihnen zugewiesenen „Front" entsprechenden Werkzeugen aufs Feld. Das waren Rundhacken, Spitzhacken oder Schaufeln und oft ein Sack über der Schulter oder ein großer Beutel vor den Bauch gebunden.

Das den Lubonjas zugewiesene Wohnhaus in Fishta, fotografiert in den 1990er-Jahren

In den Tagen, als wir ankamen, wurden die Felder bestellt. Zana, Gimi und Fadil kannten sich mit dieser Arbeit nicht aus. Zudem war das Plansoll, wie die anderen Arbeiter sagten, auch für sie sehr hoch. Gimis Lohn für die ersten zwei Wochen war deprimierend: 50 neue Lek. Außer dem, was Gimi bekommen würde, und meinen 350 Lek Rente hatten wir keinerlei Einkünfte. Bedrückend war zudem, dass der Grumbullim, wie es hieß, im Gegensatz zu den Staatsgütern Regentage nicht bezahlte. Und von diesen gab es viele! Wovon sollten wir leben und Fatos und Todi weiterhin zumindest ein wenig unterstützen? Und Zana mit den Mädchen, was sollte sie tun? In der Stadt war es anders gewesen, sie war in einer Kollektivbrigade für Bau- und Installationsarbeiten beschäftigt gewesen, eingestuft als Ingenieur in der Produktion. Jetzt aber zählte sie jede Wurzel, die sie gehackt hatte, verzweifelt, weil das Plansoll noch so weit entfernt war. Als Zana nach vielen Anträgen wieder zu den Installationsarbeiten versetzt wurde, waren wir alle erleichtert. Aber nur für kurze Zeit, da man sie bald wieder zum Ackerbau schickte.

Feldarbeit im Herbst, Feldarbeit im Frühling, Feldarbeit im Sommer. Gimi musste immer mit der Hacke ran, am schlimmsten war aber die Arbeit bei der Vereinzelung der Sonnenblumen. Auch diese Verbrüderung (d.h. die Bestäubung der Maispflanzen) war nicht ohne. Für diese Arbeit brauchte man auch eine bestimmte Gewitztheit, die Gimi fehlte. Das hatte mir schon eine Frau in Lezha gesagt, als er dort im Wald arbeitete: „Dein Sohn versteht das nicht. Ich sag ihm, ‚hau zwei Mal kräftig rein und lass es dann gut sein', aber er hört nicht auf mich. Wo gibt es denn heute noch Ehrlichkeit?", fuhr sie fort.

Im Sommer gab es noch andere Arbeiten, die nicht weniger schlimm waren: Die „Buketts" der Sonnenblumen zu ernten, sie Stück für Stück von den hohen, schon trockenen Stängeln zu pflücken, bevor sie reif wurden, auf dem Acker, in der sengenden Hitze. Das erinnerte mich an die Gemälde von Van Gogh. Wenn an die Stelle der „klassischen" Werkzeuge wie Hacke, Spitzhacke und Schaufel mal ein Sack oder Beutel mit Kunstdünger traten, war es auch nicht besser. Nitrat, Superphosphat und Harnstoff verteilte man mit beiden Händen, rechts und links, über die Pflanzen auf dem Feld. Wenn schon die Kleidung unter diesen chemischen Substanzen so litt, kann man sich vorstellen, was dieses staubige Pulver in acht langen Arbeitsstunden der Lunge, der Haut, den Händen, den Haaren, dem gesamten Organismus antat.

Manchmal wurde Gimi nach Blinisht geschickt, um in den Magazinen die Ernte aufzuladen – eine anstrengende, erschöpfende Arbeit, wenn auch besser bezahlt als die Feldarbeit. Das war das Richtige für Luti, der nicht nur stark war, den die Not stark machte. Seine Frau Rosa musste er zu Hause bei der Tochter (später zwei Töchtern) lassen. Wohin sollten sie das Kind schicken? Bei der Feldarbeit konnte ihr keiner das Wasser reichen, aber auch sie kam manchmal sehr unzufrieden nach Hause. In einigen Arbeitsprozessen war die Norm einfach unerreichbar.

Ich wunderte mich, dass Gimi lieber mit der Spitzhacke zu den Kanalarbeiten ging. Mich schreckte schon der Gedanke, dass er in hartem Boden sieben und in weichem Boden neun Kubikmeter schaffen musste. Aber diese Arbeit war nichts Neues für Gimi. Das hatte er in der Armee gemacht, beim Baubetrieb, in der Kommune, in der Forstwirtschaft, in Lezha … und unwillkürlich erinnerte ich mich an Hekuran Lato, den Helden der „Straße der Jugend" von Kukës nach Peshkopi. 1946 stand sein Name in allen Zeitungen, ein Freiwilliger, auch der „menschliche Bagger" genannt, schaffte sechs Kubikmeter. Sein Foto mit der Spitzhacke auf der Schulter fand auch Eingang in eine Publikation, die das Zentralkomitee der Jugend damals für das Ausland erstellte.

In jenen ersten Tagen, als wir noch mit all unseren Sachen dastanden und nicht wussten, wohin damit, war ein Abgesandter des Betriebs gekommen und hatte Gimi eine glänzende Zukunft eröffnet: „Es stimmt, dein Vater ist ein Sträfling, aber dir stehen alle Wege offen, denn du hast alle Rechte. Du kannst sogar Held der sozialistischen Arbeit werden." Nun waren wir erschöpfter und bedrückter denn je, aber wenn wir uns an diese Worte erinnerten, brachten sie uns jedes Mal zum Lachen. Spottend zitierten wir ihn und bedauerten ihn zugleich: Dieser arme Agitator war nicht nur gezwungen, zu uns nach Hause zu kommen und sich dort auf einen Stuhl zu setzen – für einen anderen würde das schon als Verbrechen gelten; zudem musste er uns noch solche Märchen auftischen, denn die Wahlen standen vor der Tür, und gewiss hatten sie ihm diese Arbeit auferlegt.

Soweit ich das mitbekam, war es nicht nur die schwere körperliche Arbeit, die Gimi so auslaugte. Es war eine permanente Verzweiflung, eine chronische Bedrücktheit, manchmal begleitet von Wut und Empörung. Gimi führte regelmäßig genaue Aufzeichnungen über seine tägliche Arbeit. Oft bemerkte er, als er nach zwei Wochen seinen Lohn bekam, dass dieser nicht der tatsächlich geleisteten Arbeit entsprach. Vielleicht legten sich der Normenbearbeiter oder der Brigadeleiter auf diese Weise eine kleine Reserve an?

Diese ewige Armut war sehr belastend. Wenn es regnete und der Tag nicht bezahlt wurde, ärgerte sich Gimi noch mehr. Er begann, Pläne zu schmieden, inspiriert von Vorschlägen, die uns gemacht wurden: „Wenn ihr im Hof vor eurer Tür einen Garten anlegt, könnt ihr damit hunderttausend Lek pro Jahr verdienen." So viel verdienten wir nie, auch wenn man seine Arbeit und meine Rente zusammennahm. Aber es war weniger diese „phantastische" Zahl, sondern unser Bedürfnis nach Gemüse, warum wir mit dem Garten anfingen. Als sie uns zu Beginn über die Vorschriften informierten, teilten sie uns auch mit, dass wir von der Kooperative nichts bekommen würden außer Milch, je nach Saison zwischen einem Achtel und einem Viertelliter pro Person und Tag. Die Leute im Dorf bauten Gemüse in ihren Gärten an. Reis und Nudeln gab es im Laden reichlich, aber so, als Suppe gekocht, hingen sie uns allmählich zum Hals heraus. Eines Tages ging ich zum großen Kanal, um Löwenzahn zu sammeln. Ich hatte ein großes Netz voll, aber als ich sie Lida zeigte, musste ich sie wegwerfen; es war eine ungenießbare Sorte. Als Lidas Mutter aus Tirana kam, zeigte sie uns den Sauerampfer, den Gänsefuß, die wilde Malve, die wilde Paprika, den Portulak, wie man Brennnesseln zubereitet usw. Das war für mich wie ein Wunder! Aber zu einer Mahlzeit gehörten eben auch Zwiebeln, und dafür brauchte man einen Garten.

Also stieg Gimi, nachdem er müde von der Arbeit kam, mit der Axt über der Schulter auf den Berg, um Stöcke und Zweige für einen Zaun zu schlagen. Die Vorbereitung dieser hundert Quadratmeter waren viel anstrengender als die Arbeit auf dem Feld. Besonders anstrengend war es, die Steine herauszuholen, die er schön ordentlich aufstapelte. Gimi schenkte sie einem aus dem Dorf, obwohl jemand ihm vorschlug, sie zu verkaufen … Wir beeilten uns, die Zwiebel-„Parzelle" anzulegen, weil wir schon spät dran waren. Alle anderen hatten

Liri und Agim Lubonja in Fishta, ca. 1984

sie schon eingepflanzt. Auch Shpëtim half uns. Ich begann, mich „theoretisch" auf die Gartenarbeit vorzubereiten, denn die schweren körperlichen Arbeiten konnte ich nicht machen. Aus dem Gemüsebuch von Kristinas Landwirtschaftsschule machte ich mir Notizen über die physischen und biologischen Anforderungen der Pflanzen, die wir anbauen wollten. Auch eine Art Kalender der besten Zeiten für die Aussaat machte ich. Aber die Erfahrung dieses ersten Jahres lehrte uns, dass neben der Arbeit und den Kenntnissen auch Kompost erforderlich war. „Kenntnisse" brauchte man auch über den Bewässerungsplan, sonst bekam der Nächste dein Wasser, ohne sich Böses dabei zu denken.

Trotzdem, auf diesem neu gerodeten Land hatten wir schon im ersten Jahr eine gute Ernte. Wir freuten uns, dass die Zwiebeln so gesund wurden, wie die Experten das nannten. Daran fehlte es uns jetzt nicht mehr. Mit großem Vergnügen flochten wir die Zwiebeln zu Zöpfen, die wir an der Hauswand aufhängten. So hatten wir uns die alte Bauernweisheit – hast du Zwiebeln, hast du Essen – zu eigen gemacht.

Prahlen konnte ich auch mit dem einen Quadratmeter Petersilie, die ich gezogen hatte. Das war genug für diesen Winter. Im nächsten Frühjahr war der Boden schon bereit für die Aussaat. Am Zaun wuchsen Tomaten, Paprika und Kürbisse und entwickelten sich gut, besonders die Tomaten. Wenn man die Geiztriebe ausbrach und nach dem fünften Blütenstand die Triebspitzen entfernte, wurden sie schnell rot. Das war eine schöne Sache; von diesen großen, herzhaften, roten Kugeln leuchtete der Garten. Viele Passanten blieben stehen, um sie anzusehen; es war wirklich eine Augenweide. Um Tomatensoße einzukochen, fehlten uns die Töpfe, und die Technik der Bauern, sie auf mehlbestäubten Flächen in der Sonne zu trocknen, kannten wir nicht, mussten im ersten Jahr also darauf verzichten. Die Paprikas fingen an, gelb und dann rot zu werden, die Kürbisse wurden schnell groß, ja gigantisch und unserem Zaun gefährlich. Am meisten genossen wir die Kürbiskerne, mit Salz geröstet.

Die Okraschoten wurden nichts, weil sie viel Wasser brauchten. Aber weil sie so groß wurden, mit so schönen Blüten, pflanzten wir sie weiter an. Diese Pflanze, die ich vorher gar nicht kannte, brachte Abwechslung in den Garten. Auch bei den Bohnen, dem Eiweiß der Armen, um die wir uns genauso kümmerten wie um die Zwiebeln, hatten wir keinen Erfolg. Die, die sich auskannten, lobten uns schon und sagten, wir würden sicher zehn bis fünfzehn Kilo ernten, da überfiel sie eine kleine Fliege, die sogenannte Schwarze Fliege, und alles war kaputt. Auch waren sie so empfindlich beim Gießen. Das Wasser kam aus einem Bach, der seinen Ursprung in Krajn hatte und für uns nach dem Murlan das schweißtreibendste Problem war. Die Männer aus unserem Sektor machten sich daran, ihn zu begradigen und zu vertiefen. Aber die aus Krajn ließen uns Verbannten kaum Wasser übrig. Sogar die Familie neben uns hielt es für völlig normal, uns das Wasser abzugraben und den Bach zu ihrem Grundstück umzuleiten. Sich darüber zu streiten wäre übertrieben und zwecklos gewesen.

Dennoch, obwohl der Garten mehr Erschöpfung als Ertrag brachte, verschönerte er die Ansicht unseres Hauses. Die Flaschenkürbisse, die wir als Schattenspender gepflanzt hatten, bildeten einen schönen Baldachin über der Veranda. Dutzende hingen über unseren Köpfen, das sah lustig aus. Die Leute im Dorf bearbeiteten diese Kalebassen irgendwie und verwendeten sie dann für Schnaps. Wir schenkten sie den Kindern, die sie zum Spielen haben wollten. Gimi pflanzte auch einige Reben, die Wurzeln schlugen und sich schön entwickelten. Kurz und gut, uns winkte eine „goldene" Zukunft.

Der Kampf ums Überleben brachte Gimi dazu, das Sensen zu lernen. Die Klee-Ernte brachte Geld. Die Arbeit war hart, sie begann vor Tagesanbruch, es gab keinen freien Tag, und bis zu dem Ort namens Harriet jenseits von Blinisht war es ein ziemlicher Marsch. Das größte Problem war, eine Sense zu finden, aber Gimi konnte das lösen. Dies war die erste Voraussetzung, um diese Arbeit zu bekommen, denn der Sektor hatte keine mehr auf Lager. Gimi machte das leidenschaftlich und hoffnungsvoll und wurde gut darin. Die Arbeit war anstrengend, erforderte eine kräftige Ernährung, Proteine, die uns fast vollständig fehlten.

Nicht umsonst sagten die Bauern, von der Arbeit mit Sense siehst du irgendwann selbst wie eine Sense aus: dürr, knöchern und gebeugt. Ich bekam Angst, als ich Gimis Rippen sah. Wie war es möglich, man konnte sie einzeln zählen, eine nach der anderen! Zum ersten Mal sah ich in Wirklichkeit so hervorstehende Rippen, wie ich sie nur aus Filmen oder Fotos kannte. Und der Gedanke, dass dies die Rippen meines Sohnes waren und ich ihm überhaupt nicht helfen konnte, etwas Fleisch auf die Rippen zu bekommen! Auch die Bauern, die beim Grumbullim arbeiteten, waren wie mein Sohn, verhärmt und ausgezehrt, schon früh alt geworden.

Die Menschen im Dorf

1949, als die beiden Jugendorganisationen vereinigt wurden, verbrachte ich achtzehn Tage in der Zadrima, zusammen mit meiner Freundin Nurije Hafizi, Mitglied des Kreisjugendbüros. Wir besuchten fast alle Dörfer der ehemaligen Gemeinde Dajçi. Als ich nach Tirana zurückkehrte, sagte Ramiz Alia, der erste Sekretär des Zentralkomitees der Jugendrates, zu mir: „Die Zadrima hat dir gutgetan.“[74] Damals hatte ich mich dort nur von Milchprodukten ernährt: Joghurt, Weichkäse, Vollmilch, dazu ein weißes, süßes, weiches Maisbrot, im Saç gebacken. Da gab es mehr zu essen als zu Hause; die Dorfbewohner waren gut versorgt.

Nach mehr als dreißig Jahren war ich jetzt zurück in der Zadrima, nachdem die Kollektivierung abgeschlossen war, aus kleinen Kooperativen große geworden waren und die Partei den Aufbau der wirtschaftlichen Basis des Sozialismus in Stadt und Land verkündet hatte. Lautstark propagiert wurden

74 Ramiz Alia (1925–2011) war einer der engsten Vertrauten Enver Hoxhas, den er 1943 als Partisan kennengelernt hatte. Er war Generalsekretär des Jugendverbands, dann Bildungs- und Kulturminister, Mitglied des Politbüros und Staatspräsident. Todi und Liri Lubonja waren mit dem Ehepaar Ramiz und Semiramis Alia befreundet.

die Vorzüge der Kollektivierung für die Bauernschaft, die Überlegenheit des Genossenschaftssystems und … viele, viele andere „Siege".

Den ersten Zadrimern begegnete ich auf der Straße, als ich in den Laden ging. „Wie steht's?" grüßte der erste, den ich traf. In den ersten zwei, drei Tagen hörte ich verwundert „Bist du müde?" als Gruß zur Mittagszeit und „Bist du sehr müde?" am Abend. Bei diesen armen Bauern spiegelte schon die Art zu grüßen die Mühsal ihrer Arbeit wider. Anfangs wandte ich den Kopf, um zu sehen, ob jemand hinter mir ging, aber nein, der Gruß galt mir. Ich antwortete aber nicht. Bestimmt wissen sie nicht, dass ich verbannt bin, dachte ich, und indem ich nicht antwortete, ließ ich sie das wissen. Aber rasch merkte ich, dass das nicht nötig war, dass ich die Begrüßung erwidern sollte, um den Menschen zu respektieren und diesen guten Brauch zu achten, diese Geste der Höflichkeit, der ich hier zum ersten Mal begegnete.

Ich gewann eine gute Meinung von den Zadrimern: Sie waren freundliche, gescheite, anständige Menschen. Eine Art von Demut fiel mir auf, die ich in meiner Fantasie mit früher gehörten Geschichten verband: Einst, vor langer Zeit, hatten sie sehr unter den Banditen aus der Mirdita gelitten, die von den Bergen herabkamen und ihnen das Vieh raubten. Ich weiß nicht, ob das wirklich so war, aber mir schienen die Zadrimer von Natur aus sehr sanftmütig. Vielleicht vermittelte mir schon einer der ersten Menschen, mit denen ich sprach, diesen Eindruck. Es war Samstag. Wir saßen auf dem Platz vor dem Laden der Kooperative, wo Fleisch verteilt werden sollte, ein seltenes Ereignis. Wir warteten auf die Zerteilung des Rinds, das nach dem Entscheid des Tierarztes (Beinbruch, Unfall oder Kleevergiftung, vielleicht ein alter Ochse) zum Schlachten ausgewählt worden war. Der Mann, mit dem ich sprach, war schon etwas älter und von kleiner Statur. Ich hörte ihm neugierig zu, auch weil er der Bruder des großen Dichters Gjergj Fishta war.[75] Fishta hatte ich noch im Gedächtnis, wie er eines Tages, kurz nachdem er in die italienische Akademie aufgenommen worden war, unsere Schule, die Mädchen-Lehranstalt von Tirana, besucht hatte. Nun versuchte ich, bei diesem Mann eine Ähnlichkeit mit dem Dichter zu entdecken, während er mit leiser, weicher Stimme – das meinte ich mit Demut – mit mir sprach. Er erzählte mir, er habe als Landvermesser im Agrarministerium gearbeitet und sei dann auf eigenen Wunsch aus Tirana in sein Dorf zurückgekehrt. Er fand es bedauerlich und schmerzlich,

75 Der 1871 geborene Gjergj Fishta hatte nur ältere Geschwister; gemeint ist wahrscheinlich ein Neffe, wohl Nik Toma (1934–2002), der sich sehr für die lokale Folklore engagierte, https://www.facebook.com/vllaznitdomgjon/posts/1434271056741523/. Während der kommunistischen Diktatur war der katholisch und antislawisch geprägte Nationaldichter der „Lahuta e Malcis" (Laute des Hochlands) verboten.

dass sein Bruder verunglimpft und vergessen werde. Aber dann wurde er wieder lebhaft und berichtete, ohne seine Freude zu verhehlen, dass Gjergj Fishtas „Lahuta" sehr gefragt sei und bis zu tausend Lek dafür bezahlt würden.

Später widerfuhr diesem Mann ein großes Unglück. Sein ältester Sohn Berti wurde in der Nähe von Mrikas Haus tot unter der Brücke gefunden. Viele Vermutungen wurden angestellt, die Staatsanwaltschaft kam auch. Vermutlich war er nachts herabgestürzt, da die Brücke kein Geländer hatte. Berti war Magazinverwalter, aber ich wunderte mich: Wie war es möglich, dass er, der Neffe des geächteten Dichters, Mitglied der Partei der Arbeit war?

Als ich zum Milchladen ging, nahm ich ein leeres Marmeladenglas mit, keine Flasche, weil Gimi und mir nur 0,2 Liter zustanden. Auch die anderen kamen nur mit Gläsern, manche mit einer Halbliterflasche, eigentlich für Schnaps. Eine veräppelte die, die das Glas gerade zur Hälfte gefüllt hatte: „Wie misst du das denn ab, mit einer Pipette?" Und die Frau mit dem Glas gab scherzend zurück: „Ach, früher haben wir uns geärgert, wenn sie uns fünfzehn Liter gab!" Sie erinnerten sich an die Kühe, die sie nicht mehr hatten. Ich hörte diesen Frauen zu, die die Kraft fanden, sich über das Übel lustig zu machen, das ihnen widerfahren war, während ich mich schämte, ihnen in die Augen zu sehen. Mit meiner Arbeit, was auch immer es war, hatte ich lange Zeit dazu beigetragen, dass sie in diese „glückliche" Lage gekommen waren. Ich fragte mich verzweifelt: Wie ist das möglich? Als ich nach Hause zurückkehrte, wollte ich mich hinsetzen und Ramiz Alia einen Brief schreiben. Ich wollte ihm erzählen, was ich im Laden gesehen hatte, und es mit der Lage im Juni 1949 vergleichen, aber ich ließ es sein. Als ob sie die miserablen Zustände auf dem Land nicht kennen würden!

Eines Tages folgte mir eine arme Bäuerin und bat mich schüchtern um einen halben Laib Weizenbrot. Sie hatte ein krankes Kind. „Das Maisbrot kriegt es nicht runter." Ich hätte diesem Kind gerne einen halben Laib Weizenbrot geben, nicht nur einmal, sondern jeden Tag, aber das ließ Zef nicht zu, der das Brot mit dem Fuhrwerk aus Gjadër brachte. Er kannte bereits die „Norm" unseres Verbrauchs, er wusste auch, dass wir nie Besuch hatten, und obwohl wir immer weniger bekamen, als uns eigentlich zustand, antwortete er, als wir ihn um ein halbes Brot mehr baten, rundheraus: „Hab ich nicht." Auch er hatte Verwandte und Freunde.

Einige aus dem Dorf hatten die Nase voll und machten ihrer Verwunderung, Unzufriedenheit und Empörung Luft: „Was soll das, die Verbannten kriegen Weizenbrot und wir bloß Maisbrot?" Ich musste ihnen recht geben. Sie produzierten den Weizen, füllten damit die Lagerhäuser von Blinisht für die Stadt, während sie selbst diese Maisbrote essen mussten, aus gelben, geschmacklosen Hybridpflanzen, denkbar schlecht gemahlen, ungesiebt und mit kaltem Wasser vermengt. Gebacken wurden sie in der Bäckerei von Troshan. Von dort brachte sie Nufi, der Kutscher, normalerweise kalt und hart, und warf sie vom Karren herab wie Diskusscheiben den Verkäufern zu.

Neben der Ambulanz und dem Laden war die Schule. Während wir auf die Milch warteten (nachdem die Kühe gekalbt hatten, gaben sie uns jeweils einen halben Liter, und das war der Gipfel der Freude), auf den Arzt, die Krankenschwester oder den Verkäufer des Eisenwarenladens, kamen die Schüler zur großen Pause heraus. Sie spielten Himmel und Hölle, sprangen auf einem Fuß über die auf den Boden gezeichneten Quadrate hinter dem Steinchen her und aßen dabei ihr Frühstück. Über ihr Maisbrot war eine durchsichtige Flüssigkeit geschüttet; ich versuchte herauszufinden, was das war. Käse, Butter oder Joghurt konnte es nicht sein. Ich zerbrach mir den Kopf, aber kam nicht darauf. Später erfuhr ich, dass die Bauern aus der wenigen Milch, die sie bekamen, Käse machten, der für besondere Anlässe, vor allem für Besuch, aufgespart wurde. Die Kinder und die Männer auf dem Feld bekamen in Flaschen die Molke vom Käsemachen. Im staatlichen Konsumladen gab es nur manchmal, meist an Feiertagen, Käse; er war rationiert.

Eines Nachts hörte ich den lauten Schrei eines Tieres, den ich nicht zuordnen konnte. Er kam aus dem Haus von Ndue und seiner Familie, die vor langer Zeit aus der Mirdita herabgekommen war und nicht weit von uns lebte. Wir hätten nicht gewusst, was passiert war, wenn nicht am nächsten Tag in unserem „Städtchen" darüber gesprochen worden wäre. Die schrillen Schreie, die der ganze Sektor gehört hatte, stammten von einem Schwein, das sie nach Puka weggebracht hatten. Bei dieser Gelegenheit erfuhr ich einige seltsame, wie erfunden wirkende Geschichten. Die Familie von Ndue züchtete immer Schweine, vollkommen illegal. Ihr Haus war etwa hundertfünfzig Meter von uns entfernt. Sie wussten, dass ihnen von uns nichts drohte, aber sie wohnten auch an der Straße nach Baqël. Das Schwein quiekte laut, als sie es auf den Laster luden, aber überzeug ein Schwein mal, dass es in der Illegalität lebt und leise sein muss! Daher gaben sie, wie es hieß, dem Schwein immer Schnaps, damit es betrunken vor sich hindämmerte. War das wahr? Ich weiß es nicht, aber ich weiß, dass die Alte dort sogar mitten am Tag nach Branntwein roch.

Aber die andere Geschichte, die sie erzählten, mochte ich nicht glauben. Der Rat des Dorfes hatte die Aufgabe, die Häuser auf Schweine hin zu kontrollieren. Laut unseren Frauen hatten sie bei Ndue bei einer überraschenden Kontrolle das Schwein in das Bett der Schwiegertochter gelegt, es gut zugedeckt und ihnen gesagt, die Schwiegertochter sei krank. Bei zwei Leuten aus dem Dorf hatte der Rat Schweine in den Höhlen am Berg gefunden. Am kreativsten war Nufi gewesen: Er hatte den Schweinen auf dem Friedhof des Dorfs ein großes Grab gebaut. Das hatten sie nie entdeckt. Ich habe in Fishta nie ein Schwein gesehen.

Eines Tages, als ich vom Laden zurückkam, ging ich zu Mrika. Es war das einzige Haus, das wir Verbannten fast alle ohne Angst betraten. Mrika und ihr Mann Noci, zwei kinderlose Alte, waren immer gastfreundlich. Ihr Haus war eine zweistöckige, steinerne Kulla[76], die im Laufe der Zeit grau geworden war: Das Obergeschoss wurde zum Wohnen genutzt, im Erdgeschoss waren Stall und Holzlager. Von der Kooperative bekamen sie eine Unterstützung von monatlich 100 neuen Lek. Davon und von einigen Einkünften aus ihrem Garten, von Eiern und Schnaps, mussten die beiden leben. Wir kauften Eier und manchmal Granatäpfel bei Mrika, wenn wir zu Todi oder Fatos fuhren. Solche Granatäpfel, so groß und so süß, hatte ich vorher noch nie gesehen. Ich schlüpfte auch bei Mrika unter, wenn mich der Regen oder der Murlan unterwegs erwischten. Dann saß ich am Herd, einem rauchigen Kamin, wo normalerweise ein kleiner Tontopf köchelte. Als ich einmal in der Zeit der Weinlese kam, durfte ich daraus kosten; es waren Çilek-Trauben, aus denen in großen Fässern Schnaps gemacht wurde. Mrika fragte mich immer: „Habt ihr was gehört von euren Leuten?" Außer den ehemals Verbannten stellte nur sie solch eine Frage, in der Stadt hatte außer Mria niemand mich so etwas gefragt, wenn ich von meinen Fahrten nach Burrel oder Spaç zurückkehrte.

Von außen sah Nocis Haus ganz ordentlich aus, aber wenn man die Treppe hochstieg, stand man in einem großen Raum mit Kamin. In der Mitte war ein Loch, durch das die Essensreste in den Stall geworfen wurden, der nun leer stand. Links gab es eine Art Annex, in dem Kräuter, Früchte, Gemüse und Schnapsfässer aufbewahrt wurden. Mrika begrüßte uns immer mit einem leichten und freundlichen Lächeln, aber draußen im Sektor kam sie nie auf uns zu. „Einfach so", sagte sie. Auch wir blieben meistens für uns. Noci war ein bedächtiger, schweigsamer Mann. Mrika trug immer ihre Mirdita-Tracht, aber in ihrer wirtschaftlichen Lage und bei der Arbeit im Garten hatte sie es schwer, die Tracht so weiß zu erhalten, wie sie sein sollte. Ich weiß nicht, ob jemand diesen beiden Alten bei schweren Arbeiten half, denn für sie war es schwierig, ja unmöglich, den Berg hochzusteigen und Brennholz für den Winter zu besorgen. Gimi machte das ein paar Mal für sie, da sie ihm leid taten.

Eines Tages traf ich Mrika besorgt und verzweifelt an. Sie erzählte, der Rat sei kontrollieren gekommen und habe ihr Schwein entdeckt. Für mich war Kontrolle gleichbedeutend mit Verhaftung und Gefängnis, also fragte ich

76 Eine Kulla ist ein für Nordalbanien typisches, traditionelles Turmhaus.

besorgt: „Und was wird jetzt geschehen?" Sie haben es dort im Hof geschlachtet, antwortete sie und erzählte, das sei die Regel, wenn das „Verbrechen" entdeckt, d. h. ein Schwein im Haus gefunden wurde. Ich war erleichtert und froh, dass sie damit davongekommen waren, und drückte das Mrika gegenüber auch aus. Sie empfand das aber nicht so. Als ich nach Hause kam und Meli erzählte, was den beiden armen Alten passiert war, begriff ich meine Naivität. Natürlich war Mrika betrübt. Sie hatte drei Monatsrenten für das noch sehr sehr kleine Ferkel bezahlt. Als es geschlachtet wurde, wog es vierzig Kilo, Mrika hatte aber gehofft, dass es hundertfünfzig Kilo Fleisch geben würde, wenn nicht mehr.

Eine neue Überraschung für mich war die „Begegnung" mit einer Schafherde der Kooperative, die nicht weit von uns einen Stall hatte, auf der Straße, die zum Laden führte. „Wie schön ist die Herde, wie heiter stimmen die Tiere, schwärmen heran wie die Bienen, es segne sie Gott."[77] Wer hatte nicht diese Verse von Naim Frashëri in der Schule gelernt und hatte nicht die Schafherde vor seinem inneren Auge, den Leithammel mit der Glocke, wie er die weißen Lämmchen anführt, die ihren Müttern folgen?

Einige Einwohner des Spitalsviertels und auch von Sherri, dem alten Lezha, hatten solche Lämmer. Sie waren so schön, dass ich Ana mit ihnen fotografierte. Aber als diese Herde in Fishta vor mir vorbeizog, traute ich kaum meinen Augen. Was für eine Farbe hatten diese Schafe? So grün und dunkel hatte ich noch keine zuvor gesehen! Ich sah sie genau an: Jedes Schaf schleppte zwei bis drei Kilo getrockneten Dung an sich herum. So trotteten sie dahin, schwerfällig und ungepflegt. Das ertrug ich nicht und sprach den Schäfer verärgert und empört darauf an. Er aber antwortete gleichgültig, ein wenig ironisch. Auch ohne dass er etwas sagen musste, merkte ich, dass diese armen Schafe nicht angemessen gehalten wurden. Offensichtlich standen sie im Stall nicht auf Stroh, sondern in ihrem eigenen Mist. Und so antwortete der Schäfer denn auch. Der Mangel an Stroh und Futtermitteln für das Vieh war in der Kooperative schon chronisch.

Etwas Schönes erlebte ich aber doch mit dieser Herde; ein bewegendes Wunder der Natur. Kaum näherten sie sich dem Stall, begannen die Schafe alle gemeinsam zu meckern. Mit sanfter Stimme antworteten die neugeborenen Lämmer im Stall, auch im Chor. Dieses Meckern ging weiter, bis die

77 „Sa bukuri ka tufa, sa gaz sjell bagëtia, vijnë porsi bletë e plotë, i bekoftë perëndia." Verszeile aus dem 1886 veröffentlichten Gedicht „Bagëti E Bujqësi" („Hirten- und Landleben") von Naim Frashëri. In diesem bekannten Gedicht in der bukolischen Tradition der Romantik idealisiert der in Istanbul lebende Kopf der albanischen Nationalbewegung das traditionelle Landleben in Albanien. Vgl. http://www.albanianliterature.net/authors/classical/frasheri/index.html.

Schafe im Stall waren, dann herrschte völlige Stille. Die Kleinen tranken jetzt bei ihren Müttern die lang ersehnte Milch. Interessiert fragte ich einmal einen alten Schäfer, ob manchmal ein Lamm seine Mutter verwechsele und zu einem anderen Schaf ginge. „Nein, niemals“, antwortete er mir.

Die Zadrima war bekannt für die Truthahnzucht. Auch damals wurden große Scharen in Fishta, Krajn und den anderen Dörfern der Kooperative gehalten. Der Oberveterinär von Fishta hatte sich wohl hauptsächlich um die Puten zu kümmern. Sie waren sehr empfindliche Vögel; Krankheiten wie Typhus oder Kokzidiose waren fast endemisch und richteten verheerende Schäden an, obwohl sie mit Schweizer Arzneimitteln der Firma Ciba behandelt wurden. Ich weiß nicht, ob die Einnahmen der Kooperative diese Ausgaben und Verluste abdeckten, aber vor Silvester sahen wir, wie sich die Straßen von Fishta, Krajn und der ganzen Gegend belebten. Die ZIS-Laster mit ihren großen Drahtkäfigen wurden beladen mit diesen Vögeln, ohne die für die Städter der Feiertag nicht denkbar war.

Lkw-Ladungen mit Hühnern und Puten waren nichts Neues für mich. Ich hatte sie schon im Magazin für Agrarprodukte gesehen, als sie dort vor Silvester ausgeladen wurden. Also erzähle ich gleich von meiner ersten „Begegnung“ mit einer Schar Truthähne damals. „Du, Liri, wirst die Puten hüten“, trug mir der Magazinverwalter Abdulla an jenem Tag auf. Obwohl ich nicht wusste, was bei dieser Arbeit zu tun war, freute ich mich darauf, weil das kurz vor dem Feiertag sicherlich weniger anstrengend sein würde. Ich steckte das Buch, das ich in der Mittagspause las, in meine Manteltasche, setzte mich in die Ecke, wo die Umfassungsmauer an die Lagerhalle stieß, und warf einen Blick auf die Puten vor mir. Es waren ungefähr hundert Stück, ausgewählt, mit glänzenden Federn, ruhig, vielleicht erschöpft nach ihrer „eigenartigen“ Reise von der Zadrima aus.

Das Wetter war schön und mild. So bequem hatte ich im landwirtschaftlichen Magazin selten gearbeitet. Ich fing an zu lesen, als Ymer und Pip am Tor auftauchten. Ymer stieß ein lautes „fru-lu-lu“ aus, und meine Puten antworteten im Chor. Die beiden fingen laut zu lachen an. Dieser Heiterkeitsausbruch, der Spaß, den die beiden hatten, und der kraftvolle, „harmonische“, mir bis dahin unbekannte Chorgesang meiner Puten versetzten mich in eine gehobene Stimmung, anders als die ewige Düsternis dieser Zeit. So angenehm schien der Tag zu verlaufen, aber das letzte Wort war noch nicht gesprochen. Als Ymer und Pip wieder zu der höllischen Ladearbeit in der Lagerhalle zurückkehrten, „steckte ich meinen Kopf ins Buch“ (das war der kritische Ausdruck meiner Mutter, wenn ich auf ihre Rufe zum Essen oder zu irgendeiner Hausarbeit nicht reagierte). Da ließ mich ein Flüstern aufblicken. Es war einer der Bauarbeiter, der immer wohlwollend und freundlich zu mir gewesen war. „Lass das Buch und pass lieber auf die Puten auf. Wenn dir eine geklaut wird, musst du sie bezahlen, weißt du das?“ Mir eine klauen? Ich bezahlen? Daran hatte ich gar nicht gedacht. Diese prächtigen, erlesenen Truthähne kosteten zwei Wochenlöhne. Ich bekam Angst. Ich schloss das Buch und hielt die Augen offen, bis die Truthähne am Ende des Arbeitstages übergeben wurden. Ich war gerettet; alle waren noch da.

Auch wir Verbannten bekamen in Fishta jeweils eine Pute, aber unsere und die von drei anderen Familien waren bald „weggeflogen“, das heißt, sie wurden gestohlen. Diebstähle kamen dort im Sektor andauernd vor: Vor allem Hühner wurden gestohlen, aber auch Gemüse aus dem Garten, zum Trocknen aufgehängte Wäsche und alles andere.

Die landwirtschaftliche Kooperative von Blinisht war, so hieß es, nicht gerade fortschrittlich, im Gegenteil. Als wir dort waren, bekamen wir als Mitglieder sieben neue Lek pro Tag und am Ende des Jahres einige Naturalleistungen. Familien, die viele Arbeitskräfte stellten, ging es nicht schlecht, aber es gab auch solche mit einem Haufen kleiner Kinder, deren Einkommen nicht einmal für das Essen reichte und die deswegen im Laden anschreiben lassen mussten.

Bei Ndues Familie, die neben uns wohnte, hatte ich den Eindruck, dass sie gut zurechtkamen. Sie waren alle erwachsen, unermüdliche Arbeiter, aber ihr Verhältnis zu uns, den Verbannten, war nicht besonders gut. Ursache war ein großer, ja riesiger Maulbeerbaum – so einen hatte ich noch nie gesehen – am Rande des Ackers der Kooperative, nicht weit von uns entfernt; außerdem zwei Pflaumenbäume nahe der Hauptstraße am Bach. Ndues Familie gehörte eine große Obstwiese, umzäunt von einer hohen Brombeerhecke, die sie vom Bach aus bewässerten. Auch im Hof hatten sie viele Obstbäume und einen großen Maulbeerbaum. Aber unersättlich wie sie waren, hatten sie auch ein Auge geworfen auf diese herrenlosen Maulbeer- und Pflaumenbäume, die einzigen Obstbäume der Kinder des ganzen Sektors. Wenn die Maulbeeren reif waren, trafen sich nach der Schule alle Kinder dort.

Aber Ndues Familie konnte das überhaupt nicht vertragen. Aus Maulbeeren macht man guten Schnaps. Die Alte spielte den Aufpasser, schimpfte mit den Kindern und verjagte sie. „Bevor wir in die Kooperative gingen, gehörte dieser Acker uns“, sagten sie. Wir hatten das zuerst geglaubt, aber die Leute aus dem Dorf mochten diese große Gier nicht und erzählten, dass das Feld den Ndues nie gehört hatte, der Eigentümer vielmehr schon vor langer Zeit gestorben sei.

Es war ein täglicher Wettstreit zwischen ihnen und unseren Kindern. Wenn sie aus der Schule zurückkamen, versuchten die armen Kinder, ein paar reife Pflaumen oder Maulbeeren mit einem Stein herunterzuschlagen, die Ndues aber hatten sie schon morgens früh vom Baum geschüttelt.

Von uns schaffte es nur Luti, den Maulbeerbaum hochzuklettern. Auch Kristina, die Tochter unseres Nachbarn Mark, und Meti, der Sohn von Xhevrija, kletterten hoch, wenn die Kinder sie darum baten, aber sie waren zu jung, dreizehn, vierzehn Jahre alt, und konnten nicht viel ausrichten. Wenn Luti früher aus Blinisht zurückkam oder wenn Kristina hochstieg, wurde am Maulbeerbaum sozusagen gefeiert. Die Nachricht verbreitete sich im Sektor, viele kamen mit einer Schüssel oder einem Topf in der Hand angelaufen und sammelten alles, was beim Schütteln herabfiel. Die Kinder waren dann immer alle da.

Eines Tages fällten die Ndues einen der Pflaumenbäume, und die Nachricht ging um, dass sie auch die andere fällen würden, dann auch die Maulbeere. Die Kinder waren verzweifelt. Wir alle wurden wütend. Sogar der Vorsitzende des Rates war verärgert, und so brachte er kurz vor der Reifezeit am Stamm der Maulbeere ein Schreiben des Dorfrats an, dass die diesjährige Ernte des Baums zu verkaufen sei. Darunter stand der – sehr vernünftige – Preis. Luti schlug vor, wir Verbannte sollten sie kaufen. Wir lachten über diesen Einfall des Vorsitzenden und warteten, was die Ndues tun würden. Aber nein, sie tappten nicht in die Falle des Rates. Für fünfzehn neue Lek wäre die ganze Ernte dieses Jahres ihre gewesen, aber auch das hätte die Kinder nicht davon abgehalten, mit Steinen auf die Äste des Maulbeerbaums zu werfen, um an diese großen, süßen Beeren zu kommen. Mit großem Bedauern gaben sie dann wohl auf, und die Maulbeeren blieben für unsere Kinder, auch ohne Bezahlung.

Neue Verbannte

Zu uns vier Familien kamen plötzlich noch weitere Verbannte hinzu. Als Erster kam Osman. Was war das für einer, warum hatten sie ihn verbannt? Seinen Angaben zufolge, weil er mit dem Vorsitzenden des Dorfrats gestritten und ihn niedergestochen habe, während andere Stimmen sagten, er sei ein Dieb, Gauner und Betrüger. Er kam mit seiner Mutter, einer alten, schwarz gekleideten Frau, mit Bass-Stimme und seltsam wilden Augen, die mir ein wenig Angst einjagten. Sie zogen in einen ehemaligen Laden auf der anderen Seite der Straße nach Baqël, uns fast gegenüber. Osman gefiel es hier nicht, er arbeitete überhaupt nicht gern auf dem Feld. Er sagte, er sei in seinem Dorf Bergmann gewesen.

Obwohl er nicht arbeitete, war sein Zimmer voll mit Orangen und anderen Früchten. Wir hatten schon vergessen, wie Zitronen rochen, und sahen verwundert Dutzende ausgepresster Zitronenhälften, die er nicht in den Kanal neben dem Haus warf, sondern vor die Tür, als wollte er die anderen neidisch machen. Eines Tages machten wir uns auf und gingen zu ihm, um ein Kilo Kastanien zu kaufen. Wir sahen, dass er auch Nüsse und getrocknete Feigen hatte. An den Wänden hingen Äste mit jeweils zwei, drei Äpfeln, mit Bindfäden zusammengebunden. Seine Mutter war auch irgendwie rätselhaft. Mich nannte sie „Tochter", zu Xhevrija dagegen, die zwei Jahre älter als ich und viel jünger als sie selbst war, sagte sie „Mutter". Normalerweise saß sie draußen auf einer Bank und unterwarf unsere Taschen einer neugierigen „Kontrolle", wenn wir vom Laden kamen; sie schaute, was drin war, fasste alles an, fragte nach den Preisen. Wenn es mal Fleisch gab, nahm sie es heraus, um es besser sehen und untersuchen zu können. Von Zeit zu Zeit verschwand sie aus Fishta. Einer aus dem Dorf behauptete, er habe die Alte „dort in Richtung Shkodra betteln" gesehen. Einige unserer Leute dagegen, die samstags nach Tirana fuhren, sagten, und sie mussten wohl recht haben, sie hätten sie am Bahnhof von Vora gesehen, wie sie Kastanien und getrocknete Feigen verkaufte.

Eines Tages verbreitete sich die Nachricht, Osman habe geheiratet. Als ich die Braut sah, erstarrte ich fast. Ich erkannte sie sofort, das war Fatmira, das kleine Mädchen von der MTS in Lezha,[78] das Todi und ich vor vielen Jahren bei unseren Spaziergängen gesehen und immer liebevoll beobachtet hatten. Als wir ihrer Großmutter eines Tages sagten, wie hübsch ihre Enkelin sei, meinte sie lachend, wenn wir sie so sehr mochten, würde sie sie uns schenken. Ich sprach mit ihr, sie war es wirklich. Wie war sie mit Osman zusammengekommen? Schon nach zwei, drei Tagen schickte er sie wieder weg und sagte stolz: „Ich nehme keine beschädigte Ware." Mir tat Fatmira leid, so ein Lebensweg, so ein Schicksal!

Eines Tages brachten sie eine Gruppe junger Leute aus Fushë Kruja. Darunter war auch ein Paar, das in der mittlerweile geschlossenen Kantine einquartiert wurde. Den Grund ihrer Verbannung erklärte die junge Frau so: „Eingebrockt hat mir das mein Schwiegervater durch seinen Jähzorn", durch Streit und eine Schlägerei mit dem Dorfvorsteher.

Vier Junggesellen brachten sie in der Trafostation unter, mitten in Melis Garten. Sie beschwerten sich darüber bei denen von der Dega, klagten über die

78 Wie in der Sowjetunion gab es auch in Albanien Maschinen-Traktoren-Stationen (MTS), die landwirtschaftliche Gerätschaften verliehen. Bei ihren Spaziergängen hatten Liri und Todi Lubonja dieses Mädchen im – noch heute so benannten – MTS-Viertel von Lezha gesehen; mit „Mädchen von der MTS" wird allerdings auch eine Prostituierte bezeichnet.

sengende Hitze in dem Häuschen und dass die vielen Ratten ihr Essen fraßen. Sie gingen überhaupt nicht arbeiten und lebten trotzdem sehr gut. Sie lagerten Trauben in Xhevrijas eisernem Bottich, bis dieser durchrostete. Hauptsächlich ernährten sie sich von gestohlenen Hühnern. Xhevrija beschwerte sich: Obwohl sie ihnen die Kleider wusch und oft für sie kochte, kamen sie nach dem Abendessen noch „zu Besuch", und am Morgen merkte sie, dass ihr ein Huhn fehlte. Uns gegenüber hatten sie ihre eigene „Philosophie"; einer wiederholte refrainartig: „Mit der Regierung haben wir nichts am Hut." Nach dieser Theorie standen unsere Häuser wohl ihnen zu. Dann, auf einmal, war ihr „Echo" nicht nur in Fishta, sondern auch in anderen Dörfern der Zadrima zu hören: Nacheinander wurde in mehrere Geschäfte eingebrochen, vor allem in Eisenwarenhandlungen. Alle vier landeten wegen Diebstahls zwischen zehn und achtzehn Jahren im Gefängnis. Einer von ihnen, Zef, ließ seine Braut mit einer neugeborenen Tochter zurück.

Ganz eigen und bedauernswert war Gjoka, ein Mann in den Sechzigern, aus den Bergen, den sie aus Bregu i Matës hergebracht hatten. Er war verbannt worden, weil er seiner Frau mit einem Messer das Gesicht zerschnitten hatte, als er überzeugt war, dass sie ihn betrüge. Er hatte das Gesicht gewählt, um sie hässlich zu machen, wie er sagte. Gjoka hatte fünf Kinder, erwachsene Söhne und Töchter, aber sie hatten sich alle auf die Seite ihrer Mutter gestellt und besuchten ihn nie. Er hauste armselig, schlimmer geht's nicht, in einem der ehemaligen Geschäfte, weil er arbeitsunfähig war. Shpëtim half ihm sehr. Jemand sagte, Gjoka sei geistesgestört, aber das stimmte nicht. Gjoka redete so, voller Zorn gegenüber der Familie, den Kindern, der Gesellschaft. Als klar wurde, dass sein Ende nicht mehr fern war, kam einer der Söhne, um ihn zu holen. Er starb dann zu Hause an Krebs.

An der Kreuzung Krajn-Baqël lud ein Lastwagen eine Frau mit ihren Sachen ab. Die Frau war nicht mehr jung, mit kurzen, grauen Haaren, und trug eine Hose. Sie wartete eine Weile vor den Geschäften. Wo würden sie sie hinbringen, ganz alleine? Dort am Kanal, auf dem weiten Feld, unter offenem Himmel? Man brachte sie offenbar in einem freien Raum am anderen Ende des Lagers unter. Wir erfuhren, dass sie Bardha hieß und die Tochter von Gjon Markagjoni war.[79] Von klein auf hatte sie mit ihrer Familie in der Verbannung gelebt. Nach ihrer Heirat mit Gjergj Bici lebte sie ein paar

79 Die Markagjonis waren die einflussreichste Familie der traditionell widerständigen Region Mirdita im Nordosten Albaniens und bildeten 1944 dort eine antikommunistische Guerillagruppe. Bardha Gjon Markagjoni (1925–2013) verbrachte Jahrzehnte in Gefängnis und Internierung, u.a. in Berat, Tepelene, Milot und Fishta. 1965 heiratete sie Gjergj Bici, der nach 20 Jahren Haft 1985 nach Fishta kam und ein Jahr darauf dort starb.

Jahre in Freiheit, dann wieder im Gefängnis, beide, wegen Agitation und Propaganda.

Kurz vor der Entlassung ihres Mannes brachten sie sie aus Milot, wo sie vor ihrer Inhaftierung gelebt hatten, weg und verbannten sie nach Fishta. Auch er würde wohl mit dem Verbannungsbescheid in der Tasche kommen. So war es dann auch. Bardha war geschickt, lebhaft, handfest. In ihrer Jugend musste sie schön gewesen sein. Ohne Zeit zu verlieren, begann sie den Garten anzulegen. Voller Freude, in ihrem ganzen Wesen strahlend, erwartete sie ihren Mann. Man zählte die Tage, die Monate. Alle kannten wir das Datum seiner Ankunft, und als er kam, besuchten wir sie alle, jeder mit einem bescheidenen Geschenk.

Gjergj Bici war ein edler Mensch, äußerlich und innerlich, bedächtig, freundlich zu allen, schweigsam. Er hatte das Jesuitengymnasium in Shkodra abgeschlossen und war schon in den ersten Jahren nach der Befreiung ins Gefängnis gekommen. Damals begann Enver Hoxhas Kampf gegen die Religion, indem er die bekannte Provokation organisierte, Waffen in der Kirche von Shkodra zu platzieren.[80] Gjergj hatte zehn Jahre im Gefängnis gesessen und nach seiner Entlassung Bardha geheiratet. Jetzt hatte er gerade ein weiteres Jahrzehnt Haft hinter sich. Er war blass im Gesicht, das erschien uns normal für einen Gefangenen, und klagte über Rheuma. Gjergj sprach voller Sympathie über Fatos, und Gimi spielte nach der Arbeit oft Schach mit ihm. Als sich seine Krankheit verschlimmerte und er zu den Ärzten nach Lezha musste, brachte Gimi ihn mehrmals mit dem Fahrrad zum Bahnhof in Baqël. Bald schon musste er das Bett hüten und erduldete unter Bardhas hingebungsvoller Fürsorge ruhig und klaglos die schwere und unheilbare Krankheit, die ihn heimgesucht hatte.

Sein Tod war erschütternd. Nach so vielen Jahren im Gefängnis so schnell sterben? Zum ersten Mal, zum einzigen Mal, versammelten wir uns alle, Verbannte und Ex-Verbannte. Niemand ging an diesem Tag arbeiten. Die vom Sektor schienen besorgt über diese Solidarität. Man telefonierte, der Direktor wurde informiert, dass „Gjergj Bici gestorben und keiner der Verbannten zur Arbeit gekommen" sei. Als sie uns sagten, am anderen Ende der Leitung habe eine menschliche Stimme gesagt: „Gut so", waren wir beeindruckt. Auch ein Verwandter, der gekommen war, um ihn zur Beerdigung in sein Heimatdorf Talja zu bringen, sagte überrascht: „Das hatte ich nicht erwartet, ich dachte,

80 Die kommunistische Repression richtete sich besonders früh auch gegen das traditionelle katholische intellektuelle Milieu in Shkodra. 1946 wurden in der Franziskanerkirche Waffen gefunden, die die Sigurimi, so spätere Aussagen von Mitarbeitern, selbst dort platziert hatte. Mehrere Geistliche wurden in Schauprozessen zum Tode verurteilt.

nur Bardha sei bei ihm." Er bedankte sich bei uns und sagte, er werde das nie vergessen.

Diese Solidarität unter uns war einfach, normal, menschlich gewesen. Leider hatten Gewalt und Angst die Menschen entfremdet. Olimbia, Todis Schwester, die die Menschen immer geliebt und viel für sie getan hatte, hatte mir erzählt, dass außer einem Neffen niemand gekommen war, als die Mutter ihres Mannes Vasil starb, da Vasil damals im Gefängnis war. Sie hatten sogar Probleme, die Verstorbene die Treppe des Hauses herunterzubekommen.

* * *

In ihrer Gesamtheit waren die Verbannten schwer fassbar, eine komplexe Gemeinschaft. Hatte ihr hartes Leben sie so verändert? Waren sie, einige von ihnen, so schon vom Charakter her? Wahrscheinlich alles zusammen. Manche redeten, wenn man sie einzeln traf, so schlecht über die anderen und konnten doch nicht leben, ohne sich gegenseitig zu besuchen, Kaffee zu trinken und miteinander zu schwatzen. Sie saßen dann beieinander und blieben bis spät in die Nacht. Das wunderte mich. Manche waren auch heillos zerstritten und sprachen nie mehr miteinander. Sie hatten sich über Kleinigkeiten gezankt, über banale Alltäglichkeiten. Gerüchte kursierten, Neid wegen einer Milchflasche, eines Gemüses, Kleidungsstücks oder der „exklusiven" Arbeit, die der Brigadeleiter einem von ihnen zugewiesen hatte. Es gab so viele Intrigen, Verleumdungen und Heucheleien! Gewiss hatten dabei auch diejenigen ihre Hand im Spiel, die uns dorthin geschickt hatten und dort festhielten. Und oft gelang es ihnen, mit den elenden Verbannten zu machen, was sie wollten, denn die waren so ohnmächtig, erschöpft, verunsichert und einsam – und vor allem unter sich gespalten.

Was könnten wir tun? Wirkliche neue Freundschaften zu schließen war in meinem Alter schwer. So blieb das Buch mein bester Freund. Ich wusste, dass es in Fishta mit Büchern schwer sein würde. Die Benutzungsordnung der Bibliothek von Lezha, vom Direktor streng befolgt, gestattete mir nicht, Bücher zu entleihen. Viele meiner Bücher zu Hause hatte ich schon zweimal gelesen, manche noch öfter. Kawabatas „Il paese delle nevi" etwa wurde mir nie langweilig.[81] Durch ein Abonnement der Wochenzeitung „Drita" erfuhr ich von Neuerscheinungen. Aber Bücher waren für mich unverzichtbar, und gerade in diesen ersten Monaten der Verbannung hatte ich ein ganz starkes Bedürfnis danach.

81 Gemeint ist die Novelle „Schneeland" (orig. Yukiguni) des japanischen Nobelpreisträgers Yasunari Kawabata (1899–1972).

Auf einmal entdeckte ich eine „Bibliothek", die von Meli. Ihre Sammlung war auf ihrem Leidensweg durch verschiedene Verbannungsorte von dem einen oder anderen Buchliebhaber geschröpft worden. Nun war sie in zwei alten, großen Koffern unter dem Bett gelandet. Viele der verbliebenen Bände waren aus der „Biblioteca delle Signorine" in italienischer Sprache,[82] aber es waren auch gute Bücher darunter. Mit Neugier und Interesse las ich Silvio Pellicos „Le mie prigioni".[83] Zwei meiner liebsten Menschen waren im Gefängnis, und ich wusste so wenig von ihnen. Alles beschränkte sich auf die Eindrücke, Stimmungen und Gefühle während der kurzen Treffen durch das Eisengitter in Spaç oder die Türklappe in Burrel.

In Blinisht, dem Zentrum der Kooperative, gab es einen Kulturpalast mit einer Bibliothek, die von einem freundlichen jungen Mann geleitet wurde, der die Schauspielschule absolviert hatte. Er half mir und lieh mir unter Verstoß gegen die Benutzungsordnung mehrere Bücher auf einmal aus. Schade, dass ich mir seinen Namen nicht gemerkt habe! An der Ecke des Gebäudes gab es einen Buchladen, wo ich vier oder fünf Bücher kaufte: Henri Bellin, Leonardo Sciascia, Novellen des zwanzigsten Jahrhunderts und noch etwas anderes. Obwohl wir viele wertvolle Bücher zu Hause hatten, lagen mir diese Bände aus Blinisht später immer besonders am Herzen, weil sie der ständigen Bedrängnis und alltäglichen Armut etwas entgegensetzten.

Zurückhaltung und Abstand halten, das hatten wir uns zu eigen gemacht. „Sie ist hochnäsig", meinten manche. „Recht hast du, kümmerst dich um deine Sachen und hältst dich raus", sagte mir eine Frau aus dem Dorf, damit ich mich über dieses Etikett nicht aufregte. Nicht alle konnten sich gleichermaßen ein Urteil bilden.

Trotzdem, wer auch immer nach Tirana fuhr, war uns, die wir den Ort nicht verlassen durften, behilflich und brachte alles mit, von der Medizin bis zum Waschpulver. In Fushë Arrëz besorgte Boxhi Schuhe und einen Cordstoff für eine Hose für Fatos. Ein Kilogramm Äpfel – das einzige Obst, das wir 1984 kauften – brachte uns Lida aus Tirana mit, wir hoben es für Todi auf. Manchmal hatten sie auch Käse dabei. Als wir kein Holz und später überhaupt keinen Herd mehr hatten, klopfte Lida an die Wand, als Zeichen der Einladung, herüberzukommen und mich aufzuwärmen. Weil sie kleine Kinder hatten, bullerte dort der Ofen immerzu.

82 Die „Bibliothek für junge Damen" war eine Reihe leichter Literatur des Mailänder Salani-Verlags, die im Italien der 1920er- und 1930er-Jahre großen Erfolg hatte.

83 Der patriotische Schriftsteller Silvio Pellico (1789–1854) verbrachte zehn Jahre in habsburgischen Gefängnissen. Das 1932 veröffentlichte „Le mie prigioni" (Meine Gefängnisse) wurde eines der wichtigsten Werke zum italienischen Risorgimento.

Osman holte sich eine andere Braut. Innerhalb eines Tages verbreitete sich ihre Biografie im Sektor: „Sie war wegen Diebstahls im Gefängnis", sagte jemand, „sie ist …", sagte jemand anderes. Die Braut war weder jung noch schön. Gesicht und Körper waren verhärmt, gewiss hatte sie kein leichtes Leben gehabt. Dila kam aus der Mirdita. Sie hatte eine siebenjährige Tochter, Rita, ein apartes Mädchen, mit schönen Gesichtszügen und lockigen Haaren. Ihr Vater, von dem Dila getrennt war, war ein gewöhnlicher Gefangener. Unsere Mädchen wollten mit ihr nichts zu tun haben, nicht einmal, wenn sie auf der Straße Himmel und Hölle spielten. Ich drängte Tetis, auch die kleine Rita mitspielen zu lassen, aber sie widersprach entschieden: „Nein, nein, Oma, die ist eine Diebin." Osmans Braut schaute herab auf die politischen Verbannten. Sie fand es nicht angemessen, dass wir in einem Haus wohnen durften, sie dagegen in einem ehemaligen Laden hauste. Auch denen von der Dega gegenüber hatte sie ihren Unmut geäußert, ja, ihre Missbilligung lautstark zum Ausdruck gebracht. „Die Regierung schickt uns hin und her, wie es ihr gefällt …" (sie gestikulierte herum, um mit ihren Händen zu zeigen, wie die Regierung das machte), „die dagegen können …"

Das junge Paar bildete offensichtlich ein harmonisches „Duett". Sie freundeten sich mit den Dorfbewohnern an und besuchten sie abends zu Hause. Wenn der Bauer anderentags seinen Kakibaum im Hof leergepflückt vorfand, sagten sie bloß: „Lästermäuler". Ein anderer wartete vergeblich auf eine Uhr, für die er Osman 12 000 alte Lek gegeben hatte. Eines Tages erfuhren wir plötzlich, dass sie Osman verhaftet und zu sechs Monaten Gefängnis verurteilt hatten, die er in Spaç verbüßte. Wirklich nur, weil er Fishta ohne Erlaubnis verlassen hatte, oder doch wegen der Untaten, die er begangen hatte? Als er zurückkam, wollte er mit mir über Fatos sprechen. Obwohl ich mich von ihm immer ferngehalten hatte, war ich gespannt, aber er sagte nur: „Sie, die Feinde, haben sie dort abgesondert, aber ich habe ihn durch den Zaun gesehen."

Nach einiger Zeit bekam Osman die Nachricht von seiner Entlassung und das Recht, Fishta zu verlassen. Er war der Einzige, dem das nach Ende seiner Verbannung erlaubt wurde. In dieser Nacht des 3. März 1985 teilten auch wir anderen, Außenstehenden mit ihnen ihre Freude. Freunde von ihnen waren auch gekommen, die bis zum Morgen sangen und auf der Çiftelia spielten.[84]

84 Die Çiftelia ist ein traditionelles Musikinstrument, eine zweisaitige Laute mit langem Hals.

Pünktchen und Schulmädchen

Angeregt von den anderen, aber auch aus der Not heraus, erwarben wir zwei Hennen bei einem Mann in Krajn, der davon lebte, Hühner zu züchten und zu verkaufen. Nun hatten wir zum ersten Mal solche Mitbewohnerinnen im Haus. Sie waren wunderschön, wir nannten sie „Pünktchen" und „Schulmädchen". Für Ana war Pünktchen die schönste Henne im ganzen Sektor. Ihre Farben reichten von Weiß, Gelb, Ocker und Braun bis hin zu Grau und Schwarz. Sogar einen besonderen Gang hatte sie, vielleicht wegen ihres Gewichts; sie war ziemlich groß. Die andere nannten wir Schulmädchen, weil sie ganz schwarz war, mit einem weißen Kreis um den Hals, der aussah wie der Kragen der Schuluniform der Mädchen. Sie war klein, aber flink und geschickt.

Es waren lebendige Wesen, die nun zusammen mit dem Hund Diku in unser Leben traten, und wir verliebten uns richtig in sie. Nein, nicht nur wegen der Eier. Geflügel hatten wir immer nur als Nahrungsmittel wahrgenommen, nun offenbarten uns diese beiden Hennen eine bis dahin unbekannte, schöne und harmonische Welt. Gimi baute ihnen einen Käfig, d. h. einen Hühnerstall, aber sie konnten in völliger Freiheit herumlaufen. Wenn das Grün am Kanal zur Neige ging, waren sie lieber auf der kleinen Veranda, wo auch die Topfpflanzen standen. Sie rissen der schönen Spargelpflanze die Wurzeln aus und zupften „wütend" an den Blättern der Akelei. Als sie merkten, dass sie nicht essbar waren, ließen sie sie auf dem Boden liegen. Nur den großen Ficus ließen sie in Ruhe.

Die Beete hatte ich mit einem Netz abgedeckt. Obwohl Gimi den Gemüsegarten mit einem Zaun abgetrennt hatte, sahen sie schneller als wir, welche Tomaten schon rot waren. Gleich flatterten sie dahin, pickten einmal hinein und machten sie damit ungenießbar. Diku, der kurz nach ihnen zu uns geholte Hund, ärgerte sich sehr, wenn sie versuchten, ihm das Fressen von seinem Teller zu stibitzen. Er knurrte und sprang ihnen nach, aber der Arme war angebunden, und sie liefen gackernd davon.

Als Schulmädchen anfing, gluck-gluck-gluck zu machen, wurde uns gesagt, sie würde nun eine Glucke, wir sollten ihr ein Nest herrichten. Wie aufregend war es, als sie ihre Eier legte. Ihr Legenest hatten wir sorgfältig eingerichtet, Schulmädchen saß auf ihren Eiern, und wenn sie – nur einmal am Tag – herauskam, hörten wir sie im ganzen Haus gackern. Sie fraß etwas, trank ein wenig Wasser und spazierte am großen Kanal ein wenig herum. Dann drehte sie um und kehrte, immer geräuschvoll, zu ihrem Nest zurück. Wir hatten das Datum der Eiablage im Kalender eingekreist, und genau am einundzwanzigsten

Tag begannen die Küken in den Schalen zu picken. Man hatte uns Anweisungen gegeben; wir sollten ihr nicht zu nahe kommen und sie nicht verärgern, weil es passieren konnte, dass die Glucke aus Wut verschwand und sich nicht mehr um ihre Eier kümmerte. Aber die Neugier ließ mich nicht los, und ich fand auch eine Ausrede: Man musste Schulmädchen doch „helfen", die Schalen zu entfernen! Meine Ungeduld musste ich bezahlen; sie pickte nach meiner Hand. Schulmädchen bekundete ihre Unruhe auch mit lauter Stimme, aber ich konnte einfach nicht weggehen; zum ersten Mal sah ich so etwas. Da ist das erste Köpfchen eines Kükens, hier das zweite. Sie waren nass, aufgedunsen, mit geschlossenen Augen, aber schon nach kurzer Zeit wurden sie unter den warmen Flügeln ihrer Glucke lebendig. Sie hockte noch weiter auf den Eiern, obwohl einige nicht mehr schlüpfen würden.

Wie schön und sorgsam sie ihren ersten Ausgang aus dem Nest machten. Rührend und unermüdlich sorgte sie mit unaufhörlichem Gegacker dafür, dass sie sich um sie scharten, wie oft gackste sie sie an, um ihnen einen Wurm, irgendein Futter zu zeigen, oder wenn sie Gefahr spürte! Die Küken waren nicht nur für uns etwas Neues, sondern auch für Diku. Sie hatten ihre „Häuser" direkt neben ihm und spazierten immer um ihn herum. Diku folgte ihnen neugierig mit den Augen, streckte seine Pfote aus und packte das erste Küken, das sich ihm näherte. Ich erschrak fürchterlich und schrie Diku an, gab ihm auch zum ersten Mal ein paar Schläge, mit großem Bedauern, denn Diku war uns sehr sehr lieb, wie ein kleines Kind. Diku heulte, zog reuevoll den Kopf ein und sah mich an, wie ich das Küken in der Hand hielt und streichelte. Vor seinen Augen gab ich ihm etwas Milch. Anscheinend konnte ich Diku auf diese Weise beibringen, dass er die Küken nicht mehr anrührte. Der schlaue und gute Diku. Fortan lebten sie in völliger Harmonie. Wenn er schlief oder sich zusammenrollte, hüpften die kleinen Küken sogar auf seinem Rücken herum.

Die endemischen Krankheiten der Puten waren auch für Hühner ansteckend. So erkrankte Pünktchen. Eine einzige Dosis Penicillin kostete mich schon mehr als Pünktchen selbst. „Bist du noch bei Trost? Schlachte es und kauf ein anderes!", sagten die erfahrenen Hühnerhalter. Aber wie hätte ich sie umbringen können? Sie erholte sich nicht nur, sondern schenkte uns auch ein männliches Pünktchen, so schön wie sie selbst, den einzigen Hahn, den wir hatten. Eines Tages wurde auch er krank, und wir brachten ihn vorsichtshalber nachts ins Haus, in einen Karton auf dem Flur. Gimi und ich schliefen noch tief und fest, als uns ein lautes Kikeriki, ganz in der Nähe, weckte. Wir waren verwirrt, weil wir unseren besonderen „Gast" im Haus vergessen hatten, lachten dann aber und gratulierten Pünktchen zu seinem pünktlichen Morgenkrähen, alle drei Nächte, in denen wir ihn drinnen hielten.

Wir hatten neun Hühner, darunter einen Hahn, die uns Freuden und Sorgen bereiteten. In meinem Heft habe ich auch über sie Notizen niedergeschrieben. Aus dem „Hühnertagebuch", Januar 1985: „Wir haben sie den ganzen Monat im Gehege eingesperrt, um sie vor Pseudopest zu schützen. Gerettet." Rundherum im Dorf hatte diese Krankheit viele Schäden angerichtet.

Jedes Huhn hatte einen Namen. Nach „Pünktchen" und „Schulmädchen", die wir auch „Schwarze" nannten, kamen die anderen: Täubchen, Schwarzauge, Kleine Schwarze, Hinsi, Gelbfuß, Dimitja, Katja …

Aus dem „Hühnertagebuch": „Gut gemacht, Hinsi. Nur sie hat uns die Eier für Fatos und für Todis Kekse gelegt. Die anderen Eier mussten wir kaufen." Mir scheint, das war die einzige erfreuliche Notiz.

23. Mai 1985: „Dimitja wurde hingerichtet, weil sie hässlich wie ein Hahn gekräht hat. War das wirklich der Grund oder hatte der Aberglaube gesiegt? Gimi sagte, es sei nicht zu ertragen; Gjons Mutter erklärte uns, dass im Mai geschlüpfte Hühner immer krähen. In Dimitjas Bauch waren mehr als dreißig Eier. ‚Ökonomisch' gedacht, hatten wir also Pech gehabt."

Weiter: „Die Schwarze mit den Punkten, mit den schönen Augen, die beste Glucke, das ruhigste Huhn, ist gestorben. Gimi hat sie begraben."

Dann ein neues „Phänomen": „Die kleine Schwarze kam plötzlich mit einem Schwarm Küken aus dem Gebüsch herausspaziert. Wir hatten sie schon verloren geglaubt. Eigentlich hatten wir sie Lida versprochen, aber Ndues Pjetër hatte sie entführt. Ihm zufolge gehörte sie ihm, weil sie in seiner Hecke ihr Nest gebaut und gebrütet hatte. Und mit so etwas willst du dich dann herumschlagen!"

„Der Hahn ist verschwunden. Ist er auch diesem großen Brett, ihrer angeblichen Spatzenfalle, zum Opfer gefallen? Oder haben sie ihn mit irgendeinem Futter in die Falle gelockt?"

„Die Schwarze sieht völlig zerrupft aus, wie nie zuvor. Anscheinend schämt sie sich sogar selbst, so nackt auszugehen, also bleibt sie meistens im Stall."

Februar 1986: „Die Schwarze wurde geschlachtet. Sie war fast schon ein Familienmitglied geworden. Den ganzen Tag war sie im Hof und kam jedes Mal herangerannt, wenn die Tür aufging. Sie konnte nicht unterscheiden, ob wir ein Stück Brot oder eine Wasserschüssel in der Hand hatten. Heute fehlte sie mir."

Über Pünktchen gibt es keine Aufzeichnungen, aber ich erinnere mich genau an ihre Krankheit und ihr Ende. Obwohl sie gelähmt war, behielten wir sie noch einige Zeit in der Hoffnung auf Heilung. Aber sie schaffte es nicht …

An dem Tag, an dem wir nach Malecaj verlegt wurden, banden wir unseren neun Hühnern die Beine zusammen und luden sie auf den Lastwagen.

Die ersten zwei Tage dort hielten wir sie dann im Badezimmer gefesselt, weil wir sie nirgendwo laufen lassen konnten. Aber das konnten wir nicht mitansehen, und so bot Gimi sie einem Nachbar zum Kauf an (wenn der seinen Lohn bekommen würde), und zwar zu einem Preis, der auch den Käufer überraschte: „Das ist sehr billig“, sagte er, und Gimi: „Nimm sie, nimm sie, bevor sie sterben.“

In den ersten Monaten erkannte ich unsere Hühner wieder, wenn ich sie auf dem Platz sah, und beobachtete sie voller Freude und Zuneigung. Wie auch nicht! Ich hatte doch gesehen, wie sie geschlüpft und aufgewachsen waren und sich Tag für Tag entwickelt hatten. Eins nach dem anderen verschwand dann aus meinen Augen …

Der Murlan

Über Felder drunt' und Berge droben
Stürmt eisgewaltig der Murlan.
O Murlan, halt ein dein Toben!
Dein Frost lässt mich erstarr'n,
Gefriern den letzten Tropfen Blut.
Such Schutz, o Greis, vor Murlans Wut!

Dieses Gedicht von Ndre Mjeda[85] hatten sie uns in der Grundschule beigebracht, in der Vorbereitung auf die Mädchenlehranstalt von Tirana. Welche Lehrerin mag das gewesen sein? Bestimmt Matilda, in der dritten Klasse. Sie stammte aus Shkodra und muss gewusst haben, was der Murlan war, aber ich konnte ihn mir nicht wirklich vorstellen, selbst als wir ihn in Erdkunde durchnahmen. Erst dort in Fishta habe ich ihn wirklich „kennengelernt“.

Als ich in Lezha war, las ich mit Interesse eine Monografie über Mjeda und griff daraufhin wieder zu seinem gesamten Werk. Einige Bände hatten wir zu Hause, andere lieh ich in der Bibliothek aus. Nun fühlte ich mich dem Dichter stärker verbunden, und in Fishta kam er mir noch näher. Dort erfuhr ich, dass sein Heimatort Kukël nur zwei Stunden entfernt war. Der Dichter hatte diesen

85 Ndre Mjeda (1866–1937) war Theologe, Übersetzer, Dichter und Intellektueller aus Shkodra. Er lebte teils in Shkodra, teils in dem kleinen Dorf Kukël, etwa 15 km westlich von Fishta.

gewaltigen Sturm, diese wilde Wut der Natur, gewiss erlebt, rief er ihn in seinem Gedicht doch an: „O Murlan, halt ein dein Toben …"

Nun tobte der Sturm um unser Haus, das vollkommen im Dunkeln lag, denn das Licht fiel schon bei einer leichten Brise aus, erst recht natürlich bei Murlan. Schaudernd lauschte ich seinem Pfeifen und hörte, wie die Ziegel von den Dächern herabflogen wie Blätter und splitternd auf den Boden krachten. Im Stillen sagte ich mir das Gedicht „Murlan" auf und dachte an den Dichter. Wie oft musste Mjeda auch an solchen Tagen seine Mönchszelle verlassen, um Kranken in ihren letzten Augenblicken beizustehen.

Ich war zum Milchholen an der Reihe, also musste ich, auch wenn der Murlan tobte, mit vier, fünf Flaschen im Beutel, eine davon meine, zum Laden bei der Schule gehen. So machten wir das, wenn wir nur Anspruch auf 50 oder 100 Milliliter hatten; dafür lohnte es nicht, dass jede einzeln ging. Ich zog mir meinen Ledermantel zu, wickelte mich ganz fest in Schal und Kopftuch und ging los. So einen Gang hatte ich noch nie erlebt. Der Murlan traf einen mit voller Kraft, ließ einen fast davonfliegen. Solch ein „Wind" konnte einen leicht von der Landstraße herunter in den Graben blasen, vor allem auf der Brücke, die kein Geländer hatte. Es pfiff und heulte, der Staub nahm dir den Atem. In der Nähe von Lagerhallen und Häusern flogen Steine von den Dächern, auf dem offenen Feld dachte ich, ich würde direkt bis nach Baqël, Piraj oder Blinisht fliegen. Mir graute vor dem Rückweg mit den vollen Flaschen – aber der Verkäufer gab mir eine Postkarte von Todi. Und der Murlan, die Kälte, der weite Weg waren vergessen!

Wie launisch war das Klima der Zadrima! Am 30. November war ein schöner, milder Tag, so warm, dass Gimi im Unterhemd auf dem Hof arbeitete, während ich kurzärmelig herumlief und dachte, dass hier auch Zitrusfrüchte gut wachsen würden. Aber diese sanfte, dem Menschen wohlgesonnene Natur konnte ganz plötzlich umschlagen. Das Pfeifen, eine Verharmlosung das, das Heulen des Sturms war wirklich schaudererregend. Wie lange würde es dauern? Vierundzwanzig, achtundvierzig oder zweiundsiebzig Stunden? Der Murlan ging wie er kam, ganz plötzlich. Als wieder Ruhe herrschte, waren, wie wir feststellten, Dächer abgedeckt, trotz der schweren Steine auf ihnen, Mauern eingestürzt, Obstbäume geknickt oder sogar entwurzelt. Auch die Gärten, unsere Mühe und Hoffnung, waren hinüber. Wenn die Ernte noch auf dem Feld gewesen war, hatten wir es mit einer echten Katastrophe zu tun. Gut nur, dass die Kinder von Gesetz wegen schulfrei hatten.

Gerne wäre ich eines Tages nach Kukël gegangen, um mich dem Dichter des Murlans noch näher verbunden zu fühlen. Aber ich konnte niemanden finden, der mitkommen wollte. Also wollte ich alleine gehen. Fran Gazulli, der Polizist, erlaubte es mir, sagte aber, die als Museum erhaltene Zelle sei verschlossen, die Person mit dem Schlüssel schwer zu finden. So entmutigt, gab ich den Plan bedauernd auf.

Marks Çiftelia

Eine eigene Wohnung für uns zu haben erwies sich als optische Täuschung. Auch wenn die Wände aus Backsteinen gemauert waren, bekamen wir alle Freuden und Streitereien, das ganze Leben der Nachbarn mit, links ebenso wie rechts. Und denen ging es ebenso mit uns. War das extra so gemacht worden? Diese Frage habe ich mir oft gestellt. Die Erfahrung dieser Jahre lehrte mich viel; überall herrschten Angst und Misstrauen. Wenn x oder y dich in irgendeiner Angelegenheit vorluden, waren sie nie alleine im Büro. Sie griffen sich immer irgendwen, der bei dem Treffen assistieren sollte. Als mich der Ermittler in Tirana bei der zweiten Vorladung drei Stunden lang verhörte, wechselte er drei, vier Mal seine „Helfer" aus. Anfangs war es eine andere Ermittlerin, am Schluss die Schreibkraft. In diesem Haus in Fishta, in dem wir vier Familien lebten, hatten sich die ehemaligen Mitarbeiter des Gefangenenlagers gewiss gegenseitig bewacht und belauscht.

Kristina, die Tochter des Nachbarn Mark, besuchte die Mittelschule in Nënshat, einem Dorf im Kreis Shkodra jenseits von Krajn. Während sie in der Schule war, war es ruhig im Haus, aber wenn sie zurückkam, verstand ich nicht, was los war. Mehrmals am Tag dröhnten die „Internationale" und die „Hymne auf die Flagge" durchs Haus, dann kam der Ansager und dann Volksmusik. Manche Lieder oder Melodien liefen mehrmals pro Tag. Was geschah hier?

Wir hatten schon früher zu Hause kein Radio gehört, erst recht nicht seit 1973. Wenn Gimi ein Fußballspiel sehen wollte und den Sender immer auf die Rai eingestellt fand, sagte er zu mir: „Du hast ihn da festgeschweißt." Ich hatte ihn wirklich dort „festgeschweißt".[86] Das Programm von Rai 1 oder Rai 2

86 In den 1970er-Jahren besaßen fast nur Mitglieder der Parteielite ein Fernsehgerät; noch 1989 waren es nur 48 % der Haushalte, viel weniger als in anderen sozialistischen Ländern. In weiten Teilen Albaniens waren die italienischen Fernsehsender Rai 1 und Rai 2 zu empfangen, teilweise auch jugoslawische und griechische Programme. Ab 1973 war der Empfang ausländischer TV-Programme verboten bzw. im Sinne des § 55 wegen „Agitation und Propaganda" verdächtig, wurde aber nie systematisch unterbunden. Vgl. Idrizi, „Magic Apparatus" and „Window to the Foreign World"?, S. 231, 244.

begleitete mich immer, wenn ich nicht las, sondern kochte, Socken oder Pullover strickte oder etwas nähte. Ich fühlte mich dann nicht allein und empfand, wichtiger noch, meine Arbeit wertvoller, weil ich dabei Musik, Wissenschaftssendungen, Nachrichten usw. hörte.

Wenn nun die „Internationale“ oder die „Hymne auf die Flagge“ im Zimmer dröhnten, dachte ich anfangs, etwas Wichtiges sei passiert in der kommunistischen Welt oder in Albanien, aber das war nicht der Fall. Kristina kannte sich aus und suchte ständig nach allen Sendungen für Albaner im Ausland und Freunde Albaniens. Sie hörte lokale Radiosender: Shkodra, Kukës und wer weiß was noch. Bei sich zu Hause hört jeder, was er will, aber was sollte ich tun, mit nur einer Ziegelmauer zwischen mir und Kristinas Bedürfnis, das Radio auf maximale Lautstärke aufzudrehen? Wenn sie zum Bach ging, um Wäsche zu waschen, und das war ein ganzes Stück weit weg, wollte Kristina auch dort Radio hören. Wenn sie sie dann bei den Büschen auf der anderen Seite aufhing, konnte sie auch dort auf das Radio nicht verzichten. Ich wusste nicht, was ich machen sollte. Wenn ich sie ansprach, drehte sie es nur für einen Moment leiser und machte dann wieder weiter, wie es ihr gefiel.

Als aber zum Radio noch ein weiterer „Wohlklang“ hinzukam, nämlich die Çiftelia von Mark, war ich erledigt. Vorher hatte Mark irgendwo gearbeitet, weit weg von seiner Familie. Hatten sie ihn entlassen oder hoffte er auf eine Stelle beim Grumbullim und blieb deshalb so lange arbeitslos? Das habe ich nicht erfahren. Zu meinem Leidwesen war er überzeugt, ein guter Sänger zu sein und vielleicht mit seiner Frau Drania konkurrieren zu können. Sie war Krankenschwester von Beruf, hatte aber als Sängerin und Instrumentalistin an vielen Festivals teilgenommen und auch Preise gewonnen. Drania war fähig und schlau, der arme Mark dagegen …

Für gewöhnlich fing er zu singen an, nachdem er bis zur Mittagszeit um die Diensträume des Sektors herumgeschlendert war. Er kam nach Hause, nahm die Çiftelia und begann so laut zu singen, wie er konnte. Prenusha, die andere Nachbarin, hörte ihm gerne zu, von ihrer Wohnung aus. Prenusha kam aus Krajn, war jung, hatte schöne Augen und Zähne und war mit einem Brigadeleiter verheiratet. „Oh bitte, Mark, spiel mein Lieblingslied“, bat sie, und Mark spielte, da er den Text nicht kannte, nur mit der Çiftelia, das Lied „Mu te Borshi në të dalë“ des Märtyrers Sofo Meksi.[87] Dieser Musikwunsch von Prenusha überraschte mich. Dieses Lied erinnerte mich an den Ersten Antifa-

87 Der 19-jährige Partisan Sofo Meksi aus Labova e Madhe starb im Kampf mit deutschen Besatzern am 2. Oktober 1943 auf der Burg von Borsh an der Küste Südalbaniens. Das Propagandalied „Mu te Borshi në të dalë“ besingt seinen heldenhaften Tod.

schistischen Jugendkongress von 1944 in Lirza,[88] wo es die Delegierten und die Brigaden aus der Gegend dort immer wieder sangen und dabei im Kreis tanzten, viele Male am Tag. Einige von unserer Delegation aus Tirana hörten zum ersten Mal polyphone Lieder; selbst ich hatte sie noch nie zuvor gehört, obwohl ich eigentlich selbst aus der Labëria stammte.[89] Sie waren irgendwann genervt davon; einer sagte sogar: „Wenn sie Sofo nicht getötet hätten, wären wir jetzt auch gerettet." Diese Erinnerungen milderten meinen Ärger über Mark. Auch seine Frau hielt ihn kaum aus, machte sich sogar lustig über sein Talent und kam in der Mittagspause nur selten nach Hause. Auf der Veranda ihres Hauses, von unserer nur durch eine Blechwand getrennt, sagte sie zu mir mit Blick auf den am Zaun angebundenen Esel: „Der hat mehr Verstand als er."

Schließlich fand Mark eine Arbeit, beim Grumbullim, wurde sogar Wachmann, also wichtig für uns. Wenn er Dienst hatte, mussten wir in den Dienststellen des Sektors erscheinen, und er kam und benachrichtigte uns, wenn die von der Dega e Brendshme etwas von uns wollten.

Die Hunde

Wie kamen wir zu unserem heißgeliebten Diku? Das kam so. Eines Morgens bemerkten wir plötzlich, dass uns drei Waschschüsseln fehlten. Auch die darin eingeweichten Decken, die an der Leine aufgehängte Wäsche, einige Töpfe und noch andere Kleinigkeiten hatte uns Diebeshand entwendet. Unser Ärger wurde nur dadurch gedämpft, dass uns Gimis Schuhe geblieben waren. Wie hätten wir die sonst nochmal finden sollen? Sie waren aus Tirana. Also beschlossen wir, uns einen Hund zuzulegen. Als wir nach Fishta kamen, gab es im Sektor nur einen Hund, Çupi, den ein Verbannter vor langer Zeit dortgelassen hatte. Çupi galt jetzt als Hund von Melis Familie, aber eigentlich gehörte er allen, oder besser gesagt, niemandem. Alt und gebrechlich lief er herum, als trüge er die ganze Welt auf seinem Rücken. Çupi war sehr anhänglich. Wenn ich ihn rief, wusste er, dass ich ihm etwas zu fressen geben würde, und lief mir mit langsamen

88 Vom 8. bis August 1944 tagte der Erste Kongress des Antifaschistischen Jugendverbandes Albaniens (BRASH) im Dorf Helmës bei Skrapar in Südalbanien, genauer gesagt auf einer Lirza genannten Waldlichtung, vgl. https://goo.gl/maps/ionannK9M51SacSk7.

89 Die Labëria, die bergige Küstenregion um Vlora, Gjirokastra und Saranda in Südalbanien, ist bekannt für ihre Folklore und insbesondere den polyphonen Gesang. Liri Lubonjas Heimatdorf Fterra liegt ebenfalls in der Labëria.

Schritten hinterher. Manchmal kam er auch ungebeten durch das Loch, das Gimi für die Hühner gemacht hatte, und ich hatte nichts für ihn. Wenn ich sagte: „Geh, Çupi“, trottete er mit gesenktem Kopf davon, durch das „Türchen“ der Hühner hindurch. Dann tat er mir leid, als hätte ich ihn beleidigt. Eines Tages kehrte Çupi nicht mehr zurück mit den Arbeitern. Er war unter einen Zug gekommen. Wir waren sehr traurig, als wir seine sterblichen Überreste fanden.

Der erste Hund, den wir bekamen, war Bumi, kurz- und krummbeinig, sehr hässlich. Gjoka, der Experte, hatte gleich gesagt: „Das ist kein Hund, um auf das Haus aufzupassen.“ Aber Bumi musste doch einige der Übungen absolvieren, die die anderen Landarbeiter Gimi empfohlen hatten. Doch bald stellte sich heraus, dass Gjoka recht gehabt hatte: Bumi fehlte die Wolfskralle, die Wachhunde brauchen, also gaben wir ihn einem Fahrer aus Puka.[90]

Der zweite Hund, den Gimi mitbrachte, hatte lange Haare, die bis über seine Augen reichten, schöne und kluge Augen. Selten hatte ich einen schöneren Hund gesehen. Aber diese Schönheit war weiblich; jedes Mal, wenn sie Junge warf, hätten wir die Welpen in den Kanal werfen müssen und dabei mit ihr mitgelitten. Wir beschlossen, sie wegzugeben, und schenkten sie Mark. So kamen wir schließlich zu Diku. Er hatte gute Empfehlungen; Gjon Ndreca, der ihn uns schenkte, hatte kräftige Wachhunde.

Diku war so schön, als er noch klein war! Die ersten Tage schlief er nur, in Gimis Bett sogar, von dem er nicht herunterkam. Wir freuten uns sehr über dieses neue Lebewesen in unserem Haus. Als er größer wurde, begann das Training, wann es Futter gab, dass er angeleint wurde und dass ich ihn nicht verzärteln solle. Dafür kritisierte mich Gimi immer. Anscheinend fehlte auch Diku diese Wolfskralle; das hinderte ihn jedoch nicht daran, ständig zu bellen, genug, um Lida zu ärgern, die kleine Denisa im Schlaf zu stören und sich an Marks Esel zu rächen. Diku wohnte in der Hütte, die ihm Gimi aus Blech gebaut hatte, neben dem Stall von Pünktchen und Schulmädchen, mit denen er in Harmonie zu leben lernte.

Diku war für uns ein Quell von Freude, Liebe und Glück. Wie sehnlich erwartete er den Moment, wo wir ihn von der Kette ließen! Er umkreiste einen immer wieder, sprang wie verrückt herum, dass dir schwindelig wurde, dann rannte er weg und eilig wieder zurück, sprang hoch, legte dir die Pfoten auf die Brust und versuchte, dein Gesicht abzulecken. Reflexhaft gewöhnte er sich an das regelmäßige Futter. Wenn die Schranktür knarrte, stand er sofort auf den

90 Albanisch steht hier die „sechste Kralle“. Manche Hunderassen haben außer den üblichen vier Krallen noch eine fünfte, sogenannte „Wolfs“-Kralle, die aber weder auf eine Wolfsverwandtschaft noch auf besondere Wachsamkeit hindeutet.

Agim Lubonja mit dem Hund Diku in Fishta, ca. 1984

Hinterbeinen, stellte die Ohren auf und wartete. Wenn ich zum Laden ging und ihn also alleine ließ, winselte er und wurde wütend, wenn Mark hinter dem Zaun seinen Esel ganz nahe bei Diku anband, wie um ihn zu ärgern.

Nachts, wenn er frei herumlaufen konnte, zog er durch den Sektor, und am Morgen fanden wir den Hof voller Kieferknochen und Gebisse, großer von Ochsen oder Kühen und kleinerer von Schafen oder Ziegen, auch einige Rippen oder Hörner. Gimi sammelte sie mit der Schaufel ein und warf sie in eine große Grube. Obwohl Gimi diese Arbeit nicht mochte, war er nicht böse, weil er Diku sehr liebte. Auch als Diku das Dach seiner Hütte kaputt machte, fluchte Gimi nicht, sondern sagte nur: „Noch einmal mach ich das nicht, dann wirst du nass, wenn es regnet." Aber Diku sah ihn treuherzig an, wedelte mit dem Schwanz und glaubte ihm nicht. Und er hatte recht. Bei dieser Gelegenheit bekam er sogar eine neue, bessere Hütte. Selbst als er die Weinrebe ausriss, passierte Diku nichts.

Nach und nach kamen immer mehr Hunde in den Sektor. Marks Hund Bubi war am stärksten und biss beim Zweikampf den anderen Hunden, auch Diku, die Ohren blutig. Der schönste, lauteste und heimtückischste war Xhuli, den Mark an Gim Paçrami abgab. Auf dem Heimweg von der Schule „gab“ Tetis ihm ihre Schultasche (d. h., sie steckte sie ihm ins Maul), und Xhuli trug sie nach Hause. Auch Xhuli endete unter den Rädern eines Zugs, aber er ist auf einem wunderschönen Foto mit Tetis verewigt. Unsympathisch war mir Xhevrijas Bali, der irgendwann in Baqël endete.

Unter den Hunden war auch Prenushas Bica. Sie war wunderschön, mittelgroß, mit einem schwarzen, glänzenden Fell und hängenden Ohren, wie bei Jagdhunden. Bica war sehr kinderlieb, auch die Kleinen spielten mit ihr, ohne Angst zu haben. Unsere Hunde stritten sich um sie, kämpften miteinander und bissen sich blutig. Tagsüber liefen sie frei herum, und nachts wurde die Meute noch größer, weil die riesigen Hunde von Pjetër Gjinis Ziegenherde dazukamen. Meistens kämpften sie nachts vor Bicas Hütte, in Prenushas Garten, wo sie genau wie wir Gemüse angepflanzt hatte. Jede Nacht fand dort der „Tanz“, der „Kampf“ der Hunde statt, direkt unter dem Fenster meines Schlafzimmers. Als Prenusha am nächsten Morgen ihre Tomaten, Zwiebeln und Bohnen verwüstet fand, hörte ich, wie sie die Hunde mit lauter Stimme verfluchte. Darin musste auch der Ursprung der „Vereinbarung“ liegen, die sie mit Mark traf.

Auf den ersten Blick wirkte Mark freundlich, aber nicht sehr helle. Seine gelben, ungeputzten Zähne sah man immer, weil er immer lachte. Er lachte, als er seine Axt an die einzige Pappel unserer Straße setzte, obwohl ich ihn bat, sie nicht zu fällen. Er lachte auch laut, als er eine Ratte in der Falle mit Benzin oder Petroleum übergoss, ein Streichholz ranhielt, die Falle öffnete und die brennende Ratte dann fürchterlich hin- und herrannte. Mark lachte noch mehr, als er sah, wie mir die Ratte leid tat und ich entsetzt ins Haus floh, um diese Vorstellung nicht ansehen zu müssen.

Eines Tages hörte ich Mark lachen, während die kleine Nina, Xhevrijas Nichte, angerannt kam und rief: „Mama, Mama, er geht da hin!“ Ich ging hinaus und sah, wie Nina hinter ihrem Hund Bali herlief. Nina war entsetzt, während Mark und Prenusha auf den Stufen ihres Hauses saßen und zufrieden lachten. Sie erzählten mir, dass Mark die schöne und gute Bica an einem der Olivenbäume rechts vom Haus erhängt hatte. Wie schrecklich! Ihnen zufolge hatten die Hunde immer schlimmer getobt in Prenushas Garten, sie hatten ihr Gemüse und vor allem die von ihr besonders gehegten Bohnen zerstört. So war Bicas Schicksal besiegelt. Beide lachten weiter und waren begierig, mir von Marks „Heldentum“ zu erzählen. Ich flüchtete entsetzt. Marks Zähne schienen mir nun hässlicher und gelber denn je. Die freundliche und sanfte Bica blieb mir erhalten auf einem Foto mit der kleinen Denisa: Denisa, die gerade eben laufen konnte, streckt ihre Hände aus und zieht Bica kräftig an den langen Haaren, und Bica lässt das alles mit sich machen.

Amnestie-Hoffnungen

Wir alle machten uns Hoffnungen, manche mit lauter Stimme, manche im Stillen. Besonders zum 40. Jahrestag der Befreiung hatten wir einen großen, einzigen Wunsch: Wir wollten eine Amnestie, die uns Todi und Fatos wieder nach Hause brächte. Mehr zu hoffen, kam uns gar nicht in den Sinn. Unsere „Träume" drehten sich um das Leben dort in Fishta. Die Enge der Wohnung, die Schwierigkeiten des Lebens, das Elend dieser Sklavenarbeit auf dem Feld, die Fatos nach seiner langen und schweren Haft erwartete, schienen mir nichts zu wiegen für ihre Rückkehr, ihre Freilassung. Aber dieser gesegnete 29. November war noch so weit weg![91]

Ich vergaß vollkommen, dass Gimi und ich noch ein anderes „Jubiläum" hatten: den zehnten Jahrestag unserer Bestrafung durch die Zentrale Kommission für Verbannung und Internierung. Am 15. August hatten wir den Beschluss in Lezha bekommen. Was würde nun mit uns passieren? Würden sie unsere Verbannung aufheben und uns wie die anderen behandeln, also auf Dauer in Fishta wohnen lassen? Oder würden sie die Verbannung nochmals verlängern, wie sie es mit vielen Familien getan hatten, die hier und da in ganz Albanien verstreut waren?

Als unser Termin dann auf einmal näherrückte, wurde die Frage einer Begnadigung oder erneuten Verurteilung zum Tagesgespräch. Die meisten sagten, unsere Verbannung würde aufgehoben, aber zu Gimi sagten die Landarbeiter, vor allem die aus dem Dorf: „Dir werden sie sie aufheben, deiner Mutter aber nicht." Sie verwiesen dabei auf Gimis gute Führung und Einstellung. Woher hätten sie wissen können, dass Enver Hoxha jetzt mehr Angst vor den Kindern derer hatte, die er verurteilt hatte? Das hatte er schon in einer Rede in Gjirokastra gezeigt, nach der Kadri Hazbiu unsere inhaftierten Jungs erneut verurteilt und noch andere verhaftet hatte.[92] In diesen Augusttagen beschäftigte sich der ganze Sektor mit uns, denn was mit Gimi und mir geschehen würde, konnte auch für die anderen als eine Art Barometer gelten.

91 Erhofft wurde die Amnestie zum 40. Jahrestag der Befreiung am 29. 11. 1984. Der Jahrestag des Einzugs der kommunistischen Partisanen in Tirana und damit der Befreiung Albaniens von der deutschen Besatzung am 29. 11. 1944 wurde im kommunistischen Albanien stets gefeiert, genau einen Tag nach dem Tag der Flagge, der an die Unabhängigkeit Albaniens vom Osmanischen Reich am 28. 11. 1912 erinnerte.

92 Todi Lubonja wurde 1974 zu 15 Jahren Gefängnis verurteilt und 1987 nach 13 Jahren in die Verbannung entlassen.Fatos wurde 1974 zu 7 Jahren und 1979 (im Gefängnis) zu 16 Jahren verurteilt; wegen des Zusammenbruchs des Kommunismus wurde er 1991 nach 17 Jahren entlassen.Auf welche Rede in Hoxhas Geburtsort Gjirokastra sich die Autorin bezieht, ist unklar.

Die jüngsten Maßnahmen gegenüber den Inhaftierten und ihren Familien versprachen allerdings nichts Gutes. Innenminister war Hekuran Isai, und er musste unbedingt seinen Eifer und seine Loyalität gegenüber Enver Hoxha beweisen.[93] Anfangs kümmerte sich in der Dega derjenige um uns, der auch für die Fahrer und das Dynamitlager zuständig war. Ab 1984 gab es dann einen besonderen Vize-Chef sowie einen Referenten, der unsere Passierscheine unterzeichnete, den Referenten für den Vollzug von Strafurteilen. Keiner von uns war von einem Strafgericht verurteilt worden, alle hatten nur die administrative Strafe der Zentralen Kommission für Verbannung und Internierung bekommen.

Alle Maßregeln waren verschärft worden. Passierscheine für Burrel oder Spaç bekamen wir fast gar nicht mehr. Dabei erkannte doch die Lagerordnung, auf einem großen Schild am Lagereingang kundgetan, den Gefangenen das Recht zu, zwei Mal im Monat Besuch von ihrer Familie zu bekommen, in Burrel ein Mal. Die Menge an Lebensmitteln, die die Familie ihnen schicken durfte, wurde von 15 auf zwei Kilogramm pro Monat gesenkt (plus drei Kilo Obst). Untersagt wurden auch Postkarten an die Familienangehörigen der Gefangenen zu den Feiertagen, zum Beispiel zum 8. März. Der 8. März war ein staatlicher Feiertag, stand den Verbannten also nicht zu! Auch der Facharzt wurde offenbar angewiesen, mir nicht mehr wie früher alle ein oder zwei Jahre eine Untersuchung in Tirana zu verschreiben. Gimi bekam einen solchen Furunkel an der Brust, dass sogar der Dorfvorsteher erschrak und Gimi einen Passierschein gab, offenbar ohne die Dega zu fragen. Als Gimi dann aber hinging, um ihn unterschreiben zu lassen, hatte gerade unser Referent Dienst und hielt Gimi einen Vortrag über die Vorschriften, den er mit der Drohung abschloss, ihn ins Gefängnis zu stecken. Gimi hatte gar nichts gesagt, ließ sich den Furunkel entfernen und sagte nach seiner Rückkehr zu mir: „Das sind doch keine Menschen mehr!" Wie konnten wir uns irgendeine Illusion machen über eine Begnadigung? Es gab nicht die geringsten Anzeichen für Lockerungen oder Erleichterungen; im Gegenteil, der Druck wurde immer stärker.

Am Abend des 14. August 1984 kam der Referent Avni nach Fishta. Wie immer steif und regungslos; an seiner Miene konnte man nichts ablesen, niemals. Umgeben von den üblichen Leuten, ging er am Abend mit dem Verantwortlichen des Sektors in dessen Haus. Zu Gimi sagten sie weiterhin, man würde ihn begnadigen. Von einer Begnadigung zu hören, wenn du gar keine Straftat begangen hast, war tatsächlich paradox und absurd.

93 Hekuran Isai (1933–2008) war seit 1971 Mitglied des Zentralkomitees, von 1982 bis 1989 und 1990 bis 1991 Innenminister.

Morgens um 8 Uhr riefen sie uns in das Büro des Verantwortlichen. Es war eine richtige Zeremonie organisiert worden; gab es neue Vorschriften des Ministers oder wollte der Referent dem Ereignis eine gewisse Feierlichkeit verleihen? Auf den Bänken um den Versammlungstisch saßen der Vorsitzende des Rats des Dorfs, der Verantwortliche des Sektors, der Brigadeleiter und noch ein, zwei andere, auch Mark. Der Referent saß gravitätisch am Kopf des Tisches. Er öffnete seine Tasche, nahm ein Schreiben heraus und verkündete den Urteilsspruch: Die Zentrale Kommission hatte uns noch fünf weitere Jahre Verbannung auferlegt. Obwohl ich mental darauf vorbereitet war, widersprach ich, vor allem, um diese zeremonielle Feierlichkeit zu sprengen. Was konnte ich sonst schon tun gegen diesen Akt, der die Rechte des sogenannten freien Bürgers auf so flagrante Weise verletzte?

Traurig kehrten wir nach Hause zurück, vor allem auch, weil wir uns nach dieser dritten Strafe nun keinerlei Hoffnung mehr machen konnten auf jene „große Begnadigung" der Gefangenen, von der jetzt überall gesprochen wurde. Die Monate vergingen, der November kam näher, und wer nach Tirana gefahren war, kam immer mit hoffungsvollen Worten zurück.

Im November 1982, zum 70. Jahrestag der Unabhängigkeit, waren wir enttäuscht worden. Dieses Mal erschreckte mich ein lautes Klopfen am Fenster, dann eine Stimme: „Liri, hast du es im Radio gehört? Große Amnestie, Todi wird nach Hause kommen!" Ich erstarrte. Wir hatten nichts gehört. Mit unserer dauernden Allergie gegen Radio Tirana hatten wir uns selbst bestraft. Voller Unruhe und Ungeduld warteten wir nun auf die 20-Uhr-Nachrichten. Aber wir konnten die Amnestie-Beschlüsse nicht richtig dechiffrieren. Lag es an uns oder waren sie extra so unklar formuliert, nur für den propagandistischen Konsum?

Uns wurde weiterhin gesagt, Todi käme bestimmt nach Hause, sein Alter, seine abgesessene Zeit usw. würden ihn aus dem Gefängnis herausholen. Trotzdem blieben wir voller Zweifel und irgendwie erstarrt. Und dann, wie würde eine solche Freilassung ablaufen? Müssten wir nicht ein Telegramm oder irgendeine Benachrichtigung bekommen? Ein paar Wohlmeinende beharrten darauf, und Gimi lief nach Verkündung des Dekrets zwei Nächte hintereinander mit der Taschenlampe nach Baqël, um am Bahnhof auf Todi zu warten. Traurig und erschöpft kam er zurück. Endlich kam die sehnlichst erwartete Zeitung; auch sie erregte viele Diskussionen. Kola, der Verantwortliche des Sektors, hatte früher im Gefangenenlager gearbeitet und konnte daher die einzelnen Punkte des Dekrets besser als wir entschlüsseln. Er sagte bestimmt: „Todi kommt nicht!" Wir warteten auf die Briefe. Todi hatten sie 18 Monate Haft erlassen, Fatos dagegen keinen einzigen Tag, da er ja zum zweiten Mal verurteilt worden war.

Obwohl wir herumfragten, hörten wir in der Zadrima von keinem einzigen aus politischen Gründen Verurteilten, der entlassen wurde. Zurück kamen Diebe, Mörder, Betrüger und alle dieser Sorte. Eine von ihnen, eine Frau, sah ich, wie sie vor meinem Fenster vorbei auf der Straße nach Krajn ging. Sie war verurteilt worden, weil sie ihre Schwiegermutter getötet hatte. Sie war zu einer langen Haftstrafe verurteilt worden, hatte davon nun über die Hälfte abgesessen und kehrte nach Hause zurück. Ich beobachtete sie mit einem Schauder; zum ersten Mal sah ich eine Mörderin, nicht im Film, sondern wenige Meter von mir entfernt. Ich dachte, jemanden mit Gewissensbissen zu sehen, einen Menschen, der unter dem begangenen Verbrechen selbst gelitten hatte und es jetzt bei der Rückkehr noch einmal quälend durchleben musste. An ihrem Gang, ihrem äußeren Verhalten wollte ich so etwas wie Reue erkennen, aber nein, sie lief frei drauflos, mit schnellen Schritten, inmitten einer Gruppe, die sie begleitete, und freute sich, zu ihrer Familie zurückzukehren. Da musste ich an die Frau denken, die ich an der Tür der Ermittlungsbehörde im Neuen Gefängnis von Tirana getroffen hatte. Als sie über ihren inhaftierten Mann sprach, hatte sie voller Freude und Erleichterung immer wieder gesagt: „Gottseidank ist er kein Politischer!“ Schließlich hatte sie am Ende recht gehabt; ihr Mann war jetzt gewiss entlassen worden.

Für uns ging der November 1984 schließlich ganz und gar enttäuschend aus: Es gab keine Amnestie. Jemand meinte, sie sei ausgeblieben, weil Enver Hoxha sehr krank sei. Wollten wir unsere Lieben sehen, blieben uns weiterhin nur die Besuche in Lager und Gefängnis mit den anstrengenden Fahrten dorthin.

Todi konnten wir das erste Mal im Dezember 1983 besuchen, ein Jahr nach unserer Verbannung nach Fishta. Den nächsten Passierschein bekamen wir zehn Monate später, nachdem Todi aus dem Haftkrankenhaus in Tirana rücküberstellt worden war. Er war auf 58 Kilogramm abgemagert. Laut den vorgenommenen Blutzucker-Untersuchungen war er von der Diabetes „geheilt“, sodass die Endokrinologen ihm auch die minimale Diät wegnahmen, die Diabetiker im Gefängnis bekamen. Würde er mit der wenigen Hilfe, die wir ihm schicken konnten, und der armseligen Verpflegung, die er von der Kommandantur bekam, die Haft überstehen können? Gimi und ich fuhren verzweifelt und niedergeschlagen aus Burrel weg. Zu Hilfe kam mir dann ein Ratgeber für Diabetiker, eine Veröffentlichung der Französischen Diabetiker-Gesellschaft. Ich schrieb Briefe an Ramiz Alia und an Hekuran Isai, in denen ich mich darüber beklagte, was mit Todi geschehen war, nämlich, dass sie ihm die Diät gestrichen und die Dosis der Medikamente erhöht hatten, was dem, was ich in dem französischen Diabetes-Ratgeber gelesen hatte, vollkommen widersprach.

Ich zitierte aus dem Buch sogar den ganzen Satz über den Fall, wenn der Diabetiker an Gewicht verliert und der Blutzuckergehalt sich normalisiert. Der Kranke kann auf keinen Fall als geheilt betrachtet werden, sondern muss seine Diät fortsetzen.

Nach einiger Zeit bekam er wieder seine Diät, aber inzwischen erfuhren wir, dass Todi erneut ins Krankenhaus eingeliefert wurde, diesmal wegen seines Herzens. Wir waren erschrocken und alarmiert, und Gimi stritt sich mit denen von der Dega, die wegen einer anderen Angelegenheit hergekommen waren, um einen Passierschein. Der stellvertretende Leiter in Lezha lud ihn vor und warnte ihn, dass ihm Gefängnis drohe. Rasch, ohne Zeit zu verschwenden, teilten sie uns allen offiziell mit, dass wir keinen Anspruch hätten auf Passierscheine für das Haftkrankenhaus, den sogenannten Pavillon Sieben in Tirana.

Dieses dauernde Gerenne, die Verweigerung der Passierscheine für Todi und Fatos waren das Schlimmste. Nicht nur wir litten darunter, mehr noch die, die unseren Besuch erwarteten. Für sie verfiel oft eine Erlaubnis der Lager- oder Gefängniskommandantur für ein längeres Treffen. Es ging darum, sich nicht nur für zehn Minuten am großen Tor zu treffen, sondern für fünfzehn, zwanzig oder dreißig Minuten in einem speziellen Besuchszimmer. Das war vor allem bei Todi wichtig, denn in Spaç konnten wir Fatos durch die eisernen Gitterstäbe des Tores immerhin im Ganzen sehen, während man in Burrel durch die kleine Klappe in dem dicken Eisentor nicht einmal seinen ganzen Kopf sehen konnte. Aber ihre Telegramme mit dem Termin der Erlaubnis waren vergebens.

Für gewöhnlich baten wir im Sommer um Passierscheine, die uns dann erst im Winter gegeben wurden. Gimi und ich waren gegen Isufs Launen völlig machtlos. Er lächelte und versprach uns den Passierschein. Wenn er dann nicht mehr behaupten konnte, er habe „die Anfrage nicht erhalten", antwortete er: „Wir werden uns darum kümmern", und wir warteten weiter.

Im August 1984 wollten wir Fatos besuchen, schickten also einen Einschreibbrief an die Dega und warteten … Die Genehmigung erhielten wir im November 1985, genau an einem Tag, als Gimi eine Mandelentzündung hatte; die Mandeln quälten ihn oft. Er lag mit Fieber im Bett, sogar mit ärztlichem Befund, ein seltenes Privileg für unsere Jungs. Es regnete, und die Straße zum Bahnhof in Baqël war nur noch Schlamm und Pfützen. Wir mussten den aus Shkodra kommenden Frühzug erreichen; zu dieser Uhrzeit war es noch völlig dunkel. Ich lief voraus, lebhaft und voller Vorfreude auf das lang ersehnte Treffen mit Fatos, von hinten hörte ich Gimi, mit einem Schal um den Hals, schimpfend und jammernd. Er und ich hatten sehnsüchtig auf dieses Treffen gewartet, das uns so viel Nerven gekostet hatte, für das wir so viele Briefe

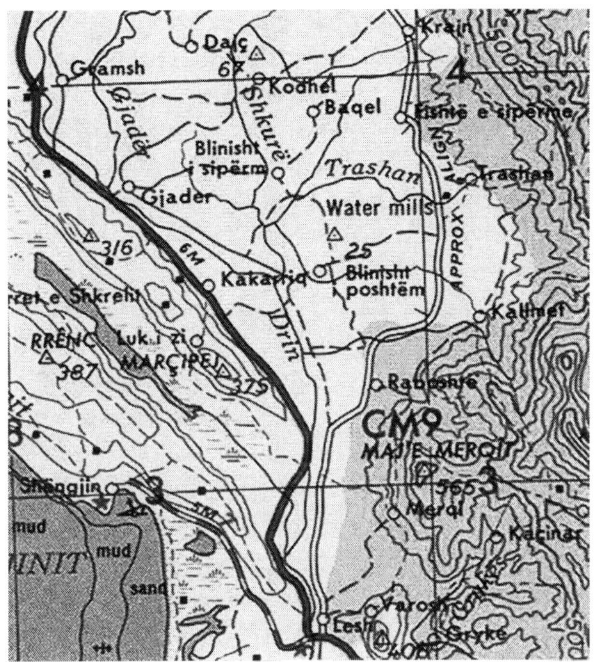

Ausschnitt aus einer Karte von 1960: Unten Lezha (Lesh) und Shëngjin, rechts Kallmet, Troshan und Fishta, links der Sumpf, wo das Lager Malecaj lag. *US Army Map Service, Western Europe, NK 34, Perry-Castañeda Library (PCL) Map Collection, University of Texas Libraries, https://maps.lib.utexas.edu/maps/ams/western_europe/txu-oclc-6472044-nk34-7.jpg*

geschrieben und mündlich gebeten hatten – rund 16 Monate lang. Darum hatte Gimi tags zuvor gesagt: „Wenn sie schon die Erlaubnis gegeben haben, dann komme ich auch mit, trotzdem!“ Wenn wir jetzt „ablehnten“, hätten wir ein weiteres Jahr warten müssen, sogar noch länger, wenn man einrechnete, dass diese Geste für sie eine „Beleidigung“ wäre. Solch eine Erfahrung hatten wir schon einmal gemacht und ein „Wer seid ihr denn, dass ihr euch über uns lustig macht?“ abbekommen. Die Fahrt verlief gut, Gimi bekam keine Komplikationen.

Die Reisen waren das schlimmste Kapitel unseres Lebens in Fishta, besonders in der Zeit, als die Eisenbahn noch nicht gebaut war und wir zum Arztbesuch nach Lezha fahren mussten. Wenn wir unsere Angelegenheit dort erledigt hatten, warteten wir oft stundenlang an der „Straße nach Kallmet“, mit einem Sack Kartoffeln und anderen Dingen beladen, auf einen Lastwagen, der uns nach Kallmet i Madh bringen würde. Von dort ging es auf der Straße – oder über die Abkürzung durch Kallmet i Vogël – nach Troshan und schließlich durch ganz Fishta hindurch bis zu unserem Sektor. Wenn man dort an der Straße nach Kallmet vergeblich wartete, sagte manchmal jemand, an der Straße nach Gjadër sei mehr Verkehr, also schleppten wir uns dorthin, mit unseren Säcken, die wir am liebsten weggeworfen hätten. Aber der Weg von Gjadër nach Blinisht und dann weiter nach Baqël und zu unserem Sektor war sehr anstrengend und mühsam.

Über die Fertigstellung der Eisenbahn nach Shkodra waren wir sehr glücklich. Noch mehr freuten sich die Bauern der Gegend, die viel unterwegs waren. Aber für sie und für uns gab es eine schlechte Nachricht: In Richtung Shkodra hielt der Zug nicht am Bahnhof Baqël, nur auf der Rückfahrt nach Süden. Wir Verbannten bekamen sofort die Anweisung, bloß nicht zu versuchen, in Mjeda einzusteigen, dem ersten Bahnhof nach Baqël, der schon zum Kreis Shkodra gehörte. Einmal beging ich diesen Regelverstoß, musste dort aber drinnen im Bahnhof bleiben, bis der Zug von Shkodra zurückkam, und hoffte, dass mich niemand erkennen würde. Ein anderer probierte etwas anderes, aber auch erfolglos. Er sprang aus dem Zug, als dieser in der Anfahrt auf Baqël langsamer fuhr, holte sich aber ein verletztes Knie, eine zerrissene Hose und ein Netz zerbrochener Eier – das war uns allen eine abschreckende Lehre.

Die Eisenbahn schenkte uns in die Verbannung Geschickten etwas Leben. Wenn nachts die Reihe beleuchteter Wagen vorbeifuhr, belebte mich das irgendwie; ein Stück Moderne in unserem Mittelalter. Es rief mir ins Gedächtnis, was ich über Nekrassow wusste: Wenn der Zug von Moskau nach Sibirien fuhr, wohin ihn der Zar verbannt hatte, ging er voller Sehnsucht hin und fuhr mit der Hand über das Richtungsschild mit der Aufschrift „Moskau“.[94]

Der einmal morgens, einmal abends fahrende Personenzug war günstig für unsere Fahrten nach Burrel und Spaç. Wenn die Treffen im Gefängnis normal abliefen, konnten wir in Milot den Abendzug nehmen und waren um 10 Uhr nachts wieder zu Hause. Wenn wir zu spät dran waren und ihn verpassten, mussten wir zu den Lastwagen rennen, sie mehrmals wechseln und dann hoffen, dass unsere Beine uns nicht im Stich lassen würden. Manchmal war ich auch mit dem Güterzug, dem sogenannten „Arbeitszug“, von Lezha nach Baqël gereist, aber Passagiere durften damit nicht fahren. Bei einer der häufigen Kontrollen musste man gleich bei der Abfahrt aussteigen, dadurch war das unsicher.

94 Nikolai Alexejewitsch Nekrassow (1821–1877) war ein russischer Dichter und Publizist, der u. a. über die Ausbeutung der Bauern und das Schicksal verbannter Freunde schrieb.

Zwei unterschiedliche Todesfälle

Ein Motorrad kam aus Baqël an unserem Haus vorbei und nahm die Kurve nach Fishta. Das hatten wir vorher noch nie gesehen. Es verging keine halbe Stunde, und Boxhi stand an unserer Tür. „Enver Hoxha ist gestorben", sagte er. Das war doch unglaublich, unmöglich! Hatte ihn doch der Teufel geholt! In all unserem Unglück schien uns dieser Mensch zu den Unsterblichen zu zählen. Auf Marks Veranda, hinter der Blechwand, waren gerade einige Männer, darunter der Boss von der Polizei. Daher setzte ich, als Boxhi gegangen war, eine ernste Miene auf, ohne irgendeinen Gesichtsausdruck. Ich ging hinein in Gimis Zimmer und machte ganz instinktiv eine ungewöhnliche Geste, die mich selbst überraschte: Ich sank auf die Knie, hob die Faust hoch und flüsterte: „Gimi! Er ist verreckt, er ist verreckt!" Ich flüsterte, damit nichts durch die Mauern drang, die bekanntlich Ohren hatten. Gimi war auf der Arbeit, aber mit niemand anderem konnte ich meine Freude teilen.

Das albanische Fernsehen zeigte in allen Einzelheiten die große Trauer, „den unersetzlichen Verlust", den das Land, das Volk erlitten hatten: kollektives und hysterisches Weinen, Deklarationen und Beteuerungen. Ramiz erschien mir wie ein Kleriker, mit seinem schwarzen Mantel, aus dem der weiße Hemdkragen hervorragte, und mit der Art, wie er sprach. Als Gimi ihn sah, fragte er mich: „Wird er Papa und seine Freunde freilassen?" Ich antwortete: „Ich weiß es nicht", war aber überzeugt, er werde es nicht tun.

Unter dem Tod Enver Hoxhas, dieses verhassten Menschen, sollte ich mehr leiden als gedacht. Freilich nicht aus Trauer, sondern weil nun der Ausnahmezustand ausgerufen wurde und ich deshalb nicht nach Lezha fahren durfte, um das Fieber untersuchen zu lassen, das mich seit Februar plagte. Meine Anträge auf einen Passierschein beantwortete Isuf nur mit: „Das wird schon wieder." Dann begannen die üblichen …

* * *

Dass ich zwei Mal innerhalb weniger Tage den gleichen Traum hatte, völlig identisch, wunderte mich wirklich: Warum verfolgte mich dieser Traum? Ich war es nun ja gewohnt, dass die Leute, wenn sie mir begegneten, den Gehsteig vor ihren Füßen genau musterten oder im Gespräch mit ihrem Nebenmann den Kopf zur Seite wandten, ohne zu „bemerken", wer ihnen da entgegenkam. Wenn mich jemand von Weitem erkannte, wechselte er meistens die Straßenseite; das passierte am häufigsten in Tirana. Manche, die ich bei mir behalten wollte wie früher, mied ich von selbst, um sie nicht in Schwierigkeiten zu bringen. All das geschah aber im Wachen, nicht im Träumen. Im Traum empfand ich das noch schlimmer, obwohl man immer sagt: „Ist nur ein Traum."

Aber in diesem Traum traf ich eine Frau in grünem Rock mit weißer Bluse und einer Weste in der gleichen Farbe wie der Rock, genau wie auf einem Foto, das ich von ihr habe. Sie kam auf mich zu, sah mir in die Augen, schenkte mir ein freundliches Lächeln und sagte kein Wort. Es war Semiramis, meine gute Freundin aus der Jugendzeit und aus meinem Leben vor der Verbannung.[95] Wir kannten und mochten uns seit 1944, seit einer Konferenz der Jugend in Priska. Sie kam aus Elbasan, ich aus Peza. Dann ging ich nach Peshkopi, um dort Jugendarbeit zu machen, sie kehrte nach Elbasan zurück. Wir schrieben uns gelegentlich Briefe, die wir damals, als es noch keine Post gab, bei Gelegenheit irgendwelchen Partisanen mitgaben, hauptsächlich von der aus Elbasan stammenden 17. Brigade. Später kehrten wir beide nach Tirana zurück, um die Schule zu beenden. Wir mochten einander, in echter und aufrichtiger Liebe. Als sie uns 1973 nach Lezha fortjagten, trennten wir uns. Wie tief fühlte sie mit unserem Leid mit!

Als ich diesen Traum zum zweiten Mal träumte, erzählte ich ihn Xhevrija. Sie sagte: „Deine Freundin ist in großer Not." Welche Not könnte Semiramis haben? Auf keinen Fall solche wie ich. Sie war die Frau des Präsidenten, also in der staatlichen Hierarchie die zweite Frau des Landes. Aber im Wohlstand zu leben heißt ja nicht gleich, glücklich zu sein. Weit gefehlt! Jeder, dachte ich mir, hat unabhängig von Staatsämtern sein eigenes Privatleben. Ich kannte Semiramis ja gut und vermutete, wohl zu Recht, dass ihr dieses Amt mehr Ärger als Glück gebracht hatte. Als Ramiz ins Politbüro und zum Sekretär des Zentralkomitees gewählt wurde, hatte sie doch nicht nur keine Freude, sondern im Gegenteil Abneigung und Vorbehalte geäußert. Ihre sensible Natur, ihre charakteristische Freundlichkeit, die ganze Kultiviertheit ihrer Herkunftsfamilie passten nicht zu dem Rang, den ihr Mann nun einnahm. Ihre stete Bescheidenheit taugte nicht für die Rolle und die Posen, die sie nun einnehmen musste.

Semiramis war eine aufgeschlossene Kommunistin und keineswegs fanatisch. Ich erinnerte mich an einen albanisch-sowjetischen Abend der Schuljugend von Tirana; zwei Schwalben kamen durch die kleinen Fenster in das Volkstheater hineinflogen. Eine wundervolle Sache; unerwartet ihr rastloser Flug durch den Theatersaal, auf der Suche nach einem Ausweg. Aber eine

95 Semiramis Alia (1925–1986) war die Ehefrau von Enver Hoxhas Stellvertreter und Nachfolger Ramiz Alia.

Freundin neben mir sah das nicht so: „Jemand hat sie absichtlich hineingelassen, um die Vorstellung zu sabotieren!", flüsterte sie mir zu. Als ich Semiramis diese Absurdität erzählte, lachte sie und meinte, diese langjährige Freundin sei früher nicht so gewesen; offenbar hatte sie sich so verändert durch ihren Mann, einem Mitglied des Zentralkomitees der Partei und einem der schlimmsten Dogmatiker und Fanatiker, die ich kannte.

Um etwas über ihre „Not" zu erfahren, brauchte es eine Fahrt nach Spaç, zu Fatos. In Shakespeares Drama „König Lear" gibt es die Szene, wo Lear und seine Tochter Cordelia nur im Kerker all die Geheimnisse am Hof erfahren können. Genauso wussten sie in Spaç von der unheilbaren Krankheit der Frau des Staatspräsidenten. Ich wollte und konnte es gar nicht glauben, aber Fatos nannte mir auch seine Quelle und einige Einzelheiten. Die Nachricht von ihrem Tod, die mir Meli überbrachte, traf und erschütterte mich sehr, obwohl ich sie schon einige Monate lang schmerzlich erwartet hatte. Ein guter Mensch lebte nicht mehr, ich würde sie nun nie wieder sehen und nie mehr treffen.

Warten auf bessere Zeiten

Endlich war sie fertig, die akustische Gitarre, die Gimi schon seit Lezha baute. Er freute sich und entspannte sich beim Gitarrespielen und bei der Arbeit des Gitarrenbaus. Aber immer mangelte es an Saiten, bis er seine „Erfindung" herstellte. Aus den Rädern von Rollschuhen, ein paar Brettern und einer Kurbel fertigte er einen Mechanismus, in den er aus Telefonkabeln gezogene Litzen einspannte. Durch Drehen der Kurbel zog er daraus einen dünnen Draht. Der erste Test verlief erfolgreich. Das so dringend benötigte G war nun kein Problem mehr. Obwohl er meine Unterstützung bei dieser Arbeit nicht besonders wertschätzte, blieb ihm nichts anderes übrig, er brauchte eine dritte Hand. Ich unterwarf mich, lustlos, aber verantwortungsbewusst, meinem Schicksal und drehte an der Kurbel. Wenn man Gitarrensaiten einfach im Laden kaufen könnte, sei es in Tirana oder in Lezha, bräuchten wie damit nicht unsere Zeit verlieren; aber Saiten fand man nur zufällig, am ehesten noch über Freunde. Nur einmal bekam ich bei einer der Fahrten nach Tirana in einem Musikgeschäft ein paar Gitarrensaiten.

Diku musste umziehen, denn sein Bellen weckte immer die kleine Denise auf. Oft bellte er, weil Marks Sohn Bepi ihn ärgerte oder der direkt hinter dem

Agim Lubonja mit der selbstgebauten Gitarre in Fishta, ca. 1984

Zaun angebundene Esel ihn nervös machte. So ließen wir ihn während des Mittagsschlafs von Denise im Lager herumstreunen. Er kam zu unserer Haustür, klopfte mit der Pfote und wartete. Wenn wir „herein" riefen, stellte er sich auf die Hinterbeine und drückte die Tür auf. Er schlüpfte in den Korridor und blieb dort; drinnen im Zimmer fühlte er sich nicht wohl, daran war er nicht gewöhnt.

Anders war das mit Spurdho, einem kleinen Küken, das allein übrig geblieben war, als einer von den Nachbarn seine Mutter mit den anderen Küken vergiftet hatte, weil sie in ihren Garten eingedrungen waren und das Gemüse kaputt gemacht hatten. Auch solche „Verbrechen" gab es bei uns! Spurdho aber kam nicht nur hinein, „als wäre er hier zu Hause", sondern hüpfte uns auf die Schultern und freute sich, wenn wir ihn aus der Hand fütterten. Wir bemitleideten ihn, das einsame Waisenkind, und mochten ihn sehr.

In der Bibliothek von Blinisht holte ich mir zusammen mit der Prosa von Puschkin auch „Robinson Crusoe" zum Wiederlesen. Robinsons Erfahrungen schienen mir für unser Überleben jetzt nötiger denn je. Wir kauften sehr gutes Schweinefleisch. Wie uns empfohlen wurde, salzten wir es und ließen es in der Sonne trocknen, um es dann Fatos zu schicken. Wenn auch das Fett schmolz und auf das Gras des Hofes tropfte, freute ich mich, wie das Fleisch trocknete.

Aber Fatos' Brief brachte enttäuschende Kunde: Es roch sehr stark nach Wachs und war ungenießbar, schrieb er. Gimi probierte ein Reststück, spuckte es aber sofort wieder aus. Selbst Diku rührte es nicht an.

Die Vorschriften wurden verschärft. Gut, dass wir uns nach dem Tod Enver Hoxhas keine Hoffnungen gemacht hatten. Einmal kamen Zana und die Mädchen von einer Fahrt nach Spaç zurück und erzählten, dass sie das Treffen mit Fatos erst um 18 Uhr machen konnten, weil sie nach Rrëshen hatten zurückfahren müssen, um dort den Passierschein abzeichnen zu lassen. Bis dahin hatten wir das in der Kommandantur des Lagers 303 in Spaç selbst machen können. Ich schickte Fatos einige Fotos, die ich 1985 geknipst hatte. „Die einzige Freude dieses Sommers", schrieb er.

Ein dringendes Bedürfnis führte mich genau an dem Tag nach Blinisht, als dort im Kulturpalast eine ethnografische Ausstellung über die Zadrima eröffnet wurde. Dieses Kulturzentrum war ein ansehnliches Gebäude, das ich schon oft betreten hatte, weil ich da in einem Büro im Obergeschoss meine Rente abholte. An jenem Tag hatte ich es eigentlich eilig, nach Fishta zurückzukommen, aber ich wollte es mir mit dem – mir gegenüber immer freundlichen – Direktor nicht verderben und ging hinein, um sein „Werk" zu sehen.

Diese Ausstellung war überraschend schön, obgleich ich rasch hindurchging. Sie zeigte verschiedene Objekte der materiellen Kultur der Zadrima. Mir gefielen besonders die Trachten der Frauen. Auch in der späteren Erinnerung blieben mir die Kostüme im Kopf, Handarbeiten mit sehr harmonischen Farben, aus Baumwolle und Seide gewebt und gehäkelt. Das hatten die Frauen aus der Zadrima gemacht, jene Frauen, die ich voller Mitleid von der Kreshta herabsteigen sah, gebeugt unter einem Berg von Brennholz auf dem Rücken. Das waren wirkliche Künstlerinnen!

Das Lager Torovica

Wenn ich früher nach Shkodra gefahren war, hatten jene großen, hellen Gebäude am Hang, mitten im Grünen, meine Neugier geweckt. Man hatte mir gesagt, das sei das Gefangenenlager von Torovica. Von Weitem sah der Ort ganz schön aus. Niemand von uns in Fishta war schon einmal dort gewesen. Aber Xhevrija hatte es mir treffend beschrieben mit einem Detail von dem Tag, als sie sie in die Dega e Brendshme vorluden, um ihnen die Aufhebung ihrer Verbannung mitzuteilen. Mit ihnen waren da auch zwei junge Männer aus dem Kreis Kruja gewesen, die nach Torovica verbannt waren. Als der Leiter der Dega ihnen die Begnadigung mitteilte und die Hand gab, hatten sie sich sehr gefreut und draußen vor dem Büro immer wieder gesagt: „Puh, puh, wir sind gerettet!" Sie hatten nicht einmal mehr nach Torovica fahren wollen, um ihre Kleider zu holen. So graute es diesen Jungs vor dem Torf-Staub dort. Das – später zu einem Ort der Verbannung umgewandelte – Gefangenenlager Torovica war im ehemaligen Kakarriq-Sumpf errichtet worden.

Wie ein entferntes, schwaches Echo waren zu uns auch die Worte gedrungen: „Sie sagen, in Torovica gibt es Geld." Wir blieben gleichgültig und misstrauisch gegenüber diesen Reden, vielleicht auch, weil wir erlebt hatten, dass es für uns nirgendwo Geld geben konnte, geben durfte. Sich immer in der Armut, im Elend abstrampeln zu müssen, war eines der Übel, die uns am meisten zermürbten.

Als mir Isuf Lako am 23. Mai 1986 verkündete, dass sie uns anderntags nach Torovica schaffen würden, widersprach ich ihm, obwohl ich wusste, dass das vergeblich war. Diese dauernden Ortswechsel der Verbannten, dieses „Perpetuum mobile" machten sie nicht einfach so. Ein längerer Aufenthalt an einem Ort hätte, so dachten die Zuständigen voller Bosheit, Ruhe verschafft und Bindungen zu Menschen ermöglicht. Nein, die Verbannten sollten in der Unsicherheit dauernder Verlegungen leben, nie wissen, was sie erwartete. Da ich weiterhin widersprach, legte er mir ein Schreiben des Innenministeriums hervor, unterzeichnet vom Chef der Abteilung, die für die Verbannungen zuständig war. Da waren fünf Personen aufgelistet: Gimi, ich, Zana, Violeta und Agim, der Sohn von Fadil.[96] Es war um die Mittagszeit an einem heißen Tag, als ich mich auf den Weg nach Blinisht machte, um zwei Telegramme abzuschicken, das eine an den Ministerpräsidenten Adil Çarçani, weil die Zentrale Kommission für Verbannung und Internierung beim Ministerrat angesiedelt war, das andere an Ramiz Alia.[97]

Am nächsten Tag luden wir mithilfe von Xhevrija, Gjon, Roza, Luti und der kleinen Leta unsere Sachen auf einen Škoda, unter der Aufsicht von

96 Violeta war Fadil Paçramis Frau, Agim und Zana ihre Kinder; Zana war mit Fatos Lubonja verheiratet. Fadil Paçrami wurde 1975 verhaftet und saß bis 1991 im Gefängnis. Violeta musste zunächst in Fushë Arrëzi als Putzfrau arbeiten, der minderjährige Agim in der Mine, ehe sie nach Fishta verbannt wurden.

97 Nach Enver Hoxhas Tod im Jahr 1985 wurde Ramiz Alia (1925–2011) Parteichef, nach 1990 verbrachte er wenige Jahre im Gefängnis, schrieb seine Erinnerung und trat als Zeitzeuge auf. Todi Lubonja hielt nach 1990 wieder einen freundschaftlichen Kontakt zu Ramiz Alia.

zwei stellvertretenden Kreispolizeichefs und eines Polizisten aus Balldren, der offenbar gekommen war, um uns „in Empfang“ zu nehmen. Eine Auseinandersetzung Gimis mit Isuf sorgte dafür, dass Shyqyr Çela, der andere stellvertretende Chef, gleich ankam und die Handschellen hervorholte, aber Isuf war sich sicher, dass Gimi nicht Hand an ihn legen würde und schickte ihn wieder weg. Wir bedankten uns bei den ehemals Verbannten und verabschiedeten uns ganz herzlich von denen, unter denen wir rund vier Jahre gelebt hatten. Dann richtete ich einen Platz für Diku ein und stieg auf den Laster.

Als ich nach Fishta kam, hätte ich nicht geglaubt, dass ich diesen Ort einmal mit Wehmut verlassen würde. Diku sah mich verwundert an; seine schönen Augen blickten traurig, schien mir. Aber Diku verstand doch nicht, was der Polizist sagte, als er sah, wie ich Diku hochnahm und auf den Laster setzte: „Wo willst du mit dem denn hin? Dort hast du nur eine Wohnung.“ Mit Tränen in den Augen streichelte ich Diku. Könnten Gimi und ich uns denn von ihm trennen? Welches Schicksal erwartete ihn dort, wo wir hinkamen? Als der Laster anfuhr, hielt ich Diku fest, denn ich wusste nicht, wie er reagieren würde auf so etwas Eigenartiges, das er nun zum ersten Mal erleben würde.

* * *

Das Dorf Torovica, nach dem das Lager benannt war, ließ der Laster links liegen. Am Schild „Malecaj 3“ bog er von der Hauptstraße nach rechts ab auf eine schlechte Straße voller Schlaglöcher. Am Ende der Straße tauchten plötzlich ein paar Pappeln und Obstbäume auf, Blumenrabatten und eine Weinrebe über einer aus Zement gebauten Pergola.

Ich atmete einen Moment lang auf, erleichtert trotz des bedrohlich hohen und kahlen Bergkamms, auf den wir zufuhren. Aber dieser blühende Garten, der einmal um das Gebäude der ehemaligen Kommandantur herum angelegt worden war, war bald vorbei. An seinem Ende bemerkten wir das große Lagertor, halb zerbrochen auf dem Boden, halb herausgerissen. Es schied den begrünten Bereich der Kommandantur von dem ehemaligen Lager, das nun in all seiner offenkundigen Hässlichkeit vor uns lag. Ein paar einstöckige Gebäude, halb verfallen, der Türen und Fenster beraubt, hier und da auch der Dachziegel. Ein paar Treppenstufen wie ein Amphitheater, wo die Versammlungen abgehalten worden waren, darüber das erste Wohnhaus, ganz armselig gebaut und direkt an den Steilhang gesetzt. Danach ein anderes Gebäude in L-Form, davor ein großer Platz, mit rotem Staub bedeckt. Gegenüber erhob sich ein Wachturm, ziemlich hoch, aus Eisen und Beton, nur ohne Soldaten,

Ehemaliges Internierungslager Malecaj bei Torovica, Außenansicht, 2021

und genau solch ein Wachturm auch auf der anderen Seite. An einer Ecke des Platzes, rechts vom zweiten Gebäude, stand eine Art Hühnerstall mit Fensterchen wie kleinen Oberlichtern. Wir brauchten ein paar Augenblicke um zu begreifen, dass dies die Strafzellen gewesen waren. Die letzte hatte gar kein Fenster.

Der „Rote Platz" des Lagers war ziemlich dreckig, nicht nur wegen der dort hingeworfenen und von niemandem weggebrachten Abfälle, dort standen auch mehrere breite Pfützen, große Wasserlachen, die langsam auf dem Platz versickerten. Das war das Abwasser aus der Kanalisation, die die Bewohner des Lagers selbst zerbrochen hatten, weil sie verstopft waren. Einige von ihnen kamen aus den Dörfern hoch oben im Norden, wo die WCs völlig anders waren als in den Stadtwohnungen, und hatten keine Ahnung gehabt, dass feste Abfälle diese engen Leitungen leicht verstopfen.

Mitten in diesem Dreck spielten barfüßige Kinder. In der größten Pfütze suhlte sich ein Schwein, nach dem der ganze Platz rundherum stank. Am Ende des Platzes hatten einige Bewohner Gärten angelegt, irgendwie auf die Schnelle eingezäunt, meistens mit Stacheldraht vom Lager. Rund um die Gärten und

Ehemaliges Internierungslager Malecaj bei Torovica, „Platz“, 2021

bis hinunter zum Kanal wucherten große Disteln. Überall hier im Lager gab es Disteln, Disteln ohne Ende, groß, struppig und voller „Früchte“, groß wie Nüsse. Diese Pflanzen kannte ich früher nur mit kleinen Stängeln und Knollen und mit kurzen und weichen Stacheln. Hier gediehen sie üppig, wohl durch den fruchtbaren Boden des ehemaligen Sumpfes. Ihre Knollen blieben immer sehr an den Hunden und Schweinen haften.

Obwohl wir nicht sehr spät angekommen waren, hatte sich schon eine Art Dämmerung über das Lager gelegt. Die Sonne war versunken hinter dem scharfen Grat des Berges, der das Panorama abschloss: vollkommen kahl, nur Fels.

Mitten auf den Berg hatten die Gefangenen die Buchstaben einer Parole gesetzt, die in Albanien allgegenwärtig war: „Partei – Enver“. Traurig und ängstlich fragte ich mich: „Wie lange werden wir hier leben müssen?“ In Fishta hatte Isuf Lako mir gesagt: „Dort wird es euch gut gehen, ich werdet nicht mehr weiter herumwandern müssen.“ Wollte er sich über mich lustig machen oder hatte er als ehemaliger Kommandant dieses Lagers nostalgische Gefühle für diesen Ort?

Wir würden im ersten Aufgang des ersten „Palasts“[98] wohnen. Vier junge Männer halfen uns beim Abladen und Hochtragen unserer Sachen. Die Architekten mussten sich schwer getan haben, die Häftlingsbaracken in Wohnquartiere umzuwandeln. Man musste einen langen, schmalen Korridor entlanggehen, um zu dem einzigen Zimmer der Wohnung zu gelangen. Das Zimmer war wie ein schmales Handtuch. Rechts waren die Küche mit einem Annex, groß und „gut“ geschnitten, und das Bad, größer als das Zimmer, das wir in Lezha hatten. Deshalb hatten die Nachbarn im Erdgeschoss unter uns ein Stück des Badezimmers mit Brettern abgeteilt und dort einen komfortablen Stall für ihr Schwein eingerichtet.

Küchen- und Badfenster waren richtig angeordnet, aber im Wohnzimmer war das Fenster zehn, fünfzehn Zentimeter unter der Decke. Die Decke war hoch, auf dreifache Etagenpritschen ausgelegt. Um mangelnde Luft nach oben mussten wir uns keine Gedanken machen; aber ich musste über einen Stuhl auf die Kommode klettern, um das Fenster zu putzen. Die Bewohner des Neuen Viertels, die über den Hügel zu den Geschäften im anderen Ortsteil gingen, konnten von oben bei uns hineinschauen; wir saßen wie auf dem Präsentierteller da. In den Fenstern fehlte das Glas, das elektrische Licht ging nicht, die Wände waren nicht gestrichen, an den Türen fehlten Griffe und Schlüssel, das Waschbecken im Annex hatte einen Sprung. Warum hatten sie es so eilig gehabt, uns hierher zu bringen, wenn die Wohnungen noch nicht fertig waren?

Am 12. Juni hatten die Klempner, Elektriker und Maler dann ihre Arbeit beendet, und wir unterschrieben den Vertrag mit der Gemeinde (das war das Einzige, was in dieser Siedlung wie in der Stadt war). Aber auch nur das. Die Mietzahlung war originell organisiert: Die Buchhaltung des Betriebs behielt die Miete jeden Monat vom Lohn ein. Und das hatten sie sich wohl gut überlegt, denn die gerade angekommenen Mieter mussten von ihrem geringen Verdienst ihre Kinder füttern und hätten nur allzu leicht vergessen können, ihre Miete zu bezahlen.

Gimi und ich räumten gerade unsere Sachen ein, als mir mitgeteilt wurde, der Stellvertretende Leiter der Dega wolle mich sprechen. Er war schon während der Renovierung mehrmals gekommen, ich hatte sogar gehört, wie er zu einem Nachbarn sagte: „Ihr seid selbst hergezogen, aber die da haben wir hergebracht.“ In Wirklichkeit kümmerten sie sich um die Herrichtung unserer

98 In Albanien werden mehrstöckige Wohnhäuser bis heute „pallat“ genannt, um sie von Einfamilien- oder Bauernhäusern zu unterscheiden. Ein „pallat“ kann aber auch ein Palast sein, etwa der erwähnte Kulturpalast in Blinisht bei Fishta. Hier spielt die Autorin mit Anführungszeichen auf diese Doppelbedeutung an.

Wohnungen, weil Violeta und Zana in dem Haus ohne Fenster eine Lungenentzündung bekommen und Fadils Agim deswegen ein Telegramm geschickt hatte. Der Stellvertretende Leiter erwartete mich mit seiner Begleitung auf dem großen Platz. „Hast du von hier dem Ministerpräsidenten ein Telegramm geschickt?", fragte er mich. Ich antwortete, ich habe das Telegramm von Fishta aus losgeschickt, aber er beharrte: „Von hier, von hier aus!", als wollte er mir suggestiv einreden, seine Frage zu bejahen. Diese Hartnäckigkeit verwunderte mich. Schließlich sah er ein, dass er mich so nicht überzeugen konnte, und sagte: „Na denn, die Antwort lautet, da bleiben, wo sie ist." „Heißt das, in Fishta?", fragte ich. Er schluckte und fragte wieder: „Von hier hast du kein Telegramm geschickt?" Ich war müde und bedrückt und hatte überhaupt keine Lust auf solche Spielchen. Darum sagte ich: „Heute würde ich mich sogar weigern, meinen Kram zu packen und nach Tirana zu fahren; also erst recht nicht nach Fishta." Diese Antwort gefiel ihm sehr. Er winkte zu den „Palästen", in denen wir wohnen sollten: „Hier lebt ihr genau wie in der Stadt", sagte er und fügte hinzu: „Außerdem ist euer Haus in Fishta schon belegt", was nicht stimmte. Erst ein, zwei Monate später hatten sie eine Familie aus Tirana dorthin geschickt.

„Wie in der Stadt", das war auch der Nachteil dieses Ortes. Wie in der Stadt gab es hier „Paläste", Wohnhäuser mit gemeinsamen Treppenhäusern und Sanitäranlagen. Die Treppenhäuser wurden überhaupt nicht geputzt, vor allem die Teile, die zu keiner Wohnung gehörten. Die Trennwände waren aus Backstein, die Isolierung der Stockwerke wie eben in einem Gefängnis: ein einziges, sehr großes Haus, nur mit Paneelen aufgeteilt. Wir alle teilten uns auch das Wasserloch, am Ende des Lagerplatzes neben der kleinen Straße, die den gegenüberliegenden Berg hinauf zum Dorf führte. Das Wasserloch war nicht größer als ein kleiner Waschbottich. Während du dein Trinkwasser abfülltest, spülte oder wusch ein anderer seine Kleider. Oh mein Gott, und was für Kleider waren das!

Ich vergaß, auch den Abwasserkanal des Lagers teilten wir uns. Diese Brühe floss dann zusammen mit dem Wasser aus der äußersten, wegen ihrer Feuchtigkeit unbebaut gebliebenen Ecke des Kakarriq-Sumpfes über Nebenkanäle zum Hauptsammler. Von da aus griffen uns hordenweise Fliegen- und Mückenschwärme an.

Auch der Dorffriedhof war für uns alle da. Er lag ganz in der Nähe, jenseits des Kanals und eines unbestellten Feldes, direkt unserem „Palast" gegenüber. Schwarze Steine, Brombeersträucher, Stechdornen bedeckten den Hügel auf seiner dem Lager zugewandten Seite. Jedes Mal, wenn ich dahin guckte, wurde ich traurig, überkam mich dieses besondere Gefühl, das der Tod im

Allgemeinen hervorruft, ein Ohnmachtsgefühl, ein Ausgeliefertsein. Ich ging nicht zum Friedhof hinauf und sah mir die Gräber nicht an, aber von den ersten Tagen an trug ich Gimi auf: „Dass du mich bloß nicht hier begräbst, wenn ich sterbe!" Die gleiche Bitte hatte ich auch in Fishta geäußert, obwohl es dort einen sehr schönen und gut gepflegten Friedhof gab. Ich dachte immer, ich sei frei von Vorurteilen, und staunte daher selbst über dieses ängstliche Gefühl. Dass ich nicht für immer dort bleiben wollte, war doch immerhin erklärlich durch die mir gewaltsam auferlegte Isolation und Einsamkeit. Wenigstens nach dem Tod würde ich davon Erlösung finden. Aber ich war doch naiv geblieben in Bezug auf Beschlüsse zur Verbannung. Seit wann durften Verbannte denn, und wenn auch als Tote, in ihre Heimat zurückkehren?

Die Jungs, die uns halfen, unser Gepäck nach oben zu tragen, erzählten uns an der Tür von den Menschen, unter denen wir nun leben würden. Sie selbst waren aus einer kosovarischen Familie. Ihr Vater Shefqet Kelmendi war zu 25 Jahren Gefängnis verurteilt worden. Sieben Brüder waren hierhergebracht worden, zusammen mit ihrer Mutter Mereme und ihrer Schwester Leta.

Als Erstes erklärten sie uns, wer alles Spitzel der Dega war. Wie viele waren das! Wie war das möglich! Danach sagten sie uns rasch, dass die Dega in unserer Nachbarwohnung, deren Eingang in ihrem Treppenhaus lag, mehrere Tage lang mit einem Motorkompressor gearbeitet und Löcher in die Wände gebohrt hatte. Diese Art von Arbeit kannten wir schon; das Belauschen ging also weiter.

Schon als wir aus Tirana nach Lezha gekommen waren, war in unserer ersten Wohnung im „Helden von Vig"-Viertel dasselbe geschehen. Als ich nach Todis Verurteilung noch einmal dahin ging, um unsere von den Ermittlern eingeschlossenen Sachen abzuholen, sah ich einen Streifen weißen Kalks, der sich auf dem Boden gerade die Mauer entlang zog, von der Nachbarwohnung kommend. Ich brachte meine Verwunderung darüber zum Ausdruck, wie so etwas passieren könne in einem Zimmer, das mit einer richtigen Zeremonie in Anwesenheit meiner Person, des Vorsitzenden des Rats und des Ermittlers aus Tirana versiegelt worden sei. Aber sobald der Ermittler aus Lezha, der bei der Übergabe der Sachen an mich dabei war, das hörte, sagte er rasch: „Das war alles richtig so; du leidest anscheinend an Sklerose." Ich musste also „beweisen", dass ich nicht an Sklerose oder einer anderen Art von Gedächtnisschwäche litt. Netas Golka[99] hatte geschwiegen. Im Spitalsviertel in Lezha hatten sie diese „Angelegenheit" im Schlafzimmer eingebaut. Hatten sie es geschafft, uns von dort aus in der Küche, wo wir uns normalerweise aufhielten, abzuhören?

99 Spitzname des Ermittlers Ligor Thanasi, siehe das Kapitel „Die Verbannten".

Wie es in Fishta war, kann ich nicht sagen. Ich war überzeugt, dass sie sich hier in Malecaj darauf vorbereiteten, Todi so „zu begrüßen".

Diese Nachbarswohnung zog uns irgendwie an, also kletterte Shpëtim, Meremes zweiter Sohn, der Dichter, eines Tages von hinten, vom Hügel aus, durch das auf dieser Seite niedrige Fenster. „Oberflächlich ist nichts zu sehen", sagte er. Als die Wasserversorgung in Betrieb genommen wurde und das Wasser aus den offen gelassenen Wasserhähnen in der oberen Wohnung nach unten in Meremes Eingang lief, wollten Leta und ich den Schlüssel haben. Auch bestand ich darauf, die Türen und Fensterläden zu schließen, die Tag und Nacht dauernd auf- und zuschlugen. Also fragten wir Isuf, den Stellvertretenden Chef der Dega, nach dem Schlüssel. Da runzelte er die Stirn und knurrte wütend: „Bist du noch bei Trost? Wer hat behauptet, dass die Dega den Schlüssel hat?"

Alle, die die Bewandtnis dieser „mysteriösen" Wohnung kannten, waren neugierig, wer dort untergebracht würde. Das würde gewiss ein wichtiger Spitzel sein. Aber auf einmal zog dort, ohne jemanden zu fragen, eine Frau ein, die sie aus Milot hierher verbannt hatten, mit ihrem Sohn und zwei Töchtern. Eigentlich hatten sie sie zu einer anderen, ebenso verbannten Familie in eine Wohnung gesteckt. Maria war jung, eine pfiffige Frau. Wir warteten, was passieren würde, denn sie wirkte nicht wie eine Auserwählte der Dega. Und tatsächlich: Das ließen sie nicht zu. Obwohl ihr Geschrei und Aufruhr das ganze Lager erschütterten, warfen sie sie mit Gewalt aus der Wohnung. Gegen die Dega e Brendshme kam sie nicht an, und sonst auch keiner.

Mereme

Meremes Familie lernten wir schon am ersten Tag kennen, als die Jungs uns beim Hochtragen der Sachen halfen und ihre Tochter Leta mit uns die Wohnung putzte. An heißen Tagen, wenn die Sonne heruntergebrannt hatte wie ein Saç[100] und bei uns schon früh der Abend hereinbrach, gingen Mereme, Leta und ich los, um etwas Weite und Luft zum Atmen zu finden. Nur zu gern ließen wir diesen grauen Berg, die kahlen Hügel, die Hässlichkeit und den Dreck des Lagers hinter uns. Auf dem Weg zur Neuen Siedlung sammelte Leta Brombeeren und teilte sie mit uns. Das war die einzige Frucht, die wir fanden.

100 Heißes Blech, mit dem traditionell Teigwaren wie die Fli in der Glut gebacken werden.

Mereme erzählte mir die schmerzliche Geschichte ihrer Familie. Sie waren noch recht jung, als sie mit ihrem Mann Shefqet und ihrem Bruder Skender aus Kosova gekommen waren.[101] Mereme muss damals eine wunderschöne Braut gewesen sein. „Als wir die Grenze überquerten, knieten wir nieder und küssten den Boden“, sagte sie und schüttelte tieftraurig den Kopf. Sie waren junge, enthusiastische, patriotische Träumer. Ihr Mann und ihr Bruder waren von serbischen Gerichten zu jeweils zehn Jahren Haft verurteilt worden, weil „sie in Diensten Albaniens standen“. Aber in Albanien erging es ihnen genauso wie vielen anderen Kosovaren, die illegal und unter Lebensgefahr die Grenze überquert hatten. Misstrauen und Argwohn, Überwachung und Demütigung erwarteten sie auch hier. Skender wurde in ein Lager gesteckt; das hielt er nicht aus und flüchtete. Er lebte und arbeitete nun in Westdeutschland.

Shefqet hatte als Lehrer auf dem Dorf gearbeitet, immer auf dem Dorf, auch nachdem er die Universität abgeschlossen hatte. Seine Bibliothek zu Hause bewies, dass er auch ein leidenschaftlicher Sprachwissenschaftler war. Und Mereme, eine fähige und unermüdliche Frau, hatte hart gearbeitet. Sie hatte acht Kinder großgezogen; der jüngste, Valdet, war damals sechs, sieben Jahre alt. Als Albanien vor einigen Jahren anfing, sich kosovarischen Intellektuellen zu „öffnen“, traf sich Shefqet mit einigen von ihnen; daraufhin hatten sie ihn verhaftet und angeklagt … Und wegen was nicht allem hatten sie ihn angeklagt! Schließlich hatten sie ihn zum Tode verurteilt. Mereme sprach über die Angst, mit der sie jene Tage durchlebt hatten, in jenem abgelegenen und unbekannten Dorf bei Kruja, in das sie geschickt worden waren. Später teilten sie ihm mit, dass seine Strafe in 25 Jahre Gefängnis umgewandelt worden sei. Sie erzählte auch von der Armut, dem Elend, in dem sie dort gelebt hatten, ohne irgendeinen Verdienst oder irgendeine Hilfe. „Wir haben von gekochtem Mais gelebt, von unreifen Äpfeln und Tomaten, die die Jungs von den Feldern holten“, sagte Mereme.

Als Kosovaren sei ihnen dann ein „großes Privileg“ zuteil geworden: Ihre Verbannung wurde aufgehoben, und sie wurden hierher nach Malecaj geschickt, das hieß, sie waren nun Verbannte ohne Bescheid. Die erwachsenen Söhne Sazan, Shpëtim, Dardan und die Tochter Leta arbeiteten als Landarbeiter auf dem Staatsgut, aber in diesen Brigaden „ohne Geld“, die für uns und die armen Leute aus dem Lager bestimmt waren. Zum Leben reichten die lächerlichen Löhne vorne und hinten nicht. Die anderen Kinder gingen in die Schule.

101 Der kosovarische Schriftsteller Shefqet Kelmendi (*1930) flüchtete 1956 nach Albanien und arbeitete dort als Lehrer. 1984 wurde er wegen Spionage erst zum Tod, dann zu 25 Jahren Haft verurteilt. In den 1990er-Jahren erschienen mehrere Bücher von ihm.

Mereme selbst stieg mit Saisonbeginn im Juni jeden Tag schon vor Sonnenaufgang auf den Berg, um Salbei zu sammeln. So machten das auch viele andere Frauen aus dem Lager. Sie kamen mit riesigen Säcken herunter, mit Bettbezügen auf dem Rücken, mit Seilen zusammengebunden. Der Salbei gedieh auf unserem Berg sehr gut und war eine wichtige Einkommensquelle für bedürftige Familien. In diesen Monaten arbeiteten die Frauen und Mädchen nicht in den Brigaden. Das Salbeisammeln war eine sehr anstrengende, erschöpfende Arbeit. Wenn ich sah, wie die Frauen so gebeugt unter der schweren Last herabkamen, taten sie mir sehr leid, vor allem, als Ana sich ihnen anschloss. Sie setzten die Bündel ab, nahmen den Besen, und jede fegte die mit kleinen Steinen umgebene „Parzelle" vor ihrem Haus sauber. Dann machten sich Mereme und einige andere mit einem Stück trockenen Brots in der Hand wieder auf den Weg zum Berg. Auf meine Ermahnung, sich nicht so kaputt zu machen, antwortete sie: „Was soll man machen, anders geht's ja nicht", und eilte der Frau hinterher, mit der sie zusammenarbeitete. Nachdem sie das zweite Mal herabgekommen waren, wendeten sie den zum Trocknen ausgebreiteten Salbei noch mehrmals im Laufe des Tages, säuberten ihn von fremden Sträuchern und füllten ihn abends in Säcke.

Tonia, die unter uns wohnte, füllte mit den Säcken im Verlauf des Sommers ein ganzes Zimmer; Mereme ebenso. Im September wurden die Lkws beladen und zum Grumbullim in Lezha gebracht, für gewöhnlich machten die Männer das. Sie berichteten von den Problemen, die ihnen die Verwalterin des Salbeimagazins machte, von dem Schmiergeld, damit ihr Salbei als erste Qualität akzeptiert wurde, von dem plötzlichen Gewichtsschwund auf der Waage und vielen anderen Beschwerden. Meistens mussten sie die Nacht vor den Toren des Grumbullim verbringen. Als ich erfuhr, wer die Magazinverwalterin war, war ich nicht überrascht: Es war Sadija.

Der Bruder aus Deutschland fing an, Mereme zu schreiben, schickte ihr Geld und vor allem Kleidung. Es waren gute, schöne Sachen für sich, Leta und die Jungs. Mereme verkaufte sie alle und trug weiterhin im Winter ein ausgebleichtes Flanellkleid, im Sommer ein Kleid aus Kattun, das jeden Tag weiter wurde, weil sie immer mehr abmagerte. Sie freute sich so sehr über die Briefe und Bilder ihres Bruders, seiner Frau und seiner Kinder. Sie gab sie mir zum Lesen, weil sie ihre Freude mit mir teilen wollte. Wir verstanden nicht, ob Skender in seinen Briefen ironisch schrieb oder ob er wirklich nicht wusste, was Umerziehungslager in Albanien waren, denn er fragte: „Wie ist es möglich, dass Shefqet in ein Umerziehungslager gekommen ist? Braucht er denn eine Umerziehung?" … Er zählte alle Vorzüge seines Schwagers auf, so wie er ihn kennengelernt hatte.

In unserem zweiten Sommer in Malecaj gab es ein freudiges Ereignis bei Mereme und ihrer Familie: Letas Hochzeit. Leta war ein hübsches, geschicktes, fleißiges, wohlerzogenes Mädchen mit einer großen Vorliebe für Bücher. Ihr Vater hatte ihnen allen die Liebe zur Literatur nahegebracht. Als ich Mereme einmal fragte, wie es komme, dass unter all den albanischen Namen der Kinder auch ein Zhak sei, erzählte sie mir, dass der Junge eigentlich Verzan hieß, sie ihm aber diesen zweiten Namen gegeben hatten, weil sie bei seiner Geburt ein Buch las, dessen Held Zhak hieß.

Leta teilte im Grunde das Schicksal der meisten unserer Söhne und Töchter: Väter im Gefängnis, mit allen möglichen Beinamen gebrandmarkt, die Familien da und dort in der Verbannung, an unbekannten Orten, unter völlig fremden Menschen. Bei einigen verging die Zeit, die Verbannung wurde alle fünf Jahre noch einmal verlängert, und sie blieben unverheiratet. Andere lernten andere Verbannte kennen und heirateten untereinander. Es gab auch Fälle, in denen die Väter im Gefängnis die Ehe arrangierten. So geschah es auch mit Leta. Sie würde als Braut weit weg gehen, zur Familie ihres Mannes in die Dörfer der Dumreja bei Elbasan.

Die Vorbereitungen auf die nahende Hochzeit machten Mereme Freude, aber vor allem auch Kummer. Die einzige Tochter neben sieben Söhnen würde nun weit weg gehen. Mereme lud uns zum Hochzeitsessen ein. Ich erinnerte mich nicht, wann ich das letzte Mal auf einer Hochzeit gewesen war und eine Braut in weiß gesehen hatte. Am nächsten Tag fotografierte ich sie auf dem „Roten Platz“ vor dem Haus. Durch die Linse sah ich Meremes trauriges und kummervolles Gesicht. Waren es ihre Nöte, die ständigen Sorgen und Kümmernisse, die diese Frau, die nie Trost, Rast oder Ruhe gekannt hatte, so schwächten und auslaugten?

Das dachten wir alle, aber nein, es war eine unheilbare Krankheit, die sie nach und nach niederdrückte, bis sie schließlich ans Bett gefesselt blieb. Sie litt sehr in ihren letzten Wochen und Tagen. Leta kam und setzte sich an ihre Seite. Ihr Mann im Gefängnis, ihr einziger Bruder in Deutschland, die Verwandten in Kosova. Mereme Kelmendi starb in diesem Gefangenenlager in großer Armut. Ihre Söhne und unsere beiden Jungs begleiteten sie auf ihrem letzten Weg auf dem Lastwagen nach Lezha. „Und wenn sie uns nicht lassen, gehen wir ohne zu fragen“, sagte Gimi. Aber zum ersten Mal verstieß der Oberaufseher gegen die Vorschriften für die Verbannten: Obwohl sie ohne Passierschein nach Lezha fuhren, sagte er kein Wort.

Malecaj

Das Dorf Malecaj lag auf einem Hügel nördlich von uns, jenseits eines Felds, auf dem die Jungs aus dem Dorf Fußball spielten. Seine Einwohner, meist Muslime, waren alle aus dem Hochland heruntergekommen. Sie hatten schöne Häuser, zum Teil Neubauten, um die man sie auch in der Stadt beneidet hätte, mit Gärten voller Obstbäume und schön arrangierter Weinlauben. Auch das Gemüse für den Eigenbedarf bauten sie selbst an. Eine halbe Stunde weiter oben am Berghang lag das kleine Dorf Shoj. Auch dort waren Hochländer, aber Katholiken, sie arbeiteten auf dem Staatsgut. Eine der Familien aus Shoj war heruntergezogen und hatte sich eine Wohnung im Lager gesucht. Weit weg vom Dorf, hinter dem Lager und dem Hügel, an dessen Fuß wir wohnten, also im Westen, lag die Neue Siedlung des Dorfes Malecaj. Sie breitete sich da aus, wo die Felder aufhörten.

In Lezha, im Spitalsviertel, hatte ich unter Leuten aus der Mirdita gelebt. In Fishta waren es die Bauern der Zadrima, die die Leute aus dem Hochland und der Mirdita etwas geringschätzig „Dörfler" nannten. In Malecaj stammten alle Einwohner aus dem Hochland, außer denen im Lager, die aus ganz Nordalbanien gekommen waren. Seit ich in Lezha gelebt hatte, beschäftigte mich die Frage, ob eigentlich eher die aus der Mirdita oder die aus dem Hochland jene hohen Tugenden wie Treue, Ehre und Männlichkeit verkörperten, mit denen wir schon in der Grundschule und dann durch die Literatur der Autoren aus dem Norden vertraut gemacht wurden und auf die auch wir stolz waren.

Ich hatte damals in der Nachbarschaft einen ehemaligen Lehrer aus der Mirdita gefragt, und er antwortete ohne zu zögern: die aus der Mirdita. Dann fing er an, über sie zu sprechen, über ihre fernere und nähere Vergangenheit, aber ich unterbrach seinen Begeisterungsschwung und meinte missmutig: „Vielleicht habe ich die Mirdita nur an schlechten Tagen kennengelernt, aber ich kann das nicht so richtig glauben." Denn Söhne der Mirdita waren doch auch die Lkw-Fahrer, die uns mit den kleinen Kindern an der Straße nach Spaç sahen und uns in ihrem leeren Laster trotzdem nicht mitnahmen. Allerdings gab es einen, den ich nicht vergessen hatte; er hieß Nikola, stammte aus der Mirdita, war ein lustiger Typ und nahm uns zweimal mit in seinem Transporter, der Getränke nach Rreps brachte.

Vielleicht würde ich nun, wo ich zwischen den Hochländern wohnte, endlich diese Frage lösen können, die ich mir so viele Jahre lang gestellt hatte. In Pjetërs Café, wo wir Brot kauften, sah ich zum ersten Mal eine Gruppe junger Leute aus dem Dorf Malecaj. Vom Aussehen her war nichts an ihnen auszusetzen, im Gegenteil, aber sie machten keinen guten Eindruck auf mich. Wenn irgendeine junge Frau hineinkam und etwas brauchte, riefen sie sich mit lauter Stimme Anspielungen zu und belästigten sie auch mal. Diese Jungs aus dem Hochland erschienen mir fremd und allzu selbstgefällig!

Nach diesem ersten Eindruck hörte ich noch von einem erschütternden Ereignis, das mir unter die Haut ging. Es war passiert, bevor wir angekommen waren. Die Jungs, die miteinander aufgewachsen waren, spielten immer auf dem unbestellten Feld neben unserem Lager Fußball. Eines Tages brach beim Spiel ein Streit aus. Zwei zogen das Messer, und einer stach dem anderen in den Bauch; der Fußball riss einen von ihnen, Antoni, aus dem Leben. Jemand sagte, dahinter habe ein Mädchen gestanden, das beiden gefallen habe. Den Mörder, Bruder des Dorfvorstehers, trafen wir dann als Verkäufer in beiden Läden, dem Lebensmittelgeschäft und der Eisenwarenhandlung.

Was das bedeutet, in einem Dorf den Laden zu führen, begreift man nicht, wenn man nicht selbst auf dem Dorf gelebt hat, unter diesen Umständen der Rationierung vieler Lebensmittel und des Mangels an den wichtigsten anderen Materialien. Nein, das kann man niemals verstehen! Im Laden in Fishta protestierte ich, als ich sah, um wie viele Fingerbreit zu wenig der Verkäufer den Bauern ihre Ölflaschen abfüllte. Ihm wurde das Öl in Fässern angeliefert, wie um ihm zu helfen, reich zu werden. Aber der in Fishta war noch Gold gegen den hier. In Malecaj behandelte der Verkäufer die Ware, als gehöre sie ihm. Er wirklich ein Herrgott, wir die elenden Bettler.

Voller Mitleid blickten wir immer auf die Angehörigen des Getöteten: die Mutter, den Vater, die Brüder, die Neffen und Schwiegertöchter. Sie litten so sehr unter dem Verlust des Jungen. Mich beeindruckte, dass auch die Männer, die Brüder, schwarze Trauerkleidung trugen. Sie waren anders, wohlerzogen, freundlich. Am meisten schätzten wir ihre Haltung uns gegenüber: Sie fürchteten sich nicht, mit uns auf der Straße zu sprechen, und luden uns sogar zu sich nach Hause ein. Im Laden traf ich eines Tages die Mutter, die dort Lebensmittel einkaufte. Überrascht sah ich, die Fremde, sie dort und erstarrte. Woher nahm diese Frau nur den Mut, hierher, zu dem Mörder ihres Sohnes zu kommen? Aber alle anderen in der Familie, und das waren viele, waren auf der Arbeit und brauchten etwas zum Essen. Um ihr die Sache zu erleichtern, ging ich hin und half ihr, die Einkäufe nach Hause zu tragen. Auch wenn sie, so oft, den Friedhofshügel hinaufstiegen, fühlten wir mit ihrem Schmerz mit.

Ich hatte mich also umsonst bemüht, herauszufinden, ob nun die aus dem Hochland oder die aus der Mirdita in Wahrheit die Tugenden verkörperte. Diese Tugenden kann und darf man nicht in bestimmten, abgegrenzten Gegenden suchen, sondern nur in den Menschen selbst. „Die Glorifizierung der Tugend ist die Mutter des Lasters“, ist ein kluges Sprichwort.

Das Geheimnis des „großen Geldes", das man in Torovica verdienen könne und das als Gerücht bis nach Fishta gedrungen war, erklärte mir eine junge Frau aus dem Dorf. In der Zeit des Gefangenenlagers hatten sie im Dorf wirklich viel verdient. Die Gefangenen arbeiteten auf den Feldern und wurden nicht bezahlt; ein Teil ihres Gelds (was und wie, konnte sie nicht erklären) verblieb bei den Bauern aus dem Dorf. „Damals verdienten wir so 15, 16000 alte Lek, jetzt dagegen gibt es nichts mehr", schloss sie.

Die meisten Leute aus dem Dorf konnten aber nicht klagen. Auch als wir dort waren, gab es reichlich Arbeitsplätze „mit Geld", die weniger anstrengend waren als die Feldarbeit: Imker, Fahrer, Landmaschinenmechaniker, Verkäufer, Brigadeleiter, ihre Stellvertreter, Stallknechte, Melker, die Lagerverwalter und Lagerarbeiter, die Transport-, Bewässerungs- und Silagearbeiter. Dann gab es viele Arten von Wachmännern: Sie bewachten Objekte, Ställe, Felder, Weiden, hüteten Kuh-, Schweine-, Pferde-, Ziegen-, Schafherden. Wenn kleinere Herden gebildet wurden, brauchte man noch mehr Hirten. Je mehr Hirten dazukamen, umso mehr wurde gestohlen. Es hieß, der Vorsitzende des Dorfrats habe eine große Sippe, und rund vierzig seiner Leute seien gut untergekommen.

Über diesen Dorfvorsteher von Malecaj wunderte ich mich, ja, er machte mich sprachlos. Wie konnte man nur so sein, dachte ich mir, oder genauer, warum ließ man zu, dass er so war – so allmächtig, so überheblich, so herrisch! Solch einen Menschen hatte ich – außer Sadija – vorher noch nie getroffen. Er übertraf sie sogar, denn er hatte so viel Macht, bekam so viel Beistand von allen Seiten. Er war auch Brigadeleiter auf dem Staatsgut und war das auch im Gefangenenlager gewesen …

Als ich die *Stimme der Jugend* verließ, war ich über vierzig Jahre alt. Das heißt, die meiste Zeit meines Berufslebens hatte ich mit jungen Kadern verbracht. Von denen hatte ich die unterschiedlichsten getroffen: Es gab die Enthusiasten, voller Ernst und Überzeugung den verinnerlichten Idealen ergeben, klug, wissensdurstig und nach allem Neuen, Guten und Schönen strebend. Manche hatten diese Werte und Tugenden in geringerem Maß verinnerlicht. Manchen fehlten sie vollkommen, sie waren unfähig, engstirnig, kleinkariert, ehrgeizig, ignorant und streberhaft. Aber insgesamt wirkte die Jugendarbeit doch jeder Überheblichkeit, Herrschsucht und Gemeinheit entgegen.

In Malecaj kam ich mir vor wie eine Leibeigene auf einem Gut, wo alles in der Hand des Gutsherrn[102] lag, des Dorfvorstehers und Brigadeleiters, das

102 Im Original steht hier Bajraktar, ein traditioneller Stammesführer, aber auch ein – durch die kommunistische Revolution entmachteter – herrschsüchtiger Patriarch.

Leben, die Arbeit, das Essen und in besonderer Weise das Leben derjenigen, die in dem Komplex lebten, der Lager genannt wurde. Was ich sah, erschütterte mich gerade so wie Jack Londons „Ruf der Wildnis", das ich just in diesen Tagen noch einmal las. Auch die philosophische Botschaft des Buchs war schockierend: Wie unausweichlich war Bucks Gewissenswandel.[103] Wie unausweichlich war solch eine Anpassung auf Kosten der Ehrbarkeit! Gimi und ich dagegen konnten so etwas nicht akzeptieren, und wir machten auch nicht mit.

Aber die, die eine Arbeit „mit Geld" wollten, eine Zuzugsgenehmigung oder eine Wohnung im Lager, verhielten sich anders. Das waren nicht wenige, und alle wussten genau, dass ihnen so etwas nur der allmächtige Dorfvorsteher besorgen konnte. Das war die Wurzel all dieser Bemühungen und Kompromisse, all dieser Unterwürfigkeit und Speichelleckerei. Die Menschen waren arm und mussten ihre kleinen Kinder irgendwie großziehen. Bei der Ankunft hatten sie ihre wenigen Habseligkeiten von irgendeinem Karren oder Traktor abgeladen; manche kamen nur mit einem Sack oder Beutel über der Schulter. Und keinerlei Geld in der Tasche; außer Hoffnungen besaßen sie nichts …

Die in vielen Brigaden verbreitete Art der Bezahlung in Form von Bescheinigungen war mir völlig neu. Und was redete man nicht alles über diese originelle Bezahlweise; in so vielen Bereichen nutzte man sie sehr effizient! Nicht nur der Brunnen im Haus des Dorfvorstehers wurde so bezahlt. Lisa, die einzige weibliche Brigadeleiterin, bezahlte damit jemanden, der ihr jeden Tag die Milch nach Hause brachte. Bei einer Finanzprüfung, so sagte man, kam heraus, dass unser Dorfvorsteher mit solchen Bescheinigungen zwei Jahre lang ein Familienmitglied bezahlt hatte, das nicht einen Tag zur Arbeit erschienen war.

Aber wie vor den Kopf gestoßen war ich, als der Krankenpfleger, der dort seit Jahren arbeitete, ganz offen zu mir sagte: „Rechnet nicht damit, dass Gimi mehr als 120, 150 Lek für zwei Wochen bekommt. Der Brigadeleiter hat eine Geliebte, die er auf Kosten der Brigade bezahlt, ohne dass sie arbeitet." Mit diesen Bescheinigungen passierten so viele Gefälligkeiten „unter Brigadeleitern", dass die Arbeiter in der Brigade sich wirklich abrackern konnten und trotzdem nur wenig verdienten. Und es konnte noch schlimmer kommen: Wenn

103 Der Hund Buck ist die Hauptfigur in Jack Londons 1903 erschienenem Roman „Ruf der Wildnis". In der Zeit des Goldrauschs wird Buck als Schlittenhund nach Klondike verschleppt, verliert zunehmend die Bindung zu den Menschen und schließt sich schließlich einem Wolfsrudel an.

du keinen Beistand hattest, nahm dir der Brigadeleiter deine Arbeit „wegen mangelnder Qualität“ nicht ab und füllte so auf unehrliche Art und Weise die Brigadekasse auf.

Die Macht unseres Vorstehers reichte über die Grenzen von Dorf und Lager hinaus. Der Ort, an dem die neue Schule gebaut werden sollte, war von übergeordneten Gremien ausgewählt worden, darunter auch von der Bildungsverwaltung des Kreises. Und die Wahl des Standorts war richtig: In wenigen Jahren würde die Zahl der Kinder aus dem Lager die aus dem Dorf übertreffen; auch die Neue Siedlung wuchs rasch. Daher war der Fußballplatz als Standort vorgesehen, nicht weit vom Lager, von der neuen Siedlung und vom Dorf selbst. Aber dann wurde alles auf den Kopf gestellt und die Schule doch auf dem Hügel gebaut, dort, wo der Vorsteher und seine Sippe wohnten.

Es fiel mir auch schwer zu akzeptieren, wie ängstlich und demütig die Leute diesen Vorsteher ansprachen, in Habt-Acht-Stellung sozusagen. Bezeichnend war ihr ängstliches Verhalten uns gegenüber, wenn er anwesend war. Sie vergaßen plötzlich, dass sie uns kannten, dass wir zusammenlebten und dass sie uns normalerweise herzlich begrüßten. Es versteht sich von selbst, dass wir vom Dorfvorsteher selbst niemals die „Ehre“ eines Grußes erwarten durften.

Maria und Pal

Das Ehepaar war soeben angekommen, wie alle Armen im Lager mit all ihren Habseligkeiten in einem Sack, und zog in die leerstehenden Wohnung unter uns. Wie arm sie waren, wurde schnell klar: Weil sie an Wasserhähne im Haus nicht gewohnt waren, hatten sie sie nicht zugedreht, und nachts war ihre ganze Wohnung überschwemmt, mit allen ihren Sachen. Am nächsten Tag hingen ihre sehr abgenutzten Bettdecken zum Trocknen über den Zaun des Gartens gegenüber. Er hatte schöne Augen und den charakteristischen Bart der Männer aus der Mirdita; er hätte sympathisch gewirkt, wäre er nicht so ausgezehrt und ungepflegt gewesen. Auch Maria sah gut aus, mit ebenmäßigen Gesichtszügen und einer reinen Haut. Wenn man aber mit ihnen sprach, wurde deutlich, dass etwas mit den beiden nicht stimmte. Jemand hatte leise gesagt, sie seien debil, einer beschrieb nur Pal so, ein anderer Maria. Anscheinend hatten sich die Richtigen gefunden.

Sie fingen an, in der Brigade zu arbeiten, aber das sagte ihnen nicht zu. Pal ließ es dann ganz sein und begann, mit der Axt auf den Berg zu steigen, wo man seine „Fähigkeiten" sah. Er fällte junge Bäume und wollte, dass seine Frau ihm beim Herunterschaffen helfe. Die aber jammerte: „Das schaff' ich nicht, das schaff' ich nicht", und weigerte sich. Das Holz knarrte, und Pal zeterte: „Du faules Stück!" Maria ging regelmäßig in die Brigade, aber schon in den ersten Tagen kam sie hilfesuchend zu uns die Treppe hoch. Viele, denen das Geld schon vor dem nächsten Zwei-Wochen-Lohn ausgegangen war, ließen im Laden anschreiben, aber ihr hatte der Verkäufer kein Brot auf Kredit geben wollen.

Als sie mir sagte: „Gestern Abend bin ich ohne Essen ins Bett", konnte ich nicht anders, als ihr die zwanzig neuen Lek zu geben, um die sie mich bat. „Weine um dein Geld", warnte mich eine Nachbarin, aber an dem Tag, an dem Maria ihren Lohn bekam, gab sie es mir zurück. So erwarb sie sich das Recht, immer zu mir kommen, und wenn sie mit Pal stritt, konnte sie ihm sagen: „Ich geb' dir kein Brot, das Geld hab' ich mir selbst ausgeliehen." Das bedeutete wieder einen neuen Streit, Prügeleien, Geschrei und Aufruhr; die Kinder und Jugendlichen liefen neugierig in unserem Treppenhaus zusammen.

Obwohl Pal den jahrhundertealten Wald hoch oben auf dem Bergplateau richtiggehend verwüstete und einen ganzen Raum bis unter die Decke mit Holz füllte, verbrachten sie den ersten Winter im Kalten, ohne Feuer. Wohl schürten sie ein, zwei Mal einen Ofen an, einen aus Blech zu einhundertzwanzig Lek, aber ohne Ofenrohr verräucherte er ihre und durch die geöffnete Tür und die Fenster ohne Glas auch unsere Wohnung und das Treppenhaus. Alle Bewohner wurden daraufhin ermahnt, kein Feuer mehr zu machen. Wir anderen versuchten, jeder für sich, unser Bestes, um irgendwo im Lager für sie ein Rohr zu finden, aber ohne Erfolg.

Als Pal einmal eine Karrenladung Holz verkaufte, billig natürlich, weil sie ihn betrogen, besonders am Anfang, fuhr er nach Lezha und kaufte ein oder zwei Kilogramm Sardellen. Für ein paar Tage gab es keinen Streit bei ihnen, also auch kein Spektakel für die Kinder, im Gegenteil.

Eines Tages lud mich Maria hocherfreut ein, ihr Bett und die Decke anzusehen, die ihr Vater ihr von der Familie aus Gjadër mitgebracht hatte. Dieses einfache Holzbett rettete sie vor dem Wasser, das immer wieder einmal die Küche überflutete, in der sie schliefen. Die Decke war rot, ein gewebtes Tuch aus der Zadrima. Sonst hatte das junge Paar nichts, nur noch etwas altes Geschirr in seiner Wohnung. Welch entsetzliche Armut!

Maria hatte einen großen Kummer. Alle jungen Frauen um sie herum hatten ein oder zwei Kinder, andere waren kurz vor der Geburt, sie dagegen hatte eine Fehlgeburt nach der anderen. Einige Frauen erklärten das mit Pals Schlägen, andere mit ihrer harten Arbeit auf dem Feld. Maria selbst erklärte es mit Pals sexuellem Missbrauch. „Er lässt mich die ganze Nacht nicht schlafen. Ich möchte schlafen, weil ich auf Arbeit muss", erzählte sie den jungen Frauen. Als sie begann, sich Pal zu verweigern, ging er auch mitten in der Nacht zum Holzfällen.

Drania, die Ärztin, half Maria sehr, ihren Wunsch zu erfüllen: mit Medikamenten und einem Aufenthalt in der Frauenklinik. Aber origineller war die Hilfe des Polizisten Pal Ndreca. Eines Tages, als „unser" Pal Maria windelweich geschlagen hatte, verprügelte der Polizist ihn. Und diese ordentliche Tracht endete mit der Drohung: „Wenn du sie nochmal schlägst, steck ich dich ins Gefängnis." Zum ersten Mal lobten alle den Polizisten. Anscheinend hatte unser Pal große Angst vor dem Gefängnis, denn plötzlich wurde er ruhig, freundlich und legte keine Hand mehr an Maria, die für einige Zeit zu ihren Eltern ging und dort einen Sohn gebar. Pal jubelte vor Freude. Als wir ihn fragten, wie es Maria gehe, antwortete er uns: „Gut", und fügte rasch und mit breitem Grinsen hinzu: „Dem Jungen geht es auch gut."

Ein Tropfen Milch

In den Tagen, als die Handwerker gerade da waren und all unsere Sachen mitten in der Küche standen, kam eine ältere Frau herein, klein, in einem „erlesenen" Kostüm (ein früher einmal weißer Batist-Rock, ein Trikot aus heimischer Wolle, ein Männer-Jackett, ein schwarzes Kopftuch und Gummistiefel aus der Fabrik von Durrës). Sie steckte den Kopf ins Bad und dann in die Küche. Als sie das Durcheinander und die Leute sah, ging sie ohne etwas zu sagen hinaus. Gimi lief ihr hinterher und fragte, was sie gewollt habe. „Nein, ich bin einfach so gekommen", sagte sie und ging. Später erfuhr ich, dass dies Mutter Loshe war, von der die Kinder schon gesprochen hatten.

Einmal kam ich zurück aus dem Ort Torovica, wo ich ein Telegramm an Fatos aufgegeben hatte. Die Schüler, Belim und seine Freunde, kamen gerade aus der Schule. Als sie den Hauptkanal erreichten, tief und breit wie ein Fluss, riefen sie mir zu, mit ihnen zu kommen, und balancierten dann auf der Wasserleitung über den Kanal. Wie geschickt und leichtfüßig schwebten sie auf die andere Seite! Ich ging aber lieber die Straße weiter, auch wenn das rund einen halben Kilometer länger war. Sie warteten auf mich und sagten lachend: „Du bist nicht darauf reingefallen!“ Dann erzählten sie mir, was sie einmal angestellt hatten. Sie hatten Mutter Loshe überredet, mit ihnen über das Wasserrohr zu balancieren. Aber nach zwei, drei Schritten war sie in den Kanal gefallen und fast ertrunken. Die Schlingel lachten und lachten, als sie sich daran erinnerten.

Mutter Loshe war mit ihrem Sohn, der Schwiegertochter und deren vier Söhnen aus Lura bei Dibra nach Malecaj gekommen. Sie war schon älter und wirkte auch auf festem Erdboden immer etwas wackelig. Da sie ihren starken Dialekt beibehalten und fast alle Zähne verloren hatte, war sie schwer zu verstehen. Sie litt unter Asthma und atmete immer so schwer, als hätte sie eben einen Dauerlauf hinter sich. Ich weiß nicht, woher sie den Mut nahm, mit den Kindern über die Wasserleitung balancieren zu wollen. Aber ihr Alter und ihre Krankheit hinderten sie nicht daran, alles wissen zu wollen, was im Lager passierte. Wir grüßten uns immer, wenn wir uns sahen, aber häufiger traf man sie in der Ambulanz. Eines Tages kam der Dorfvorsteher dahin, und Mutter Loshe bat ihn: „Tu mir den Gefallen, gib mir einen Tropfen Milch! Ich bin krank und hab nichts zu Essen.“ Sie tat uns allen leid, und so waren wir gespannt auf die Antwort des Vorstehers. Offenbar hatte er einen guten Tag, denn er versprach, ihr einen halben Liter zu geben. Mutter Loshe bedankte sich herzlich und wünschte ihm alles Gute. Dann wandte sie sich an die Ärztin, die ihr das Rezept ausstellte. Als sie fragte: „Wie viel macht das?“, guckte die Ärztin auf die Rechnung und sagte: „Dreißig neue Lek.“ Mutter Loshe dachte kurz nach und fragte: „Können Sie es mir etwas nachlassen?“ Und die Ärztin gab ihr die Medizin für ein paar Lek weniger.

Mutter Loshe verdiente gar nichts. Ihr Sohn arbeitete als Wachmann und erwartete sein fünftes Kind. Die Schwiegertochter arbeitete auch auf dem Staatsgut und kletterte mühevoll zum Salbeisammeln auf den Berg, um etwas zum Familieneinkommen beizutragen. Auch Mutter Loshe versuchte, auf ihre Weise zu helfen. Einmal kam von der Schule ein Strafverweis wegen der vielen Fehlzeiten des Enkels Astrit, und Mutter Loshe machte sich auf den Weg nach Torovica zur Schule, um mit den Lehrern zu sprechen. Für sie, die bei der Medizin um fünf, sechs Lek Nachlass bat, waren die 20 Lek Strafe der Schule eine große Summe. Aber Mutter Loshe konnte bei den Lehrern nichts erreichen, da diese mit den Eltern direkt sprechen wollten.

Schmerzlich war für Mutter Loshe der baldige Unfalltod ihres Sohnes, der als Traktorist in Balldren gelebt hatte. Auf ihrem letzten Weg nach Lezha gaben ihr auch diese Flegel das Geleit, die damals am Kanal so über sie gelacht hatten; das freute mich.

Gimis Heirat

In seinen Briefen aus dem Gefängnis schrieb Todi immer wieder einmal, dass er sich wegen Gimi Sorgen mache: Würde er in dieser Isolation, unter diesen Umständen, einmal eine Lebenspartnerin finden, heiraten können? Gegen Ende, als seine Freilassung schon nahte, schrieb Todi aber ganz anders, voller Begeisterung und Vorfreude auf das erfreuliche Ereignis, das vor uns lag. „Bei Gimis Hochzeit werde ich tanzen und vor Freude an die Decke springen", schloss er. Wir selbst hatten damals nur so partisanenmäßig geheiratet, auch Fatos hatte keine Hochzeitsfeier gehabt, also sollte wenigstens Gimi diese „Tradition" der Familie durchbrechen. Aber als wir einen Monat in Malecaj waren, kam Dila, die Gimi in Fishta getroffen und mit der er dort zusammengekommen war, eines Abends doch einfach so zu uns. Ihre Ehe wurde so zur vollendeten Tatsache, ohne jede Zeremonie.

Dila war aus dem Dorf und arbeitete in der Kooperative. Ihre Entscheidung, Gimi, einen Verbannten, den Sohn eines „Volksfeindes", zu heiraten, hatte für sie Folgen: Sie verlor die Partei, deren Mitglied sie seit einigen Jahren war, aber auch all ihre Leute, die ihre Entscheidung nie akzeptieren konnten. Dila war mit dem Parteibuch in der Tasche nach Malecaj gekommen, und der erste Kreissekretär persönlich kam, um es ihr abzunehmen. Hatte ihn die Neugierde dazu getrieben, Dila zu sehen oder den Jungen, der dieser Kommunistin den Verstand geraubt hatte?

Wie auch immer, für das junge Paar war die Situation nicht leicht zu bewältigen. Der Vorsitzende des Dorfrates sorgte persönlich dafür, dass sie das Sprichwort: „Die Liebe ist ein blühender Garten, die Ehe dagegen ein Feld Brennnesseln" am eigenen Leib erlebten. Konnten sie mit dem geringen Lohn auskommen, den Gimi in der Brigade verdiente? Denn ich musste ja bei meiner Rente von dreihundertfünfzig Lek auch noch an Fatos und Todi denken. Monate vergingen, und unser Vorsteher gab Dila noch immer keine Arbeit in einer der Brigaden auf den Feldern. Der Grund? Sie hatte keine Zuzugsberechtigung. Auch ein Schmiergeld von Gimi und andere Dienstleistungen konnten ihn nicht dazu bewegen.

Der Hindernisse waren so viele, vor allem war die offizielle Eheschließung nicht einfach zu bewerkstelligen ... Unsere Dokumente waren auf dem Standesamt in Blinisht, wohin sie sofort gebracht wurden, als wir nach Fishta kamen. Es gelang uns nicht, sie hierher zu holen, wo wir wohnten, weil das Standesamt für das ganze Staatsgut in der Stadt, in Lezha war, und dahin durften weder wir noch unsere Dokumente. Die Dega e Brendshme sagte entschieden: „Wir geben euch die Dokumente, wenn das Standesamt in Balldren geöffnet wird", aber auch dann taten sie das nicht. Wir bekamen sie erst 1991, als wir nach Tirana zurückkehrten.

Der Blutrache entkommen

Dieses Geschehen erschien mir wirklich unglaublich. Vierzig Leute, vier Generationen einer Familie, hatten ihr Dorf verlassen, ein schönes Dorf in einer lieblichen Gegend mit fruchtbarem Boden, und sich im Lager niedergelassen. Von der ersten Generation gab es nur noch eine 80-jährige Großmutter, die nicht bei einem ihrer beiden Söhne lebte, sondern bei der Frau und den Kindern des dritten Sohnes, der im Gefängnis saß. Alle miteinander, Söhne und Enkel, verheiratet oder nicht verheiratet, mit Kindern oder ohne, wohnten sie in sieben, acht Wohnungen, hauptsächlich in dem Gebäude am Fuß des Berges.

Sie hatten ihr Dorf verlassen, um der Blutrache zu entgehen. Die Fehde hatte mit einem Truthahn begonnen. Sein Eigentümer, ein Cousin von ihnen, hatte seinen Truthahn wiedererkannt und die Frau von einem der drei Brüder geschlagen. So wie sie die Ereignisse schilderten, war sie die Urheberin gewesen. Sie sei schreiend und voller Truthahnblut nach Hause gekommen. Dass eine Frau geschlagen wurde, war eine Schande für alle, daher wurde Blutrache genommen. Den Mord verübte der jüngste Bruder, der kräftigste, der am ehesten in der Lage war, das Gefängnis zu überstehen, zusammen mit dem Sohn der geschlagenen Frau. Das Opfer war der Bruder dessen, der Hand an die Frau gelegt hatte. Die Täter wurden zu 20 bzw. 25 Jahren Haft verurteilt.

Die Großmutter war eine starke und mutige Frau. Einige ihrer vielen Enkel waren findige Jungs und ausgezeichnete Arbeiter auf dem Staatsgut. In ihren Wohnungen hatten sie sogar Fernseher. Sie zogen die besten Schweine im Lager auf. Ihre Gärten unterschieden sich sehr von den anderen, nicht nur durch die reiche Ernte, sondern auch durch die schöne und harmonische Gestaltung der Pflanzen und der Umzäunung.

Einem von ihnen wurde nachgesagt, er mache schmutzige Geschäfte, handele mit Rindern, Pferden und Eseln. Von Frederik wollte ich das nicht glauben, er war ein aufgeweckter und witziger Junge, nett zu den Leuten und mit einem guten Herzen. Einen Streit zwischen Maria und Pal, dem Ehepaar unter uns, schlichtete er sofort, indem er ihnen fünfhundert alte Lek gab. Seine

Altersgenossen dagegen waren herbeigelaufen, um die „Show“ zu genießen. Frederik war anders als die anderen Hochländer um uns herum: großgewachsen, blond und mit blauen Augen. Er verlobte sich, und nach einiger Zeit wurde auf dem „Roten Platz“ vor ihrem Haus die Hochzeit gefeiert. Ein ziemlich großes Fest. Die Braut war sehr schön, mit weichen und ausdrucksvollen Augen. Sogar ihr Name war schön, Natali, das gefiel uns allen. Ein außergewöhnlich gut aussehendes Paar.

Aber eines Tages wurden Frederik und die beiden Söhne des wegen des Mordes inhaftierten Onkels festgenommen. Es hieß, sie hätten dort bei Fushë Kruja Pferde gestohlen und sie weiterverkauft. Wie man im Lager erzählte, hatte Frederik versucht, die Verantwortung auf sich zu nehmen, also wurde ihm die härteste Strafe auferlegt: zehn Jahre Gefängnis. Die schöne Natali ließ sich nichts anmerken. Sie ging mit ihren Schwägerinnen zur Arbeit. Ein paar Monate später bat Frederik sie zu einem Gespräch im Lager Bulqiza, wo er seine Strafe verbüßte, und sagte ihr, sie solle nicht auf ihn warten, sondern zu ihren Eltern zurückgehen und dann erneut heiraten. Offenbar war seine Entscheidung wohlüberlegt und definitiv, denn eines Tages kamen Natalis Verwandte, um sie abzuholen. Wieder eine Zeremonie, wieder mit vielen Menschen auf dem Platz, aber das genaue Gegenteil der ersten. Wie schockierend und traurig war diese Trennung! Die Gebräuche der Hochländer verbanden sich hier organisch mit echtem Schmerz. Alle Nachbarn stellten sich an für einen letzten Gruß an die Braut und ihre Leute.

Ein kollektiver, beklemmender Schrei begleitete diese Prozession. Einige, Männer wie Frauen, weinten. Ich weiß nicht, ob sich die Trauer anders ausgedrückt hätte, wenn Natali gestorben wäre. Als ich erfuhr, dass sie in ihrem Dorf einen Lehrer geheiratet hatte, fühlte ich eine Art Erleichterung, aber jedes Mal, wenn ich an dieses Paar dachte, kam wieder Mitleid in mir auf.

Schweine

In Fishta hatte ich nie ein lebendiges Schwein mit eigenen Augen gesehen. Von Ndue Nikollis Schwein hatten wir nur in jener Nacht das Quieken gehört, als sie es auf den Laster geladen und nach Puka gebracht hatten. Auch Mrikas Sorge über das schlimme „Schicksal“ ihres Schweines hatte ich mitbekommen. In Malecaj war das ganz anders. Kaum angekommen, sahen wir, wie sich ein Schwein in den Abwasserpfützen des Lagers suhlte. Danach trafen wir noch viele andere Schweine, von unterschiedlichen Größen und Rassen: weiße, schwarze, gescheckte, kurz- und langnasige, kurz- und langbeinige, große und kleine. Ein paar Sauen spazierten mit einer Reihe kleiner Ferkelchen ungeniert über den Platz und die zementierte Terrasse unseres „Palastes", eine kam auch mal die Treppe hoch. Die „mutigsten" Schweine wagten sich auch aus dem Lager heraus, ohne Angst vor den gerade zu einer Aktion eingesetzten Soldaten oder Studenten, suchten mit der Schnauze auf dem Boden nach etwas zu Fressen oder liefen die Stufen zur Terrasse der ehemaligen Kommandantur hinauf. Nicht einmal Gjergj fürchteten sie, den Magazinverwalter, Leiter der Front und Sekretär des Rats. Ich konnte nicht begreifen, wie das möglich war. Wir hatten nicht nur im gleichen Staat, sondern sogar im gleichen Landkreis gelebt. Fishta war nur zwei, drei Stunden entfernt, gleich jenseits des Kakarriq, des uns gegenüber liegenden Höhenzugs. Hier in Malecaj galten ganz andere Erlasse und „Gesetze" als dort.

Die Schweineställe waren hinter dem anderen Wohnhaus gebaut worden; einige nutzten auch die Zellen des früheren Gefängnisses, dessen eisernes Tor sie mit einem gemeinsamen Schloss gesichert hatten. Die Vorsichtigeren, die unerwarteten Besuch der „Regierung" fürchteten (das waren die Ärmeren), hielten ihr Schwein in einem Verschlag, den sie in ihrem Bad eingebaut hatten, wenn dieses groß genug war, oder einfach so im Bad, wenn dieses klein war. Sie kümmerten sich um ihr Schwein und sein Futter genauso wie um ihre Kinder, wenn nicht mehr. Wenn die Arbeiter, die Schweine hielten, abends ins Lager zurückkehrten, schleppten sie außer ihren anderen Lasten auch einen Sack mit Klee oder anderem Grünzeug heran, Maiskolben oder Stroh.

Eines Abends stand ich auf der Straße vor der ehemaligen Kommandantur und sah von Nahem, wie diese Säcke an mir vorbeizogen. Ich beantragte beim Sigurimi-Chef, einem Shkodraner, der eben neu zur Dega gekommen war, einen Passierschein für Spaç. Neben ihm stand Islam, der Vorsitzende des Dorfrats. Der Chef schien diese „Prozession" sehr gleichgültig zu beobachten, also fragte ich: „Machen dir diese an uns vorbeiziehenden Säcke keinen Eindruck?" – „Und dir, was meinst du?", antwortete er. „Dies ist Gemeinschaftseigentum, und mich schmerzt das anscheinend mehr als dich", fuhr ich fort. „Wenn das so wäre, wärst du nicht hier", sagte er, worauf ich zurückgab: „Dass ich hier bin, hat damit nichts zu tun." Darauf ging der Chef nicht ein. Grußlos gingen sie fort, hinauf ins Dorf, wo der Dorfvorsteher wohnte und sicherlich ein gutes Abendessen auf ihn wartete, während ich ohne einen Passierschein zurückblieb.

Gemeinschaftseigentum! Obwohl wir uns dort in unendlicher Armut abstrampelten, betrachtete ich dieses Staatsgut, eines der größten und fruchtbarsten des Landes, doch weiterhin als gemeinsames Eigentum aller. Das heutige Staatsgut war auf dem früheren Sumpf von Kakarriq mit Millioneninvestitionen errichtet worden, mit der Mühsal und dem Schweiß des Volkes und durch die unbezahlte Arbeit von 1500 gewöhnlichen Gefangenen, die dort arbeiten mussten. Diebstahl von Gemeinschaftseigentum? Im Lager sprach man über ganze Lastwagen mit Kartoffeln, die nach Erfüllung des Plansolls für den Export in Shkodra und anderen Städten verkauft wurden. Das Geld floss in die Taschen des Brigadeleiters (des Vorsitzenden des Rates) und seiner Kumpanen. Man sprach über Laster voller Wassermelonen, über …

Auf Gimis Drängen hin kauften auch wir ein Ferkel, das so viel kostete wie eine Monatsrente. Aber da erließ der Volksrat einen schriftlichen und mündlichen Befehl: Die Schweine mussten weg. Das Lager war in heller Aufregung, überall brodelte es. Einige hatten Angst um ihren Arbeitsplatz und lieferten ihre Schweine ab, andere gaben eines ab, luden die anderen aber auf Karren und brachten sie weg, zu Freunden oder Verwandten. Wer nichts hergeben wollte, schlachtete die Ferkel, klein wie sie waren, natürlich mit Verlust.

Uns kam zu Ohren, dass Gjergj, der für die Verbannten zuständige Sekretär des Rates, eine richtige Befragung über unser Schweinchen durchführte: Haben sie es noch oder haben sie es verkauft, für wie viel und an wen haben sie es verkauft? Um ihm also keine Freude zu bereiten, schlachteten wir es. Sieben Kilogramm Fleisch kosteten uns viel mehr, als wenn wir es bei den Privatleuten gekauft hätten, die gelegentlich aus Shkodra herkamen. Aber wir haben es nicht bereut. Gimi erzählte ihnen nicht einmal, dass wir es geschlachtet hatten. Lass sie doch noch hin und her rennen mit ihrer Fragerei. Das Verbot der Schweinehaltung hielt nicht länger als zwei oder drei Wochen. Dann kamen die Schweine wieder durch das Lager gelaufen, stiegen die Treppen herauf, drangen durch die Drahtgeflechte in die Gärten ein oder rissen die Zäune nieder.

Nach dem 20. Dezember (am Vorabend von Weihnachten, aber von diesem religiösen Feiertag war nicht die Rede; laut gesprochen wurde über die Vorbereitungen für Neujahr) hallte das Lager wider von dem Quieken der Schweine, die geschlachtet wurden. Das ängstigte die Kleinen und erschreckte auch uns, die wir das zum ersten Mal hörten. Außerdem erregte es den Neid derer, die der Anordnung des Rates Folge geleistet und ihre Schweine abgeliefert hatten. Sie sagten: „Für die da hat Gott gut gesorgt, sie haben Fleisch für den ganzen Winter."

Die Schweine wurden auf dem Platz geschlachtet, also ganz öffentlich, vor den Häusern. Man machte Feuer und stellte große Waschbottiche darauf, um heißes Wasser zum Reinigen zu haben. Die Schlachter waren Experten, die das

Messer dem Schwein genau ins Herz zu stechen wussten. Am Abend wurde ein Mahl angerichtet, bei dem es Fleisch und Raki im Überfluss gab. Mit dem in einer Pfanne gesammelten Blut machte man eine Süßspeise, die Kurmagjak hieß. Am Kopf der Tafel saß bei diesen Abendessen der Vorsitzende des Rats, der als guter Muslim bei sich kein Schweinefleisch ins Haus ließ. Nach ihm kam gewiss auch der Sekretär.

Um das Mastgewicht der Schweine entwickelte sich ein heimlicher Wettbewerb. Immer am nächsten Tag wurden die Zahlen „bekannt gegeben". Am schwersten war das Schwein von Pal, 210 Kilogramm. Schon zu seinen Lebzeiten wurde über seine Fettleibigkeit gesprochen. Gimi hatte mich gedrängt, es mir anzuschauen, aber ich hielt mich zurück, wegen all der Vorurteile. Was wäre passiert, wenn dieses Schwein am Schluss vor lauter Fett gar nicht mehr aufstehen konnte? Bei uns im Lager sprach man viel vom bösen Blick, der auch Tiere treffen konnte. Das kleinste Schwein, dessen Gewicht verkündet wurde, wog 150 Kilogramm. Originell war auch, wie man das Gewicht ermittelte. Man wog nur den Kopf; eine Multiplikation, an die ich mich nicht genau erinnere, ergab dann das Gewicht des ganzen Schweins.

So hatten einige den ganzen Winter über Fleisch und schlachteten im Juni ein zweites Schwein. Für die anderen, die Mehrzahl, dagegen gab es im Laden immer seltener Fleisch zu kaufen. „Es verkauft sich nicht, es bleibt liegen", rechtfertigte sich der Verkäufer. Obwohl Fleisch überhaupt nicht mehr als vier- oder fünfmal im Jahr geliefert wurde, musste man ihm Glauben schenken. Üblicherweise kauften einige ihre Lebensmittel in den letzten Tagen immer auf Pump. Manche ließen die ihnen zustehende Milch bis zum Zahltag stehen, obwohl sie weniger als zwei Lek pro Liter kostete.

Dann begannen Experimente zur „Verbesserung der Fleischversorgung der Arbeiter". Plötzlich kam eine frohe Nachricht: Das Staatsgut würde jedem Arbeiter, der noch keines hatte, ein 50 Kilogramm schweres Schwein geben und dazu einen Doppelzentner leicht beschädigtes Futter. Der Preis für Fleisch würde 10 bis 12 Lek pro Kilo betragen, während der Mais 200 Lek kosten würde. Das Mitglied des Rats, das unter uns wohnte, machte Listen mit denen, die etwas bekommen sollten, aber an dem Tag, als der Traktor kam, gab es einen richtigen Aufruhr. Der Vorsitzende des Rates, puterrot im Gesicht, klopfte sich auf die Brust und rief: „Ich bin der Vorsitzende, ich entscheide", und verteilte die Schweine, wie es ihm gefiel.

Er wählte in erster Linie einige derer aus, die schon zwei oder drei Schweine zu Hause hatten, und gaben noch etwas den Ärmsten der Armen, die mit ihrem Betteln sogar Steine erweicht hätten; die meisten auf der Liste bekamen aber nichts ab. Gewogen wurden die Schweine nicht, und am nächsten

Tag sprachen alle von 35 bis 40 Kilo, mit Ausnahme unserer Aufseherin, die lautstark erklärte, ihr Schwein wiege 50 Kilo. Einige Unerfahrene mästeten ihr Schwein ein oder zwei Monate lang, bis sie 40 bis 45 Kilo wogen, offenbar mit geschenktem Fleisch. Als das aber zur Neige ging, sprachen die Käufer besorgt darüber, dass sie 17 und nicht 10 bis 12 Lek pro Kilo hatten zahlen müssen. Ein doppelter Diebstahl: am Gewicht und am Preis.

Die, die keine Schweine bekommen hatten, vertröstete man mit der Behauptung, das Fleisch, das die Privatleute aus dem Kreis Shkodra für 20 Lek pro Kilo verkauften, sei vorteilhafter. In dieser Hinsicht konnten wir also vom staatlichen Handel nichts mehr erwarten. 1989 lieferte er Fleisch nur im Mai und September. Sogar der 45. Jahrestag der Befreiung wurde ohne etwas gefeiert. Anstelle von Fleisch kursierte nun immer häufiger der Satz, die Hirten und Landarbeiter seien selbst mit der Fleischversorgung betraut worden. Wir erlebten also die Huldigung dieser Experimente zu Beginn ebenso wie ihr Scheitern am Ende.

Statt der privat gehaltenen Schweine wurde in den Zellen des ehemaligen Gefängnisses nun eine ziemlich große Herde des Staatsguts eingesperrt. Es wurden auch zwei oder drei Hirtinnen bestimmt. Es war schmerzlich, diese neuen Zellenbewohner anzusehen, noch nicht ausgewachsen, dürr, unterernährt. So heruntergekommen, wie sie waren, ließ sich nicht einmal ihre Farbe erraten. Und mit was sollten diese armen Schweine gemästet werden: mit verfaultem Kohl und halb vergammelten Wassermelonen, die auf dem Feld aussortiert wurden? So wenig Futter bekamen sie. Gehalten in diesen weithin stinkenden Zellen, wurden sie einer gnadenlosen natürlichen Selektion unterzogen, jeden Tag starben welche. Laut Befehl sollten diese Unglücklichen in einem speziellen Kessel gekocht werden, als Nahrung für die noch Lebenden. Aber wer machte das schon? Sie wurden heimlich vergraben.

Lula, eine der Schweinehirtinnen, die im Lager lebte, spuckte jedes Mal, wenn sie zu dieser armen Herde ging (neben den Zellen war unser Wasserloch, daher traf ich sie andauernd). „Der Schlag soll sie treffen, der Schlag“, wiederholte sie immer wieder und spuckte noch einmal. Ich verstand ihren Ekel. Sie steckten ihre Schnauzen in den ganzen Schmutz des Lagers und wälzten sich darin. Ihre stinkenden Ausdünstungen, ihr schmutziger Leib und der herabtropfende Schlamm – sie waren wirklich ekelhafte Kreaturen. Und ich hatte auch noch irgendwie Angst vor Schweinen. Das hatte seinen Ursprung in unerhört schrecklichen Ereignissen, die mir in Fishta erzählt worden waren und die mit kleinen Kindern zu tun hatten, die in ihren Wiegen liegend von Schweinen verstümmelt und entstellt worden waren. Von zerstückelten Ohren und Nasen war da die Rede gewesen.

Die erfolgreichen Schweinezüchter inspirierten aber Gimi, es noch einmal zu versuchen, also kaufte er ein zweites Ferkel, das ihm ein „Experte" in Lezha auswählte. Aus Ästen und Zweigen vom Berg baute er eine Art Hütte, so groß wie ein Zimmer. Aber trotz all unserer großartigen Dienste wuchs das Ferkel nicht. Dila hatte es auf den Namen Brenga getauft. Mich erinnerte es an Oskar, die Hauptfigur aus Günter Grass' Roman „Blechtrommel". Brenga blieb so, wie es gekommen war. Auch die anderen begannen, sich Sorgen zu machen. Es stellte sich heraus, dass Brenga eine Infektion in der Reinigungswunde hatte; so nannte man die Kastration von zur Schlachtung bestimmten Schweinen. Wir gaben ihm alle Antibiotika, die wir im Haus hatten. Brenga erholte sich, wuchs aber immer noch nicht. „Es hat Fieber, tut es weg", sagte einer. „Vielleicht hat es eine Lungenentzündung?", fragte ein anderer zweifelnd. Der, der es beim Kauf ausgewählt hatte, schlug vor, es auf dem Markt zu verkaufen, aber Gimi wollte nicht jemand anderen so betrügen, wie er selbst betrogen worden war.

Dann traf Brenga der Erlass des neuen Verantwortlichen für den Sektor, private Gärten abzureißen. Wohin sollte Gimi Brenga bringen? Man fand einen Platz hinter dem Haus, auf dem Hügel, über unseren Fenstern. Gimi hob eine Grube aus, und zehn, zwölf kräftige Jungs aus dem Lager hoben Brengas „Bude" hoch, trugen sie die Treppe des „Amphitheaters" hinauf und setzten sie auf ihren Platz. Eines Tages verschwand Brenga. Hatte es sich geärgert, weil es seinen Stall nun mit einer Ziege teilen musste, die Gimi gekauft hatte? Zwei Tage lang suchten sie es, auch oben auf dem Berg. Brenga war verschwunden. Aber hatte dieser Teufel nicht dieselbe Farbe wie diese Steine? Als alle Hoffnung, es zu finden, verloren war, sagten zwei Frauen des Lagers, die Holz holen gegangen waren, sie hätten es oben auf dem Berg gesehen. Dila stieg hinauf, steckte es in einen Sack und brachte es herunter. Zu unserer Freude, dass Brenga wieder da war, kam noch eine zweite hinzu: Die Ziege gebar ein wunderschönes weibliches Zicklein, ein Ereignis, das Shpëtim, unser Dichter, mit Humor kommentierte: „Todis Familie wächst."

Eine Fahrt nach Tirana

1986, ein Jahr vor seiner Freilassung, schrieb mir Todi, dass er von dem letzten Betrieb, für den er gearbeitet hatte, also dem Baubetrieb in Lezha, ein Arbeitsbuch brauche. Für einen Verbannten wie ihn würde die Altersrente das einzige Einkommen sein, also nötig wie das täglich Brot. Unabhängig von dem während ihrer Arbeitsjahre eingezahlten Beitrag stand den Verbannten nur die Mindestrente von 350 Lek pro Monat zu. Das reichte nur aus, um in Armut zu leben. Ich war mir sicher, dass auch Todi nicht mehr bekommen würde, aber jetzt hatten wir noch ein größeres Problem. Er hatte kein Arbeitsbuch, in dem seine 25 Jahre Arbeit registriert waren. Auch wenn die Dega e Brendshme mit meinen Passierscheinen nicht so gegeizt hätte, konnte ich es mir gar nicht leisten, nach Tirana und in all die anderen Kreisstädte zu fahren, wo er gearbeitet hatte.

Also setzte ich mich hin und schrieb einige Einschreibebriefe: Ich wählte die Einrichtungen in Tirana, weil es dort mehr waren und sie näher lagen, sowie einige Kreise, in denen er eine längere Zeit gearbeitet hatte. Dann wartete ich nicht ohne Unruhe, bis mir eines Tages mitgeteilt wurde, dass ein Brief des Zentralkomitees der Jugend gekommen sei. Die Neugierigen in Torovica hatten ihn geöffnet, gelesen und verschwinden lassen. Was für ein Ärger, was für eine Verzweiflung! Dadurch hatte ich zehn Jahre auf einmal verloren.

Das Parteikomitee von Elbasan, das seine Bescheinigung direkt an die Sozialversicherung sandte, lehrte mich, was zu tun war. In einem zweiten Brief, auch an einige, die ich zunächst nicht angeschrieben hatte, bat ich sie, die Bescheinigung dorthin zu schicken. An eine offizielle Institution zu schreiben, wäre für sie gewiss einfacher, als sich an eine Verbannte zu wenden. Irgendwann hatte ich 40 Briefe geschrieben, bekam aber außer von Elbasan und Kukës, von wo nur die halbe Zeit bestätigt wurde, bloß Antworten wie: „Er hat nicht bei dieser Einrichtung gearbeitet."

Nachdem meine Bemühungen so gescheitert waren, begann Todi, aus dem Gefängnis heraus an die Institutionen zu schreiben, bei denen er gearbeitet hatte. Aber ihm erging es nicht besser als mir. Allein an die Direktion der Radio- und Fernsehanstalt schickte er acht Einschreibebriefe, einige davon an den Generaldirektor Marash Hajati persönlich. Und dabei waren wir doch einmal Kollegen und hatten das Büro auf dem gleichen Flur: Er war Sekretär des Redaktionskollegiums der Zeitung *Arbeit*, ich der *Stimme der Jugend*. Alte Bekanntschaften, auch Freunde halfen uns nichts mehr.

Also dachte ich, dass eine Fahrt nach Tirana notwendig war. Dieses Mal halfen mir Llesh Zogu, der Stellvertretende Leiter der Dega, und Isuf Lako, der stellvertretende Polizeichef, indem sie mir einen zweitägigen, gesundheitsbedingten Passierschein ausstellten. Es war im November 1986. In Tirana meldete ich mich, nachdem ich im Hotel „International" ein Zimmer genommen hatte, bei der Drejtoria e Punëve të Brendshme[104] und startete meinen Marathon auf

104 In der Hauptstadt war die Abteilung (Dega) für Innere Angelegenheiten eine Direktion (Drejtoria e Punëve të Brendshme).

der Suche nach den Arbeitsbescheinigungen. Ich fing an mit dem Zentralkomitee der Jugend, das am nächsten lag und wo man, wie ich anerkennen muss, korrekt zu mir war. Das einzige „Problem“, das mir dort begegnete, war nicht das Dokument, das der Kaderleiter mir sofort auszustellen bereit war, sondern Dyrri (Abdurrahman Këlliçi), der alte und sympathische Lektor der *Stimme der Jugend*, mit dem wir so viele Jahre zusammengearbeitet hatten. Ich kannte Dyrri und seinen Bruder schon seit den Kriegsjahren. Er stieg mit ein paar anderen Mitarbeitern des Jugendkomitees die Treppe hoch, drehte sich plötzlich um, kam auf mich zu und sagte wütend: „Warum sprichst du nicht mit mir, kennst du mich nicht mehr?“ Wir umarmten uns. Ich hatte Dyrri und die anderen erkannt. Dyrri hatte mich wirklich nicht gesehen, die anderen „kannten“ mich nicht mehr.

Dann machte ich mich auf den Weg zur Radio- und Fernsehanstalt. Auch dort traf ich Bekannte, die mich mieden, als ob ich Cholera oder eine andere gefährliche Krankheit hätte. Der Mensch, der im Auftrag des Generaldirektors zu mir herunterkam, wiederholte das alte Lied von den Schwierigkeiten, eine solche Bescheinigung auszustellen, da die Dokumente im Staatsarchiv hinterlegt seien. Aber er gab mir auch das – später nicht eingehaltene – Versprechen, sie würden sich die Mühe machen, dorthin zu gehen und die Akten zu sichten.

In der *Stimme des Volkes* schickte mich die sympathische Empfangsdame zum Sekretär des Redaktionskollegiums, Sami Milloshi. Sein Name sagte mir nichts, da ich die Zeitung nie las, aber dieser junge Redaktionssekretär sah sympathisch aus. Er hörte mich an, bat mich, zwei Minuten zu warten, und ging aus dem Büro. Ich folgte ihm und wartete im Salon, aber der Tag verstrich, und er tauchte nicht mehr auf. Trotzdem freute ich mich über das Glück, einen Menschen getroffen zu haben, der mich verstand und mir keine Hindernisse in den Weg stellte. Da stürzte eine junge, stämmige Frau auf mich zu, die Hände in die Hüften gestemmt, und herrschte mich grob an: „Was willst'n du hier? Verschwinde und lass dich nicht mehr blicken, wir haben nix für dich.“ Ich war zu voreilig gewesen mit meiner guten Meinung über den Redaktionssekretär nur aufgrund seines Aussehens.

Ich eilte zur Generalstaatsanwaltschaft, kam aber zu spät. Die Büros waren schon geschlossen. Ich kehrte ins Hotel zurück und schrieb einen langen Brief an Rrapi Mino, den Generalstaatsanwalt. Unnötig zu erwähnen, dass er keinen Finger für uns rührte.

Es war schon lange nach Mitternacht, und ich schlief fest, als es an der Tür klopfte. Es war der Portier, der sagte: „Liri, steh auf, ein Freund ist da.“ „Ich habe keine Freunde, die etwas von mir wollen könnten“, antwortete ich und bewegte mich nicht, aber da er darauf beharrte, stand ich auf, zog mich an und ging hinunter. An der Rezeption überraschte mich Isuf Lako, Stellvertretender Polizeichef von Lezha. „Wir brechen auf nach Lezha", sagte er. Ich protestierte und führte alle Gründe auf, vor allem den „wichtigsten" für ihn: Ich hatte eine Genehmigung für zwei Tage. Er nuschelte, dem sei nicht so, musste aber, nachdem er ihn gelesen hatte, sagen: „Das war ein Fehler, du hättest nur einen Tag bleiben dürfen." Alle Einwände waren zwecklos, also stiegen wir in den Gaz der Dega von Lezha.[105] Es war zwei Uhr morgens. Um meiner Wut Luft zu machen, sagte ich am Ende: „Ihr bezahlt mir das Hotel. Wir haben kein Geld dafür übrig, dass ihr uns veräppelt." Aber er antwortete gleichmütig: „Nein, denn du hättest ja sonst den Zug bezahlen müssen."

Diese absurde Nacht hatte noch einen Epilog, als der Portier des Hotels in Lezha mir das Zimmer öffnete, in dem ich die paar restlichen Stunden „schlafen" würde, und mich fragte: „Warum haben sie dich mit dem Gaz geholt? Hast du die erlaubte Zeit überzogen?" Resigniert antwortete ich: „Nein, mein Junge, nein, aber was weiß ich schon über deren Dinge?" Aber dieses Mal war es nicht ihr Ding gewesen, sondern das von Mihal Bisha, dem Kaderleiter des Zentralkomitees der Partei. Empört darüber, dass ich einfach in die Zentralen gegangen war, hatte er das Innenministerium verständigt, welches Lezha kontaktiert hatte, und die hatten dann Isuf losgeschickt.

Unterwegs erzählte mir Isuf, dass er über die Drejtoria in allen Hotels in Tirana nach mir gesucht habe. Der Wachhabende in der Drejtoria e Punëve te Brendshme von Tirana war diesmal ein junger Mann gewesen, der wahrscheinlich neu war, denn er versäumte es nicht nur, mich nach dem Hotel, der Etage, der Zimmernummer zu fragen, wie das sonst immer geschah, sondern zeichnete auch meinen Passierschein erst auf meine Bitte hin ab, auf dem ja „aus gesundheitlichen Gründen" stand. Als ich ging, wünschte er mir „Gute Besserung". Als ich viel später erfuhr, dass die Dega von Lezha für diese mir erteilte Genehmigung scharf kritisiert worden war, dachte ich mir, dass auch dieser junge Mann etwas abbekommen hatte für die gezeigte Sorglosigkeit, wegen der ich mich danach selbst verwundert fragte: „Haben sie die eisernen Regeln wohl gelockert?"

Als Todi aus dem Gefängnis zurückkehrte, bekam er für die 15 Jahre, die in dem letztlich beim Baubetrieb in Lezha geführten Rentennachweis standen, zwei Monate lang eine Rente von 200 Lek, also schrieb er weitere Briefe …

Die *Stimme des Volkes*, für die er etwa fünf Jahre lang gearbeitet hatte, schickte nie die verlangte Bescheinigung. Die Antwort des Zentralkomitees der

105 Der Gaz 69 war ein sowjetischer Jeep, den Polizei und Sigurimi benutzten. Der sprichwörtliche „Gaz der Dega" war gefürchtet.

Partei, für das er über zwei Jahre gearbeitet hatte, war so originell wie lächerlich. Sie scherzten nicht: Die Antwort kam direkt von Lenka Čuko, Sekretärin des Zentralkomitees, Mitglied des Politbüros, also einem Kopf, einem aufgeklärten Geist, an der Spitze des Landes stehend. Sie Todi auszurichten war dann Aufgabe des Vorsitzenden des Gemeinsamen Rates des Staatsguts. Die Antwort war bestimmt, lakonisch und … „Das Zentralkomitee der Partei zahlt keine Renten aus." Selbst Gjergj, der hauptsächlich für die Verbannten zuständige Lagerverwalter des Sektors, wohlbekannt für seinen Mangel an Intelligenz und für seine extreme Striktheit uns gegenüber, hatte anscheinend Todis Antrag besser verstanden als die Genossin Lenka. Er mischte sich ein und sagte: „Todi hat dort doch eine Arbeitsbescheinigung beantragt, nicht eine Rente."

Todi endlich zu Hause

Todi sollte am 7. Juni 1987 aus dem Gefängnis entlassen werden und nach Hause kommen. Dieses Datum wussten wir schon in Fishta, als wir vergeblich auf seine Amnestierung gehofft hatten. Aber … wie viele Fragezeichen und Bedenken standen noch hinter diesem Wort. Die Angst ließ uns nicht mehr los in der letzten Zeit, auch wenn man nichts mehr hörte von erneuten Verurteilungen im Gefängnis. Aber auch von der Freilassung von „Feinden" wie ihm hörten wir nichts. So isoliert wie wir waren, hätten wir weder von Wiederverurteilungen noch von Freilassungen etwas mitbekommen. Todi selbst war überzeugt, nach Hause zu kommen, und trug uns auf, nicht mehr zu ihm zu fahren (dafür sorgte schon die Dega, die uns die Passierscheine nun fast vollständig verweigerte).

Fatos dagegen schickte uns andere, gerade entgegengesetzte Anweisungen, die aber die, die uns Passierscheine erteilen sollten, nicht beeindruckten. Fatos wusste um die Erfahrungen vieler Gefangener, deren Entlassung er in diesen dreizehn Jahren miterlebt hatte; ihm zufolge – und das war völlig logisch – erscheine einem Inhaftierten die Zeit bis zur Entlassung endlos und qualvoll lang. Daher sollten wir ihn so oft wie möglich besuchen. Da das nicht ging, versuchte ich zumindest, die Zahl meiner Briefe (vier pro Monat) aufrechtzuerhalten, trotz aller Schwierigkeiten, die wir in Malecaj schon mit dem Abschicken hatten. Im Lager musstest du jemanden finden, der am nächsten Tag nach Lezha fuhr, und ihn fragen, ob er das übernehmen würde.

Bei den einfachen Briefen, die man draußen in den Postkasten warf, war das nicht so schwer, aber bei einem Einschreiben nahm es nicht jeder auf sich, irgendwo zu zeigen, und sei es auf dem Postamt, dass er dir einen Dienst erweise.

Einige Monate vorher hatte ich den Vorsitzenden des Dorfrats zum zweiten Mal nach jenem Zimmer gefragt, das von unserer Wohnung abgetrennt worden war und meistens leer stand. Damals, nach Gimis Hochzeit, gab er es uns nicht; dieses Mal sagte er nur: „Lass Todi erst einmal kommen, dann sehen wir schon." Seine Art zu reden und seine offensichtlichen Zweifel an Todis Entlassung verbanden sich mit meiner Angst und den Zweifeln, die mich schon seit einiger Zeit plagten. Zwei recht unterschiedliche Gefühle ließen mich nicht los und begleiteten mich in diesen sechs Monaten des Jahres 1987 unaufhörlich. Ich zählte ungeduldig die noch verbleibenden Tage bis zu Todis Rückkehr, aber diese Freude überschnitt sich oder, genauer, prallte zusammen mit einem anderen, stärkeren und größeren Gefühl, dem Schmerz der Mutter, der tiefen Sorge um meinen Sohn, um Fatos, der dort in Spaç immer weiter aushalten und leiden musste. Ich wusste, dass Todis Bruder und Schwager, die zusammen mit ihm verurteilt worden waren, schon 1982 freigekommen waren. Und wann immer ich daran dachte, fragte ich mich selbst: „Würde ich diesen Schmerz ertragen, überwinden können?" Das war schwer, sehr schwer, ja, überschattete fast die Freude über Todis Rückkehr.

Endlich, Tag um Tag, Woche um Woche, Monat um Monat, kam dieser sehnlichst erwartete Juni. Seine ersten sechs Tage verstrichen. Entschieden hatte Todi uns aufgetragen, ihn weder in Burrel abzuholen noch in Lezha zu erwarten. Er war sehr sicher, dass sie ihn bis nach Hause „begleiten" und nicht irgendwo an der Straße „lassen" würden. Die Zeit schien gar nicht vergehen zu wollen, die Minuten, die Stunden schlichen dahin, denn uns quälte permanent die Frage: „Werden sie ihn wirklich entlassen?" Jeder behielt diese Frage für sich. Es war 12 Uhr vorbei, als ein Żuk die „Schaukel" passierte und auf unsere Tür zufuhr. Wir verließen unseren Ausguck am Fenster und rannten die Treppe herunter. Aus dem anderen „Palast" eilten Tetis, Ana und Zana heran, hinter ihnen Fadils Violeta und ihr Agim. Eine solch bewegende Begegnung erlebt man nur selten. Nach 13 langen Jahren war Todi wieder zu Hause, wieder unter uns.

Von Fatos kam ein sehr schöner Brief. Voller Liebe und Gefühl schrieb er, wie sehr er sich über Vaters Heimkehr freue. Konnte man das lesen oder hören, ohne dass einem die Tränen kamen? Wir weinten, ohne uns für unsere „Schwäche" zu schämen.

Die Schönheit eines neuen Lebens

Verschiedenste Aufregungen begleiten die Vorfreude auf die nahende Geburt eines Kindes ... Manche sind schön und bereiten einem manche kleine Freude. Dazu gehört zum Beispiel, Babysachen vorzubereiten und sie allmählich zu vervollständigen. Aber kann man dabei unter den Bedingungen von Verbannung, Armut und Mangelwirtschaft von Freuden sprechen? Kaum, leider sehr wenig! Vielmehr verspürt man eine Art Erleichterung, wenn man diesen oder jenen Mangel beheben kann.

Gimi fing an, ein Bettchen für das erwartete Kind zu bauen. Es gelang ihm gar nicht schlecht. Seine Hände konnten ja auch eine Gitarre bauen, da machen sie doch kein hässliches Kinderbett! Über einen Nachbarn aus der Mirdita, einen Arbeitskollegen, besorgte Gimi eine Matratze. Der Laden von Malecaj hatte für uns kein Stück Flanell oder Kattun übrig, auch nichts anderes, was wir brauchten. So mussten wir uns glücklich schätzen, dass Gimi zur Arbeit nach Bisht-Jukë musste, einen Ort an der Grenze zum Landkreis Shkodra, und dort alles kaufen konnte. Ein zimtfarbener Pullover von mir – eigentlich eine unpassende Farbe für ein Neugeborenes – wurde aufgetrennt, um daraus zwei kleine Pullover sowie Puppen zu nähen. Weder schön noch ein echtes Spielzeug. Für mich waren die Spielsachen das schmerzlichste Kapitel. Wäre ich nicht auf einer pädagogischen Schule gewesen, hätte ich vielleicht nicht so unter ihrem Fehlen gelitten. Später, als beide Jungs da waren, versuchte ich, sie mit Plastikschachteln und Medikamentendeckeln in verschiedenen Farben zu ersetzen. Einmal sahen Todi und ich in Lezha zufällig einen Strauß hässlicher Plastikblumen aus Durrës, kauften ihn und waren so glücklich! ...

An jenem 3. März 1988 gingen Todi und ich nach Malecaj hoch, um im Laden Essen einzukaufen. Als wir wieder herunterkamen, rannte Ana uns entgegen und rief, dass wir einen Enkel hätten. Eine unerwartete Überraschung, aber freudig, sehr freudig. Wie war das möglich, dass er so schnell geboren wurde, hier im Lager? Auch Ana war glücklich und bewegt. Wann hatte sie schon einmal ein Neugeborenes zu Hause gesehen? Liebevoll und gerührt sagte sie immer wieder: „Es geht ihm gut, er ist wunderschön." Schnell stiegen wir hoch. Wir gratulierten Dila und guckten das Kind an. Wie schön, wie großartig, wie unvergleichlich ist der Anbeginn eines neuen Lebens. Sehr bewegt setzte ich mich ans Bett und betrachtete voller Aufmerksamkeit dieses kleine Wesen, das nun unter uns gekommen war. Man sah von ihm nur das Gesicht, denn Violeta, unsere Nachbarin, hatte ihn mit dem Bettlaken umwickelt und festgebunden, wie man es im Dorf machte. Er sah aus wie ein kleiner Gimi.

Er schlief, aber auf einmal öffnete er plötzlich ein Auge halbwegs! Tatsächlich schlief er weiter, aber mir kam es vor, als blicke er mich an, als fühle er, dass jemand ihn anstarre und er diesen liebevollen Blick beantworten müsse. Seinen Namen hatte Gimi ausgesucht. Um unserem hässlichen Lager etwas entgegenzusetzen, hatte er beschlossen, ihn Eldorado zu nennen, und so geschah es. Aber wir kürzten das schon am ersten Tag zu Eldo ab.

Neben unsere Freude trat aber schon von den ersten Tagen an eine geradezu traumatische Sorge: Das Kind brauchte Babynahrung, was eine unbedingte Abhängigkeit von den Kühen des Staatsguts und ihrer Milch bedeutete. Was wir dabei durchmachten, war keine Kleinigkeit. Milch, das war stets die Hauptsache, und Gimi begann nach der Arbeit immer noch seinen Marathon: Fünf Kilometer waren es bis zu den Ställen. Wir atmeten erleichtert auf, wenn er mit einer vollen Flasche zurückkam. War sie leer, war das ein großes Unglück.

Diese Not war es, wegen der wir von nun an das Geschick der Kühe und Kuhställe genauer verfolgten und auch die in dieser Zeit mehrfach durchgeführte Reorganisierungen studierten. Die Kühe des Sektors von Torovica wurden nach Balldren, in einen anderen Sektor des Staatsguts, verlegt. Man sprach von besseren Zucht- und Stallbedingungen dort. Aber es verging nicht einmal ein Monat, und wir bekamen keine Milch mehr aus Balldren. Sie wurde in die Stadt geliefert. Den Bedarf der Arbeitskräfte des Sektors und ihrer Familien sollte von den kleinen Kuhherden der Brigade gedeckt werden. Aber viele Brigaden hatten nicht einmal Kühe; so begann ihre Aufzucht im Lager, und zwar in den ehemaligen Zellen des Gefängnisses. Für die drei Brigaden brachten sie drei kleine Herden mit je fünf oder sechs Kühen. Jede Herde bekam Tag und Nacht eine Wache. Die aufgrund ihrer „Biografie" ausgewählten Wachen bekamen 600 Lek Lohn im Monat, was kaum ein Feldarbeiter verdiente. Tagsüber waren es Frauen, nachts Männer. Sie schliefen einfach zu Hause und nahmen anderntags entweder den Platz der Frauen in der Brigade ein oder stiegen auf den Berg, um Holz zu machen und zu verkaufen oder um Salbei zu sammeln. Denn das Eisentor des Gefängnisses brauchte nur ein Schloss und keine drei Wachen. Die Herde des Dorfvorstehers, der auch Brigadeleiter war, wurde im ehemaligen Lagerkomplex, an unseren „Palast" angrenzend, eingestellt, nachdem Türen eingesetzt und die Fensterlöcher geschlossen wurden. Der Mist wurde nicht regelmäßig weggebracht, das Stroh, das man den Kühen hinwarf, verstreute sich über die Stufen des „Amphitheaters". Dreck, Mückenschwärme und Gestank verbreiteten sich, obwohl direkt nebenan die Ambulanz lag und gleich dahinter die Schule. Schließlich wurde irgendwo außerhalb des Lagers ein Stall gebaut oder umgebaut, und die Herde verschwand.

Morgens wurden acht bis zehn Liter Milch gemolken, abends weniger. Aber anscheinend versprachen diese kleinen Herden eine leuchtende Zukunft, denn um diese winzige Menge Milch im Lager und in der Neuen Siedlung zu vertreiben, wurde extra ein Laden eröffnet und eine Verkäuferin bestimmt. So schuf man auch für die Frau des Krankenpflegers einen Arbeitsplatz. Ein weiterer Laden wurde oben im Dorf geöffnet.

Nachdem die Versorgung der Arbeiter mit Milch „erfolgreich" gelöst war, ging man zum Käse über. Ab dem Jahr 1989 bekam jede Familie ein halbes Kilogramm Käse pro Monat im Laden. Mit welcher Leichtigkeit stiegen wir für dieses halbe Kilogramm den Hügel nach Malecaj hinauf, ohne je müde zu werden. Aber lange konnten wir uns daran nicht freuen. Auch mit dem Käse war es für uns bald vorbei; man sagte uns, dass der Sektor mit seinen Herden ab jetzt nur noch seine Arbeiter versorge.

Immer mehr Leute liefen mit Säcken voller Spreu auf der Schulter vorbei. Jemand hatte auch Joghurt. Wir wussten, dass im Lager einige Kühe in völliger, einige Schafe und Ziegen in halber Illegalität gehalten wurden. Auch wir setzten all unsere Hoffnungen für Eldo und das zweite Kind, das unterwegs war, auf … die Ziegen, die Gimi kaufte. Lieber Ziegenmilch als gar nichts. In Fishta waren verschiedene Wildgräser gut gewachsen. Hier gab es nur Sauerampfer mit dicken und bitteren Blättern, also ungenießbar, sonst gar nichts. Diese Gegend war vor allem reich an hochwertigen Heilkräutern, vor allem an Salbei, der überall im Überfluss wuchs.

Ganz überraschend entdeckten Mereme und ich, wie wir die uns so sehr fehlenden Proteine besorgen könnten. Diese Proteine wären sogar Delikatessen; die Rede ist von Schildkröten. Der Ort war voll von ihnen. So viele hatte ich vorher noch nie gesehen. Sie spazierten mit ihrem „Haus" auf dem Rücken herum und aßen ausgewählte Gräser und Blätter. Sie waren wählerisch beim Fressen und viel sauberer als die Schweine, die überall im Lager herumliefen und ihre Schnauzen in jeden Dreck steckten. Diese Entdeckung begeisterte uns. Wir müssten nur unseren Schauder überwinden, sie einzufangen und kochen. Aber um sie kochen zu können, müsste man wissen, wie man ihren Panzer entfernte. Eine Fahrt nach Lezha, um meine Rente abzuholen, war auch dafür hilfreich. „Wenn man sie in kochendes Wasser taucht, kommt sie von selbst heraus", lernte ich. Aber die arme Schildkröte, die diesem Test unterzogen wurde, zog sich zusammen, wie um sich vor der Gefahren zu schützen, anstatt herauszukommen. Die zweite Lektion, die sie mir gaben, lautete: „Hacke sie mit einem Beil auf, dann …" Das ließ uns dieses Vorhaben endgültig aufgeben.

Kinder

Die kleinen Bengel im Lager mochte ich sehr; solche Schlawiner hatte ich bis dahin noch nirgends gesehen. Sie waren von Natur aus aufgeweckt, und der tägliche Kampf ums Dasein hatte sie wirklich geschickt, flink und wagemutig gemacht. Neugierig beobachteten sie das Leben im Lager, wussten über alle Ereignisse Bescheid und erzählten dann voller Witz, was sie gehört oder gesehen hatten. Der charmanteste war Belim, Meremes sechster Sohn. Wir nannten ihn Bel, das mochte er. Untereinander waren sie immer solidarisch, daher wunderte ich mich sehr, als ich sah, wie wild zwei von ihnen miteinander kämpften.

Wie die Erwachsenen stiegen auch sie auf den Berg, um Holz zu machen. Sie schafften die Baumstämme im Ganzen herunter, im Rennen, und hielten sie dabei mit einem Seil fest. Wenn sie kein Seil hatten oder der Stamm zu dick war, machten sie es anders: Sie rollten ihn den Berg herunter, und ihre Schreie, ihre Achtung-Rufe waren bis herunter zu uns zu hören. Danach hörte man im Lager die Äxte auf den Hackklötzen, die überall vor den Treppen unserer „Paläste" ihren festen Platz hatten. Sie handhabten sie so geschickt, als wären sie mit der Axt in der Hand geboren.

Belim und seine Freunde hatten ein scharfes Auge und einen außergewöhnlichen Spürsinn. Schon von Weitem sahen sie, wenn ein Laster kam, um das Lebensmittellager zu beliefern. Sie rannten los und stopften sich, so schnell es ging, die herunterfallenden Kartoffeln unter das Hemd und in die Taschen. Ein paar solche Touren waren viel lohnender und weniger anstrengend, als nach der Ernte auf den Feldern nach Kartoffeln zu suchen. Man musste mit Hacke und Sack bis dahin laufen, die übrig gebliebenen Kartoffeln finden, sie aus dem Boden holen und auf dem Rücken zurück ins Lager tragen. Am Ende zogen sie immer Bilanz, gaben einen Anteil der Familie und verkauften den Rest für ihre eigenen Bedürfnisse. Sie spielten „Kopf oder Zahl" mit 5-Lek-Münzen, ihr Lieblingsspiel, oder fuhren nach Lezha, um im Kino den neuesten Film zu sehen. Wenn sie, natürlich ohne Erlaubnis, nach Shkodra fuhren, bekamen sie Schläge von ihren Eltern.

Wir waren ihre Stammkunden, denn wir bekamen nirgends Kartoffeln (später begann das Staatsgut, uns diejenigen zu verkaufen, die für den Export oder den Verkauf in der Stadt nicht gut genug waren). Belim hatte eine besondere Begabung, dich zu überreden, auch wenn du eigentlich gar nichts kaufen wolltest. So verkaufte er mir einmal auch ein Messer. Er ließ nicht von mir ab, obwohl ich ihm sagte, dass ich über zwanzig Messer hatte und sie bis auf ein einziges gar nicht benutzte. Ich sah, dass er das Geld brauchte, also kaufte ich ihm das kleine Messer ab und hob es als Andenken an ihn auf. Als ich ihn fragte: „Das hast du doch nicht geklaut?“, protestierte er und sagte, er habe es auf der Straße gefunden. Nardi dagegen, der angefangen hatte zu rauchen, bot uns getrocknetes Schweinefleisch und Zwiebeln an. Dieses Trockenfleisch lehnte ich kategorisch ab, aber als ich ihn wegen der Herkunft der Zwiebeln ausfragte, ob er sie nicht ohne Erlaubnis mitgenommen hatte und was weiß ich noch, lief er wütend weg und kam nie wieder.

Dann kamen Lastwagen mit Säcken voller Erdnüsse als Saatgut. Das war ein wahres Fest, eine Riesenfreude an diesem Tag. Auch damit füllten sie sich Taschen und Beutel und aßen sie dann so roh, wie sie waren. Wenn die ersten Gurken in den Gärten der Nachbarn reiften, krochen sie unter dem Stacheldraht hindurch oder kletterten über den Zaun.

Alle gingen auf die Mittelschule in Torovica, nur Nardi hatte sie schon abgeschlossen. Sie mochten die Schule überhaupt nicht, lernten nichts und wiederholten manche Klasse drei Mal. Umsonst bemühte sich die Schule: Die Eltern mussten kommen, oder die Lehrer kamen ins Lager; wegen der vielen Fehlzeiten mussten die Familien ein Bußgeld zahlen. Irgendwann gab auch die Schule es auf, obwohl acht Jahre Unterricht verpflichtend waren.

Auf einmal wurde unser Treppenhaus Treffpunkt für diese Lausebengel, die nichts mit ihrer Zeit anzufangen wussten; Zeit hatten sie reichlich, denn ihre Schulbücher fassten sie gar nicht an. Was in der mittleren Wohnung unter uns geschah, war für sie eine äußert unterhaltsame Vorstellung. Kaum hörten sie, wie Maria weinte und schrie: „Oh Mann, au au, du bringst mich um!“, versammelten sich alle. Ungerührt und ohne einen Tropfen Mitleid erzählten sie den Hinzukommenden: „Maria hat Pali blutig gebissen, er hat sie niedergeworfen und geschlagen …“ Alles berichteten sie haarklein.

Nicht wenige Kinder gehörten zu einer zweiten Gruppe. Sie waren kleiner, gingen in die Grundschule im Lager. Durch Schlauheit zeichneten sie sich aber nicht aus, eher durch ihre Streitereien und Ungezogenheiten. Am schlimmsten war Valdet, der siebte Sohn von Mereme; er war mit Mutter Loshes Enkel Flamur befreundet. Sie hatten vor niemandem Angst, außer vor Diku.

Valdet und seine Altersgenossen erfreuten sich einer grenzenlosen Freiheit, ganz anders als die behüteten Kinder. Sie interessierten sich besonders für die Obstbäume im Hof der Magazine, auch wenn das verbotenes Terrain für sie war. Die Früchte wollten unbedingt schon probiert werden, auch wenn Birne oder Kakis noch so klein wie Pflaumenkerne waren. Als wenn es das ganze Jahr über keine Gelegenheit mehr gebe, die köstlichen reifen Früchte zu kosten. Aber jetzt saß dort Tereza und bewachte tagsüber die Magazine. Schon vorher hatte sie ein ärztliches Attest für eine leichtere Arbeit gehabt, aber die Dinge änderten sich noch einmal, als ihr und ihrem Mann die „mysteriöse Wohnung“ uns gegenüber zugewiesen wurde. Sie bekam den Wachdienst, ihren Mann wählten sie in den Volksrat des Dorfes, als Vertreter des Lagers dort.

Wie viele Stunden saß sie auf den Betonbänken der Pergola oder an den Blumenrabatten und war doch nicht in der Lage, die Obstbäume und Weinreben vor den Angriffen der Kinder zu schützen! Sie rief ihnen zu, sie sollten verschwinden, und drohte ihnen, aber sie wollten nicht hören. So wurden dann Bußgelder für die Familien verhängt. Für zwei oder drei kirschgroße Birnen wurden laut Strafbescheid 20 neue Lek fällig. Die Kinder wurden beschimpft und geschlagen, aber gaben es nicht auf. Irgendwann bekam diese Wache einen Spitznamen: Herzfeuerzeug. Tereza war schwer herzkrank; bei einer Operation in Tirana hatte man ihr eine Metallklappe eingesetzt.

Auch die kleinen Kinder gingen los, um Brennholz zu holen, hauptsächlich auf den umliegenden Hügeln. Vor allem kamen sie zum Hügel hinter unserem Haus, wo sie Äste und Zweige sammelten. Ihr „Instrument“, die Axt, handhabten sie gut.

Im Sommer kamen immer wieder Traktoren voller halbverfaulter Wassermelonen an, um die in den ehemaligen Zellen gehaltenen Schweine zu füttern. Wie auf Kommando rannten dann die Kinder herbei. Der eine oder andere Fahrer warf ihnen von sich aus mal eine Melone zu, aber das war ihnen zu wenig, daher kletterten einige von ihnen auf den Anhänger und wählten selbst aus. Wenn die Kinder es übertrieben und ihn bei seiner Arbeit störten, griff der Traktorist – er wollte möglichst schnell wieder losfahren – zur Schaufel und warf die verfaulten Melonen damit auf den Boden. Sofort stürzten sich die Schweine auf sie, aber die Kinder gaben auch nicht auf. Kinder und Schweine zusammen – was für ein schmerzlicher und schockierender Anblick!

Ich saß mit Gimis Sohn Eldo im Schatten der Obstbäume vor den Magazinen, als eines der Mädchen des Lagers auf uns zukam, blond, sympathisch, zehn oder zwölf Jahre alt. Sie kam immer dahin, zusammen mit ihrer Schwester, und sammelte in einem Sack die Brotreste für die Schweine, die sie hielten. Sie kniff Eldo zärtlich in die Wange und sagte: „Na, du kleiner Dieb?“ Verärgert fragte ich: „Was sagst du da?“ Sie aber antwortete lachend: „Er wird jetzt schnell groß, wird aufs Feld gehen, Kartoffeln holen und sie nach Hause bringen.“ Eldo war erst sieben Monate alt! Ich begriff, dass sie uns etwas Nettes sagen wollte, aber diese Art der Vorbestimmung seines Schicksals erschreckte mich, machte mir große Angst. Voll Kummer dachte ich, das könnte vielleicht wirklich so passieren. War das nicht auch der Lebensweg der anderen Kinder des Lagers? Für sie waren ihre Diebstähle zugleich auch ihre Kinderspiele, denn Spielzeug gab es ja nicht. Auch die Schule uns gegenüber hatte kein Spielgerät außer der „Schaukel“.

Die Schaukel unseres Lagers war wohl einzigartig, nicht nur in Albanien, sondern vielleicht auf der ganzen Welt. Das große Haupttor des ehemaligen Lagers, zur Hälfte parallel zum Boden hin gebogen, diente jetzt den Kindern zum Schaukeln. Das Lagertor war wie das in Spaç gewesen, groß, aus dicken Eisenstangen; eine Hälfte, der eine Torflügel, war verschwunden. Dass man wegen der Lücken zwischen den einzelnen Stangen nicht sehr bequem darauf saß, hielt die Kinder nicht vom Schaukeln ab. Dieses zur Schaukel gewordene Gefängnistor war ein großer Zankapfel. Am Morgen, vor Beginn des Unterrichts, war es von den Schulkindern besetzt, die etwas älter waren als die aus dem Lager, wohlgenährte und gut gekleidete Jungen und Mädchen aus dem Dorf, die mit einer gewissen Verachtung auf die barfüßigen Kleinen aus dem Lager herabsahen. Auch am Nachmittag gehörte die „Schaukel“ den Schülern. Vergeblich versuchten Miri, Gimi, Dori und andere heranzukommen. Aber an Sonn- und Feiertagen gehörte die „Schaukel“ ihnen. Drei oder vier setzten sich darauf, einer stieß sie an, und wenn es ruhig war, hörte man bis zu uns nach Hause ihr monotones Geräusch, als würden Steine mit einem Hammer zerschlagen.

Eines Tages brachten die Kinder ein paar Lotusblüten herbei. Diese Lotusse in ihren Händen kamen mir komisch vor. Bis dahin hatte ich so etwas nur auf Fotos, Filmen oder mal einem Gemälde gesehen. Und wo sollten sie herkommen, hier in unserem Lager, wo nur Disteln wuchsen und blühten? Laut Leta, Meremes Tochter, wuchsen sie am „Schwarzen Auge“, einem schönen See, wo auch das Wasser für unser Lager herkam. Wir gingen zusammen dahin. Nachdem wir das Dorf und einige Ställe passiert hatten, kamen wir auf einem schlechten Weg voller großer Steine am Rand des Bergs dahin. Das „Schwarze Auge“ war von Steinen umgeben und nicht groß; ob man es See oder Teich nennen soll, weiß ich nicht. War es die große Tiefe oder die grau-schwarzen Steine, die dem Wasser seine dunkle Farbe und damit seinen Namen gaben? Die Natur drumherum war karg und wild, hatte aber ihre eigene Schönheit. Seltene Lotusse blühten auf der Wasseroberfläche, während eine Gruppe Jungs von den Felsen ins Wasser sprangen und badeten. Dieser Anblick verdarb mir meine ganze Freude, weil ich die Lotusblüten jetzt nicht mehr genießen konnte, sondern nur daran dachte, dass die Jungs gerade in dem Wasser herumplantschten, das aus unseren Wasserhähnen kam, das wir tranken, mit dem wir kochten. Besser wäre ich gar nicht hergekommen, denn so blieb mir der See mit seinen Lotusblüten nur als ungenießbare und damit letztlich belastende Schönheit im Kopf.

Wie sehr wir sie liebten!

Ana und Tetis konnten durch unsere ständigen Umzüge nur schwer Freundschaften schließen und dann auch bewahren. Wie schwer fiel ihnen der Abschied von ihren Freundinnen in Fishta. Im Lager in Malecaj gab es gar keine Gleichaltrigen. Wieder hatten sie einen langen Schulweg; sie mussten über die Felder nach Torovica laufen, im Herbst und Winter durch Kälte und Regen, im Frühling und im September und Oktober durch den Staub der Torflandschaft. Diesen Staub hatten wir schon „kennengelernt", bevor wir herkamen, durch das „Puh, puh!" der beiden begnadigten Ex-Verbannten, von dem uns Xhevrija erzählt hatte. Am schlimmsten traf er die Frauen; ihre Füße wurden in den Pantoffeln oder Plastiksandalen schnell vollkommen braun. Manche hatten einen „Trick" gefunden; sie steckten ihre Füße in Plastiktüten, die sie an den Knöcheln zubanden. Das war aber vergeblich, ich hatte es ausprobiert. Dass unsere Mädchen nach Torovica laufen mussten, hatte nur einen Vorteil: Sie gingen immer wieder einmal in das Telefonbüro dort, wo die Post hinkam, und sahen nach, ob ein Brief von Todi, Fatos oder Fadil gekommen wäre. Die Briefe liefen immer Gefahr, von den Neugierigen dort geöffnet, gelesen und dann vernichtet zu werden.

Im Schuljahr 1986/87 besuchte Ana die achte Klasse. Was würde wohl aus ihr werden? Ana hatte lauter Zehner und mochte die Schule von Herzen gerne.[106] Würde sie die Chance haben, auf die Allgemeine Oberschule zu gehen? Dass gerade über die Rückkehr zur zwölfjährigen Schulpflicht diskutiert wurde, machte uns Hoffnung, aber … Im Ethikbuch wurde besonderes Augenmerk gelegt auf das IV. Plenum, bei dem über die feindseligen Machenschaften ihrer Großväter gesprochen wurde. Um noch eins draufzusetzen, erklärte der Schuldirektor, ein Mann aus Tropoja, der auch Ethik gab: „Und die Kleidung des 11. Festivals haben sie aus Rom hergebracht." Im Jahr darauf kam auch Tetis nach Hause und erzählte uns von den Kleidern aus Rom – tatsächlich waren es Textilien von einer chinesischen Ausstellung, die dem albanischen Fernsehen geschenkt worden waren.

Wegen Anas Schullaufbahn waren wir alle beunruhigt. Hartnäckig wie sie war, überließ Ana dieses „große und wichtige Staatsproblem" weder dem Rat des Dorfes noch dem gemeinsamen Rat des Staatsguts oder der Bildungsabteilung des Exekutivkomitees, sondern wandte sich mit einem kurzen Brief direkt an Ramiz Alia. Außer dem Recht, die Allgemeine Oberschule in Lezha zu besuchen, bat sie auch um einen Internatsplatz – auf Staatskosten natürlich.

106 Auf der bis 10 reichenden Notenskala entspricht die Zehn der deutschen Note 1+.

Eines Tages wurden dann Ana und Zana ins Exekutivkomitee gerufen, in die Bildungsabteilung. Es schien, als wenn ihr brennender Wunsch erfüllt würde. Wir freuten uns, aber bei einer anderen Vorladung, diesmal vom Leiter der Dega e Brendshme, wurde Ana mitgeteilt, dass sie nicht aufs Gymnasium gehen könne. Um nicht ganz ohne Schule zu bleiben, solle sie die Landwirtschaftsschule in Balldren besuchen. Als wenn Ana dies nicht auch ohne ihren Ratschlag „garantiert" gehabt hätte. Mein Gott! Würden wir irgendwann einmal von dieser Dega e Brendshme loskommen?

Völlig unerwartet, wie im Traum, kam da die Einladung von Myfit, einem Cousin von Fadil, Ana könne bei ihm in Shkodra in die Schule gehen. Aber Myfit lebte ja auch nicht in einem anderen Staat. Sie fingen auch dort an … Die Schule verlangte zunächst ein Dokument des Dorfrats von Malecaj, in dem dieser eine Einschätzung geben sollte, ob Ana die Schule in der Stadt Shkodra fortsetzen könne. Als der Rat ihr dies bestätigte, kam eine andere Forderung dazu: Auch der Rat des Viertels, in dem Myfit wohnte, sollte solch eine Einschätzung abgeben. Auch diese wurde besorgt, sodass der Schule nichts übrigblieb als zu sagen, die „Zahl der zu registrierenden Schüler sei in diesem Jahr schon ausgeschöpft". Auch alle anderen Bemühungen waren umsonst, daher musste sich Ana vom Vorsitzenden des Dorfrats ein Schreiben besorgen, um mit der Arbeit in einer der Landarbeiterbrigaden anfangen zu können. In Malecaj gab es kein einziges anderes Mädchen, das die Landwirtschaftsschule in Balldren besuchen wollte, daher musste sie noch ein Jahr warten, bis Tetis mit ihr dahinging.

Als die beiden dann in die Schule gingen, mussten sie das Haus schon früh verlassen, sehr früh, denn Balldren war dreizehn Kilometer entfernt. Ana war immer die Erste, etwas ärgerlich auf Tetis, die kaum aus dem Bett kam. Anas Tasche war prall gefüllt mit Büchern und Heften. Kurz darauf ging auch Tetis los und beeilte sich, sie einzuholen, meist nur mit einem billigen Heft in der Hand zusammengerollt. Wenn wir ihnen hinterherschauten, wie sie über die Torffelder liefen, taten sie uns schrecklich leid. Todi und ich mussten zu dieser Zeit immer zur Wache, um uns dort zu melden. Wir blickten ihnen nach, bis sie am Friedhofshügel abbogen. Wie sehr wir sie liebten! Wir waren so froh sie zu haben, aber zugleich schmerzte es uns tief in der Seele, dass unser Sohn sie nicht aufwachsen sah, dass er die Liebe und Zärtlichkeit, die Eltern und Kinder so dringend brauchen, ihnen weder geben noch von ihnen bekommen konnte. Ihre Charakterunterschiede, ihre Einstellung zur Schule und zum Lernen, ihre großen Schwierigkeiten, die sie hatten, waren für uns eine Quelle der Freude, der Sorge und des Lachens.

Wir freuten uns über Anas Zehner, wir waren traurig über Tetis Siebener, auch Ana. Einmal berichtete Tetis ganz ruhig von einer Sechs in Literatur. Ana rief wütend: „Ganz viel wurde dir eingesagt, aber du hast kein Wort herausgebracht." Tetis erklärte lächelnd, dass ihr drei Souffleure gleichzeitig vorsagten, aber jeder etwas anderes. Auf welchen hätte sie denn nun hören sollen?

Ana sammelte begeistert Blätter, Zweige und Wurzeln für ihr Herbarium in Botanik. Ihre Leidenschaft erfasste auch Todi und mich. Einen Bogenhanf zog ich dafür mit Wurzeln aus dem Topf. Jede unbekannte Pflanze, die wir auf unserem täglichen Spaziergang zum Kanal oder den Hügel hinauf zur Neuen Siedlung entdeckten, nahmen wir mit und fragten Ana, ob sie sie schon habe. Auch Tetis machte ihr Herbarium, aber ohne große Sorgfalt oder Ansprüche. Die Zehner überließ sie Ana, die sich mit einem Mitschüler in der Parallelklasse einen stillen Wettkampf um den ersten Platz lieferte. Ana analysierte besonnen ihre eigenen Schwächen: Das Jahr der Feldarbeit hatte sie herausgerissen aus dem Lernen, aus der Schule. Nun saß sie oft bis Mitternacht über ihren Mathe- und Physikproblemen. Nach Unterrichtsende standen die Mädchen an der Straße von Balldren nach Torovica und hatten kein verlässliches Transportmittel nach Hause. Meistens warteten sie, dass irgendein Lastwagen sie auf der Ladefläche mitnahm (gut, dass sie zu fünft waren, darunter zwei Jungs), aber sie waren auch schon mit einem Traktor und mit einem Mähdrescher mitgefahren. So kamen sie erst spät nach Hause.

Im Sommer wurde für Schüler aller Altersstufen, von der zweiten bis zur zwölften Klasse, eine Arbeitsbrigade gebildet. War das wirklich nötig oder wollte man damit den Schülern und ihren Eltern eine Art Unterstützung geben? Aber auch diese Brigade war „sonderbar", wie so vieles dort auf dem Staatsgut. Du konntest in der zweiten Klasse der Grundschule sein oder die meiste Zeit irgendwo im Schatten herumsitzen und trotzdem am Ende der zwei Wochen mehr Geld verdient haben als die fast erwachsenen Jungen und Mädchen, die wirklich arbeiteten. Einfacher Grund: Du warst Tochter des Dorfvorstehers oder von diesem oder jenem Brigadeleiter … Und das waren viele, gar nicht mehr zu zählen. Sie bekamen sogar mehr als die festangestellten Feldarbeiter.

Ndreca

Eines Morgens, als wir in die Wachstube traten, saß auf einem Stuhl links neben der Tür Ndreca, unser Nachbar. Eigenartigerweise beantwortete er nicht nur unseren Gruß, sondern fragte sogar: „Wie geht's dir, Todi?" Er war ruhig, sehr ruhig, und drehte sich aus seiner Schachtel Tabak eine Zigarette.

Wer wäre auf die Idee gekommen, dass er gerade mehrmals wie wild mit dem Messer auf seine Frau eingestochen hatte und nun gekommen war, um sich zu stellen. Deswegen waren zwei Wachen da. Er war nachts nicht verschwunden. Auch sie saßen schweigend da, und wir gingen weg, ohne etwas zu sagen und ohne irgendetwas zu verstehen. Das war das letzte Mal, dass wir Ndreca sahen.

Von seinen Geschichten hatte ich schon gehört, als ich eben angekommen war. Er war Feldwebel im Gefangenenlager von Fishta gewesen und hatte sich durch besondere Rohheit ausgezeichnet. Nach einigen Jahren wurde er wegen Inzest mit seiner großen Tochter verurteilt, aber bald wieder freigelassen, denn er profitierte von der Amnestie des Jahres 1982. Noch ein anderes unheimliches Ereignis erzählte man sich flüsternd: Hatte sich wirklich eine Frau in einem Stall erhängt? Es hieß, sie habe 20000 alte Lek an der Brust versteckt gehabt, die Ndreca an sich genommen habe.

Als wir nach Malecaj kamen, waren Ndreca und sein 16-, 17-jähriger Sohn Kujtim nicht zu Hause. Ndreca war im Krankenhaus, der Sohn im Gefängnis. Dass sich die Großen wegen ihrer Kinder in die Haare gerieten, war normal im Lager, aber Ndreca hatte die Grenzen der üblichen Streitereien überschritten. Der Streit war entstanden wegen Gëzim, dem zweitältesten, etwa 14-, 15-jährigen Sohn von Ndreca, einem der größten Schlingel im Lager. Ich weiß nicht, was Gëzim dem Nachbarn getan hatte, aber dieser hatte den Jungen ordentlich verprügelt. Da gingen Ndreca die Gäule durch; obwohl er kleiner und schon etwas älter war, ging er auf den Nachbarn los und wollte ihn schlagen, aber dieser traf Ndreca mit einem Ziegelstein und brach ihm den Kiefer. Als Kujtim seinen Vater so sah, rannte er nach Hause, holte ein Messer und stach es dem Nachbarn in die Rippen. Ndreca landete im Krankenhaus, Kujtim wurde zu sechs Monaten Gefängnis verurteilt, während sich der Nachbar gezwungen sah, das Lager mit seiner ganzen Familie für immer zu verlassen.

Ndrecas Frau Tonia, ungefähr 40 Jahre alt, war eine geschickte und fleißige Frau. Sie hatte eine Schar Kinder geboren, von denen acht noch am Leben waren. Die Älteste war schon verheiratet und hatte ein Kind, das Jüngste war drei Jahre alt. Tonia arbeitete in einer Brigade auf dem Feld, im Sommer aber war sie ausschließlich bei der Salbeiernte. Sie füllte ein ganzes Zimmer mit den bettgroßen Säcken, die sie sich beim Grumbullim holte. Ihre „Theorie", wie man Kinder gut aufziehe, war originell und beeindruckte mich. „Wenn sie gut zu essen haben, macht es nichts, wenn sie nichts angezogen haben." Wenn ich sie mitten im Winter draußen sah, ohne Socken, mit Plastiksandalen oder ganz barfuß, nur mit einem Hemd bekleidet, wunderte ich mich, aber sie waren wirklich abgehärtet und wurden nicht krank. Sie war nett zu uns, verweigerte uns auch in Anwesenheit der Dorfbehörden nicht den Gruß. Zwei oder drei Mal waren wir den Weg von Torovica zum Lager zusammen gegangen. Im Sommer trug sie Bona, ihrer kleinen Tochter, auf, mich nicht zu vergessen und mir auch kaltes Wasser zum Trinken abzufüllen.

Ndrecas und Tonias Familie wohnte unter uns, im gleichen Haus. Ihre kleinen Kinder wussten nicht, dass man Holzstücke, Sandalen oder Lappen nicht ins WC werfen darf. Daher verstopfte ihre Toilette immer wieder, und dadurch war auch unser WC, ein Stockwerk weiter oben, verstopft. Als ich einmal herunterging, um Tonia zu bitten, darauf aufzupassen, öffnete mir ein kleiner Mann die Tür, mit spärlichen, ins Gesicht fallenden Haaren und etwas hervorstehenden Augen. Aus seinem leicht schief gebliebenen Kiefer schloss ich, dass dies Ndreca war. Als er mir die Hand schüttelte, schauderte es mich. Zum ersten Mal begegnete ich einem Menschen, der Inzest begangen hatte. Er bat mich höflich herein, aber ich sagte rasch, warum ich gekommen war, und ging so schnell wie möglich wieder. Tonia hatte mir auf einer unserer Wege von Torovica aus erzählt, dass ihre älteste Tochter Vita von ihrem ersten Mann war und sie selbst sich dann erst in Ndreca verliebt und ihn geheiratet hatte. Damit wollte sie ihren Ehemann offenbar in gewisser Weise rechtfertigen, zumindest klarstellen, dass kein Inzest passiert war. Allerdings sah Vita Ndreca sehr ähnlich. Sie hatte dieselben leicht hervorstehenden Augen von derselben Farbe, dasselbe ovale Gesicht; auch ihre Haut- und Haarfarbe glichen sich, ebenso der eher kleine Körper.

Ihre Onkel hatten Vita verheiratet. Als wir nach Malecaj kamen, war sie alleine mit einem Kind und kurz davor, sich von ihrem Mann zu trennen. Aber als sie gerade vor den Scheidungsrichter gehen sollten, versöhnten sie sich wieder. Der Schwiegersohn, der lange Nikola, der die Landarbeit hasste, lebte nun einige Zeit bei ihnen. Tonia erzählte den Frauen, dass ihre Tochter nicht im selben Raum mit ihrem Mann schlafe. „Das gehört sich doch nicht", schloss sie, „bei uns ist es nicht üblich, dass die Tochter im Elternhaus mit ihrem Mann schläft." Vita arbeitete auf dem Feld; ihr Kind, ein kränkliches und blasses Mädchen, ließ sie bei ihren kleinen Brüdern, die Tonia zu Hause einschloss, wenn sie in die Arbeit ging.

Außerdem erzählte man auch, Ndreca habe keine Zuzugsgenehmigung, der Rat wolle ihm keine Wohnung geben, sondern habe ihm befohlen zu verschwinden. Aber wo sollten sie hingehen? Vorher hatten sie ganz elend in einer Baracke gelebt, sagte Tonia. Sie sprach über ihre Armut und ihr Leid, während sie kleine Kinder hatte und ihr Mann im Gefängnis war. Mehrmals sagte sie zu mir: „Dein Elend mit zwei Leuten im Gefängnis kann ich gut verstehen!" Und wirklich war sie immer sehr verständnisvoll mir gegenüber. Schon bei meiner ersten Beschwerde vertrieb sie die nächtliche „Künstlergruppe“ der Kinder, sodass gegen zehn Uhr abends Ruhe im Haus einkehrte.

Einige andere im Lager hatten auch keine Zuzugsgenehmigung, aber der Vorsitzende des Rates hatte nicht umsonst Ndreca ausgewählt, um ihn unter Druck zu setzen. Er war der Bedürftigste, mit einem Schwarm minderjähriger Kinder. Außerdem hatte er wie der Dorfvorsteher selbst auch in einem Gefangenenlager gearbeitet. Irgendwie verstanden sie sich … Als Ndreca schon seine paar Sachen zusammenpacken und sich auf den Weg machen sollte, bekam er plötzlich nicht nur Anmeldung und Wohnung, sondern auch noch eine Arbeit, um die ihn viele beneideten: als Nachtwächter in einem Stall. Das bedeutete 600 Lek pro Monat. Wie kam es dazu? Eine Zeit lang strengten sich Ndreca, seine Frau, seine Tochter und sein Schwiegersohn, der lange Nikola, sehr an. Sie standen schon vor Sonnenaufgang auf und stiegen um vier Uhr morgens auf den Berg, um im Wald Stangen zu schlagen, die der Vorsteher brauchte, um seinen Garten einzuzäunen, und für seine Tomaten. Später arbeitete Ndreca daran, im Hof des Vorstehers einen Brunnen zu graben. Bezahlt wurde diese Arbeit mit Bescheinigungen. Also bekamen Vita und Nikola die leerstehende Wohnung neben uns.

Nun schien also alles gut zu gehen, aber Nikola, ob aus Gewohnheit oder aus Langeweile, weil er die Schaufel nicht mehr sehen und schon gar nicht in die Hand nehmen wollte, riss eine Baracke ab und holte sich die Bretter davon nach Hause. Tatsächlich gab es in der Wohnung nichts außer Boden und Wänden; ein paar Bretter brauchte also der arme Nikola, der einst Bergmann gewesen war und an Silikose litt. Aber wegen des Diebstahls dieser Bretter wurde er zu sechs Monaten Gefängnis verurteilt.

Dann entwickelten sich die Dinge sehr schlecht. Vita wollte sich endlich von Nikola trennen und einen jungen Mann heiraten, den Tonia mochte, Ndreca aber nicht. Aber es war wohl nicht nur dieser Streit, der Tonia dazu brachte, einmal eine Flasche Benzin über der Bettdecke ihres schlafenden Mannes auszuleeren und sie anzuzünden. Man weiß es nicht, aber die Steppdecke scheint Ndreca gerettet zu haben. Sie brachten ihn eilig ins Krankenhaus; Tonia war verschwunden. Angesichts dieses Geschehens brodelte es im Lager. Die Frauen verurteilten Tonia, vor allem die, die wie sie aus der Mirdita stammten. Ndrecas Familie dagegen war selbst gespalten. Der älteste Sohn, der von der Armee Urlaub bekam, besuchte seinen Vater im Krankenhaus und verurteilte seine Mutter. Der zweite Sohn Gëzim dagegen stellte sich auf Mutters Seite. Flora, eine schöne, 15-jährige Blondine, die bei ihren Onkeln lebte und nur in den Sommerferien kam, und die 12-, 13-jährige Valbona kümmerten sich um die Kleinen und sagten gar nichts.

Ndreca kehrte geheilt aus dem Krankenhaus zurück, schweigsam, ruhig. Nach ein paar Tagen kam auch Tonia zurück. Anscheinend hatte Ndreca ihr verziehen, angeblich, weil die kleinen Kinder ihre Mutter so vermissten. Sie war außer sich vor Freude und erzählte den Frauen von den Schuhen, die ihr Mann ihr geschenkt hatte, und sagte, dass sie sich immer sehr geliebt hätten.

Eines Tages hörten wir einen durchdringenden Schrei von Gëzim, dann war Schweigen, völlige Stille. An sein Geheul waren wir ja schon gewöhnt. Das letzte Mal hatte Ndreca ihn lange und mit aller Macht geschlagen, weil er ohne Erlaubnis nach Shkodra gefahren war. Aber dieses Mal war Gëzims Schrei anders, ein schreckliches Unglück war passiert. Ndreca war nach oben in die Wohnung seiner Tochter gekommen und hatte sie mit einem Messer angegriffen. Gëzim, flink wie er war, war dazwischengegangen und bekam das Messer in den Arm. Danach stürzte Ndreca seiner Frau hinterher, die gerade zur Arbeit ging, auf der Straße zur Neuen Siedlung. Tonia sah das Messer in seiner Hand und begriff, dass er sie umbringen wollte, also flehte sie ihn an: „Nore Ndreca", was bedeutete: „Ich bin in deiner Hand, Ndreca!" Aber er nahm diese Kapitulation nicht an und stach ihr mehrmals mit dem Messer in die Kehle. Dann ging er ganz ruhig, gerade wie wir ihn antrafen, zu den Wachen des Sektors und stellte sich.

Tonia wurde eilig mit dem Krankenwagen weggebracht. Gëzim begleitete sie, auch er verletzt, aber mehr in Angst um seine Mutter. Als sie im Krankenhaus ankamen, war Tonia unterwegs bereits gestorben. Alle Leute waren erschüttert, wie Gëzim „Mutter, meine Mutter!" schrie.

Von dem Gerichtsverfahren gegen Ndreca erfuhren wir nur wenig. Nur Kujtim, der älteste Sohn, interessierte sich und fuhr hin. Die Meinungen im Lager über seine Bestrafung waren geteilt. Einige meinten, sie würden sein Leben verschonen, nicht nur wegen der Kinder, sondern auch wegen Tonias Flasche Benzin. Die Mehrheit dachte aber anders, und so geschah es auch; Ndreca wurde zum Tode verurteilt und hingerichtet.

Die armen Kinder! Sie blieben ohne Eltern, ohne Essen, ohne Geld, verstört und verängstigt, und konnten das entsetzliche Verhängnis, das sie getroffen hatte, überhaupt nicht verstehen. Aber die Bewohner des Lagers zeigten großes Mitgefühl und halfen ihnen so gut sie konnten.

Kujtim bat mich, einen Antrag an den Verteidigungsminister zu schreiben und um Befreiung vom Militärdienst zu bitten, damit er sich um seine jüngeren Geschwister kümmern könne. Der Minister gewährte seiner Bitte, aber das Schlimme war, dass dieser Vorfall die beiden Brüder für immer entzweite. Kujtim hatte vom Vater vor dessen Hinrichtung seine Armbanduhr und vielleicht ein letztes Vermächtnis bekommen. Gëzim hatte die blutüberströmte

Mutter ins Krankenhaus gebracht, vom Messerangriff seines Vaters verletzt; nur er war er bei der Beerdigung seiner Mutter gewesen, die die Onkels organisierten.

Sie konnten sich nicht um die anderen fünf kümmern, also schickten sie die Kleinen ins Kinderheim nach Shkodra. Eines Samstags brachte Vita, die ältere Schwester, sie nach Hause. Sie waren so gut angezogen wie nie zuvor, außer ihrer Kleidung aus Acrylstoff hatten sie noch extra Baumwollsachen für zu Hause. Aber wie berührend, ja herzzerreißend waren ihre Tränen am Montag, als sie wieder aufbrachen. Weinend baten sie ihre Schwester: „Bring uns nicht in den Kindergarten." Hatten sie gehofft, dass ihre Mutter, die so plötzlich verschwunden war, nun hier, in Malecaj, wieder nach Hause kommen würde, so wie sie beim ersten Mal zurückgekehrt war? Als das Schuljahr begann, wurden sie getrennt: Bona und Besnik wurden nach Golem bei Durrës geschickt, Miri und Gimi blieben im Kinderheim in Shkodra und Gëzim ging zu seinen Onkels. Die Wohnung blieb verschlossen; sie war uns unheimlich, trug nun den Stempel des Verbrechens.

Diku

Wir befanden uns in diesem Zustand, den der Franzose „dépaysé" nennt, noch mehr empfand ihn aber unser Hund Diku. Pali, der Polizist, hatte mich bei der Ankunft hinaufgebracht und mit dem Aufgang, in dem wir wohnen sollten, „bekannt gemacht". Diku hatten wir aber erst einmal völlig aus den Augen verloren, während er, kaum waren wir vom Laster herabgestiegen, im Lager herumzog. Dann tauchte er wieder auf, voller Disteln, die sich ihm am Bauch festgesetzt hatten und ihn quälten; er versuchte, sie loszuwerden, aber vergeblich. Der arme Diku! Als wir unsere Sachen hochtrugen, dachte er, sein Platz sei unten vor dem Haus. Woher hätte Diku lernen sollen, aus dem ersten Stock herab über uns zu wachen? Also postierte er sich vor den sechs Eingängen, wachsam, voller Staub und wieder voller Disteln, und bellte und bellte ohne Unterlass. Wir begriffen nicht, ob er sich über das ihm Zugestoßene beklagte oder nur seine Pflicht zu erfüllen glaubte. Einige der Nachbarn auf unserer Treppe ärgerten sich über ihn, andere betrachteten ihn als eine Art Schutz vor einer Gruppe Kinder, die ansonsten gerne bei unserem – von ihren Wohnungen etwas entfernt liegenden – Aufgang herumlungerten. Schließlich kapierte Diku, dass er eine zu große „Verantwortung" übernommen hatte und dass er nur unseren Eingang bewachen musste. Er postierte sich also vor unserer Tür, auf dem „Kissen", das wir ihm hinlegten. Und wehe, du wolltest ihm das wegnehmen! Dann sprang er auf die Hinterbeine und riss es dir gleich wieder aus der Hand. Er wollte nicht auf dem Zement schlafen.

Schon nach wenigen Tagen stellte mir unser Oberwachmann herrisch ein Ultimatum: „Den Hund werdet ihr wegschaffen!" Diku wegschaffen? Aber er war doch ein Teil unseres Lebens, so geliebt, so vertraut. Ich widersprach ihm wütend und sagte, wir würden ihn nur weggeben, wenn alle Hunde im Lager verschwinden würden. Da drohte er mir: „Wenn du ihn nicht selbst wegbringst, werden wir ihn vergiften." – „Wage es ja nicht!", antwortete ich ihm, aber das Herz rutschte mir in die Hose, und eine Zeit lang lebte ich in großer Angst. Als aber Rustem, der uns gegenüber wohnende Krankenpfleger des Dorfs und des Lagers, ihn in Schutz nahm, bekam Diku das Bürgerrecht, genau wie die anderen Hunde. Der Oberwachmann fürchtete sich vor ihm und ließ sich immer seltener bei unserem Aufgang sehen. Diku konnte ihn überhaupt nicht leiden, genauso wenig den langen Nikola, als er kam, um die mittlere Wohnung zu nehmen. „Hej du, Frau, tu diesen Hund weg!", rief Nikola zu mir herauf. Als ich ihn fragte, was er denn mit dem Hund und mit unserem Aufgang zu tun habe, sagte er wie ein ängstliches Kind: „Aber er beißt mich!" Der Dorfvorsteher hatte beschlossen, ihm diese Wohnung zu geben, aber Diku wollte das nicht, auf keinen Fall.

Irgendwie musste Diku also gezähmt werden, und Ndreca schaffte das auch irgendwie. Am Vorabend eines Feiertags bat er mich, ihm Diku für zwei, drei Tage zu geben, er solle ihm helfen, den Stall zu bewachen, wo er Nachtwächter war. Drei Nächte blieben Ndreca, Nikola und Diku in diesem Stall, und dort geschah irgendeine Teufelei. Wie die beiden Diku korrumpiert hatten, fand ich nicht heraus. Tatsache war, dass Diku Nikola nicht nur nicht anbellte, als dieser kam und seine Wohnung bezog, sondern sogar freundlich mit dem Schwanz wedelte. „Deshalb hast du den Hund mitgenommen?", sagte ich überrascht zu Nikola, und er antwortete: „Was hast du denn gedacht?" Diku und ich waren hereingelegt worden.

Wir mochten Diku aber wie eh und je und freuten uns über alles, was er tat. Wenn nur in der Küche die Klappe des Brotschranks knarzte, stellte Diku schon weit weg die Ohren auf, setzte sich auf die Hinterbeine, wedelte mit dem Schwanz und wartete. Wenn wir uns als nachlässig erwiesen und seine Fütterungszeit verstreichen ließen, stieß er mit einem Sprung die Tür auf, kam in den Korridor und erinnerte uns daran, sorgfältiger auf ihn zu achten. Wenn die Tür mit dem Schlüssel verschlossen war, begleitete Diku seine Sprünge mit einem Klagen, das wir schon als Weinen werteten. Am Morgen, wenn wir zur Wache gingen, um uns zu melden, begleitete er uns voller Zärtlichkeit und Liebe, als wollte er uns hinwegtrösten über dieses alltägliche, widerliche Ritual.

Rührend und erstaunlich war, wie sehr Diku Todi mochte, als dieser aus dem Gefängnis gekommen war. Immer begleitete er uns auf unseren Spaziergängen zum Kanal und strich uns dabei andauernd um die Beine, sodass wir fast stolperten. Wenn wir uns auf das Brückengeländer setzten, um die Ruhe in der Natur zu genießen, legte Diku nach alter Gewohnheit seinen Kopf in meinen Schoß und wollte den ihm zustehenden Teil an Zärtlichkeit genießen, und voller Liebe sahen wir ihn an und kraulten ihm Kopf und Rücken.

Eifersüchtig wachte Diku über den Platz, den er bei uns einnahm. Das wurde deutlich, als ich anfing, mit Eldo, Gimis Sohn, auf die Pergola zu gehen. Eldo nahm nicht nur Dikus Platz auf meinem Schoß ein, ich musste Diku auch fernhalten von dem kleinen Baby. Irgendwie spürte Diku meine Zurückhaltung und blickte mich mit seinen schönen Augen traurig an. Diesen Blick warf er mir auch zu, als wir Malecaj verließen und ich für immer von ihm Abschied nahm. Diku konnten wir unter den Bedingungen, die uns in Tirana erwarteten, nicht mitnehmen. Er blieb bei einer Familie in Malecaj, ein lebenslang Verbannter.

Die ungeschriebenen „Gesetze" der Partei

Fatos schrieb mir, dass einige Verbannte unserer „Kategorie" als Teilnehmer am Nationalen Befreiungskampf eine Ehrenpension bekämen. Ich zögerte lange, denn ich glaubte nicht mehr daran, dass sich die staatlichen Stellen an geltendes Recht hielten, schrieb dann aber einen Brief an die Generaldirektion der Staatlichen Sozialversicherung. Ich erhielt eine Antwort, in der es hieß: „Wenn Sie tatsächlich Trägerin der Erinnerungsmedaille sind, wie Sie behaupten ..." Ich las Überraschung und Unglauben in diesem Schreiben und die Anweisung, sich an die Regionalabteilung der Versicherung in Lezha zu wenden. So fuhr ich eines Tages in die Stadt und ging in das Büro hinauf, um meine Rente zu bekommen. Der junge Abteilungsleiter, ein ehemaliger Sekretär des Kreis-Exekutivkomitees, blieb eiskalt, blätterte immer wieder in zwei großen Büchern, wendete sie von einer Hand in die andere und wollte mich überzeugen, dass mein Antrag vergeblich sei. All seine Vorträge bekräftigten in mir die bereits vorhandene Überzeugung: Der Staat raubte mir mehr als die Hälfte der mir gesetzlich zustehenden monatlichen Rente, denn ich war weder gerichtlich verurteilt, noch hatte ich irgendein Verbrechen gegen den Staat begangen oder irgendeine feindliche Aktivität unternommen. Meine „Schuld" war anderer Art: Ich hatte der Scheidung von meinem Mann nicht zugestimmt, als die Partei das von mir verlangt hatte, die Partei, deren Gesetze doch über denen des Staates standen.

Der Verantwortliche wurde mich schließlich damit los, dass ich einen Monat später noch einmal kommen solle. Das tat ich und hörte dann überrascht, was er sagte: Er hatte das Parlamentspräsidium angerufen und gefragt, ob ich nicht wie mein Mann meine Auszeichnungen habe abgeben müssen (ihm hatten sie die Orden bei seiner Verurteilung gerichtlich entzogen). Das Büro für Orden und Auszeichnungen habe ihm aber geantwortet: „Nein, bei ihr fanden wir eine Entziehung nicht begründet." Im Monat darauf reichte ich auftragsgemäß eine Fotokopie des Zertifikats der Erinnerungsmedaille ein. Im vierten Monat bekam ich von diesem Chef statt einer Antwort einen Vorschlag: „Willst du uns nicht das Original des Zertifikats überlassen? Hier ist es sicherer aufbewahrt." Was für eine Komödie!

Die zutreffende Antwort bekam ich zwei Monate später vom stellvertretenden Polizeichef Shyqyr Çela. Er kam und forderte mich auf, ihm Zertifikat und Medaille zu übergeben. In der Hand hatte er ein Schreiben, das ich weder ansehen noch lesen durfte, sondern nur seinen Empfang bestätigen musste (noch ein Witz das). Ich übergab sie Shyqyr ohne jedes Bedauern, sogar mit einem gewissen Lächeln über meine eigene Naivität. Wie zum Teufel hatte ich auch nur im Geringsten daran glauben können, dass diese Staatsmacht sich an geltendes Recht halten würde?

Die ersten Begnadigungen

Deda kam und teilte uns mit, dass die von der Dega für eine Versammlung gekommen seien. Als wir alle versammelt waren, wurde ein Beschluss der Zentralen Kommission für Verbannung und Internierung verlesen. Für einige, bei denen ich nicht wusste, warum genau sie hergebracht worden waren, wurde die Verbannung aufgehoben. Es war wegen gewöhnlicher „Vergehen". Bei einem hieß es, er habe für sie gearbeitet, er habe sogar ein Foto mit Kadri

Hazbiu.[107] Nach der Versammlung wandte sich Shyqyr an uns alle und rief uns auf: „Folgt ihrem Beispiel!“

1989 folgten weitere Amnestien für politische Verbannte. Wir freuten uns alle für Sadete. Die arme Sadete! Sie war nicht älter als 30, 35 Jahre, hatte fünf Kinder und gewiss nie etwas mit Politik zu tun gehabt. Sie hatten sie aus einem Dorf bei Fushë Kruja hierher verbannt, weil ihr Mann wegen „Verschwörung gegen die Staatsmacht“ hart bestraft wurde. Die drei ältesten Kinder hatte sie bei ihren Schwagern im Dorf gelassen, die beiden jüngsten aber, fünf Jahre der Ältere, mitgenommen. Wenn sie zur Arbeit ging, sperrte sie sie in ihrem Zimmer ein. Ein paar Mal war die Mutter ihres Mannes zu ihr gekommen, eine typische Bäuerin aus den Dörfern von Kruja. Sie war schon älter und litt sehr unter der Inhaftierung ihres Sohnes und dem Weggang ihrer Schwiegertochter, ihrer Verbannung an diesen fremden Ort. Nach Sadetes Entlassung begnadigten sie auch Fadils Violeta und Zana sowie die Familie von Zef Adem, die sie aus Bregu i Matës hergebracht hatten, weil ihr ältester Sohn, ein Fotograf, aus dem Land geflüchtet war. Dann waren die sieben Verbannten der Familie von Zef Ali an der Reihe. Eine Art Lockerung schien eingesetzt zu haben. Zurück blieben wir vier Politischen: Gimi und ich, die Ältesten, Agim Paçrami, der seine letzten fünf Jahre im Dezember vollendete, und Todi, der Jüngste, dessen Verbannung am 7. Juni 1987, dem Tag seiner Entlassung aus dem Gefängnis, begonnen hatte.

Am Abend des 7. August 1989 kam die Nachricht: „Die von der Dega sind gekommen, ihr habt eine Versammlung.“ Sie kamen oft an diesen Sommerabenden. Einige „Lästermäuler“ sagten, sie kämen, um gute und billige Melonen zu kaufen. Kaum angekommen, liefen sie von Pjetërs Café zu uns herunter und fragten: „Habt ihr ein Anliegen?“ Wir verneinten und gingen schnell wieder. Was hätten die schon für uns tun können, wenn niemand sonst, nicht einmal der Vorsitzende des Parlamentspräsidiums, irgendetwas für uns getan hatte? Einige Monate zuvor hatte ich an Ramiz Alia geschrieben und ihn nicht nur um die mir zustehende Rente einschließlich der Ehrenpension als Teilnehmerin des Antifaschistischen Nationalen Befreiungskampfes gebeten, sondern auch um die Aufhebung unserer am 10. August 1974 verhängten und noch immer nicht beendeten Strafe. Ich hatte keinerlei Antwort erhalten.

Deda, der eifrige Bote, wiederholte auch an jenem Abend des 7. August 1989 den Ausdruck, den er so sehr mochte: „Die Großen sind da.“ Unter dem Weinlaub erwarteten uns Shyqyr, der stellvertretende Chef, Selim, der Dienst-

107 Kadri Hazbiu (1922–1983) war von 1954 bis 1980 Innenminister und damit oberster Chef der Dega e Brendshme, seit 1971 zudem Mtglied des Politbüros. 1980 wurde er Verteidigungsminister, 1982 verhaftet und 1983 hingerichtet.

habende, und noch jemand. Im Büro des Magazinleiters wurden wir über die vorzeitige Entlassung von A. informiert, die wegen Prostitution verbannt worden war, die sie auch hier weiter betrieben hatte. Wir gingen wieder weg und lachten miteinander, denn auch dieses Mal vergaß Shyqyr nicht, uns zuzurufen: „Folgt ihrem Beispiel!"

Uns waren noch drei Tage geblieben, aber anscheinend sollten wir uns keine Hoffnungen machen. Ich ging gerade in die Wohnung hinauf, als mir mitgeteilt wurde, dass der Diensthabende Gimi und mich gerufen habe. Ich ging alleine zu ihm, weil Gimi nicht zu Hause war. Ich traf Selim vor dem anderen Gebäude, zusammen mit dem Vorsitzenden des Dorfrates. Sie beratschlagten wohl, bei wem sie sich zum Abendessen einladen sollten. Er verkündete mir, unsere Verbannung ende am 15. August, und wir dürften Malecaj bis zu diesem Datum auf keinen Fall verlassen. Er wiederholte diese Anweisung noch einmal und fügte hinzu, sie hätten es nicht für angebracht gehalten, uns dies bei der Versammlung mitzuteilen.

Auch die Verbannung von Fadils Gimi wurde nicht noch einmal verlängert, sodass nur noch der „Olsfeund" (Volksfeind) und „Verscheurer" (Verschwörer), Eldos Großvater Todi, die Flagge der Verbannten hochhielt. Für mich war das fast einerlei, nur dass ich mir jetzt die „Besuche" auf der Wache sparen konnte. Mit diesem Erscheinen beim Appell wurde hier nicht gescherzt. Es lief auch nicht wie in Fishta, wo die Wache mir bei Kälte oder Regen schon von Ferne mit der Hand abwinkte oder zu Gimi sagte: „Deine Mama braucht nicht kommen." Eines Tages war ich krank, hatte Fieber und war nicht auf der Wache erschienen. Also kam der Wachmann Gjeka mit seinem langen Gewehr, das er bei seinen Rundgängen durchs Lager mit Bedacht immer über der Schulter trug, zu mir und in mein Schlafzimmer hinein, um zu sehen, ob ich wirklich krank sei. Ich war sehr erbost und scheuchte ihn unter Missachtung der Normen des Anstands weg, aber er blieb völlig gleichmütig … Jetzt hatte ich wenigstens diese Ärgernisse nicht mehr.

Emis Geburt

Zwei Nächte lang hatten wir keinen Strom. Das war normal in Malecaj, wann immer es windig war oder regnete. Das Stromkabel lief entlang der Straße, gespannt über die Äste der Pappeln, die es beschädigten, so hieß es. Zu der durch staatliche Gewalt auferlegten Isolation kam also noch die völlige

Abschottung von der Welt, ohne Radio und Fernseher. Lange und langweilige Tage wechselten sich ab mit endlosen Nächten, wenn wir schon um acht Uhr abends ins Bett gingen.

Petroleum war nirgends zu bekommen. Beleuchtung, Kochen und Wäschewaschen erfolgten also mit Diesel, der dir die Luft zum Atmen nahm, sobald Lampe oder Ofen brannten. Auch Diesel gab es nicht im Handel, man musste es erbetteln. Das war Gimis Aufgabe, immer ermüdend, oft auch demütigend. Ermüdend, weil er nach der anstrengenden Arbeit in der Brigade auf der Suche nach einem Traktor noch rund um die großen Torffelder herumlaufen musste. Demütigend, wenn der Traktorfahrer von der Partei war, wusste, dass du Verbannter warst, und dich daher überheblich und verächtlich abwies, ohne dich auch nur anzusehen – erst recht, wenn der Bettler ausgerechnet der „Volksfeind“ Todi Lubonja war. Vielleicht war es bei manchen auch mehr Angst als Parteilichkeit. Aber so eine Weigerung des Traktorfahrers war nichts gegenüber einer anderen Gefahr …

Eines Nachmittags machten Todi und ich uns mit einem Fünf-Liter-Plastikkanister auf den Weg, auf gut Glück, aber vergeblich. Wir dachten, das Glück winke uns vielleicht in Torovica, und bogen aus unserem Schotterweg ein auf den Asphalt der Nationalstraße.[108] Dass dies die Grenze war, bis zu der wir gehen durften, hatten wir gar nicht bedacht. Verdammt, kaum hatten wir einen Schritt gemacht, hielt ein Motorrad, das mit hoher Geschwindigkeit in Richtung Shkodra fuhr, plötzlich an. Darauf saß Shyqyr, der stellvertretende Polizeichef, zuständig für uns Verbannte. Er kam auf uns zu, stämmig und mit diesem charakteristischen Schritt, mit dem sich diese Individuen wichtig machen. „Was macht ihr hier draußen, wisst ihr nicht, dass ihr das nicht dürft?“, fragte er gewichtig, mit allem von seiner Stellung verlangten Ernst. Wir sagten, dass wir kein Licht hätten, dass wir … aber er wollte nichts hören von unseren Problemen und drohte uns in solch einem Ton: „Wisst ihr, dass ihr für diesen Verstoß ins Gefängnis kommen könnt?“ Todi ärgerte sich und antwortete: „Ich habe keine Angst vor dem Gefängnis, da komme ich gerade her.“ Ein paar Momente der Stille. Shyqyr hielt sich nicht weiter auf, stieg auf das Motorrad und fuhr los. Wir kehrten mit dem leeren Kanister ins Lager zurück.

Vielleicht hätte ich diese Episode gar nicht niedergeschrieben. Denn sie reihte sich ein in Dutzende und Aberdutzende solcher Erlebnisse mit allen Chefs, Inspektoren und Diensthabenden der Dega e Brendshme, mit denen wir während dieser siebzehn Jahre zu tun hatten. Aber bei Shyqyr passierte später noch etwas anderes, etwas Unerwartetes, Überraschendes für mich,

108 Bis 2002 verlief die Hauptverbindungsstraße von Tirana nach Shkodra durch Torovica.

die ich mir meine wohl unheilbare Naivität bewahrt hatte (jemand nannte sie Ehrbarkeit). Als ich die Kandidatenliste für die Abgeordneten der Demokratischen Partei las, sah ich unter den Abgeordneten für Shkodra: Shyqyr Çela. Ich riss die Augen auf, las es noch einmal. „Das kann nicht der sein“, dachte ich; jemand anderes wird denselben Vor- und Nachnamen haben. Aber nein, er war es; unser Shyqyr wurde Abgeordneter des demokratischen Parlaments von Albanien![109]

Wenn du um acht Uhr einschläfst, bist du um Mitternacht fast schon ausgeschlafen. War das der Grund, warum ich zu dieser Uhrzeit aufstand und aus dem Zimmer ging, oder hörte ich ein Türschlagen und ein leises Flüstern, ich weiß es nicht. Im Flur brannte eine Laterne. Violeta, unsere Nachbarin, hielt Dila an der Hand, und beide gingen ins Badezimmer. „Die ist krank“, sagte Violeta zu mir. Krank? Einen Moment lang verstand ich nicht, von welcher „Krankheit“ sie sprach. Als ich aber nach Gimi fragte, und sie sagte, er sei gegangen, um „zu telefonieren und Kolas Mutter zu rufen“, ging mir ein Licht auf. Der Moment der Geburt war gekommen …

Das mit dem Telefon „klappte bei uns nicht“. Wer machte sich schon die Mühe, den Krankenwagen aus Lezha zu rufen, damit Dila wie andere Frauen auch zur Geburtsklinik fahren konnte? Drania aber war uns sicher, Zef Alis Frau, die alle „Kolas Mutter“ nannten. Sie hatten sie aus einem Dorf an der Grenze hierher verbannt, zusammen mit ihrem Mann Zef, der schon alt war und an Parkinson litt, mit den drei Söhnen Kola, Gjeka und Preka, den beiden Schwiegertöchtern Maria und Vitora und den kleinen Kindern von Kola und Gjeka. Zef war ein alter Mann, sehr weise. Auch Drania war klug, siebzig Jahre alt, hielt sich gerade und hatte einen Gang, um den auch eine junge Frau sie beneiden konnte. Drania hatte auch Eldo auf die Welt geholfen.

Zum ersten Mal assistierte ich nun bei einer Hausgeburt. Ich war aufgeregt. Gut, dass auch Dila nicht wollte, dass ich im Zimmer bleibe, also übernahm ich gerne die Aufgaben draußen: Warmwasser bereiten und so. Zum ersten Mal bewunderte ich Dila, die keinen Laut von sich gab. Sie kniete am Fußende von Eldos Bett, auf einem mit Laken bedeckten Teppich, und hielt das Bett fest, ganz fest umklammert. Die schreienden Frauen in der Stadt konnte ich nie ausstehen.

Mit Violetas Laterne entzündete ich den Ofen und setzte Wasser auf, als ich plötzlich den Schrei des Babys hörte. Er war klar, kraftvoll und verriet ein

109 Shyqyr Çela war in den 1990er-Jahren Abgeordneter von Sali Berishas Demokratischer Partei im albanischen Parlament und zeitweise Polizeichef von Shkodra. Nach einer Schießerei mit Beteiligung seines Bruders wanderte er 1997 in die USA aus.

gesundes, kräftiges Kind. Ich ging hinein. „Ein Junge“, rief Violeta. Auf dem Laken lag der Junge, neben ihm saß Drania. Ich sah das voller Überraschung, Freude und Aufregung. Solch starke Gefühle gibt es bei einer Geburt auf der Entbindungsstation nicht. Er war ein hübscher Junge, größer als Eldo, mit verklebten schwarzen Haaren. Eldo hatte blonde Haare, schön, sehr schön. Kolas Mutter gratulierte mir und bat mich um Garn für die Nabelschnur.

Ich eilte davon (ich dachte, dem Jungen könnte etwas passieren, wenn ich zu spät käme), aber der Faden, den ich anbrachte, gefiel ihr nicht. „Der geht nicht, er muss stark sein“, sagte Kolas Mutter. Wo sollte ich so etwas finden? Da fiel mir ein unbenutzter Zementsack ein, der in Torovica von einem Laster geflogen war und den Gimi mitgenommen hatte, denn Papier und Pappe brauchten wir in Malecaj immer dringend für die Pakete, die wir in die Gefängnisse schickten. Hastig riss ich den Boden aus dem Sack. Dieser Faden gefiel ihr. „Willst du ihn nicht selbst abbinden?“, fragte mich Kolas Mutter. Ich sah sie überrascht und erschrocken an und antwortete schnell: „Nein, nein.“

Gimi kam zurück vom Telefonieren. Die Hebamme des Dorfes war noch nicht einmal aufgewacht, und der Krankenwagen aus Lezha kam nicht. Gimi und ich umarmten uns vor Freude wie nie zuvor. Todi schlief. Als wir mit den Verrichtungen halbwegs fertig waren, weckte ich ihn und berichtete ihm die Neuigkeit. Verschlafen, aber erfreut stand er auf. Wir umarmten uns fest. Es war ein Uhr am 6. November 1989. Ich machte Drania und Leta einen Kaffee, und da, wo das Kind geboren wurde, saßen wir bis zum Morgengrauen zusammen und unterhielten uns. Laut Drania durfte man nicht früher hinausgehen, und mir gefiel dieser Brauch.

Gegen drei Uhr traten Drania und Leta ans Fenster und beobachteten die Position der Sterne. Sie sprachen eine Weile darüber, welches Schicksal dieses neugeborene Kind erwarten würde. Leta stammte aus einem Dorf bei Zerqan im Osten Albaniens, aber beim „Lesen“ der Sterne stimmten beide überein: Das Kind würde im Leben Glück haben. Drania erzählte uns in dieser Nacht von einigen schwierigen Fällen, von den Kindern der Grenzsoldaten, die sie dort in ihrem Dorf Lepusha zur Welt gebracht hatte. Nachdem sie gegangen waren, brachte Kolas Frau einen Teller Krapfen und andere Geschenke. Auch Gimi schickte Drania ein Geschenk, so viel er konnte, nicht, so viel er wollte.

Am Morgen kam die Hebamme und wog den Jungen; er wog vier Kilo. Die ersten zwei Tage hörte man, wie es üblich ist, gar nichts von dem Kind im Hause. Am dritten Tag aber schrie er mit kräftiger Stimme und teilte uns mit, dass er hungrig sei. Wieder brauchten wir Milch, aber Milch war nicht zu finden – ein Trauma für uns alle. Ich musste zur Hebamme gehen und ihr sagen, dass wir ihr den Jungen bringen würden, damit sie ihm gäbe, was er brauche, denn wir hatten nichts, um ihn zu ernähren. Naxhija, die sich auch um Kinder im Alter von null bis eins kümmerte, war Kommunistin und Frau des Dorfvorstehers, aber das ganze Gegenteil von ihm. Ohne ihre Fürsorge und Hilfe hätten wir niemals Milch für die Jungen bekommen können. Mich beeindruckte, wie sie für diese Säuglinge sorgte. Eines Tages bekam ich mit, wie sie in ein entferntes, unbekanntes Dorf in der Mirdita telegrafierte, um die Ambulanz dieses Dorfes zu informieren, dass das betreffende Kind gut versorgt sei.

Die Sterblichkeit bei Kindern in diesem Alter wurde ernsthaft bekämpft, so weit wie irgend möglich. Auch die Ärztin Drania, eine Frau aus der Mirdita, gab mir immer die Vitamine und Mineralsalze, die ich für Eldo erbat. „Dieses Kind ist beispielhaft", sagte sie. Eldo wuchs und nahm zu, hatte nie irgendwelche Verdauungsstörungen oder anderen Krankheiten. Selbst für Todi, der als Diabetiker Milch brauchte, die einzig verfügbaren Proteine, tat die Ärztin ihr Bestes; der Dorfvorsteher hielt es aber für absurd, einem Feind der Partei und des Volkes Milch zu geben.

Gimis Kinder machten uns Freude und hielten uns auf Trab. Als unsere Söhne klein waren, hatte Todi sie nie auf dem Arm gehalten: „Ich weiß nicht, wie ich sie halten soll, ich habe Angst, ihnen weh zu tun", sagte er. Mit Eldo dagegen passierte ein Wunder, ich sorgte mich sogar, dass er ihn zu sehr verzog: Er trug ihn kreuz und quer durchs Haus, damit er einschlief, und er wurde ärgerlich, wenn Dila oder ich nicht schnell genug waren, sobald Eldo das kleinste Zeichen gab. Es brachte uns dazu, jede Arbeit, die wir in der Hand hatten, sofort fallen zu lassen. Und zu den ersten Wörtern, die Eldo lernte, gehörte „Olsfeund" (Volksfeind). Sobald wir ihn fragten: „Was ist Großvater, Eldo?", lachte er fröhlich und sagte solche „guten Worte" über seinen Großvater.

Der Großvater nahm Eldo das Amulett ab, das Dila ihm angelegt hatte, um ihn vor dem bösen Blick zu schützen. Laut Dila und der Expertin Violeta hatten mehrere Frauen im Lager diesen bösen Blick. Wir baten Dila, ihm das Amulett abzunehmen, aber sie hörte nicht auf uns. Ich schlug vor, es ihm auf das Kissen zu legen, aber nein.

Einmal nahmen wir das Kind mit nach draußen zur Pergola. Auch dort konnte Eldo der böse Blick treffen, nicht nur im Zimmer. Todi nahm ihm das Amulett ab, sah, was drin war, und warf es weg. Ein echtes Sakrileg! Ein paar Tage lang bat Dila eindringlich darum, wandte sich an mich: „Mam, sag Opa, er soll es mir geben." Als sie herausfand, dass Opa es verbrannt hatte, war sie sehr aufgeregt. Der Opa aber fragte auf seine Art nach den Inhaltsstoffen des Amuletts und ihrer Wirkungsweise: „Wozu brauchen wir das Salz? Um den bösen Blick zu brechen? Und was ist mit der Kaffeebohne …?" und so weiter.

Dila gab es auf und sah, dass den Jungs nichts geschah. Bei einer Trägerin des bösen Blicks (laut Dila war sie die gefährlichste) traf mich aber ein anderes Übel. Sie kam zu dem Jungen, sagte ein Maschallah, steckte ihren Zeigefinger erst in ihren, dann plötzlich in Eldos Mund. Ich war entsetzt und rief wütend: „Was machst du da?“ Sie antwortete mir lachend: „Siehst du, der böse Blick hat ihn nicht erwischt!“

O Heiliger Sankt Anton!

Mit Dilas Ankunft lebte plötzlich auch Sankt Anton unter uns. Ich wunderte mich, wie oft sie ihn anrief. „O Heiliger Sankt Anton!“ Dila vergaß den Heiligen Antonius nie, betete zu ihm, wenn sie in Not war, dankte ihm, wenn es gut lief, und rief ihn an, wenn irgendetwas Unerwartetes geschah.

Ich dagegen hatte mich schon seit meiner Kindheit von Gott und Religion losgesagt. In unserer Familie waren die Erwachsenen wohl auch nicht besonders fromm gewesen, obwohl wir die religiösen Feiertage feierten und auf den Friedhof gingen, vor allem zu den Guten Nächten.[110] Den letzten Schlag erhielt mein Glaube, als ich mit meinen Freundinnen in der Moschee am Neuen Markt das „Haar des Propheten“ geküsst hatte. Nach Hause gekommen, hörte ich von meiner Mutter und meinem älteren Bruder Fiqret statt der erwarteten Segenswünsche fassungslos von all den Krankheiten, die ich mir holen könnte, wenn ich diesen Glasbehälter mit den Lippen berührte. Noch heute erinnere ich mich mit einer Art Ekel an dieses graue Haarbüschel. Die Angst vor diesen Krankheiten begleitete mich mehrere Tage lang, obwohl ich mir immer wieder meine Lippen wusch, sogar mit Seife.

Als ich mich dann in Peshkopi mit Todi verlobte, hatte ich nicht einmal daran gedacht, dass er einer anderen Religion angehörte und dass ich meiner Mutter damit einen großen Kummer bereiten würde. Grund ihres Kummers war wohl auch mehr der darin liegende Bruch der Sitten als eine Verletzung ihrer religiösen Überzeugungen.

Auch Todis Mutter war darüber sehr traurig. Sie hatte nun zwei muslimische Schwiegertöchter bekommen. Anders als ihr Mann war sie gläubig, ging

110 In der islamischen Tradition sind fünf über den Mondkalender verteilte Nächte besonders wichtig, etwa die Nata e Beratit zwei Wochen vor dem Ramadan oder die Nata e Kadrit gegen Ende des Ramadans.

Liri Ftera und Todi Lubonja in Peshkopi, 1945

in die Kirche und hielt die religiösen Feiertage ein. Einmal im Monat kam der Priester, verspritzte Weihwasser im Haus und zündete im Herrgottswinkel eine Kerze an. Wenn er das Ritual beendet hatte, drückte sie ihm für seine Dienste etwas Geld in die Hand. Als Todi aus Peshkopi nach Hause kam und sagte, der Priester dürfe nicht mehr kommen, war das seiner Mutter sehr unangenehm. Aber dann fand sie eine Lösung. „Meine Schwiegertöchter sind Muslima, sie wollen nicht, dass Sie herkommen", sagte sie ihm. So rettete sie sich selbst und ihre Söhne aus dieser „Sünde". Es bedrückte sie auch, als Fatos geboren wurde und wir über diesen Namen für ihn sprachen. „Fatos ist doch ein muslimischer Name", sagte sie voller Bitterkeit und Verzweiflung. Sie beruhigte sich erst, als sie erfuhr, dass auch ein orthodoxes Paar unter ihren guten Bekannten ihrem Sohn diesen Namen gab. Meine Mutter dagegen freute sich darüber.

Mit den Jahren und dem Alter ließ Todis Mutter von den christlichen Gebräuchen ab: Sie backte nicht mehr ihr weißes Gebäck mit Kichererbsen-Hefe und ging nicht mehr in die Kirche, weder tagsüber noch abends. Wenn wir sie erinnerten, dass am nächsten Tag Ostern sei, schüttelte sie den Kopf, als wäre sie bei einer Sünde erwischt worden, und sagte: „O weh, was ist aus uns geworden!"

Bei einer Volkszählung fragte uns der damit Beauftragte auch nach unserem Glauben. Als wir antworteten, wir seien Atheisten, schwieg die Mutter, aber als sie hörte, dass wir diese Antwort auch für Fatos gaben, hielt sie es nicht aus und sagte wütend: „Für euch selbst könnt ihr machen, was ihr wollt, aber tragt mir bloß den Jungen nicht als ungläubig ein!" Die Zerstörung der Kirchen und Moscheen bekam sie nicht mehr mit, da sie damals schon sehr krank war.[111]

In Lezha öffnete sich mir eine andere Perspektive auf die Religion, vor allem in der Zeit unter den Arbeitern im landwirtschaftlichen Magazin: Außer mir waren alle gläubig. Die administrativen Maßnahmen des Staates, die antireligiöse Propaganda hatten ihren Glauben an Gott nicht erschüttert, ja nicht einmal abgeschwächt. Sie hatten ihn nur sorgfältig versteckt und erfüllten damit, was man von ihnen verlangte.

Das bemerkte ich ganz deutlich, als man voller Angst von einem Stern sprach, der auf die Erde fallen und alles zerstören, alle Menschen auslöschen würde. Die Rede war von dem Kometen Halley.[112] Außer uns arbeiteten in diesen Tagen auch einige Saisonarbeiterinnen im Magazin, darunter eine Schwangere. Ich bemerkte, wie verängstigt sie waren, und sie taten mir leid. Angst vor dem Tod und doch Hoffnung auf Gott! Würde er solch großes Unglück zulassen? Ich las, was die Sowjetische Enzyklopädie über diesen alle so beunruhigenden Kometen schrieb, und sagte ihnen anderntags, dass von dem Kometen gar keine Gefahr ausginge. Pip verlieh seiner Freude wie immer am lautesten Ausdruck und fragte mich immer wieder: „Liri, wir müssen nicht sterben, oder?"

Unter den Frauen ergab sich an diesem Tag ein längeres Gespräch. Eine sagte zu mir, wenn ich an Gott glaubte, würde er mich von dem Unglück, unter dem ich mit meiner ganzen Familie litt, erlösen. Ich sagte zu ihnen, auch Enver

111 Inspiriert von der maoistischen Kulturrevolution, erklärte Enver Hoxha Albanien am 6. Februar 1967 zum ersten atheistischen Staat der Welt. Religiöse Aktivitäten wurden verboten, Kirchen und Moscheen zerstört, Namen geändert.

112 Der Halleysche Komet ist auf der Erde etwa alle 75 Jahre mit bloßem Auge zu sehen, zuletzt 1986. Gemeint ist vermutlich der Kohoutek-Komet, der im hier beschriebenen Jahr 1973 in den internationalen Medien als „Jahrhundertkomet" stark thematisiert wurde, vor allem zur Weihnachtszeit.

Hoxha sei nicht gläubig, und ihm passiere trotzdem nichts Übles, aber die Lauteste unter ihnen gab voller Überzeugung zurück: „Das weiß man nicht, vielleicht muss er nur so tun, als wenn er nicht glaubt." An dem Tag hörte ich auch von den Wundern, die der Heilige Antonius vollbracht hatte, unter anderen auch für Mehmet Shehus Sohn. Er wurde, so hieß es, in ganz Europa herumtransportiert, hatte aber seine Heilung erst bei Sankt Anton in Laç[113] gefunden.

Unsere Magazinarbeiter erzählten belustigt, was Nikola, einem der Lkw-Fahrer, passiert war. Als die Kirche von Lezha zerstört wurde, hatte er einige Gegenstände zu sich nach Hause genommen, vor allem liturgische Gewänder des Priesters und eine Gipsstatue des Heiligen Antonius. Später hatte ihn jemand angezeigt, und die von der Front des Viertels waren zur Kontrolle gekommen. Als sie den Kleiderschrank öffneten, fiel ihnen Sankt Anton direkt auf den Kopf. Ich hatte Nikola damals deswegen gefragt, aber er lächelte nur. Darüber wollte er nicht sprechen.

Mit Sankt Anton kam ich in Berührung, als sie mich in das Säckelager des Grumbullims schickten. Meine Kollegin Mria rief den Heiligen andauernd an, vor allem aber an Gewittertagen, wenn es blitzte und donnerte. Und die waren wirklich häufig! Mria erhob sich dann sofort, kniete als Zeichen des Respekts ein wenig nieder und flüsterte „O Heiliger Sankt Anton!" Ich veräppelte sie ein wenig und sagte, der Heilige dürfte auch nicht erlauben, dass Sadija so mit uns beiden umginge, uns abgesondert von den anderen Frauen der Abteilung in diese Lagerhalle steckte, wo es im Winter eiskalt war und man im Sommer vom Gestank der Säcke kaum Luft bekam. Da bat mich Mria, ängstlich und in vollem Ernst: „Um Gottes willen, rede nicht so, du sitzt ja direkt neben mir. Wenn dich der Blitz erschlägt, trifft er mich auch!"

Als wir in Fishta waren, wurden in den ersten Septembertagen allerhand Vorbereitungen getroffen, denn in Troshan wurde ein großes Fest veranstaltet. Aus der ganzen Umgebung liefen Menschen zusammen, Freunde kamen zu Besuch, auch die weit entfernt verheirateten Töchter. Die Läden der Handelsorganisation waren mit Waren gefüllt. Auf einmal bekamen wir auch rationierte Artikel (100 Gramm Kaffee, Käse), an denen es sonst meistens mangelte. Auch die Kooperative brachte ein Opfer: Sie schlachtete ein paar Tiere und verteilte Fleisch an alle, sogar an uns. Zu meiner Überraschung hörte ich, man feiere den „Jahrestag des Besuchs des Genossen Enver in Troshan". Da

113 Das Antoniuskloster oberhalb des mittelalbanischen Laç ist einer der wichtigsten Wallfahrtsorte Albaniens. Die Verehrung des Heiligen Antonius von Padua geht wohl auf den Einfluss der Franziskaner zurück. Hier erfuhr offenbar auch Wladimir, der älteste Sohn des langjährigen Ministerpräsidenten Mehmet Shehu, eine Heilung. Die 1967 zerstörte Antoniuskirche wurde nach dem Ende des Kommunismus neu aufgebaut.

wunderte und ärgerte ich mich. „So sehr vergöttern sie ihn?“, dachte ich mir im Stillen. Dann erfuhr ich aber, dass sich hinter diesem „Fest“ ein anderes, religiöses Fest verbarg. War das Zufall oder hatte der Anführer bewusst diesen Tag gewählt, um nach Troshan zu kommen? Mir schien, die Bosheit des Diktators hatte sich hier verflochten mit der Schlauheit des Bauern, der unbeschwert diesen „besonderen Tag“ feierte.

Besonders viel sprach man über die Wundertaten des Heiligen Anton, wenn der Tag näher kam, an dem man zu der ihm geweihten Kirche oberhalb von Laç pilgern musste. Die Menschen machten sich mit ihren Kranken, Alten und Kindern dorthin auf, um Heilung zu finden. Die Kirche dort war aber zerstört, das Parteikomitee mit Xhelil an der Spitze hatte sogar die „geniale Eingebung“ gehabt, rund um den Berg Soldaten aufzustellen, um die Menschen am Aufstieg zu hindern. So mussten die Pilger die Nacht am Fuß des Berges verbringen, im Regen, von Soldaten umgeben und auf ein Wunder des Heiligen hoffen. Erstaunlicherweise hörte ich erst in Fishta, dann auch in Malecaj von der Genesung von Mehmet Shehus Sohn in der Sankt-Antons-Kirche. In Wirklichkeit war es Paris gewesen, die französische Medizin, die sich um Wladimirs Schulter gekümmert hatte. Wladimir, Mehmets ältester Sohn, nahm sich kurz nach dem Tod seines Vaters und der Verhaftung seiner Mutter und seiner Brüder das Leben. Ich dachte, schon die Autosuggestion könnte bei dem einen oder anderen ein Wunder bewirken, aber ich hörte von keinem einzigen Fall. Aus Malecaj pilgerten sogar Muslime zur Sankt-Antons-Kirche.

Nach Eldos Geburt rief Dila den Heiligen Antonius noch öfter an. Mit ihrem „O Heiliger Sankt Anton!“ drückte sie ihre Liebe, ihr Glück, ihre Freude über das Kind aus, in manchen Fällen auch ihren Ärger über seine Unartigkeiten. Aber bei Dila ging es wie bei unserer Mutter. Irgendwie wurden die Stoßgebete zu Sankt Anton allmählich seltener und hörten irgendwann schließlich ganz auf.

Der Brief von meinem Bruder

Ana kam aus der Schule und brachte mir die Nachricht, dass in Torovica ein Brief aus den USA für mich angekommen war – von meinem Bruder Fiqret. Das war unglaublich, wie ein wunderbarer Traum. Ich hatte ihn seit März 1944 nicht mehr gesehen. Nach 42 Jahren erhielt ich nun einen Brief von ihm. Todi und ich gingen sofort los; nichts hielt mich mehr am Platz. Alleine wäre ich wahrscheinlich gerannt, den ganzen Weg von Malecaj nach Torovica, für den wir normalerweise eine Dreiviertelstunde brauchten.

Fiqret war für mich schon immer etwas Besonderes gewesen. Schon als Kind liebte ich ihn mehr als alle anderen, außer meiner Mutter. Dass ich ihn so sehr mochte, lag nicht nur daran, dass er mir den Vater ersetzen musste, der gestorben war, als ich zweieinhalb Jahre alt war. Er war klug, einfallsreich, optimistisch und humorvoll. Wenn er in den Sommerferien nach Hause kam, zuerst von der amerikanischen Schule in Kavaja, dann aus Italien, brachte er Leben und Freude ins Haus und riss unsere Mutter aus ihrer anhaltenden Traurigkeit und Verbitterung seit dem Tod ihres Mannes, ihrer achtjährigen Tochter, ihrer zwei Brüder und ihrer Schwester.

Als ich größer wurde, verstand ich allmählich, dass Fiqret uns auch die Kultur ins Haus brachte, ja, die Kultur. Er brachte nicht nur Bücher mit, er war selbst eine lebendige, sprechende Bibliothek. Vor allem in der Zeit, als er an der Akademie der Schönen Künste in Rom Dramaturgie studierte, rezitierte er, wenn er in den Sommermonaten zu Hause war, Shakespeare, Carducci, Edgar Allan Poe, Longfellow und andere.

Aber das Glück war diesem talentierten und kultivierten jungen Mann, der mehrere Sprachen beherrschte, in Albanien nicht hold. Er schloss sein Studium sehr gut ab; Frau Capodaglio, erst Schauspielerin und dann Lehrerin, sagte ihm: „Du wirst ein Alexander Moissi werden."[114] Wir freuten uns mit ihm, als er das erzählte, aber bei uns gab es kein Nationaltheater. Er begann dann im Kulturbereich zu arbeiten, als Sprecher bei Radio Tirana; mit einer Gruppe von Laiendarstellern, darunter Mihal Popi, inszenierten sie Molières „Der Geizige".[115] Seine zweite wichtige Bewährungsprobe war die Regie bei „Wilhelm Tell", das die Schüler des Gymnasiums und der Mädchenlehranstalt von Tirana auf die Bühne bringen sollten. Das war die erste und einzige Zusammenarbeit der Antifaschistischen Jugend mit der Jugendorganisation des Balli Kombëtar.[116]

114 Wanda Capodaglio (1889–1980) war eine bekannte italienische Schauspielerin, die in den 1930er-Jahren auch mit dem albanisch-italienisch-deutschen Schauspieler und damaligen Weltstar Alexander Moissi zusammen aufgetreten war. Ab 1939 lehrte sie über viele Jahre Schauspiel an der 1936 gegründeten Nationalen Akademie für dramatische Kunst in Rom.

115 Mihal Popi (1909–1979) war ein bekannter Fotograf und Schauspieler. 1932 gründete er eine eigene Schauspieltruppe, ab 1945 trat er in vielen wichtigen Rollen am Nationaltheater auf.

116 Der Balli Kombëtar (deutsch: Nationale Front) war eine nationalistische, antikommunistische Organisation, angeführt von Ali Këlcyra (1891–1963) und Midhat Frashëri (1880–1949). Die Ballisten bekämpften zunächst die italienischen und deutschen Besatzer, kollaborierten dann aber zunehmend mit ihnen. Von den kommunistischen Partisanen wurden sie scharf bekämpft und schließlich besiegt.

Das Ende des Zweiten Weltkriegs erlebte mein Bruder in Italien. Damals, besonders in den Jahren 1945 bis 1947, forderte ich ihn in vielen Briefen auf, nach Albanien zurückzukehren: „Jetzt haben wir unser Theater, komm!" Aber die Hindernisse, die ihm die albanische Mission in Bari in den Weg legte, vor allem aber die Nachrichten vom Schicksal einiger zurückgekehrter Freunde, die ihn aus der Heimat erreichten, hielten ihn davon ab. „Ich habe erfahren, was mit ... passiert ist, ich wandere in die USA aus. Wenn ich wieder nach Europa zurückkehre, komme ich nach Albanien", schrieb er mir in seinem letzten Brief.[117]

Aber Albaniens Tore blieben für ihn verschlossen. An meine pathetischen Appelle, er solle doch zurückkehren, erinnerte ich mich über die Jahre hin immer wieder mal, zuerst mit Bedauern, dann mit großen Fragezeichen und nach 1973 schließlich mit einem Gefühl der Erleichterung. Oft dachte ich an ihn, als wir nach Malecaj kamen, auch weil er einmal, als er vor seinem Studium eine Arbeit brauchte, als Landtechniker im Kakarriq-Sumpf bei Lezha gearbeitet hatte. Als er zurückkam, sprach er nur von den riesigen Mücken in diesem großen Sumpf im Norden. Damals, 1936, 1937, hätte ich nicht im Traum daran gedacht, dass ich eines Tages als Verbannte am äußersten Rand dieses Sumpfes leben und diesen riesigen Mücken begegnen würde. Auch in unserer Zeit griffen sie, groß wie sie waren, die Menschen gnadenlos und in ganzen Schwärmen an. Sie stachen dir in den Kopf, auch durch die Haare, in die Schultern, durch die Kleider, in die Füße, auch wenn du Socken anhattest, sie stachen dich überall. Es gab keine Möglichkeit, sich zu schützen. Es war zum Verzweifeln, zum Heulen.

Auf der Poststelle von Torovica gaben sie uns den Brief. Der große Umschlag mit seiner wohl vertrauten, ordentlichen Handschrift kam mir vor wie ein kaum vorstellbares Wunder. Sehnsucht überkam mich, und Freude, die Freude, etwas sehr Kostbares, für immer verloren Geglaubtes wiederzufinden, nämlich die Hoffnung, den Totgeglaubten wiederzusehen.

In der nun spürbaren Atmosphäre von Veränderungen belebte dieser Brief meine Hoffnung wieder, und zwar mit Macht. Nun wehten gute Winde. Ich kann nicht sagen, dass ich niemals gehofft hätte, aber während dieser 18 Jahre hatte ich mir mein eigenes Sprichwort zurechtgelegt: „Glücklich ist, wer auf nichts hofft, denn er wird nie enttäuscht werden." Nun wendeten sich die Dinge recht schnell. Als wir aufbrachen nach Tirana, konnte ich aber kaum glauben, dass dies nun eine Reise ohne Rückkehr sein würde.

117 Nach einem Dokument in den Arolsen Archives wanderte Fiqret Ftera am 26.5.1948 aus Italien nach Kanada aus. In den 1960er-Jahren nahm er an einem Kongress von Abaz Kupis monarchistischer Exilpartei Legaliteti in New York teil.

In diesen 18 Jahren hatten wir vieles verloren. Unter anderem waren auch alle Blumen verwelkt. Aber diese 18 Jahre hatte ich so intensiv gelebt! Viele der früheren Jahre waren aus meinem Gedächtnis getilgt, ohne nennenswerte Spuren zu hinterlassen. Aber diese 18 … Ich durchlebte sie in jedem Moment, in jedem Detail. Und das nicht nur, weil sie so viel Leid mit sich brachten. Nein! Wie viel hatte ich gelernt und erlebt in diesen 18 Jahren: Schlimmes, Grausames, Unmenschliches, aber auch Gutes, Menschliches, Ehrenvolles …